MEIR STATMAN

EL VALOR DEL BIENESTAR

UN ENFOQUE HOLÍSTICO DE LAS FINANZAS CONDUCTUALES

versus libros

versus
libros

Una división de Lettera Publicaciones, S.L.
Juan Barroeta, 8 - 1 B
48992 Getxo, Vizcaya.
www.verssus.com
Edición septiembre 2024

Título original: A Wealth of Well-Being. A Holistic Approach to Behavioral Finance.
Publicado por John Wiley and Sons, Inc.Hoboken. New Yersey

El Valor del Bienestar. Un enfoque holístico de las finanzas conductuales

Traducido por: Diego Valero y Manuel Moreno.

ISBN 978-84-128011-0-1
LG BI 680-2025

MEIR STATMAN

EL VALOR DEL BIENESTAR

UN ENFOQUE HOLÍSTICO DE LAS FINANZAS CONDUCTUALES

versus libros

Testimonios

«Para quienes investigamos en el ámbito de *behavioral finance*, este libro no solo es un recurso educativo que ilustra cómo las decisiones financieras interactúan con todos los aspectos de la vida humana, sino también una herramienta valiosa para enriquecer nuestros enfoques de investigación. Adoptar una perspectiva más amplia y humanizada de las finanzas es esencial para todos los profesionales, economistas o no, que buscan mejorar la calidad de vida de las personas desde un enfoque integral».

Natividad Blasco de las Heras

Catedrática de Finanzas de la Universidad de Zaragoza y miembro del IEDIS Consejera de Ibercaja

«Economía viene del griego, *oikonomía*, la ciencia del hogar. Este libro sigue la línea de Jenofonte en el siglo VI antes de Cristo pero centrado en analizar el comportamiento financiero de los seres humanos ante problemas de nuestra vida cotidiana. Financiero viene del latín *fin*, y es lo último, y cómo nos enseña el profesor Meir Statman en este libro lo primero es el bienestar humano, aunque una mala gestión de tus finanzas personales te puede hacer muy infeliz. Disfruta leyéndolo».

José Carlos Díez

Profesor de Economía de la Universidad de Alcalá

«Apasionante, de lectura fácil, escrito a través de ejemplos de la vida real, útiles para todos, no es un libro de finanzas al uso, ya que confronta todos los ámbitos de la vida. Aborda cuestiones materiales como las casas o los coches, pero también espirituales, como las aspiraciones, las envidias o la religión. A través del hilo conductor de las finanzas conductuales, Statman reflexiona sobre las clases sociales, las brechas económicas, la desigualdad, la política, el presente y el futuro, el trabajo y el desempleo, las vivencias familiares, el matrimonio, el Estado, o la vida y la muerte. En definitiva, el libro va mucho más allá del bienestar financiero, que es imprescindible, pero no suficiente para una vida plena».

Laura Núñez Letamendia

PhD. Profesora de IE University, IE Business School

Directora del Observatorio de Finanzas de los Hogares y las Pymes

«Maravilloso trabajo para cuestionar algunas viejas "verdades universales" de la economía en nuevos tiempos de complejidad. Ni el bienestar ni la rentabilidad se miden solo en ceros en el banco como prueban los cientos de informes en estas páginas. Imprescindible para todas las facetas de la vida, desde la nómina hasta el anillo, la boda o la muerte. Sencillamente fantástico».

Javier Ruiz

Periodista, jefe de Economía en la Cadena SER

«El bienestar financiero es una ayuda relevante para el bienestar de la vida que es lo que todos buscamos, pero es mucho más importante en aquellos países en los que los servicios esenciales (sanidad, educación, vivienda, pensiones...) no están al menos relativamente garantizados por los Estados. El libro es muy esclarecedor sobre todo por los ejemplos sobre los que se desarrolla».

Salvador Arancibia

Adjunto a la dirección de Expansió

«El profesor Meir Statman, experto en finanzas conductuales, nos proporciona un verdadero manual para aprender y reflexionar sobre nuestro bienestar. Statman es capaz de volcar su conocimiento académico de un modo sencillo, mediante numerosos ejemplos, y transmitir poderosos mensajes sobre aspectos concretos que afectan no solo a las finanzas, sino a otros pilares del bienestar como familia, salud, trabajo o sociedad».

María López Valdés

Fundadora y CEO de Britbrain. Consejera de Ibercaja

«El bienestar es un concepto integral que abarca todas las dimensiones del ser humano, y en su centro se encuentra la salud financiera. Esta última es el pilar que sostiene nuestras aspiraciones y nos permite elevar la vista para alcanzar mayores cotas de libertad. Sin una base financiera sólida, nuestras posibilidades se limitan, pero con ella, el horizonte se amplía, ofreciéndonos la oportunidad de vivir plenamente y en armonía con nuestras verdaderas aspiraciones. En este libro, se explora cómo el bienestar financiero es mucho más que cifras; es la llave que abre las puertas a una vida rica en propósito y significado».

Esmeralda Gómez López

CEO de Econoky. Profesora universitaria, coordinadora académica y escritora

«El libro de Meir Statman es un extenso repaso de los numerosos factores que afectan a nuestro bienestar, enfocados generalmente, pero no en todos los casos, desde el punto de vista financiero. Con sus numerosos ejemplos resulta muy útil para mejorar algunos aspectos de nuestras vidas»

Francisco García Paramés

«Dicen que decía Óscar Wilde que el dinero no da la felicidad pero procura una sensación tan parecida que se precisa un avezado especialista para verificar la diferencia. Meir Statman es, sin duda, ese especialista. Y nos revela la diferencia en *El valor del bienestar.* Una deliciosa reflexión sobre la economía y las emociones, las finanzas y la vida».

Inma Gómez-Lobo

Periodista, directora y presentadora de La economía *en el Canal 24 Horas de TVE*

«Conoce a través de las experiencias que nos comparte Meir Statman cómo afectará cada una de tus decisiones a tu balanza de vida. Decide si gana el bienestar, si prefieres que ganen las finanzas, o si como en el caso de los libra te gusta que se mantenga todo en equilibrio.

La lectura de este libro te va a presentar ejemplos que puedes ya haber vivido, o que igual vivirás de forma similar para que, de forma honesta, te pongas en la piel de esas personas y visualices qué habrías hecho, cómo habrías actuado, qué habrías elegido».

David Herrando Esteban

Director general de Pensumo

«Meir Statman es una de las almas sabias del mundo financiero, porque sabe que las finanzas son mucho más que acciones y bonos, codicia y miedo, ascensos y sueldos. El dinero es importante, pero no tanto como sugieren la mayoría de los libros de finanzas. Por el contrario, como Meir deja claro en El valor del bienestar, el bienestar financiero es solo uno de los pilares que sustentan el bienestar vital. Y, al final, el objetivo no es una cartera más abultada, sino una vida más rica ¿verdad?».

Jonathan Clements

Former personal finance columnist for The Wall Street Journal *and founder of* HumbleDollar

«Los aspectos del bienestar no solo se explican, sino que se vinculan a las circunstancias de la vida, lo que facilita relacionarse personalmente con las muchas historias que se cuentan y aprender de ellas. Es un libro maravilloso para la gente corriente, no para los académicos».

Don Ezra

Former co-chair, Global Consulting, Russell Investments

Author of Happiness and Life Two

«Hay pocas personas en el mundo mejor posicionadas para ayudarnos a tomar mejores decisiones sobre nuestro bienestar financiero que el profesor Statman. Ya nos ha enseñado lo que realmente quieren los inversores. Ahora, lo que es más importante, nos está enseñando a tomar mejores decisiones sobre nuestro bienestar vital».

Barry L. Ritholtz

Chairman and CIO of Ritholtz Wealth Management

Host of Masters in Business podcast

«En apasionantes capítulos sobre temas como padres e hijos, educación e incluso religión, Statman demuestra tanto la importancia del dinero como sus limitaciones. Los asesores financieros darán consejos mejores y más meditados, comprendiendo la importancia fundamental de los lazos familiares y los vínculos con la comunidad».

George A. (Sandy) Mackenzie

Author of The Decline of the Traditional Pension,

Founding Editor of The Journal of Retirement

«Pocas personas entienden mejor que Meir Statman la naturaleza evolutiva de la planificación financiera. En última instancia, no se trata de invertir, ni siquiera de dinero; se trata de permitirnos vivir vidas auténticas y plenas que reflejen quiénes somos y qué valoramos. Por eso, en todo el mundo, la planificación financiera se está transformando en una planificación holística de la vida. Cualquiera que quiera triunfar en esta nueva y apasionante profesión debería leer este libro inspirador».

Robin Powell
Journalist, author, and editor of The Evidence-Based Investor

«Dirigido tanto a profesionales de las finanzas como a lectores en general, el libro de Statman fomenta una comprensión más profunda de cómo el bienestar financiero y vital se integran en ámbitos como la familia, la salud y la educación, guiando a los lectores hacia un mayor bienestar financiero y vital en todos sus ámbitos».

Robert Powell
Editor-in-Chief of Retirement Management Journal
Host of Exceptional Advisor podcast

Prólogo a la edición en español

El bienestar es un concepto multidimensional que abarca la armonía entre diversos aspectos de la vida, desde la salud física hasta el equilibrio emocional, pasando por las relaciones familiares, el desarrollo profesional y, por supuesto también, por la estabilidad financiera.

Así, el bienestar financiero no es solo una parte de esta ecuación, sino que integra su propia base. Sin suficiente solidez financiera, otros aspectos del bienestar pueden verse negativamente impactados.

Las finanzas conductuales conforman una disciplina, de creciente relevancia social, que señala que nuestras decisiones financieras están influenciadas por emociones, experiencias pasadas, sesgos cognitivos y, en general, por nuestra naturaleza humana. La obra del profesor Meir Statman que tiene entre sus manos constituye un gran avance en este sugerente ámbito.

El autor nos muestra la conexión entre las finanzas y el resto de los factores que componen el bienestar. Nos invita a reflexionar sobre cómo las decisiones financieras que vamos tomando afectan a nuestras relaciones personales y metas profesionales, a la salud y, en definitiva, a nuestro bienestar integral.

La educación financiera debe comenzar en la niñez y desarrollarse de manera gradual y continua. Hemos de entender bien cómo funcionan las finanzas, cómo gestionar el dinero de modo responsable y cómo las decisiones financieras van influyendo en nuestras vidas.

No se trata solo de enseñar a las personas a ahorrar o a invertir; se trata de mostrarles cómo sus decisiones financieras están conectadas con su bienestar global. Este libro es una guía valiosa para asesores, planificadores, inversores y en general para todos aquellos que quieran profundizar en esta apasionante temática.

Víctor Iglesias.
Consejero delegado de Ibercaja

A Navah, mi esposa, y a Barbara y Ruth,
nuestras hijas

Índice

El ámbito de las finanzas es crucial para el bienestar por sí mismo. Además, es crucial porque subyace a todos las demás áreas del bienestar. Necesitamos las finanzas para mantenernos a nosotros mismos y a nuestras familias. Las necesitamos para mantener nuestra propia salud y la de nuestras familias. Necesitamos dinero para pagar la educación. Incluso, necesitamos las finanzas para experimentar y expresar nuestra religión.

El bienestar de la vida se ve reforzado por un buen equilibrio entre el ahorro y el gasto ahora y en el futuro. A su vez, el bienestar mejora ese equilibrio. Sin embargo, un buen equilibrio es difícil de lograr porque requiere un uso competente de las herramientas mentales del encuadre, la contabilidad mental y el autocontrol. Un deficiente autocontrol puede disminuir nuestro bienestar si nos convierte en derrochadores impulsivos. Aunque el autocontrol excesivo también puede disminuir nuestro bienestar si nos convierte en avaros.

Un buen equilibrio entre el ahorro y el gasto aumenta el bienestar, pero no es suficiente. La inversión inteligente, incluidas las colocaciones de capital inteligentes y el comportamiento de inversión, mejora aún más el bienestar. Las inversiones insensatas y el comportamiento en la inversión pueden desperdiciar ahorros sustanciales, disminuyendo el bienestar.

Las inversiones inteligentes y el comportamiento en la inversión pueden ser simples. Las personas, sin embargo, son susceptibles a la desinformación y a una serie de errores cognitivos y emocionales que las llevan a realizar inversiones y comportamientos de inversión insensatos.

La relación entre el matrimonio y el bienestar es bidireccional. Un alto grado de bienestar aumenta la probabilidad de matrimonio y el matrimonio aumenta el bienestar. Las personas que se divorcian se distinguen no solo por su bajo bienestar durante el matrimonio, sino también por su bajo bienestar antes del matrimonio. El respeto entre los cónyuges aumenta el bienestar, y la falta de respeto lo disminuye más de lo que el respeto lo mejora.

La viudedad y el divorcio a menudo disminuyen las finanzas y el bienestar de las personas, pero no siempre. Las viudas y los viudos experimentan la pérdida y el dolor de diferentes maneras, y la comunicación con las personas que no han experimentado la viudedad suele ser incómoda.

Las personas divorciadas experimentan un bienestar más bajo que las casadas, pero el divorcio no necesariamente disminuye el bienestar. De hecho, este generalmente mejora el bienestar al disolver matrimonios insatisfactorios.

La crianza de los hijos es costosa. La insuficiencia económica es una de las razones que llevan a las parejas a quedarse sin hijos.

Los padres mejoran el bienestar de los niños mediante los beneficios necesarios de la comida, la vivienda y la educación. Los hijos corresponden con apoyo práctico según sea necesario cuando los padres envejecen, proporcionando dinero y cuidado en los hogares de sus padres o en los suyos propios. Y los padres y los hijos mejoran el bienestar mutuo mediante los beneficios expresivos y emocionales de la seguridad, el apoyo y el amor.

La lealtad filial se practica en los Estados Unidos más que se predica; es evidente la prevalencia de la «generación sándwich» de padres estresados financiera y emocionalmente mientras cuidan tanto a los niños pequeños como a los padres ancianos.

Por lo general, la crianza por parte de los abuelos mejora el bienestar. El bienestar de los abuelos que tienen al menos un nieto es mayor que el de los abuelos sin nietos.

Las relaciones cercanas entre hermanos en la infancia mejoran el bienestar hasta bien entrada la mediana edad. Sin embargo, las relaciones entre hermanos suelen ser difíciles, disminuidas por la rivalidad.

Las mascotas son miembros de la familia para muchos de sus dueños, lo que mejora el bienestar de aquellos que se describen a sí mismos como padres de mascotas, mientras que otros se describen a sí mismos como padres de niños.

Capítulo 9: Amistad 187

Se han observado vínculos entre la amistad y el bienestar en niños, adolescentes, adultos jóvenes y de mediana edad y ancianos. Estos vínculos también se han observado en todas las culturas.

La amistad se extiende a las comunidades, grandes y pequeñas, y las personas que se ofrecen como voluntarias en sus comunidades disfrutan de un mayor bienestar que las que no lo hacen.

Capítulo 10: Salud 209

La salud cuesta dinero. Demasiadas personas no pueden pagar un seguro médico, y a menudo posponen las visitas a los médicos u hospitales hasta que es demasiado tarde. Las personas que experimentan un alto bienestar disfrutan de una alta salud percibida, un bajo dolor autoinformado y bajos riesgos médicos. Las enfermedades mentales pueden devastar el bienestar. De hecho, la enfermedad mental es el mayor predictor individual de un bienestar evaluativo bajo.

Capítulo 11: Trabajo 229

Obtenemos beneficios prácticos de nuestro trabajo en ingresos, pero también logramos beneficios expresivos y emocionales de nuestro trabajo en identidad, significado, comunidad, dignidad y orgullo. El trabajo mejora el bienestar y este mejora las perspectivas de trabajo y los ingresos. Las personas que trabajan más tiempo viven más tiempo, y un alto bienestar de los empleados conduce a su alta productividad.

Alta lealtad de los clientes, baja rotación de empleados y, en última instancia, beneficios tangibles para los empleadores en una mayor rentabilidad.

Prefacio

Hace unos años, estaba hablando en una conferencia de inversión sobre el ahorro, el gasto, el bienestar financiero y el bienestar vital. Observé la renuncia de muchas personas que poseen abundante bienestar financiero a gastar parte de sus amplios ahorros en sí mismos, sus familias y sus comunidades, mejorando así su bienestar vital por más de lo que sacrifican en el bienestar financiero.

La gente se acercó a mí después de mi presentación, describiendo la necesidad crítica de reducir el gasto y aumentar el ahorro, los peligros de dar dinero a los hijos adultos sin pedirles que lo devuelvan, y la imprudencia de las viudas que derrochan irresponsablemente poco después de la muerte de sus maridos. Una se hizo a un lado, esperando a que los demás se hubiesen marchado.

Ella dijo: «Me puse a llorar cuando dijiste: "Es mejor dar con una mano caliente que con una mano fría"». De hecho, tenía lágrimas en los ojos cuando me habló. Resultó que ella le había prestado a su hijo unos 27 000 dólares para la matrícula universitaria y ahora insistía en que le pagara en el tiempo acordado. La madre tenía ahorros más que suficientes para condonar el préstamo sin poner en peligro su bienestar financiero, pero razonó que pagar a tiempo beneficiaría a su hijo, aumentando su bienestar futuro al enseñarle responsabilidad financiera. Sin embargo, el hijo estaba en apuros económicos ahora; al comienzo de su carrera, carecía incluso de dinero para comprarle un anillo de compromiso a su novia, y la demanda de su madre agrió su relación.

El bienestar financiero llega cuando podemos cumplir con las obligaciones económicas actuales y futuras, absorber sus contratiempos y seguir avanzando hacia las metas financieras, como un ingreso adecuado para la jubilación. El bienestar vital llega cuando vivimos satisfactoriamente, con significado y propósito.

A menudo observo que los mayores riesgos en la vida no están en el mercado de valores. Si quieres un riesgo real, cásate. Y si quieres más riesgo, ten niños. La gente se ríe porque el punto es obvio. Sin embargo, ese punto se pierde regularmente cuando hablamos de bienestar financiero, descuidando el bienestar vital. Me motivó a escribir este libro la reflexión sobre mi propio bienestar financiero y de vida y el de los demás. Necesitamos bienestar financiero para disfrutar del bienestar vital, pero es el bienestar vital lo que buscamos.

El bienestar vital tiene muchos ámbitos, incluidos los de la familia, amigos, salud, trabajo, educación, religión y sociedad. El ámbito de las finanzas tiene un lugar especial entre las otras esferas del bienestar vital porque es importante por sí mismo y porque subyace a todos los demás. Necesitamos las finanzas para mantenernos a nosotros mismos y a nuestras familias, pagar la comida y el alojamiento. Necesitamos las finanzas para mantener nuestra propia salud y la de nuestras familias, pagando los servicios de médicos y hospitales. Las necesitamos para pagar la educación que nos califique para trabajos, carreras y vocaciones bien remunerados y satisfactorios. Incluso, necesitamos las finanzas para experimentar y expresar nuestra religión.

La mujer de mi historia podría haber aumentado el bienestar vital de su hijo y el suyo propio perdonando el préstamo, sacrificando algo de bienestar en el área de las finanzas, pero ganando en el de la familia más de lo que había sacrificado. Espero que esto fuera lo que hizo ese día.

Este libro está dirigido principalmente a los profesionales financieros, para que enriquezcan sus conocimientos y aumenten sus contribuciones a sus clientes, y a los académicos financieros, para que incrementen su erudición y sus contribuciones a sus estudiantes. Sin embargo, este libro también está dirigido a todas las personas que se esfuerzan por mejorar su bienestar vital. Todos aprenderán de la investigación de académicos en muchos campos, incluidas las finanzas, la economía, el derecho, la medicina, la psicología y la sociología, así como de escritores, periodistas y personas comunes con una amplia gama de experiencias.

Estaba reflexionando sobre mi propio bienestar financiero y de vida mientras escuchaba a aquella mujer. Nací en 1947 en un campo de desplazados en Alemania, hijo de supervivientes del Holocausto, y llegamos a Israel en 1949. Navah, mi esposa, y yo éramos estudiantes en la Universidad Hebrea de Jerusalén cuando nos casamos en 1969.

Unos meses antes de nuestra boda, mis padres viajaron para conocer a Navah. Después de la cena, Navah y yo fuimos a dar un paseo mientras nuestros padres se pusieron manos a la obra. El tema era decidir cuánto contribuirían nuestros respectivos padres para mantener a la joven pareja, ayudando con el pago inicial de un apartamento. Mis padres estaban lejos de ser ricos, y los padres de Navah tenían aún menos, pero, como supe más tarde, la madre de Navah le dijo a su padre: «Lo que sea que ofrezcan los padres de Meir, lo igualaremos». Pidieron prestado parte del dinero a sus familiares y lo devolvieron más tarde.

Me gradué de la Universidad Hebrea con una licenciatura en Economía y Estadística y un máster en Administración de Empresas, y conseguí un trabajo como analista financiero en una gran empresa. El empleo mejoró mi bienestar vital durante unos meses y luego lo disminuyó. Como diría más tarde, los proyectos duraron más que mi interés por ellos.

Una mañana me levanté, llamé al trabajo para decir que no iría a trabajar, y Navah y yo viajamos a Jerusalén, donde recordaba que había una biblioteca con un catálogo de programas de doctorado estadounidenses. También tenía un catálogo de becas a disposición de los estudiantes extranjeros. Una institución me escribió para decirme que por mi nombre no sabía si era hombre o mujer, pero que debía saber que se trataba de una asociación que concedía becas sólo a mujeres. Con el tiempo, Navah solicitó y recibió una beca que pagó la mayor parte de la matrícula de su programa de máster.

Navah y yo teníamos suficientes medios para vivir como estudiantes cuando llegamos a la ciudad de Nueva York para estudiar en la Universidad de Columbia. Pero en algún momento durante el período de solicitud me preocupaba que tuviéramos que renunciar a nuestros planes por no tener medios suficientes. Le pedí un préstamo a mi padre. «Ojalá pudiera prestarte dinero —dijo mi padre— pero tienes un hermano y una hermana menores, y también necesitarán apoyo cuando se casen. No tengo medios económicos más allá de eso».

El bienestar vital está limitado por las circunstancias de la vida. Todas las personas y familias tienen puntos de dolor, disminuyendo este bienestar, ya sea la pobreza, un hijo discapacitado, un matrimonio difícil o una muerte prematura. Nuestra familia no está exenta. Barbara, nuestra hija mayor, vive con un trastorno bipolar. Su enfermedad no fue diagnosticada durante años, durante los cuales nos decían que sus dificultades provenían de la dinámica familiar. Parecía que la única pregunta que quedaba por responder era si la culpa era de Navah o mía. Dejamos que la angustia se filtrara en nuestro matrimonio, disminuyendo el bienestar de nuestra vida en ese ámbito, además de disminuirlo en el de los hijos.

Ahora disfrutamos de un mayor bienestar vital, ya que la situación de Barbara es estable. Me dice «te amo» al final de cada conversación. Navah continúa mejorando el bienestar de muchas personas que viven con enfermedades mentales y sus familias como voluntaria en la Alianza Nacional sobre Enfermedades Mentales (NAMI, por sus siglas en inglés). Somos afortunados de contar con una buena base en el ámbito de las finanzas, capaz de mantener a Barbara sin limitar nuestro presupuesto, y somos aún más afortunados en la esfera de la familia, ya que Ruth, la hermana menor de Barbara, la ama y la apoya.

Veo la necesidad de explorar el bienestar vital y mejorarlo en mis propias experiencias, en las experiencias de los profesionales financieros y sus clientes, y en las experiencias de los profesores de finanzas y sus estudiantes.

Hace algunos años, un asesor financiero que conozco me llamó para pedirme consejo. Su hijo pequeño acababa de experimentar un brote psicótico. Él y su esposa estaban conmocionados y desconcertados. Los invité a nuestra casa para conversar con mi esposa y conmigo. Describimos nuestra conmoción y desconcierto idénticos años antes, ofrecimos nuestra empatía y compartimos con ellos lo que hemos aprendido de nuestras experiencias y las de los demás.

Ese asesor ahora atiende a muchos clientes y a sus familias que viven con enfermedades mentales. Algunas personas que viven con una trastorno bipolar pueden gastar imprudentemente cuando están en estados maníacos. Este asesor me contó el caso de un cliente ingresado para recibir atención psiquiátrica que pidió al depositario supervisor de sus fondos que despidiera a su asesor para poder retirar una gran suma de dinero. Cuando su estado maníaco remitió, el cliente se sorprendió de lo que había hecho y volvió a contratar al asesor. Preocupado por la recurrencia, el cliente ha designado a una persona de confianza para que evalúe sus solicitudes antes de proceder.

Imparto cursos de inversión en nuestros programas de posgrado. Enseño el contenido habitual de estos cursos, incluida la teoría de carteras, la teoría de la fijación de precios de los activos, y la eficiencia de los mercados, pero también ayudo a mis estudiantes a explorar los vínculos entre el bienestar financiero y el bienestar vital. Mis estudiantes comparten sus historias de ahorro, gasto, inversión, deseos, bienestar financiero y bienestar vital entre ellos y conmigo, y yo comparto mis historias con ellos. En el proceso, mejoro el bienestar de la vida de mis estudiantes y el mío propio.

En uno de los trabajos que les pongo hay una lista alfabética de diez deseos que responden a la pregunta: «¿Por qué es importante la riqueza para ti?», que incluye «comprar las cosas que realmente quiero», «educar a mis hijos», «ayudar a los menos afortunados» y «proporcionar seguridad financiera». Les pido a mis estudiantes que clasifiquen los deseos según su importancia para ellos y que expliquen sus clasificaciones. También les pido que comenten las publicaciones de dos compañeros de clase.

Uno dijo: «Proporcionar seguridad financiera está en la parte de arriba de mi lista. No se trata solo de mí; se trata del viaje de mi familia y sus problemas después de la guerra de Vietnam». Otro escribió: «¿Soy demasiado egoísta o poco ético si coloco ayudar a los menos afortunados como la última cosa que priorizo en la vida?».

Y uno más indicó: «Hace catorce años, antes del nacimiento de mi hijo, me habría propuesto comprar cosas para mí como mi objetivo principal. Ahora, mi mente está centrada en mi hijo».

En otra tarea, pregunto a mis alumnos cómo gestionan sus ahorros y gastos. ¿Les resulta difícil abstenerse de gastar incluso cuando saben que no deberían gastar? Si están en una relación de pareja, ¿cómo resuelven las diferencias sobre el ahorro y el gasto? ¿Qué han aprendido de sus padres sobre el ahorro y el gasto?

Un estudiante escribió que está a punto de casarse. Su novia quiere que compartan sus finanzas, pero él prefiere mantenerlas separadas: «¿Qué le parece, profesor?».

En este libro, comparto con vosotros lo que he aprendido sobre el bienestar financiero y el bienestar de la vida. Espero que mis palabras te ayuden a reflexionar sobre tu bienestar financiero y tu bienestar personal y a mejorarlos.

Introducción

El bienestar vital, el núcleo de este libro, se compone de tres partes: experiencial, evaluativo y de significado, tal como lo describen los psicólogos Andrew Steptoe y Arthur Stone, y el premio nobel de economía, Angus Deaton.[1]

El bienestar experiencial, también conocido como bienestar emocional o hedónico, se refiere a nuestras emociones momentáneas como la felicidad, la tristeza y la ira. El bienestar evaluativo se refiere a la satisfacción con nuestras vidas. El bienestar de significado, también conocido como bienestar eudemoníaco, se refiere a nuestra evaluación del significado y el propósito de nuestras vidas. El bienestar vital, de la manera como se utiliza en este libro, se refiere a todos los aspectos del bienestar. En lo que sigue, utilizo el bienestar como una abreviatura de bienestar vital.

Steptoe y sus coautores midieron el bienestar experiencial preguntando a las personas sobre sus experiencias emocionales, utilizando adjetivos como «feliz», «triste» y «enfadado». Señalaron que los adjetivos negativos no son simplemente opuestos a los adjetivos positivos. En cambio, cada tipo contiene información única sobre el estado emocional de una persona. Esto implica que el bienestar experiencial se compone de dos dimensiones: positiva y negativa, que apuntan en direcciones imperfectamente opuestas.

Los investigadores midieron el bienestar evaluativo mediante la escala de autoanclaje de Cantril, también conocida como escalera de Cantril*.

* N. del T.: La escalera de Cantril es una herramienta que mide la satisfacción con la vida de una persona, y va de cero a diez.

Se basa en esta pregunta: «Por favor, imagina una escalera, con escalones numerados del cero en la parte inferior al diez en la parte superior. La parte superior de la escalera representa la mejor vida posible para ti y la parte inferior de la escalera representa la peor vida posible para ti. ¿En qué peldaño de la escalera dirías que te encuentras personalmente en este momento? ¿En qué escalón crees que te encontrarás dentro de cinco años?».

El significado de la escalera es una orientación hacia algo más grande que uno mismo. Las personas que disfrutan de un bienestar notable están de acuerdo con afirmaciones como «entiendo el significado de mi vida», «he descubierto un propósito de vida satisfactorio» y «tengo algo que aportar a la sociedad».

Las tres partes del bienestar se distinguen por la reflexión cognitiva. El bienestar experiencial puede ser reportado directamente, sin necesidad de reflexión cognitiva, mientras que el bienestar evaluativo y de significdo requieren reflexión cognitiva, incluyendo la agregación a lo largo del tiempo y la comparación con estándares autoseleccionados, como nuestras vidas de hoy en comparación con nuestras vidas de hace una década, nuestras vidas comparadas con las vidas de los demás y nuestras vidas comparadas con nuestras vidas aspiradas.

Las diferencias entre el bienestar experiencial y el evaluativo son evidentes en las reacciones de los finlandeses al ocupar el primer lugar en el Informe Mundial de la Felicidad durante seis años consecutivos.

Los finlandeses reconocen su alto nivel de bienestar evaluativo y elogian la sólida red de seguridad social de su país. Un finlandés que también ha vivido en los Estados Unidos señaló que los finlandeses, a diferencia de los estadounidenses, no tienen grandes preocupaciones en la vida. «Estoy jubilado, recibo una pensión que es aproximadamente el 70 % de mi último salario, y la recibiré hasta el día en el que me muera... Todavía pago unos impuestos relativamente altos, pero toda la educación es gratis, también en la universidad... He tenido dos operaciones de reemplazo de cadera con la estancia en el hospital, con un coste total para mí de alrededor de seiscientos dólares».[2]

Sin embargo, los finlandeses también reconocieron su bajo bienestar experiencial, caracterizándose a sí mismos como bastante sombríos, un poco malhumorados o poco dados a sonreír innecesariamente. De hecho, cuando se filtró un vídeo de Sanna Marin, la primera ministra de Finlandia, de 36 años en ese momento, que la mostraba bailando enérgicamente y cantando con amigos, algunos finlandeses sospecharon que estaba drogada.[3]

Julia Wilson-Hangasmaa, una mujer de 59 años, emigró a Finlandia desde Zimbabue hace tres décadas. Zimbabue ocupa el puesto 144 en la Encuesta Mundial de la Felicidad, solo por encima del Líbano y Afganistán. Wilson-Hangasmaa aprecia la libertad que Finlandia ofrece a todas las personas para perseguir sus sueños sin preocuparse por satisfacer sus necesidades básicas, pero cuando regresa a Zimbabue se siente impresionada por la exuberante alegría de la gente. «Lo que más echo de menos, me doy cuenta cuando entro en Zimbabue, son las sonrisas».[4]

Las diferencias entre el bienestar de significado y el significado de bienestar experiencial son sorprendentes en las referencias de los alpinistas. El economista George Loewenstein describió la experiencia de Maurice Herzog, el primer hombre en escalar un pico de ocho mil metros. Herzog perdió varios dedos y partes de sus pies a causa de la gangrena, lo que seguramente disminuyó su bienestar experiencial y probablemente su bienestar evaluativo, pero esa prueba aumentó su bienestar significativo. La prueba, escribió Herzog, «me ha dado la seguridad y la serenidad de un hombre que se ha realizado a sí mismo. Me ha dado la rara alegría de amar lo que antes despreciaba. Una vida nueva y espléndida se ha abierto ante mí».[5]

Algunas personas están dispuestas a cambiar el bienestar experiencial por el bienestar de significado. Las finanzas proporcionan a John Craig los fondos para un bienestar experiencial alto, incluida la mansión donde fue entrevistado por la socióloga Michele Lamont. Sin embargo, busca mejorar su bienestar de significado. «Mantener el ritmo para generar muchos ingresos acaba desgastando —dijo—. Vivimos en una ciudad con precios altos. Me quedé atrapado en la casa grande y el alto estilo de vida. Ahora soy más consciente de lo que es importante para mí». Para redefinir lo que es importante para él, está leyendo *El camino menos transitado*, de M. Scott Peck, un libro destinado a ayudar a los lectores a alcanzar un bienestar de significado.[6]

Otros intercambian un futuro bienestar evaluativo y de significado por un presente bienestar experiencial. Muchos encuentran bienestar experimentativo en fumar, gastar en exceso o en relaciones fugaces, pero esto a menudo resta valor al futuro bienestar evaluativo y de significado. Fred Jones, un hombre anciano, nunca se casó, tuvo seis hijos con cuatro mujeres diferentes, pero mantuvo estrechos lazos con solo uno de ellos: «Jugué y jugué y jugué hasta que perdí —dijo—. No fui lo suficientemente inteligente. Pensé que iba a estar sano, feliz, fuerte y todo lo demás durante cien años, por lo menos. Luego se acabó —no había nadie aquí para cuidarme—, y todo es culpa mía».[7]

La COVID-19 condujo a algunos a reconsiderar su bienestar, asignando menos peso al experiencial en el día a día y más peso al evaluativo y de significado. Sin embargo, llevó a otros a una renovada apreciación del bienestar experiencial. Dennis Littley, un chef jubilado, ha estado comiendo bien en casa, pero esperaba con ansias el simple placer de sentarse en la terraza de su restaurante favorito, bebiendo una cerveza negra y comiendo «una muy, muy buena hamburguesa con queso», un placer que ahora es posible disfrutar gracias a su vacunación contra la COVID-19.[8]

La tercera generación de finanzas conductuales

El bienestar vital también está en el centro de la tercera generación de finanzas conductuales, una generación precedida por las finanzas estándar y la primera y segunda generación de finanzas conductuales. Las finanzas clásicas describen a las personas como «racionales», similares a los ordenadores, inmunes a errores cognitivos como el exceso de confianza y a errores emocionales como el miedo excesivo. Las personas racionales aspiran a aumentar su riqueza y sus beneficios prácticos, sobre todo el consumo, y son capaces de alcanzarla perfectamente.

La primera generación de las finanzas conductuales describía a las personas como torpes «irracionales», que buscaban aumentar su riqueza, como en las finanzas clásicas, pero que se veían obstaculizadas por errores cognitivos y emocionales, como el exceso de confianza o el miedo excesivo.

La segunda generación las describía como «normales», personas como tú y como yo, ni racionales ni irracionales. Las personas normales aspiran a beneficios expresivos y emocionales además de los prácticos, y a veces están dispuestos a sacrificar parte de la riqueza y sus beneficios prácticos por ellos.

Los beneficios prácticos son la respuesta a la pregunta: ¿qué hace algo por mí y por mi bolsillo? Los beneficios expresivos responden a la interrogante: ¿qué dice algo de mí a los demás y a mí mismo? Los beneficios emocionales son la respuesta a la pregunta: ¿cómo me hace sentir algo?

Los relojes ofrecen un ejemplo de los tres tipos de beneficios. Los relojes caros disminuyen el bienestar por los costes prácticos de los precios altos, pero lo mejoran por los beneficios expresivos de un alto estatus social y la exhibición de gustos refinados, así como por los beneficios emocionales de la belleza y el orgullo. De hecho, es imposible explicar la amplia gama de precios de los relojes, desde diez dólares hasta más de un millón de dólares, sin tener en cuenta sus beneficios expresivos y emocionales.

La tercera generación de finanzas conductuales también describe a las personas como «normales», pero es explícita al describir el bienestar de la vida como el deseo general de las personas. Esta generación amplía su foco para verlas como seres completos y mostrarlas en el ámbito de las finanzas, pero también en los otros como el de la familia, los amigos, la salud, el trabajo, la educación, la religión y la sociedad.

El lugar especial del ámbito de las finanzas

El ámbito de las finanzas tiene un lugar especial en el bienestar vital porque es importante por sí mismo y porque subyace al bienestar en todos los demás. Necesitamos las finanzas para mantenernos a nosotros mismos y a nuestras familias, pagar la comida y la vivienda. Necesitamos las finanzas para mantener nuestra propia salud y la de nuestras familias, pagando los servicios de médicos y hospitales. Las necesitamos para pagar la educación que nos califique para trabajos, carreras y vocaciones bien remuneradas y satisfactorias. Incluso, necesitamos finanzas para experimentar y expresar nuestra religión.

Doug Lynam era un monje. Ahora es asesor financiero. «Durante demasiado tiempo —escribió—, la religión y el dinero se han mantenido separados, como si la mera existencia de una ensuciara a la otra. Pero la fría y dura verdad de la vida moderna es que necesitamos dinero, incluso los monjes. Descubrí este hecho por las malas cuando nuestra comunidad se declaró en bancarrota».[9]

El ámbito de las finanzas a menudo es pasado por alto o degradado tanto por la gente común como por los académicos. «Para mí, el bienestar significa equilibrio entre el trabajo, los amigos y la familia, mis relaciones y mi salud —dijo Jean, una mujer estadounidense de 31 años entrevistada por BlackRock—. Cada una de estas cosas definitivamente influye, y tal vez mis relaciones sean la parte más importante».[10]

Jean no mencionó las finanzas entre los ámbitos que subyacen en su bienestar vital. E incluso cuando se menciona, ese ámbito no ocupa un lugar destacado. Una encuesta encontró que el de las finanzas no se ubica por encima de los de la familia, el trabajo y la salud.[11] Otro encontró que importaba poco, mucho menos que los ámbitos de la familia, los amigos y la salud.[12] Otro halló que ocupa el último lugar.[13]

Sin embargo, una encuesta realizada por BlackRock a los estadounidenses revela que el 55 % de ellos clasificó las finanzas como la principal fuente de estrés en sus vidas, seguidas a cierta distancia por el estrés en el trabajo, la salud, la familia y la vida social.[14] De hecho, el alto bienestar financiero percibido, medido por un bajo estrés sobre las finanzas presentes y una alta seguridad sobre las finanzas futuras, es un predictor clave del bienestar en la vida, comparable en magnitud a los efectos combinados de una alta satisfacción laboral, buena salud física y sólidas relaciones de apoyo.[15]

1

Capital financiero, social, cultural y personal

El bienestar vital se ve realzado por cuatro tipos de capital: financiero, social, cultural y personal. El capital financiero está formado por la renta y la riqueza. El capital social se centra en las redes sociales de personas que se apoyan mutuamente mediante la aceptación, la confianza y la cooperación. El cultural engloba el conocimiento de los muchos aspectos de la cultura de un grupo, la facilidad de interacción con los demás miembros del mismo y la comodidad de adherirse a los valores y prácticas del grupo. Por último, el capital personal incluye las características físicas y mentales, el género y la orientación sexual, la raza y la nacionalidad. Cada tipo de capital está asociado con beneficios y costes prácticos, expresivos y emocionales, y varía según la clase social.

Clase social: élite, clase trabajadora y clases desfavorecidas

La profesora de Derecho Joan Williams señaló que el término «clase media» se ha vuelto demasiado amplio para designar la clase social.[1] Casi nueve de cada diez personas se ven a sí mismas como miembros de la clase media.[2] En su lugar, clasificó a las personas por clase social de élite, clase trabajadora y clases desfavorecidas. Las clases sociales se diferencian por el capital financiero, medido por los ingresos y la riqueza, pero también por la educación, el empleo, las preferencias y las actitudes, lo que refleja el capital social, cultural y personal.

La élite es la clase profesional y directiva, compuesta por familias con ingresos en el 20 % superior y al menos un miembro que se graduó de la universidad. Las familias de clase trabajadora son aquellas con ingresos por encima del 30 % inferior pero por debajo del 20 % superior, y también las familias con ingresos más altos pero sin graduados universitarios. Y las familias más desfavorecidas son aquellas con ingresos en el 30 % inferior.

Las brechas de bienestar entre las clases sociales y dentro de ellas se han expandido a lo largo de las décadas. El bienestar se mantuvo estable entre los miembros blancos de la élite entre las décadas de 1970 y 2010, mientras que disminuyó entre los miembros blancos de la clase trabajadora y las clases desfavorecidas. El bienestar entre los miembros negros de la clase trabajadora y las clases desfavorecidas se mantuvo bastante estable, mientras que aumentó entre los miembros negros de la élite.[3]

El respeto aumenta el bienestar mediante beneficios expresivos* y emocionales, mientras que la falta de respeto lo disminuye. El respeto y la falta de respeto varían según la clase social. Los economistas Richard Reeves e Isabel Sawhill señalaron que la mayoría de los estadounidenses dijeron que «ayer fueron tratados con respeto durante todo el día».[4] Pero también señalaron que el respeto no se extendía a todos, especialmente a las personas de color y a las que no tenían educación universitaria. Un hombre entrevistado por Pew dijo: «Sería bueno vivir de acuerdo con mi ser en lugar del color de mi piel. Nunca sabré cómo se sentirá una vida que valga la pena debido a esto».[5] Los costes expresivos y emocionales de la falta de respeto son evidentes en el relato de la vida de Stephanie Land: «Sirvienta: trabajo duro, bajo salario y la voluntad de una madre de sobrevivir». Describió que pagó la comida con cupones de alimentos, sufriendo los costes expresivos y emocionales del estigma, mientras otros clientes miraban su carrito de compras. Un hombre mayor dijo en voz alta: «¡De nada!», como si fuera él quien le hubiera pagado la compra.[6]

* N. del T.: por «expresivos» se debe entender los costes o beneficios derivados de la exhibición de nuestros valores personales.

Los miembros de la élite del 1 % pueden consolarse por los beneficios prácticos de su riqueza, pero su bienestar se ve disminuido por los costes expresivos y emocionales de la falta de respeto por parte del 99 %. Sam Zell, un rico inversor inmobiliario, probablemente miembro del 0,001 %, argumentó que el 1 % merece un gran respeto por parte del 99 % porque «el 1 % trabaja más duro, el 1 % representa factores mucho más importantes en todas las formas de nuestra sociedad».[7]

De hecho, los beneficios expresivos y emocionales del respeto mejoran el bienestar más que los beneficios prácticos de la riqueza. Los estudiantes universitarios calificaron qué tan respetados se sentían en su grupo y cuánto respetaban a las otras personas del mismo. También se les preguntó sobre sus ingresos familiares y su propio bienestar. Sentirse rico, sin sentirse también respetado, no mejora el bienestar.[8]

A los miembros de la clase trabajadora les molesta la falta de respeto por parte de los miembros de la élite, como abogados, médicos y maestros. La escritora y activista política Barbara Ehrenreich recordó cómo su padre, de clase trabajadora, contrarrestó esa falta de respeto con otra falta de respeto, llamando a los abogados tímidos, a los médicos charlatanes y a los profesores farsantes.[9]

Capital financiero

El capital financiero está formado por los ingresos y riquezas, así como por sus beneficios prácticos, expresivos y emocionales. Estos beneficios son evidentes en las palabras de Divya, una mujer estadounidense de 33 años entrevistada por BlackRock.[10] «Mi situación económica nos permitió comprar esta casa que está fuera del alcance de muchas personas de mi edad y de mi lugar en la vida. Me sentí orgullosa de que mi familia pudiera tomar la decisión de comprar este tipo de vivienda».

Esta casa proporciona a Divya beneficios prácticos como vivienda, beneficios expresivos como emblema de alto estatus social: «fuera del alcance de muchas personas en mi grupo de edad y lugar en la vida», y beneficios emocionales por el orgullo «de que mi familia pueda tomar la decisión de comprar este tipo de casa». También el capital financiero subyace a todos estos beneficios.

Divya dijo: «Mi situación financiera nos permitió comprar esta casa...». Una situación financiera abundante mejora tanto el bienestar evaluativo como el experiencial, tal como ha sido documentado por el psicólogo Matthew Killingsworth.[11] Él medía el bienestar evaluativo respondiendo a la pregunta: «en general, ¿qué tan satisfecho está usted con su vida?». Y estudió el bienestar experiencial por las respuestas a la pregunta: «¿cómo te sientes en este momento?».

Killingsworth descubrió que un mayor nivel de ingresos mejora el bienestar evaluativo en todos los tipos de ingresos, confirmando una conclusión a la que habían llegado anteriormente el psicólogo Daniel Kahneman y el economista Angus Deaton, galardonados con el Premio Nobel. Pero anuló su otra conclusión: que el bienestar experiencial deja de aumentar una vez que los ingresos anuales alcanzan los 75 000 dólares.[12] En cambio, encontró que un ingreso más alto mejora tanto el bienestar evaluativo como el experiencial en cualquier nivel de ingresos.

Killingsworth señaló que Kahneman y Deaton pidieron a las personas que recordaran el bienestar experiencial de ayer, pero es probable que exista una brecha entre el bienestar experiencial de ayer, tal como se recuerda en este momento, y el bienestar experiencial de ayer, tal como se experimentó en ese momento. En su lugar, midió el bienestar experiencial actual mediante respuestas telefónicas a la pregunta «¿cómo te sientes en este momento?».

Los ingresos más altos aumentan el bienestar experiencial al aumentar los sentimientos positivos y disminuir los negativos. Un alto ingreso anual, en el rango de los 80 000 dólares o menos, se asocia con sentimientos positivos más altos en cuatro aspectos de una lista de cinco: confiado, bueno, interesado y orgulloso. Se asocia con sentimientos negativos más bajos en todos los de la lista de siete: miedo, enojo, mal, aburrimiento, tristeza, estrés y molestia.

Un alto ingreso anual por encima de los 80 000 dólares se asocia con mayores sentimientos positivos en cuatro elementos de la lista de cinco: confiado, bueno, interesado y orgulloso. También se relaciona con sentimientos negativos más bajos en cuatro de los siete sentimientos negativos: malo, aburrido, triste y molesto. Esto implica que los ingresos más altos, pero en el rango de bajos a moderados dentro de los altos, aumentan el bienestar experiencial principalmente al reducir el sufrimiento, inducido por sentimientos negativos más bajos. También mejoran el bienestar experiencial por una mayor sensación de control, medida por las respuestas a la pregunta: «¿hasta qué punto se siente en control de su vida?» y una mayor seguridad financiera, obtenida por las respuestas a la pregunta: «¿tuvo problemas para hacer frente a las facturas regulares durante los últimos quince días?».

Killingsworth descubrió que los ingresos más altos mejoran tanto el bienestar evaluativo como el experiencial, sin dejar de hacerlo para ningún nivel de ingresos. Sin embargo, las magnitudes de los incrementos de bienestar asociados con los de los ingresos son menores cuanto mayores son los ingresos. Por ejemplo, la diferencia de bienestar entre una familia con un ingreso anual de 20 000 dólares y otra con el triple, 60 000 dólares, es aproximadamente la misma que la diferencia de bienestar entre una familia con un ingreso anual de 60 000 dólares y otra con el triple, de 180 000 dólares.

Capital social

El capital social se centra en las redes sociales de personas que se apoyan mutuamente mediante la aceptación, la confianza y la cooperación. Este capital puede ser estrecho, formado por la familia, o amplio, cuando abarca a las personas de una comunidad o de un país.

Los efectos del capital social son evidentes en las decisiones de huir después de accidentes de tráfico mortales. Los accidentes no se planifican y las decisiones de ayudar o huir se toman bajo una gran angustia emocional y presión de tiempo, lo que proporciona una prueba del papel del capital social. El análisis de los accidentes fatales que involucran a peatones en los condados de EE. UU. muestra que un mayor capital social se asocia con una menor probabilidad de atropello y fuga.[13]

El capital social de la élite suele consistir en redes sociales amplias pero débiles, como los directivos a los que dirigirse para encontrar trabajo o profesores a los que pedir consejo sobre cómo llevar a sus hijos a la universidad de su elección. Las inversiones en capital social son mayores en empleos como la gestión empresarial o el derecho, donde pueden producir mayores beneficios.

Un experimento que utilizó datos de LinkedIn reveló que los vínculos relativamente débiles en una red social amplia eran más útiles para encontrar trabajo que los fuertes lazos en una red social de alcance más limitado.[14] Un lector de un artículo sobre el experimento de LinkedIn proporcionó un ejemplo. «Me despidieron después de una carrera de treinta años en una gran empresa, muy conocida. Afortunadamente, LinkedIn existe y he mantenido la creación de redes a pesar de que rara vez busco cambiar de trabajo. Conseguí varias entrevistas y un buen trabajo después de unas seis semanas de búsqueda».

Las redes sociales entre la clase trabajadora y la clase desfavorecida suelen consistir en un estrecho grupo de familiares, amigos y vecinos que cuidan de los niños cuando los padres deben estar ausentes, o proporcionan un préstamo para un viaje urgente para visitar a un padre enfermo. Los sociólogos Jonathan Morduch y Rachel Schneider explicaron el caso de Tahmid Khan, un inmigrante de Bangladesh que trabajaba como vendedor de frutas en Manhattan. Tahmid prestó 1500 dólares a un primo que había perdido dos meses de ingresos después de que el huracán Sandy dañara su tienda, 400 dólares a un amigo de su esposa y 2000 dólares a otro amigo que necesitaba visitar urgentemente a su madre enferma en Bangladesh.[15]

El psicólogo Dacher Keltner y sus coautores confrontaron el capital social de la élite y las clases menos favorecidas, señalando que los mayores recursos de la élite reducen su necesidad de depender de los demás. «Lo que la riqueza, la educación, el prestigio y una posición más alta en la vida te dan es la libertad de concentrarte en ti mismo», dijo Keltner. Las personas ricas no entienden tan bien las emociones de otras personas. Acaparan recursos y son menos generosos de lo que sus medios les permiten.[16]

Las clases bajas, sin embargo, deben apoyarse en los demás. «Si no tienes recursos y educación, te adaptas al entorno, que es más amenazante, recurriendo a otras personas», dijo Keltner. «Siempre hay alguien que te llevará a algún sitio o cuidará a tu hijo cuando lo necesites. Solo tienes que apoyarte en la gente».

El periodista Esau McCaulley dio un ejemplo del funcionamiento del capital social en la clase trabajadora durante su infancia. Su madre trabajaba en el turno de tarde en una planta de Chrysler, de 2 a 12 p. m., seis días a la semana. Amigos y vecinos lo llevaban a él y a sus hermanos a la escuela. Cuando estaban disponibles, las tías, los primos y las abuelas los cuidaban por las noches. «La supervisión de los niños se hacía con parches y los favores se intercambian cada semana». Esto no le pareció extraño a McCaulley porque era común entre todos los niños que conocía.[17]

Este tipo de familia extendida es el centro del capital social de la clase trabajadora. La socióloga Annette Lareau describe a Wendy, una niña de una familia de clase trabajadora, cuya vida está entrelazada con la de su familia extendida. Las mejores amigas de Wendy son sus primas Rosie y Rebecca, que viven a poca distancia. Disfruta de las visitas diarias a sus abuelos maternos, que viven a poca distancia. El abuelo de Wendy a menudo la recoge después de la escuela, y el domingo de Pascua por la mañana Wendy llama a su abuela y canta «You Are My Sunshine».[18]

Lareau contrastó el capital social de la clase trabajadora con el de la élite, describiendo a Garrett, un miembro de una familia de élite, que elige unirse a un partido de fútbol en lugar de asistir a una celebración familiar de la graduación universitaria de un primo. El fútbol es prioritario. «¿No es así, Garrett?», dice el padre de Garrett, mientras Garrett asiente con la cabeza.[19]

El capital social contiene límites establecidos entre los incluidos en un grupo social y los excluidos. El comportamiento excluyente se muestra como incomodidad por parte del excluidor y percibido como irrespetuoso o esnob por el excluido. La socióloga Michele Lamont citó a una persona de la élite que muestra un comportamiento exclusivo hacia las personas fuera de su grupo social al «ser reservado, callado, no discutir las cosas abiertamente, o ser muy cortés formalmente, es decir, no tener mucho que ver contigo porque no tengo tiempo ni uso para ti y trato de enviar señales de esa manera». Esa persona muestra un comportamiento inclusivo hacia sus compañeros de élite haciéndolos sentir «cómodos», renunciando a los «frentes» e interactuando como «seres humanos».[20]

Capital cultural

El capital cultural, concepto introducido por el sociólogo Pierre Bourdieu, consiste en el conocimiento de los muchos aspectos de la cultura de un grupo, la facilidad para interactuar con los demás miembros del mismo y la comodidad de la adhesión a los valores y prácticas del grupo.

El sociólogo Daniel Laurison describió el papel del capital cultural en una productora de televisión. Los empleados de la empresa vestían todo tipo de ropa informal, pero algunas prendas informales, como los chándales, eran coherentes con su capital cultural de estudiada informalidad, mientras que otras no lo eran. Un empleado, un hombre que creció en el seno de una familia de clase trabajadora, siempre se destacaba vistiendo chándales incompatibles con esa informalidad estandarizada, tal vez porque no la comprendía o porque no estaba dispuesto a adoptarla. Dejó la empresa poco después de unirse a ella.[21]

Un mejor ajuste cultural entre los directivos y sus empresas es beneficioso, ya que prolonga la permanencia en el cargo. El valor de las acciones de las empresas aumenta cuando se aprecia un alto ajuste cultural dentro de ellas. Por el contrario, las empresas que contratan gerentes culturalmente disruptivos sufren valoraciones y rendimientos más bajos.[22]

La lactancia materna forma parte del capital cultural de la élite estadounidense. La socióloga Elizabeth Currid-Halkett señaló que el 17 % de las madres estadounidenses graduadas de la universidad amamantan exclusivamente durante los primeros seis meses del bebé, mientras que solo el 9,3 % de las que no tienen un título universitario lo hacen.[23] Un amplio capital financiero facilita a las madres de la élite la aplicación de su capital cultural renunciando a un empleo a tiempo completo, facilitando la lactancia materna. Esta facilidad se ilustra en las palabras de Rebecca Thompson Hitt, fundadora de The Conscious Parenting Project, quien rechaza las dudas sobre los beneficios de la lactancia materna. «Una vez que me convertí en madre, dejé mi trabajo diario y solo acepté trabajos que podía hacer mientras ponía a mi bebé primero... No hay nada más importante que mis hijos y nuestra relación. Nada».[24]

El capital cultural varía de una sociedad a otra. Currid-Halkett señaló que la lactancia materna no forma parte del capital cultural de la élite francesa. «Para las mujeres francesas, la insignia del estado posparto es perder peso rápidamente y verse sexy nuevamente». Esto contrasta con el molde estadounidense de los vestidos amplios y desenfadados, que se justifican por la preocupación por la lactancia materna.[25]

Capital personal

El capital personal incluye las características físicas y mentales, el género y la orientación sexual, la raza y la nacionalidad. También incluye la educación, la salud y la religión, que se exploran en los capítulos siguientes.

Características físicas

La belleza proporciona beneficios prácticos, expresivos y emocionales. Los niños guapos gozan de mayor popularidad en la escuela y de redes de amistad más amplias, y es más probable que se invite a adultos atractivos a unirse a organizaciones y reuniones informales, lo que amplía su capital social.[26,27] Los prestatarios con buena presencia tienen más probabilidades de obtener préstamos, pagar tasas de interés similares y, sin embargo, incumplir con más frecuencia.[28]

Los gestores de fondos de inversión físicamente atractivos captan más inversiones para sus fondos que los menos favorecidos, a pesar de obtener rendimientos más bajos. También tienen más probabilidades de ser ascendidos. Esto es especialmente cierto entre los fondos disponibles en plataformas FinTech, donde las fotos de los gestores son accesibles para los inversores.[29]

También las personas más altas disfrutan de mayores beneficios que las personas más bajas, ya que evalúan sus vidas de manera más favorable, tienen más probabilidades de gozar de emociones positivas y menos de sufrir emociones negativas.[30]

Características mentales

La extraversión y la alegría son rasgos de personalidad asociados con un alto bienestar, mientras que el neuroticismo y la depresión se asocian con un bajo bienestar.[31] La personalidad en la adolescencia predice el bienestar de la mediana edad. Las mujeres que eran más extrovertidas en la adolescencia disfrutaban de un mayor bienestar en la mediana edad. Por el contrario, tanto los hombres como las mujeres que eran más neuróticos en la adolescencia sufrieron un menor bienestar en la mediana edad.[32]

El optimismo se asocia con un alto bienestar. Las encuestas de BlackRock revelan que las personas que gozan de un alto grado de bienestar tienden a estar de acuerdo con la afirmación «soy optimista sobre mi futuro».[33] Los optimistas viven más tiempo. Las mujeres más optimistas vivieron una media de un 14,9 % más que las pesimistas, y los hombres más optimistas vivieron un 10,9 % más que los pesimistas.[34]

El optimismo acelera la recuperación de la cirugía cardiovascular y atenúa el dolor crónico, la diabetes y la aterosclerosis carotídea.[35] Sin embargo, el poder del optimismo es limitado. Ningún estudio ha encontrado que el optimismo ayude en la remisión del cáncer.

La inteligencia emocional, la capacidad de reconocer y gestionar nuestras propias emociones y comprender e influir en las emociones de los demás se asocia con un alto bienestar. Pero el bienestar no está asociado con la inteligencia cognitiva, la inteligencia medida por las pruebas de coeficiente intelectual.[36]

Género y orientación sexual

El género y la orientación sexual ofrecen ventajas y desventajas para el bienestar. La desigualdad de género lo disminuye en los países más progresistas, especialmente entre las mujeres. Sin embargo, tiene poco efecto sobre el bienestar en los países más conservadores.[37]

Las desviaciones de los roles de género estereotipados disminuyen el bienestar tanto de hombres como de mujeres. La escritora Norah Vincent exploró estos aspectos presentándose durante dieciocho meses como un hombre, Ned, con un nuevo vestuario, un corte de pelo más corto y un sujetador deportivo extremadamente ajustado. Descubrió que los hombres sufren tanto, si no más, por las expectativas de género. A los hombres que no se ajustan a los estereotipos masculinos se les llama despectivamente maricones.[38]

El jurista Douglas NeJaime señaló que el debate sobre la libertad religiosa en el contexto del matrimonio entre personas del mismo sexo oculta el papel central de la orientación sexual. Las relaciones entre personas del mismo sexo constituyen identidades lesbianas o gays, y las objeciones religiosas surgen en gran medida de las objeciones a tales identidades.[39]

En la búsqueda de vivienda, las personas transgénero y de género no conforme sufren discriminación. Tienen un 27 % menos de probabilidades de que se les muestren otras zonas en edificios de apartamentos, un 21 % menos de que se les ofrezcan incentivos financieros para alquilar, un 12 % más de probabilidades de que les hagan comentarios negativos sobre el apartamento y el vecindario, y un 9 % más de que se les cobren precios de alquiler más altos que las personas que no son transgénero y que se ajustan a los estándares de género típicos.[40]

Los bisexuales también se enfrentan a una discriminación considerable tanto por parte de los grupos heterosexuales como de los grupos de gays y lesbianas. Los bisexuales informaron de grados significativos de discriminación en el empleo, incluidos chistes inapropiados, acoso sexual y menor acceso a beneficios complementarios.[41]

Raza

Cierto capital personal, como ser de raza negra, cuenta más a menudo como un pasivo que como un activo. El profesor de Derecho Meirav Furth-Matzkin envió a diecinueve examinadores, mujeres y hombres, blancos y negros, para que devolvieran las prendas de vestir no estrenadas sin recibos a las tiendas de Chicago.[42]

Los vendedores otorgaron a los clientes blancos más concesiones fuera de la política formal, y menos vales de cambio o devoluciones a los clientes negros. Los clientes blancos cuyas solicitudes de vales o devoluciones fueron denegadas tuvieron casi un 30 % más de probabilidades de poder hablar con un gerente que los negros. Y entre los que pudieron hablar con un gerente, los clientes blancos tuvieron un 14 % más de probabilidades de recibir un buen trato que los clientes negros. Las desventajas a las que se enfrentan los clientes negros se conocen como «comprar siendo negros».

La discriminación contra los propietarios negros es evidente en los alquileres vacacionales. La raza de los anfitriones se revela en Airbnb, pero no en HomeAway. Los propietarios negros reciben calificaciones más bajas en Airbnb que los mismos anfitriones negros en HomeAway. Un experimento que replicó estos hallazgos encontró que la raza de los anfitriones afecta las calificaciones que reciben, y otro experimento encontró que las personas estereotipadas esperan que los anfitriones negros se desempeñen peor que los anfitriones blancos.[43]

La discriminación contra los estadounidenses de origen asiático se disparó al comienzo de la pandemia de COVID-19. Los usuarios de Airbnb con nombres distintivamente asiáticos sufrieron una disminución del 20 % en los huéspedes en relación con los anfitriones con nombres distintivamente blancos.[44]

Nacionalidad

Un estadounidense entrevistado por Pew dijo: «Me siento muy, muy afortunado. Ser un estadounidense de clase media es como ganar la lotería planetaria. La gente pierde eso de vista».[45] Los ciudadanos de países inestables y desfavorecidos como Venezuela y Honduras están dispuestos a caminar muchos kilómetros por terrenos peligrosos para entrar en Estados Unidos, y los ciudadanos de países desfavorecidos e inestables como Afganistán y Siria están dispuestos a arriesgar la vida en embarcaciones desvencijadas para llegar a Europa.

Los ciudadanos de los países ricos disfrutan de una amplia libertad de viaje en todo el mundo, mientras que los ciudadanos de las naciones menos desarrolladas sufren estrictos controles de visado. Los efectos de la nacionalidad en la libertad de viaje y el bienestar son evidentes en las entrevistas con ciudadanos de Serbia e Israel que han adquirido un segundo pasaporte de un país de la Unión Europea. Los pasajeros monitorearon continuamente la forma en que fueron tratados por las autoridades de control fronterizo, comparando su libertad de viaje con la que disfrutan los ciudadanos de naciones que perciben como culturalmente similares. Sufrían vergüenza cuando su trato no cumplía con sus expectativas y disfrutaban de orgullo cuando se les trataba mejor que a otros comparables.[46]

Combinaciones de capital financiero, social, cultural y personal

Las combinaciones de capital financiero, social, cultural y personal entre la élite hacen que sea más fácil para sus hijos encontrar padrinos profesionales que aceleren sus carreras. Los padres de grupos de élite proporcionan a sus hijos un valioso capital cultural en cuanto a información y una sensación de tranquilidad, y los padrinos se basan en ello proporcionando el capital cultural de la organización. Los «guardianes» de las carreras de élite, que son probablemente miembros de la propia élite, tienden a percibir erróneamente este capital cultural como evidencia de talento o mérito.

Una combinación de los cuatro tipos de capital subyace a las ventajas profesionales de los hijos de la élite noruega sobre los hijos de la clase trabajadora que chocan con los «techos de clase».[47] Los hijos de la élite son capaces de aceptar prácticas deseables, pero no remuneradas, buscar oportunidades profesionales prometedoras, pero arriesgadas, y resistirse al empleo explotador. También pueden comprar residencias en ciudades como Oslo, Londres, París y Nueva York, que son demasiado caras para los hijos de la clase trabajadora.

Los cuatro tipos de capital están generalmente alineados, pero no siempre. El capital financiero de Leon Cooperman, un gestor de fondos de cobertura, seguramente está alineado con la élite, y su capital social quizá lo esté con ella, pero su capital cultural y personal no lo están.

Cooperman es más rico que la mayoría de los gestores de fondos de cobertura, pero corpulento, con un andar torpe y, según la descripción cariñosa de un colega gestor de fondos de cobertura, también «viste ropas que lo califican como el multimillonario peor vestido del planeta Tierra».[48]

Los cuatro tipos de capital tampoco están unidos a las vidas de los profesores adjuntos en muchas universidades cuya educación, conocimiento y gustos reflejan el capital cultural de la élite, pero cuyo capital financiero está alineado con el de la clase trabajadora o las clases desfavorecidas. Uno escribió: «Vivo en lo que los victorianos se habrían referido como "pobreza gentil". Vengo de un entorno respetable de clase media y tengo dos títulos universitarios. Desafortunadamente, mi trabajo como profesor universitario ayudante significa que tengo pocos ingresos y me ubico en la clase baja en términos económicos».[49]

Además, los cuatro tipos de capital pueden estar en conflicto. Un alto capital financiero puede disminuir el capital social. Un hombre rico hacía referencia a que recibió poca simpatía de los demás cuando su hermana se enfermó y murió después de muchas pruebas y sin un diagnóstico definitivo. No podía creer cuánta gente, en lugar de decir «lamento tu pérdida», dijo algo como: «mi padre murió el año pasado, pero no teníamos los medios económicos que tú tienes. Quizá ahora entiendas lo que sentimos los que no tenemos dinero».[50] Y un hombre de clase trabajadora describió su torpeza en compañía de personas con un capital financiero sustancial. Varias familias adineradas de su iglesia tienen casas preciosas que a menudo abren para reuniones. Aprecia su generosidad, pero no se atreve a invitarles a su casa de clase media porque «bueno, sé que nuestra casa no es tan bonita como la de ellos».[51]

2

Capital financiero

Marissa López, de 31 años y madre soltera de tres hijos, realizó algunos estudios universitarios y está titulada como auxiliar médico.[1] Sin embargo, ha estado trabajando para una agencia de empleo temporal en hospitales y consultorios médicos durante los últimos siete años porque no puede encontrar un trabajo a tiempo completo. Hablando con la socióloga Sarah Halpern-Meekin y sus coautores, dijo: «A veces puedo trabajar cuarenta horas a la semana. Otras veces tengo suerte si tengo ocho horas a la semana».

El ámbito de las finanzas es importante para el bienestar en sí mismo. Los ingresos elevados mejoran tanto el bienestar experiencial como el evaluativo. Además, la esfera de las finanzas es importante porque es la base del bienestar en todos los demás ámbitos.

Es difícil disfrutar del bienestar en el ámbito de la familia cuando los ingresos son insuficientes para mantener a una madre y a sus tres hijos. Y es difícil disfrutar del bienestar en el ámbito laboral cuando se trabaja en una agencia de empleo temporal, dependiente de salarios insuficientes ganados en horas de trabajo que varían de una semana a otra.

Las familias británicas hicieron frente a la disminución de los ingresos en tiempos de COVID-19 recortando gastos, recurriendo a ahorros y pidiendo préstamos a bancos y amigos. La carga de hacer frente a la situación redujo su bienestar en un equivalente de 313 dólares a 4,388 dólares de ingresos anuales.[2]

Muchas preocupaciones económicas son similares entre las personas de todos los países, pero algunas son diferentes. Las preocupaciones entre los estadounidenses incluyen las cargas de los préstamos estudiantiles, el coste de la vivienda, la desigualdad y el estancamiento de los salarios. «Creo que es más difícil para nosotros lograr la salud financiera que para la generación de nuestros padres —dijo Mike, un estadounidense de 33 años entrevistado por BlackRock—, porque entramos en el mercado laboral en medio de la crisis financiera de 2007-2008 y ha sido una batalla cuesta arriba llegar a donde estamos hoy».

Los británicos están preocupados por el coste de la vivienda, el cuidado de los niños y la matrícula, las probables disminuciones de las pensiones de jubilación y el aumento en la edad para disfrutarla, o también la incertidumbre inducida por el Brexit. «Creo que, si no puedes acceder a la propiedad inmobiliaria, se complican tus posibilidades de lograr esta salud financiera y ser propietario de tu propia casa es un gran paso hacia esto», dijo Tracey, una mujer británica de 51 años.

Los mexicanos están preocupados por la mala situación económica y política del país, los impuestos, la inestabilidad monetaria, la inflación y la corrupción. «Me preocupa el ambiente político en México, la impunidad y la corrupción», dijo Orlando, un mexicano de 43 años. Y Rosa Celia, una mexicana de 61 años, dijo: «Me preocupan algunos aspectos como que la inflación aumente cada día. Esto está afectando nuestros salarios, pensiones o cualquier otro ingreso».

Y los chinos están preocupados por la vivienda, la atención médica, la educación, el empleo, la inflación, la volatilidad de los mercados financieros y la desigualdad. Muchos señalaron que las personas de la generación de sus padres eran menos susceptibles a las pérdidas en los mercados financieros chinos porque entonces estos mercados no estaban tan abiertos, y las inversiones disponibles, como los ahorros en bancos y los bonos del gobierno, eran menos arriesgadas. Además, observaron que las personas de la generación de sus padres eran más pobres en promedio que las personas de hoy, pero eran igual de pobres entre ellos, mientras que la economía abierta y los mercados financieros de hoy fomentan una gran desigualdad y competencia por el dinero y el estatus social. «En nuestra generación, hay demasiadas tentaciones, una intensa competencia laboral, insuficientes recursos médicos y educativos», dijo Lei, un chino de veintinueve años.

Utilitario, expresivo y emocional

Un amplio capital financiero mejora nuestro bienestar mediante beneficios prácticos, expresivos y emocionales. Meredith, una mujer estadounidense de 31 años entrevistada por BlackRock, ilustró estos beneficios, comparando su situación financiera durante su época en la universidad con la actual. Durante la etapa universitaria ganaba siete dólares la hora, lo que era suficiente para pagar las copas de los fines de semana y salir con sus amigos. Sabía que era pobre, pero no importaba porque todos sus amigos también lo eran.

El bienestar de Meredith es mayor ahora que sus ahorros superan a los de las personas de su grupo de comparación social: «Cada vez que veo artículos que afirman que la mayoría de los estadounidenses no tienen suficientes ahorros para un fondo de emergencia de seis meses, me siento MUCHO mejor conmigo misma porque fácilmente tengo eso, y más».

Los ricos, dueños de un capital financiero extravagante, disfrutan de beneficios prácticos que no están al alcance de los propietarios de un mero capital financiero suficiente.

La directora de documentales Abigail Disney, heredera de la fortuna de Disney, reconoció estos beneficios. «Si pasas de clase turista a *business* y a primera clase, no querrás volver a turista. Y una vez que hayas volado en avión privado, nada volverá a arrastrarte a través de una terminal de un aeropuerto público».[3]

Los ricos también disfrutan de beneficios expresivos y emocionales más allá de los que están disponibles para los propietarios de un mero capital financiero suficiente. Como comentó Disney: «Nunca he sido muy materialista, pero me he regodeado en los privilegios que conlleva un fondo fiduciario, como el tiempo, el control, la seguridad, la atención, el poder y la elección. El hecho es que se trata de un *software* bastante estándar que viene con el *hardware* de un cuerpo humano».

El bienestar aumenta cuando los tres tipos de beneficios están en equilibrio. «Con respecto a la necesidad de riqueza, definitivamente es mejor acumular tanta como sea posible —dijo Qiang, un hombre chino de cuarenta años entrevistado por BlackRock—. Sin embargo, la necesidad de riqueza no debe convertirse en una carga. Es algo que no se puede perseguir en exceso ni ignorar demasiado».

Y Michael, un hombre estadounidense de 71 años, dijo: «He visto a personas perseguir [la riqueza] como objetivo y fracasar. No se puede existir sin dinero, pero alcanzar la riqueza nunca fue un objetivo. Vivir una buena vida y ser feliz era más importante».

Algunas posesiones, como las casas y los coches, requieren mucho capital financiero, mientras que otras, como las gafas de sol, los bolsos y los portabebés, necesitan relativamente poco, pero todas mejoran el bienestar mediante beneficios prácticos, expresivos y emocionales.

Casas

Los beneficios prácticos de las casas son evidentes en un programa a gran escala en México, reemplazando los suelos de tierra por suelos de cemento. El programa mejoró el bienestar de los niños, al reducir los casos de infestaciones parasitarias, diarrea y anemia, y un mayor desarrollo cognitivo. Y mejoró el bienestar de los propietarios de viviendas al reducir las tasas de estrés y depresión.[4]

Las casas en los países desarrollados, como las de Estados Unidos, ofrecen beneficios prácticos a algunos compradores extranjeros como refugios seguros para las riquezas conseguidas ilícitamente. Estos beneficios prácticos se hacen evidentes en un diferencial de precio pagado por estos compradores.[5] Las casas estadounidenses destacan como paraísos seguros para los compradores chinos, y la demanda de estas es especialmente grande cuando la tensión económica en China es alta. Los precios de las casas en las ciudades americanas preferidas por los compradores chinos han aumentado más rápido que los precios de las casas en vecindarios similares en ciudades estadounidenses menos populares.[6]

Los beneficios expresivos y emocionales de ser propietario de una vivienda en comodidad y tranquilidad y sus contribuciones al bienestar pueden eclipsar sus beneficios prácticos como inversión. Un hombre estadounidense señaló que no piensa en una casa como una inversión. Le encanta por su comodidad y tranquilidad. «Vivimos en la misma casa durante 45 años, la compramos por 59 000 dólares en 1975 y la vendimos por 505 000 dólares en 2018. ¿Buena inversión financiera? Lo dudo, pero fue un hogar donde criamos a cuatro hijos. Esa fue una buena inversión... en nuestra familia».[7]

No obstante, a menudo se exageran las expectativas de los propietarios de una vivienda de mejorar su bienestar. Una comparación entre las expectativas de aumento del bienestar cinco años después de la compra de la vivienda y el aumento real de este cinco años después indica que las personas sobrevaloran el aumento de la satisfacción que conlleva ser propietario de una vivienda.[8] De hecho, el bienestar de las propietarias no es mayor que el de las inquilinas, quizá porque las propietarias tienden a dedicar más tiempo a las tareas domésticas y menos a actividades más agradables, como el ocio activo.[9]

Las casas embrujadas disminuyen el bienestar por costes expresivos y emocionales. Los precios de los apartamentos de Hong Kong bajan un 20 % cuando piensan que la casa está encantada. Los precios bajan un 5 % entre los apartamentos de la misma planta, un 3 % entre los apartamentos de la misma manzana y un 1 % entre los apartamentos de la misma urbanización.[10]

Y los singapurenses pagan más por casas con direcciones que les traen suerte, lo que ilustra sus beneficios expresivos y emocionales. El sobreprecio de los apartamentos más grandes con direcciones «afortunadas» en los pisos de más alto nivel es especialmente elevado porque estas características de la vivienda son emblemas muy visibles de riqueza.[11]

A veces, los ricos, como Warren Buffett, el CEO de Berkshire Hathaway, disfrutan de beneficios expresivos y emocionales que subvierten a los habituales. Vivir en una casa modesta cuando puedo permitirme muchas mansiones muestra que soy lo bastante inteligente para no dejarme engañar y comprar una mansión cuando una casa más modesta me sirve bien. «Estoy caliente en invierno, fresco en verano, que es lo que necesito. No podría imaginar tener una casa mejor».[12]

Coches

Los coches mejoran el bienestar gracias a los beneficios prácticos de tener un transporte fiable. Gerald, un estadounidense de 32 años entrevistado por BlackRock, describió su alegría el día que compró un coche nuevo. «Me quitó mucho estrés y preocupación en mi vida porque no me importaba lo que pasaría cuando condujera para ir al trabajo». Los coches también mejoran el bienestar por los beneficios expresivos y emocionales para personas con un elevado estatus social y orgullo. Un coche económico eleva el estatus social de uno y le añade orgullo allí donde hay pocos que poseen automóviles. Qiang, a quien citamos anteriormente, disfrutó de estos beneficios. «A pesar de que era el modelo más barato [de mi ciudad], aquel día me sentí muy feliz».

Los coches caros como un BMW o un Porsche elevan el estatus social y añaden orgullo donde la propiedad de un coche es habitual. Suzanna, una mujer estadounidense de 59 años dijo: «Cuando mi esposo cumplió cincuenta años, decidió que quería comprarse un BMW. Nunca habíamos tenido un coche tan caro, pero sabía que era muy importante para él».

Paul, el hombre estadounidense de 70 años mencionado anteriormente, señaló su deseo de pasar de su Subaru a un Porsche, lo que provocó que Helene, una mujer estadounidense de 56 años, exclamara: «Oh. ¡Y acabamos de "subir" a un Subaru!». El jefe de diseño de BMW quiere que cada uno de sus coches sea un tema de conversación, proporcionando beneficios expresivos y emocionales más allá de su utilidad como medio de transporte. «No fabricamos automóviles que sean máquinas que se utilizan para ir del punto A al punto B. Fabricamos coches que son obras de arte móviles».[13]

El deseo de obtener beneficios expresivos y emocionales impulsa a muchos en la clase media-baja a comprar automóviles que expresan su pertenencia a la clase media-media, y a muchos en la clase media-media a comprar automóviles que expresan su pertenencia a la clase media-alta. Este deseo se manifiesta en la preferencia de los compradores con baja solvencia por coches prestigiosos, una preferencia que a menudo conduce a resultados tristes en impagos de préstamos y consiguiente disminución en la clasificación crediticia.[14]

La compra de coches a plazos ha arraigado en Rusia durante las últimas décadas, a medida que los préstamos bancarios para coches (que, de otro modo, serían inasequibles) se han vuelto comunes. El deseo de comprar un coche se hace patente en la observación de que el precio promedio de los vehículos nuevos financiados por préstamos ha crecido más rápido que el ingreso promedio de los compradores. Los compradores de coches caros sacrifican los beneficios prácticos de otras compras, incluidas las que satisfacen necesidades básicas.[15]

La deuda en forma de préstamo para comprar un coche es a menudo inevitable cuando no se dispone de suficiente liquidez, pero la alegría acompaña al pago de esa deuda. «Cuando recibí por correo la información sobre la finalización de mi crédito, me sentí muy bien por ser yo la propietaria al 100 % y no ya el banco —dijo Katie, una mujer estadounidense de 28 años entrevistada por BlackRock—. Trabajé duro para pagarlo y ahora tengo el título de propiedad en la mano. Me sentí plena después de hacer el pago final por internet, habiendo pagado ya el coche por completo. Fue un acontecimiento memorable».

Fundas y bolsos de lactancia

Algunos emblemas de alto estatus social son caros, como las casas y los coches, proporcionando beneficios expresivos y emocionales a su propietario al ser llamativos para todos. Otros emblemas son menos caros, ya que proporcionan un beneficio expresivo y emocional al pasar desapercibidos para todos, excepto para determinados grupos específicos. La socióloga Elizabeth Currid-Halkett ilustró la señalización del alto estatus social por parte de las madres de la élite a sus grupos objetivos de otras madres de la élite con productos como las fundas de lactancia de diseño Baby au Lait, los portabebés Ergo y Baby Bjorn, y los pañales de tela o compostables. Mostró que «el cubridor de lactancia en sí mismo no es caro, ni siquiera abiertamente llamativo; más bien es un signo material de un modo de crianza a menudo caro y que requiere mucho tiempo».[16]

Las gafas de sol y los bolsos, tanto de precio alto como bajo tienen menos probabilidades de mostrar distinción de marca que los productos de precio medio. Los bolsos más baratos mostraban menos logotipos o patrones relacionados con la marca que los bolsos de precio medio, pero los bolsos que costaban más de seiscientos dólares tenían tan pocos logotipos o patrones relacionados con la marca como los bolsos más baratos. Los académicos del *marketing* Jonah Berger y Morgan Ward descubrieron que los consumidores de la clase trabajadora preferían productos marcados explícitamente que son ampliamente reconocibles como símbolos de estatus. En consecuencia, los consumidores de élite prefieren marcadores sutiles que los diferencien de la clase trabajadora y, por lo tanto, faciliten la comunicación con otros que saben.[17]

Sin embargo, los bolsos de lujo pueden imponer costes expresivos y emocionales si inducen el síndrome del impostor, haciendo que los propietarios se sientan poco auténticos. El síndrome del impostor hizo que una mujer de setenta años del Upper East Side de Manhattan llevara un bolso de lona básico, dejando sus bolsos de lujo en su armario.[18]

Capital financiero y capital financiero relativo

Es objeto de debate si el bienestar medio de las personas en los países desarrollados se mantiene estable o sigue aumentando a medida que aumentan los ingresos medios. La paradoja de Easterlin explica el hallazgo según el cual el bienestar promedio en los países desarrollados deja de aumentar a medida que aumentan los ingresos promedio. No obstante, no se discute que el bienestar de los individuos dentro de un país es menor cuando sus ingresos son bajos en relación con los ingresos de los demás en grupos de comparación social. Las personas sufren un bajo bienestar cuando no consiguen estar a la altura de los demás. Como señaló el propio Richard Easterlin: «Los individuos evalúan su bienestar material, no en términos de la cantidad absoluta de bienes que tienen, sino en relación con una norma social de los bienes que deberían tener».[19]

Un viejo chiste describe la diferencia entre los estadounidenses y los habitantes de la antigua Unión Soviética. Cuando los estadounidenses ven una hermosa casa en la cima de una colina, dicen: «Me gustaría tener una casa así». Pero cuando la gente en la Unión Soviética ve una casa así, dicen: «Me gustaría que esa casa se quemara». Sin embargo, los estadounidenses, al igual que la gente de todo el mundo, disfrutan de beneficios expresivos y emocionales cuando observan la disminución del capital financiero de los miembros de sus grupos de comparación social.

La periodista Alina Tugend describió a Ellen, una mujer que sentía una mezcla de curiosidad y envidia mientras veía a sus amigos gastar generosamente en vacaciones, coches y reformas en el hogar. Ellen se sintió aliviada, como los soviéticos del chiste, cuando descubrió que el derroche de sus amigos estaba siendo financiado a través de deudas, lo que finalmente les obligó a vender su casa y mudarse a un apartamento alquilado. «Me sentí muy reivindicada», dijo.[20]

Los efectos de los grupos de comparación social sobre el bienestar son evidentes entre las personas cuyos vecinos forman ese grupo. Un aumento en los ingresos de los vecinos reduce el bienestar de una persona en la misma medida que tendría una reducción igual de sus propios ingresos.[21] Pero un aumento en los ingresos de los vecinos no afecta el bienestar de las personas que no socializan con sus vecinos, porque no los consideran como su grupo de comparación social.

Las personas tienen cierto margen de maniobra para seleccionar sus grupos de comparación social, pero no mucho. Se puede evitar a los vecinos como grupo de comparación social si no se socializa con ellos, pero no se puede evitar a los compañeros de trabajo. Las personas tienen múltiples grupos de comparación social que son específicos a cada contexto. Los miembros de la familia forman un grupo de comparación social, los compañeros de trabajo otro, y las identidades de estos grupos se transmiten en gran medida de generación en generación.[22] Las comparaciones con compañeros de trabajo y amigos son las que más influyen en el bienestar. Además, las personas tienden a compararse hacia arriba, con los que ganan más, lo que de hecho disminuye su bienestar.[23]

Las incoherencias son comunes entre las clasificaciones percibidas en diferentes grupos de comparación social, tales como vecinos, amigos o la sociedad en general. Las personas cuya clasificación, en relación con sus vecinos o amigos, es baja en comparación con su clasificación en relación con la sociedad en general sufren un menor bienestar. La distancia de los demás, la falta de compromiso social y la disminución del sentido de la vida explican cómo las inconsistencias en las clasificaciones socavan el bienestar.[24]

La desigualdad de ingresos obliga a muchas personas de bajos ingresos a acelerar su ritmo de vida comprando bienes que son llamativos e indican un alto grado de bienestar. Estas compras a menudo se financian con préstamos costosos, lo que fomenta la desigualdad.[25] El gasto en bienes de lujo en China aumentó cuando la urbanización, la movilidad y la apertura aumentaron la intensidad de las comparaciones entre grupos sociales.[26] Los vecinos de las personas que ganaron premios de lotería aumentan los préstamos, y algunos sufren las consiguientes quiebras.[27] Por el contrario, las personas se sienten libres de reducir esa velocidad cuando ven que los miembros de sus grupos de comparación social se quedan atrás. Los vecinos de los singapurenses en bancarrota reducen sus gastos.[28]

El peaje de un capital financiero relativamente bajo lleva a las personas a calibrar los beneficios y costes prácticos, expresivos y emocionales, y a intercambiar bienes entre sí. «Me doy cuenta de que he elegido caminos en la vida que me llenan, personalmente enriquecedores, pero que no me aportan una enorme riqueza —dijo Jeffrey, un hombre estadounidense de sesenta años entrevistado por BlackRock—. Una vez trabajé con un presidente de una empresa que recibió una prima de siete millones de dólares, además de un salario ridículamente alto. ¿Qué se hace con siete millones más? Terminé por moderar mis deseos... nunca quise vivir en los barrios donde había que estar a la altura de tus vecinos».

El coste de un capital financiero relativamente bajo también lleva a las personas a restar importancia al dinero en sus vidas. Pensar que el dinero no es importante mejora el bienestar de las personas de bajos ingresos, mientras que pensar que el dinero sí lo es mejora el bienestar de las personas de altos ingresos.[29]

Adrian, un británico de 35 años entrevistado por BlackRock, señaló que su bienestar aumentó cuando dejó de escuchar a otras personas o de juzgar su grado de éxito y felicidad por las definiciones de consenso, «lo que irónicamente significaba que dejé de pensar y comencé a vivir». Además, el precio de un capital financiero relativamente bajo lleva a las personas a enfocarse en atributos intrínsecos, centrados en el crecimiento personal y las relaciones interpersonales porque, a diferencia de los extrínsecos, centrados en el capital financiero, no se pueden comparar con los de los demás.[30] Mis logros de crecimiento personal no son ni mejores ni peores que los tuyos. Puedes obtener una taza de «Mejor Padre» de tus hijos, y yo también. Es más difícil obtener bienestar por atributos extrínsecos. O yo tengo más capital financiero que tú o tú tienes más que yo.[31,32]

El periodista James Parker explicó lo que sintió estando sentado en una cafetería de Londres, mirando su taza de té: «Tomé un sorbo desesperado de mi taza y la volví a dejar. Al hacerlo, el lateral de mi mano tocó el tablero de la mesa de formica y sentí el calor radiante de donde la taza había estado descansando un segundo antes». El calor radiante le envió un mensaje a Parker. «Un día, serás capaz de apreciar simplemente lo que está frente a ti. El té, el café, Londres, la pequeña lente de calidez sobre la mesa. Un día, esto será suficiente». «Pon tus aspiraciones altas —escribió Parker—, esfuérzate por alcanzar la excelencia, pero baja el listón y mantenlo bajo. Extiende el perdón a tus amigos idiotas; extiende el perdón a tu yo idiota. Conviértelo en una práctica. Descansa en la realidad».[33] Sin embargo, es difícil resistir el daño que inflige un capital financiero relativamente bajo. Anne, una mujer estadounidense de 53 años entrevistada por BlackRock, hizo una lista de cosas que tenía que hacer: «Comer sano. Leer la Biblia. Asistir a la iglesia. Treinta minutos o más de ejercicio diario. No te compares con los demás...». Aun así, agregó: «El objetivo más difícil para mí sería no compararme con otra persona. Me ayudaba repasar esta lista cada mañana como recordatorio».

La transparencia sobre la renta y la riqueza puede reducir el bienestar o mejorarlo. Los registros fiscales en Noruega han sido públicos desde el siglo XIX, pero el acceso a ellos era difícil antes de 2001. Había que presentarse en persona en una oficina pública y presentar una solicitud formal para ver los ingresos de otra persona. En 2001, sin embargo, los medios de comunicación noruegos digitalizaron los registros fiscales y crearon sitios web que colocaban a todos los noruegos a un clic de distancia de encontrar los ingresos de todos los demás noruegos. Las listas de impuestos *online* se volvieron extremadamente populares, a veces más que YouTube, y se utilizaron principalmente para espiar a amigos, familiares y contactos sociales, más que para identificar a defraudadores fiscales. Los usuarios podían crear listas de los que más ganaban y los que menos ganaban entre sus amigos de Facebook o mapas que mostraban los ingresos de todos los habitantes de un barrio. Los medios noruegos lo llamaron «pornografía fiscal». La transparencia aumentó el bienestar de los ricos noruegos y disminuía el de las clases desfavorecidas. La brecha en el bienestar experiencial entre los ricos y las clases desfavorecidas aumentó en un 29 % y la brecha en el bienestar evaluativo aumentó en un 21 %.[34]

Los costes de la transparencia para el bienestar se ponen de manifiesto en un estudio realizado por el premio nobel de economía David Card y sus colaboradores. Hicieron que la información salarial fuera transparente para un subconjunto de empleados de la Universidad de California, informándoles de la existencia de un nuevo sitio web que enumeraba los salarios de los empleados de la universidad.[35] Posteriormente, se encuestó a todos los empleados sobre su satisfacción en el trabajo e intenciones de búsqueda de empleo. Los trabajadores que se enteraron de que sus salarios están por debajo de la mediana de sus compañeros sufrieron una disminución del bienestar, que se expresó en una menor satisfacción con sus trabajos y salarios, y una mayor probabilidad de buscar nuevos empleos.

Sin embargo, la disminución del bienestar por la transparencia puede conducir a un mayor bienestar futuro si resulta que una menor satisfacción con los trabajos y los salarios impulsa a las personas a negociar salarios más altos o buscar nuevos empleos. Sara Swenson, una vicepresidenta de desarrollo de productos de 39 años obtuvo un aumento salarial del 50 % después de hablar con sus compañeros de trabajo sobre sus salarios y aprender cuándo pedir un aumento y cuánto pedir. Una conversación de Bailey Koch, una empleada de veinticinco años del Senado del Estado de Minnesota con los miembros de su equipo reveló que su salario era más bajo. Renunció cuando su solicitud de aumento fue denegada y encontró un nuevo trabajo como estratega de comunicaciones digitales en un sindicato.[36] La transparencia salarial también puede reducir la brecha de género. Las leyes canadienses permiten el acceso público a los salarios de los miembros del profesorado si superan unos umbrales determinados. Las leyes redujeron la brecha salarial de género entre hombres y mujeres en aproximadamente un 20 % a un 40 %.[37] La transparencia puede reforzar el bienestar al reducir el gasto que se destina a mejorar el estatus. Las personas que encuentran transparencia en los ingresos muestran una menor preferencia por el gasto para mejorar su estatus que las personas que no disfrutan de esa transparencia porque no necesitan mostrar sus ingresos gastando más.[38]

Algunos de los ricos abrazan la transparencia para aumentar su bienestar. De hecho, a muchos oligarcas rusos parece resultarles imposible abstenerse de exhibir ostentosamente su riqueza. «¿Qué es un oligarca sin ostentación? —se preguntaba la socióloga Brooke Harrington—. Para muchos oligarcas rusos, la respuesta es nada. Los oligarcas no solo necesitan ser asquerosamente ricos, sino que deben ser vistos como tales».[39] Más a menudo, sin embargo, los ricos se abstienen de exhibir ostentosamente su riqueza, conscientes de su poder para provocar resentimiento entre los que menos tienen. Una encuesta realizada a familias extremadamente ricas describió sus «temores secretos».[40] Algunos dijeron que habían perdido el derecho a quejarse de cualquier cosa, temiendo que las quejas los hicieran parecer desagradecidos. Otros señalaron que su enorme riqueza los carga con expectativas de regalos lujosos en las fiestas, decepcionando a aquellos que solo reciben regalos caros. «Tratamos de ser lo más comprensivos y abiertos de mente posible. Pero si escucháramos y respondiéramos a la petición de todos, pasaríamos treinta horas al día en ello».

Los «temores secretos» de los ricos suscitan poca empatía y mucho resentimiento entre los que menos tienen. Uno escribió: «Nadie discute que los ricos tienen sus propios problemas. Pero estos no son problemas reales. Un problema real daña significativamente tu vida... como la pobreza, una enfermedad paralizadora, la muerte de un ser querido». «Los ricos alivian sus miedos secretos socializando con otros ricos y mostrando su riqueza discretamente a otros ricos que entienden sus preocupaciones y empatizan con sus miedos». «Siempre estoy trabajando para lograr la estabilidad financiera y aumentar mi riqueza, pero no es algo de lo que hable y ciertamente no me jacto de esto», dijo William, un británico de 47 años entrevistado por BlackRock. De hecho, las exhibiciones ostentosas de riqueza son regularmente recibidas con burla, disminuyendo el bienestar. Los términos peyorativos *nouveau riche*, *parvenu* y *bling* describen a las personas que exhiben su riqueza y se jactan de ella. En chino, *Tuhao* es un término peyorativo para los nuevos ricos, análogo a los *nouveau riche*.[41] Los ricos prefieren eufemismos como «acomodado» o «afortunado».

Envidia, *glückschmerz, schadenfreude* y *freudenfreude*

La envidia es una experiencia humana común, prohibida por los diez mandamientos, pero no extinguida. La envidia de las personas en nuestros grupos de comparación social disminuye el bienestar por costes expresivos y emocionales. «Envidia de Facebook» es el sentimiento que nos invade cuando vemos a nuestros amigos de Facebook «comiendo ensalada de langosta en veleros frente a Nantucket o aprendiendo tanto sobre Joyce en Dublín con un profesor de Oxford como guía personal pagado».[42] Los jóvenes son especialmente susceptibles a la envidia, y los grados de envidia disminuyen a medida que las personas envejecen. Además, la envidia no actúa como un motivador útil. Una mayor envidia hoy no se asocia con el éxito económico futuro, sino con un crecimiento más lento del bienestar futuro.[43] La envidia potencial nos inhibe de dar regalos superiores a nuestras propias posesiones. En cambio, damos regalos inferiores que preservan nuestro bienestar.[44]

Glückschmerz es el dolor por la buena fortuna ajena, disminuyendo el bienestar como lo hace la envidia.[45] Sentimos un poco de *glückschmerz* cuando un estudiante que apenas conocemos gana un premio prestigioso, pero el aguijón de *glückschmerz* es doloroso cuando un estudiante de nuestro grupo de comparación social lo gana, y ese aguijón es abrasador cuando nuestro mejor amigo lo gana. Una mujer escribió a la doctora Andrea, una columnista que da consejos: «Mi hermana y yo somos las mejores amigas y, sin embargo, cada hito que ella tiene, ascensos laborales, comprar una casa, casarse, tener un hijo, creo que estoy feliz por ella, pero duele mucho. Quiero poder disfrutar de sus éxitos, pero siempre comparo las cosas con mi propia vida. ¿Y cómo puedo limitarlo?».[46]

Schadenfreude, el placer por la desgracia ajena, aumenta el bienestar.[47] Ese placer se expresa en todos los idiomas. Dicen los japoneses que las desgracias ajenas saben a miel. Los franceses hablan de *joie maligne*, deleitarse en el sufrimiento ajeno. Los daneses hablan de *skadefryd*, y los holandeses de *leedvermaak*. En hebreo, la alegría por las catástrofes de otras personas es *simjá la-ed*, y en mandarín, *xIng-zai-lè-huô*.[48]

Freudenfreude, la alegría de la buena fortuna ajena aumenta el bienestar, pero es difícil de sentir. La psicóloga Juli Fraga contó la historia de Eugenie George, cuyo corazón se hundió cuando se enteró de que su amiga había aprobado un examen de asesoramiento financiero que había suspendido semanas antes. «Mi niña interior se enfadó», recordó George, pero superó su envidia y llamó a su amiga para felicitarla. Se sorprendió al descubrir que *freudenfreude* mejoraba no solo el bienestar de su amiga, sino también el suyo propio. «La felicité y le dije que me había inspirado».[49]

Otros, sin embargo, señalaron que es fácil sentirse *freudenfreude* cuando el éxito es el de «amigos, familiares, cualquiera». Lo difícil es sentirlo cuando el éxito es el de «un competidor en un campo difícil y complicado en el que uno dedica su propia vida, ambición y futuro».

Capital financiero actual y capital financiero aspirado

El capital financiero al que aspiramos es, por lo general, proporcional a nuestro capital financiero actual. Los que tienen un capital financiero exiguo aspiran a uno moderado, los que tienen un capital financiero moderado aspiran a un capital amplio, y los que tienen un capital financiero amplio aspiran a un capital extraordinario que los haga verdaderamente ricos. Meredith, una mujer estadounidense de 31 años con un capital financiero moderado, describió sus aspiraciones de un amplio capital financiero, pero que no fuera extravagante. «Para mí es algo que nunca tendré. Creo que utilizaría el término "estabilidad financiera" para describir mis propios objetivos de vivir cómodamente con algún que otro capricho».

Muchos con un escaso capital financiero se esfuerzan por alcanzar su aspiración de capital moderado jugando a la lotería. Prefieren loterías con premios relativamente bajos que pueden proporcionar un capital financiero moderado, tal vez de decenas de miles, en lugar de las que pueden proporcionar un capital extravagante de muchos millones. No tienden a comprar más boletos de lotería cuando los botes de lotería aumentan desde moderados a extravagantes.[50] La historia de un hombre de 64 años que ganó 50 000 dólares en la Lotería de Maryland por los números del cumpleaños de su madre ilustra este hallazgo general. La asombrada esposa del hombre se quedó sin palabras cuando él le dijo que habían ganado 50 000 dólares. «Todavía no me lo creía», dijo. La pareja tiene planes moderados para sus ganancias. «Quiero que mi cocina esté terminada», dijo la esposa, tal vez agregando a la lista una renovación del sótano y la sala de estar.[51]

La fiebre de los diamantes en Sudáfrica atrajo a personas que aspiraban a escapar de la pobreza extrema. Corrieron a una pequeña aldea en KwaZulu-Natal por el rumor de que un pastor había encontrado en su suelo piedras transparentes parecidas a diamantes. Sbusiso Molefe, un hombre de 41 años que había perdido su trabajo en una fábrica textil, subsistía gracias a la ayuda del gobierno, la cual representaba menos de una cuarta parte de su salario anterior, incapaz de proporcionar a sus tres hijos alimentos básicos como carne, leche y mantequilla. Dos días de excavación intensa habían producido cuatro piedras. «Me siento desesperado —dijo él—. Solo estamos esperando. Si son diamantes reales, significa que estamos ganando».[52]

Algunos inversores bursátiles novatos en tiempos de COVID-19 hablaban como si aspiraran a un capital financiero extravagante, pero en realidad no aspiraban a más que un capital financiero moderado. Den Kovacs, un profesional de informática de veinticico años, esperaba obtener beneficios que le permitieran pagar su deuda de tarjeta de crédito de siete mil dólares. «Quiero ponerme en una posición en la que no esté endeudado de esa manera —dijo—. Está dañando mi calificación crediticia y quiero poder mudarme a otro lugar». De hecho, las deudas de corto plazo sin garantía, como las deudas de tarjetas de crédito, se asocian con síntomas depresivos y menor bienestar.[53] Joe Ballent, un auxiliar médico de 32 años, aspiraba a pagar su próxima boda y el pago inicial de una casa. «Siento que hay mucha gente que nunca ha podido salir adelante. Asumí una deuda de seis cifras (para la escuela de posgrado) y trabajé en dos empleos antes de estudiar, pero ahora no puedo permitirme una casa».[54]

El capital financiero futuro al que aspiran las personas con un patrimonio extravagante también tiende a ser proporcional a su capital financiero actual. La socióloga Marianne Cooper describió a Bob Newman, incapaz de sentirse seguro incluso con 25 millones de dólares en efectivo en el banco. «No sé por qué —dijo—. Quiero decir, es difícil gastar 25 millones de dólares... Pero cuando a esto le sumas la inseguridad emocional de querer estar financieramente seguro..., no creo que lo sintiera hasta que tuve entre 30 y 35 millones de dólares».[55] Algunas personas con un capital financiero que supera los 35 millones de dólares todavía no se consideran financieramente seguros, aspirando a más. Para eso, dicen, necesitarían en promedio una cuarta parte más de riqueza de la que poseen actualmente. Uno de ellos, heredero de una enorme fortuna, dijo que el cristianismo es lo más importante para él, y que su mayor aspiración es «amar al Señor, a mi familia y a mis amigos». Añadió, sin embargo, que necesitaría mil millones de dólares en el banco para sentirse seguro.[56]

Y muchos ricos no se consideran ricos porque se comparan hacia arriba, hacia otros más ricos. La socióloga Rachel Sherman citó a Helen, una exbanquera casada con un abogado con un ingreso anual superior a los dos millones de dólares y activos por valor de más de cuatro veces eso. «Siento que estamos un poco en el medio, en el sentido de que hay tanta gente con tanto dinero. Tienen aviones privados. Tienen conductores. Y, ya sabes, no podemos permitirnos ese lujo».[57]

Las brechas entre el capital financiero actual y el que se aspira a tener disminuyen el bienestar, especialmente cuando son imposibles de cerrar. Esto es evidente en la India, donde las personas son asignadas a castas desde el nacimiento. Las diferencias entre los ingresos de las personas de las castas medias y los ingresos de las personas de las castas altas son inmensamente grandes en el estado de Punjab, a pesar de los niveles similares de educación. Las personas de castas medias tienen un bajo bienestar no solo en relación con las personas de castas altas, sino también en relación con las personas de castas bajas que están resignadas a sus posiciones bajas.[58]

Muchos estadounidenses apenas se mantienen en la clase media. La mediana de los ingresos a lo largo de la vida de los hombres que entraron en el mercado laboral en 1983 es inferior en un 10 %-19 % a la de los hombres que entraron en el mercado laboral en 1957. La mediana de los ingresos a lo largo de la vida de las mujeres que entraron en el mercado laboral en 1983 es superior en un 22 %-33 % a la de las mujeres que entraron en el mercado laboral en 1957, pero ese aumento es relativo a la muy baja mediana de los ingresos a lo largo de la vida del grupo de 1957.[59] En respuesta a un artículo sobre personas de clase media que se sentían económicamente inseguras, un graduado universitario con un trabajo a tiempo completo, un estilo de vida modesto y una cuidadosa vigilancia de sus finanzas, escribió: «Tengo 35 años. Cuando mi padre tenía mi edad, tenía una casa, un trabajo a tiempo completo, beneficios espectaculares, dos hijos y una esposa que podía quedarse en casa la mayor parte del tiempo». Algunos lectores, sin embargo, replicaron culpando a «una clase media con un apetito superior a sus ingresos… nosotros arrancamos la formica para poner Corian, luego lo mejoramos a granito, que no se ve tan bonito como las encimeras de cuarzo y los salpicaderos de azulejos de vidrio que actualmente están de moda».[60]

Las diferencias en el capital financiero entre los chinos se ensancharon entre 1990 y 2000, lo que condujo a una disminución general del bienestar a pesar de una aumento del capital financiero.[61] Los que se quedaron atrás reaccionaron gastando más, especialmente en artículos de lujo ostentosos, a fin de «estar a la altura de los Wang».[62] Los aumentos en el capital financiero aumentan el bienestar, pero estos aumentos tienden a disminuir con el tiempo por la adaptación, a medida que las personas se acostumbran a su mayor capital financiero. El bienestar de las personas extremadamente desfavorecidas en América Latina aumentó de forma sustancial cuando recibieron mejores viviendas, pero el 60 % de ese aumento desapareció después de ocho meses.[63] Las adaptaciones a los cambios en el capital financiero tienden a ser más rápidas que las adaptaciones a los cambios en el capital financiero en relación con los grupos de comparación social. El bienestar de las personas se adapta plenamente a los cambios en el capital financiero después de cuatro años, pero las adaptaciones a los cambios en el capital financiero en relación con los grupos de comparación social llevan más tiempo.[64]

3

Ahorro y gasto

«Tiene que haber un buen equilibrio entre el bienestar ahora y la tranquilidad para el futuro —dijo Orlando, el mexicano de 43 años mencionado anteriormente—. Creo que necesitas saber cómo administrar tus finanzas de manera que puedas disfrutar de lo que te gusta hoy, pero sabiendo que has construido una economía sólida para el futuro».

Un buen equilibrio entre el ahorro y el gasto mejora el bienestar ahora y en el futuro. A su vez, el bienestar mejora ese equilibrio. Las personas que disfrutan de un alto bienestar esperan una vida más larga y, por lo tanto, son cuidadosas a la hora de equilibrar el ahorro y el gasto.[1] Barbara, la mujer británica de veintiocho años a la que se hizo referencia previamente, consideró ese equilibrio mientras contemplaba la posibilidad de echar mano de sus ahorros para la jubilación: «Después de pensarlo e investigar más, me di cuenta de que no era una buena idea y que sería terrible para mí a largo plazo». Sin embargo, es difícil lograr un buen equilibrio. Tony, un británico de 55 años, recordó las palabras de un magnate británico: «He escrito libros sobre el tema, talonarios de cheques». Muchos concluyen, más tarde en la vida, que no habían logrado un buen equilibrio. «Cuando era joven, malgastaba mi dinero en cosas que cubrían solo unas pocas necesidades, pero que eran principalmente entretenimiento en lugar de cosas esenciales —dijo Carolina, una mujer mexicana de 35 años—. Creo que la presión de los amigos fue una de las barreras para una buena gestión financiera. Quieres estar a la moda, tener el teléfono móvil más moderno, ropa de marca, el mejor ordenador, etc.».

La gente se irrita cuando ve que otros no logran mantener un buen equilibrio entre el ahorro y el gasto, especialmente cuando tal fracaso impone costes a los demás. Harleen, una mujer británica de 32 años, describió una conversación con una compañera de trabajo que gana un buen salario, pero que durante los últimos dieciséis años adoptó junto a su esposo el enfoque de «la vida es demasiado corta, disfrútala mientras puedas». Como resultado, después de varios préstamos consolidados, múltiples tarjetas de crédito al límite y estar al borde de la bancarrota, solicitaron un programa gubernamental que les ayudara a pagar parte de la deuda y a condonar el resto. Mientras Harleen escuchaba, percibió amargura en la descripción que hacía su compañera sobre su lucha por pagar los cien dólares mensuales de la escuela de danza de sus hijos. «Me enfadé muchísimo por esta respuesta e intenté explicarle que todas las familias tienen gastos "adicionales", y que esto era un lujo». La compañera de trabajo se sintió molesta por este comentario y Harleen no insistió más, pero se alejó de la conversación pensando: «Has comprado como una loca durante años sin preocuparte de nada y ahora te molesta que otros gasten el dinero que tanto les cuesta ganar».

Encuadre, contabilidad mental y autocontrol

Un buen equilibrio entre el ahorro y el gasto requiere un uso competente de las herramientas de encuadre, contabilidad mental y autocontrol. Asignamos el dinero en cuentas mentales, como para facturas de servicios públicos, comida y entretenimiento, y utilizamos reglas de autocontrol para no echar mano de una cuenta mental, por ejemplo, la de la comida, para gastarla en entretenimiento.

John, un británico de treinta años, aprendió estas herramientas de un mentor: «Ejemplo, crea tres frascos para tus ahorros y pon "x" cantidad de dinero en cada uno... para facturas, gastos sociales e inversiones. Esto me ha ayudado a ser más consciente de mis patrones de gasto de entrada y salida». Y Karen, una mujer británica de sesenta años, las aprendió de su hermano, que tiene una cuenta en la que deposita el dinero que gana como periodista *freelance* para gastarlo en sus aficiones. «Yo podría hacer lo mismo, como un fondo para escapadas de fin de semana».

John y Karen son miembros del grupo estable, miembros de la clase trabajadora y de la élite que obtienen ingresos adecuados de manera constante a lo largo de sus años de trabajo y los utilizan eficazmente para ahorrar lo suficiente para la jubilación. Otras personas pertenecen al grupo precario, que consta de dos segmentos, los de bajos ingresos y los de alto gasto. Las personas que gastan mucho son en su mayoría miembros de la élite que obtienen ingresos más que adecuados durante sus años de trabajo, pero lo gastan todo y más, sin ahorrar. Las personas de bajos ingresos son miembros de la clase trabajadora que se esfuerzan por ahorrar, pero sus ingresos bajos e inestables les sitúan precariamente cerca de la pobreza.

Meredith, la mujer estadounidense de 31 años antes mencionada, apreció las diferencias en el equilibrio entre el ahorro y el gasto al observar a sus padres. Su padre es miembro del grupo precario de los que gastan mucho, mientras que su madre es miembro del grupo estable. Sus padres tenían enfoques muy diferentes sobre el dinero y fue un factor muy importante en su divorcio. «Mi mamá ahorra TODO y mi papá gasta todo». Ahora tienen alrededor de setenta años y Meredith puede ver quién está viviendo una vida mejor. «Alerta de *spoiler*, es mi mamá». Por suerte, se parece a su madre. Los miembros del grupo estable, como Meredith y su madre, ahorran principalmente en cuentas de ahorro para la jubilación, como IRA,* 401(k) y 403(b), y a esto les ayuda el autocontrol que proporcionan los sistemas de pensiones de afiliación automática y las contribuciones de su empresa, que igualan a las suyas. De hecho, son las abultadas cuentas de jubilación, no las casas caras o los coches de lujo, lo que separa al grupo estable del de los precarios con alto gasto.

La escasez se suma a la precariedad de las personas de bajos ingresos, ilustrada por las consecuencias de un desajuste entre las fechas de vencimiento de las facturas de agua y los días de pago de la seguridad social.[2,3] Las fechas de vencimiento de las facturas mensuales de agua en Jerusalén se asignan al azar y, por lo tanto, pueden cumplirse justo antes o después de los días de pago de la seguridad social. Los economistas Momi Dahan y Udi Nisan compararon la probabilidad de pagos

* N. del T.: Cuentas individuales de jubilación.

atrasados por parte de familias de bajos ingresos cuando reciben sus beneficios del seguro social un día después de la fecha de vencimiento de la factura del agua con la probabilidad de que familias similares reciban sus beneficios un día o más antes de la fecha de vencimiento. El pequeño *shock* de liquidez que sufren las familias que reciben sus prestaciones sociales un día después provoca una disminución del bienestar, además de un aumento de los cargos por intereses y multas por mora.[4]

Los desalojos de casas alquiladas son comunes entre las personas de bajos ingresos, lo que contribuye a un ciclo de pobreza. Los inquilinos desalojados generalmente se enfrentan a problemas económicos mucho antes de los desalojos, con ingresos más bajos y mayores dificultades financieras. Los desalojos agravan sus problemas, aumentando el número de personas sin hogar y las visitas al hospital, incluidas las relacionadas con la salud mental, lo que reduce aún más los ingresos y el acceso al crédito.[5]

Los miembros del extremo superior del grupo estable obtienen un mayor bienestar del gasto en experiencias, como vacaciones y conciertos, que de bienes materiales, como zapatos y ropa, probablemente porque sus amplios recursos les permiten consentirse ambos. Pero los miembros del extremo inferior del grupo estable obtienen un mayor bienestar de la compra de bienes materiales que proporcionan beneficios prácticos, duran más y traen a sus hijos un sentido de pertenencia entre sus compañeros.[6]

Algunas personas son ricas y se sitúan en la parte superior del grupo estable. Willa, descrita por la socióloga Rachel Sherman, nació en el seno de una familia adinerada, y ahora ella y su marido ganan dos millones de dólares anuales y viven con sus hijos en una casa de piedra rojiza de cinco millones de dólares en la ciudad de Nueva York. «Estábamos bromeando el otro día, cuando jugamos el Powerball —dijo Willa—. Y es como si nada cambiara. ¿Sabes? Es decir, estamos contentos con esta casa. Sabes. Tenemos todo lo que necesitamos. Nuestra vida no va a cambiar si ganamos el Powerball».[7]

Otros ascienden a la cima del grupo estable por sus altos ingresos y sus prodigiosos ahorros. Los autores Thomas Stanley y William Danko los llamaron los «millonarios anónimos». Son profesionales, como médicos, abogados y contables, y dueños de negocios, como soldadores autónomos, controladores de plagas y propietarios de *campings*.[8]

Las personas aprenden a equilibrar el ahorro y el gasto principalmente de los padres, por lo general, siguiendo sus pasos. La propensión al impago de los préstamos personales es más de cuatro veces mayor entre las personas cuyos padres incumplen. El vínculo entre los problemas financieros de los padres y los hijos existe principalmente porque los padres transmiten actitudes y comportamientos financieros a sus hijos.[9]

La mayoría de los padres son conscientes de transmitir actitudes y comportamientos financieros que fomenten un buen equilibrio entre el ahorro y el gasto. Tracey, una mujer británica de 51 años describió que se los transmitió a su hijo de veiticuatro años, un estudiante de derecho de bajos ingresos con una novia seria y el deseo de comprar una casa. Sin embargo, dijo, cuando le pagan cada mes, «se olvida de sí mismo y sale a restaurantes caros. Le expliqué que, aunque necesita divertirse mientras es joven, tiene que pensar en el futuro y planificar, de lo contrario nunca alcanzará sus objetivos. Espero que lo haya tenido en cuenta».

«Mis padres siempre nos enseñaron a ser inteligentes con el dinero —dijo Naren, un hombre británico de 55 años—. Trabajaban tan duro en las fábricas, a menudo los siete días de la semana, para que no nos faltara ropa y pudiéramos vivir bien, que eso te obliga a no olvidar las dificultades con las que se encontraron y a no derrochar el dinero». Sin embargo, Tina, una mujer británica de 55 años, camina en una dirección opuesta a la de sus padres. «Mis padres eran avariciosos y siempre estaban endeudados, eso me enseñó una valiosa lección». Ella no se endeuda y sus hijos tampoco. «Vivir por encima de tus posibilidades no vale la pena, causa estrés, crueldad y amargura y arruina las relaciones a tu alrededor».

Los amigos y los vecinos se ayudan mutuamente a equilibrar el ahorro y el gasto compartiendo información, por ejemplo, sobre los gastos en alimentación. «Hace muy poco, nuestros mejores amigos hablaban de lo poco que gastaban en comida cada mes, y fue un gran *shock* para mi esposa y para mí», dijo Ashley, un hombre británico de 32 años. Esto los llevó a sentarse y discutir el presupuesto por primera vez.

Acordaron reducir sus gastos recurriendo al supermercado Aldi para las grandes compras y a su supermercado local Tesco para frutas y verduras frescas, renunciando al más caro Marks and Spencer. Los amigos y vecinos también se ayudan mutuamente a equilibrar los ahorros y los gastos al compartir información más allá de los gastos de alimentos, como por ejemplo, la refinanciación de la hipoteca. Es más probable que las personas refinancien sus hipotecas si los vecinos en un radio de cincuenta metros la han refinanciado recientemente.[10]

La deuda es a menudo inevitable cuando los ahorros son insuficientes para comprar una casa o un automóvil; sin embargo, las actitudes hacia la deuda varían. El sexo, los ingresos y el grado educativo entre los alemanes separan a un grupo más grande de deudores de emergencia de dos grupos más pequeños: los que rechazan la deuda y los pragmáticos.[11] Entre los suecos, las actitudes hacia la deuda determinan el endeudamiento tanto como la educación, la asunción de riesgos y la educación financiera.[12] Y la deuda, ya sea de vivienda o de otro tipo, se asocia con un bajo bienestar entre los chinos, lo que disminuye la satisfacción vital y aumenta el estrés.[13]

La gente está ansiosa por reducir su deuda. Un estudio de personas que obtuvieron ganancias inesperadas en forma de pagos por la extracción de gas natural en sus terrenos mostró que pagaron 33 centavos de deuda por dólar de ganancia inesperada, y las personas con calificaciones crediticias bajas reembolsaron mucha más deuda que aquellas con calificaciones crediticias altas. El pago de la deuda precedió a la compra de bienes duraderos, como frigoríficos, especialmente entre las personas que estaban en dificultades financieras antes de recibir sus ganancias inesperadas.[14]

En los países de renta baja, como Indonesia, la gente suele depender en gran medida de las familias y sus redes sociales de intercambio para equilibrar el ahorro y el gasto. La escasez de lluvias aumenta tanto las transferencias enviadas como las recibidas, lo que reduce la vulnerabilidad del gasto a las fluctuaciones de las precipitaciones.[15] Algunas personas en países de ingresos altos, como Estados Unidos, también dependen en gran medida de las familias y estas redes sociales de intercambio para equilibrar el ahorro y el gasto. Los estadounidenses acumulan importantes deudas en tarjetas de crédito al prestar asistencia financiera a sus familiares necesitados. Esto es particularmente frecuente en los grupos de bajos ingresos y en las comunidades afroamericanas, en las que las necesidades son especialmente altas.[16] Los beneficios de compartir redes tienen un coste, ya que la presión por compartir los ahorros disuade a algunas personas de trabajar. De manera más general, una mayor intensidad del intercambio entre parientes disminuye el desarrollo económico.[17] A los trabajadores de fábricas de Costa de Marfil se les proporcionaron cuentas de ahorro bloqueadas que protegían sus ahorros del intercambio. Estas cuentas mitigaron los impactos en el trabajo de esos intercambios.[18]

Algunos métodos para limitar el reparto son más ingeniosos que las cuentas de ahorro bloqueadas, y más autóctonos. Cuando Rolf Engelbrecht, un misionero estadounidense, llegó por primera vez a Guinea, África Occidental, se sorprendió al ver «ruinas» de viejas casas de adobe en pie en las aldeas y en el campo. Pronto se enteró de que se trata de cuentas de ahorro. «Verás —escribió Engelbrecht—, en la cultura guineana es así: si tienes dinero en efectivo a mano y tus familiares se enteran (lo que es casi seguro que harán), tienen derecho a venir y pedir ayuda, es decir, una limosna financiera». Dado que los guineanos se sienten socialmente obligados a cumplir con las peticiones de sus familiares, se hace muy difícil ahorrar dinero para proyectos especiales «como comprar una alianza, construir una casa o contratar a alguien para que te haga una canoa». La solución es abrir una cuenta de ahorros colocando los cimientos de una casa. Los ladrillos se agregan cada vez que el dinero en efectivo ingresa al hogar, lo que lo deja fuera del alcance de las peticiones de familiares necesitados. Pero el proceso es tan lento que a veces hasta crecen árboles de considerable tamaño en medio de la construcción de la casa.[19]

Autocontrol deficiente

El autocontrol es difícil de conseguir y algunos no lo logran en absoluto. De hecho, el autocontrol deficiente, reflejado en la impulsividad, la falta de organización y la preferencia por vivir hoy, aumenta la incidencia de la angustia financiera más que una deficiente educación o conocimientos financieros.[20] Los sociólogos Jonathan Morduch y Rachel Schneider describieron la dificultad de ejercer el autocontrol en la vida de Becky y Jeremy, miembros del grupo precario de bajos ingresos. Las palabras de Becky revelan su precariedad. Si la principal fuente de ingresos de su hogar dejaba de trabajar, no podía pasar más de un mes sin pedir dinero prestado. Nunca podría jubilarse. Sus hijos tendrían aún menos oportunidades que ella. Y su bienestar financiero está en su mayor parte fuera de su control.[21]

Becky y Jeremy abrieron una cuenta de ahorros para acumular un fondo de emergencia, pero no lograron mantenerlo. «Es difícil para nosotros. No sé por qué —admitió Becky—. La disciplina para no usar ese fondo de emergencia en entretenimiento o algo divertido es demasiada». En su lugar, construyeron un fondo de emergencia con artículos de tocador, chuletas de cerdo congeladas y cajas de cereales. «No puedes comprar entradas de cine con ocho tubos de pasta de dientes».[22]

La combinación de pobreza y autocontrol deficiente es obvia en la vida de Ashlee Reed, de veintinueve años, descrita por la socióloga Sarah Halpern-Meekin y sus coautores. Reed trabaja en Head Start, un programa para niños pequeños, que no funciona en verano. «Por lo general, mi objetivo, aunque nunca lo logre, es tener suficiente dinero ahorrado para el verano», dice, antes de recibir su primer cheque de subsidio por desempleo. Ese cheque tarda cuatro semanas en llegar, demasiado tiempo para que sus ahorros duren.[23]

Las plataformas de préstamos en línea pueden ayudar a las personas precarias de bajos ingresos a superar los reveses financieros, disminuyendo así el riesgo de bancarrota. Pero un deficiente autocontrol lleva a muchos a caer en trampas de deuda excesiva, lo que aumenta las solicitudes de bancarrota. La disponibilidad de la plataforma de préstamos en línea de Lending Club aumentó las declaraciones de bancarrota en aproximadamente un 8 %.[24]«Buy Now Pay Later» (BNPL) es una innovación FinTech que brinda a los consumidores un fácil acceso al crédito para compras minoristas específicas. Pero el BNPL induce un mayor gasto, aumentando los cargos por descubierto y los intereses y comisiones de las tarjetas de crédito y empeorando la salud financiera.[25]

Las personas precarias y de bajos ingresos utilizan una serie de dispositivos de autocontrol para ayudarles a ahorrar. Morduch y Schneider describieron a Janice, una mujer que desconfía de las trampas de los préstamos de anticipo de sueldo. Los prestamistas de estos créditos exigen a los prestatarios que presenten cheques firmados por el importe de los préstamos más intereses, fechados para el siguiente día de pago. «Es como una adicción si tienes una cuenta corriente —dijo Janice—. Pides prestados 60 dólares y devuelves 75 dólares. Si pides prestados 200 dólares, devuelves 250 dólares. Pero, ¿qué pasa si luego no tienes los 250 dólares?».[26] Janice refuerza su autocontrol al no pedir una nueva chequera cuando se le acaba la anterior. Refuerza aún más su autocontrol al mantener sus ahorros en un banco con horario de apertura limitado a 56 kilómetros de distancia. El banco ofrece una tarjeta de cajero automático, pero Janice la partió en dos el día que llegó. «Tengo que necesitar el dinero de verdad antes de ir a sacarlo».[27]

Los calendarios de pagos de la hipoteca sirven como dispositivos de autocontrol, lo que aumenta los ahorros. Una parte de los pagos de la hipoteca cubre los intereses y la otra se suma a los ahorros en forma de capital inmobiliario. Los pagos hipotecarios son especialmente efectivos para aumentar los ahorros porque no desplazan otros ahorros, como los de planes de pensiones. Las personas generan el dinero necesario para los pagos de la hipoteca y otros ahorros trabajando más y gastando menos.[28] El autocontrol puede verse reforzado por el control externo o reemplazado por él. Los padres imponen un control externo sobre los hijos adultos. Morduch y Schneider describen a Robert, un precario de bajos ingresos que entrega sus ingresos a su madre. «Ella es como Fort Knox. Es imposible de forzar».[29]

Más a menudo, los padres imponen un control externo sobre los hijos pequeños. La joven hija de Ruth, una mujer británica de 38 años entrevistada por BlackRock, pidió algo de dinero para ir con sus amigas a tomarse un batido y un rollo de salchicha para el almuerzo. Ruth le dio un billete de cinco libras, pero le dijo que no recibiría más durante el resto de la semana. «Ella puso mala cara y dijo que eso no sería suficiente». Ruth sugirió que almorzara en casa antes de irse. «¡Su cara se tensó aún más ante esta sugerencia!». Poco después, la hija pidió dinero para un helado. Ruth le sugirió que sacara al perro a pasear al menos treinta minutos por el dinero del helado. «Con los ojos en blanco, resoplando y resoplando, hizo esto solo para regresar diez minutos después». Ruth reinició el reloj a treinta minutos y su hija regresó a la hora correcta justo cuando llegó el camión de los helados.

El promedio de asignación semanal para los niños de las familias estadounidenses es ahora treinta dólares.[30] Sin embargo, cuatro de cada cinco padres que dan una paga esperan que sus hijos hagan las tareas domésticas a cambio, unas cinco horas a la semana de media. La mayoría de los padres dan estas asignaciones para enseñar a sus hijos a ser responsables financieramente, y la mayoría de los niños lo gastan en salidas con amigos, dispositivos digitales y entretenimiento, o juguetes. Solo unos pocos colocan una parte de sus asignaciones en cuentas de ahorro. La inscripción automática de los empleados en los planes de ahorro para la jubilación aumenta su autocontrol, aumentando los ahorros. Los ahorros de los empleados civiles del ejército en el plan de ahorro aumentaron en un 4,1 % del salario anual cuatro años después de la inscripción automática, sin incurrir en dificultades financieras adicionales.[31] Los gobiernos y las instituciones también ejercen un control externo, fortaleciendo o debilitando el autocontrol. Una restricción del acceso a los anticipos de salario redujo las ventas de licores.[32] Pero la ampliación de los horarios de funcionamiento de las licorerías dio lugar a un mayor consumo de alcohol, un mayor uso del crédito al consumo y mayores tasas de morosidad.[33]

La autoridad tributaria ofrece un dispositivo de autocontrol en el pago excesivo de impuestos seguido de devoluciones de impuestos. Morduch y Schneider describieron el método de Becky y Jeremy. Cada mes, Jeremy paga más impuestos de los que debe, sin incluir a sus cuatro hijos como dependientes. Pero cuando él y Becky presentan sus formularios de impuestos a principios de año, enumeran a sus hijos. Este método, combinado con el Crédito Tributario por Ingreso del Trabajo (EITC, por sus siglas en inglés), produce un reembolso de impuestos de 7300 dólares en marzo, una suma sustancial en relación con los ingresos de 35 000 dólares en el año de Jeremy.

El Crédito Tributario por Ingreso del Trabajo es una línea que separa a los precarios de bajos ingresos de las clases desfavorecidas que generalmente no trabajan y sobreviven de la asistencia social de las agencias gubernamentales, organizaciones benéficas y familiares. Se trata de una línea delgada, que a menudo se cruza, pero que es muy importante para los miembros de ambos grupos debido a los beneficios expresivos y emocionales de los ingresos, y los costes expresivos y emocionales del estigma de la asistencia social.

A menudo se exagera la preocupación por los hábitos de gasto de las personas de clases desfavorecidas, imponiéndoles restricciones que disminuyen innecesariamente su bienestar. Una limitación común consiste en proporcionar asistencia alimentaria en especie en lugar de dinero en efectivo. Un estudio realizado en Indonesia sustituyó el arroz en especie por vales electrónicos canjeables por arroz y huevos en una red de proveedores privados. Los beneficiarios de los vales recibieron arroz de mayor calidad y un mayor consumo de huevos.[34] De hecho, las personas precarias de bajos ingresos utilizan la mayor parte de sus reembolsos de impuestos para pagar facturas y deudas, acumular bienes, comprar bienes duraderos (como refrigeradores) y reparar automóviles. Sin embargo, las modestas porciones de los reembolsos que se gastan en lo que el público en general podría percibir como frívolo son de gran importancia simbólica para los miembros de ese grupo. Una cena en un restaurante en lugar de en un local de comida rápida, o una fiesta de cumpleaños de ensueño para un niño con dificultades en la escuela.[35]

La socióloga Sarah Halpern-Meekin y sus colaboradores describieron a Debra McKinley, una camarera de veitiocho años, que le prometió a Lacey, su hija mayor, que la invitaría al «mejor restaurante de marisco de Estados Unidos» para su cumpleaños si pasaba el cuarto grado. Pero el mejor restaurante de mariscos de Estados Unidos no está en Boston. Ni siquiera está en Massachusetts. De hecho, la cena soñada de Lacey fue en la cadena de restaurantes Red Lobster, y la ubicación más cercana está en Connecticut.[36] Lacey cumplió su parte del trato, y los cuatro miembros de la familia, junto con otro coche lleno de parientes, fueron a Connecticut. Debra se esfuerza por recordar el precio exacto de esa comida de langosta roja. El único precio que sabe es que Lacey gastó 68 dólares en su comida y se comió todo. «Sé que tuvo un buen cumpleaños, yo no los tuve [cuando era niña]. Por eso hago todo lo posible para darles [a mis hijas] todo lo que siempre he querido y no pude hacer».

Autocontrol excesivo

El autocontrol deficiente nos convierte en derrochadores, gastando demasiado y ahorrando muy poco. Pero el autocontrol excesivo nos convierte en avaros, ahorrando demasiado y gastando muy poco. El autocontrol excesivo es tan frecuente como el autocontrol insuficiente. La relación entre paciencia y bienestar tiene forma de joroba. Muy poca paciencia disminuye el bienestar, pero también lo hace demasiada paciencia.[37]

La socióloga Rachel Sherman describió a Nicholas, un hombre rico cuyo estilo de gasto se inclina hacia el autocontrol excesivo, y a su esposa, cuyo estilo de gasto se inclina hacia un autocontrol insuficiente. Nicholas crea pequeñas barreras de gasto para él y su esposa, eligiendo hoteles lejos de la playa en sus vacaciones y evitando hoteles donde «te masajean los dedos de los pies». «Todas sus preguntas [sobre el gasto] son como: "¿Podemos permitírnoslo?" —dijo Nicholas, resumiendo sus diferentes estilos de gasto—. Y siempre digo: "No es una cuestión de si podemos permitírnoslo. La pregunta es, ¿lo necesitamos?"».[38]

Una mejora percibida del bienestar por un autocontrol excesivo puede provenir de la distorsión del significado de la elección. El autocontrol excesivo puede anular las preferencias personales en favor de las normas externas.[39] Un lector que respondió a un artículo sobre el ahorro y el gasto describió estas normas: «Estoy ahorrando ahora porque las personas buenas, admirables y honradas sacrifican su nivel de vida actual para ahorrar, ahorrar, ahorrar para el futuro». De hecho, es probable que las personas soliciten préstamos a tasas de interés altas en situaciones de emergencia en lugar de echar mano de sus ahorros cuando creen que echar mano de los ahorros es lo que hacen las personas irresponsables.[40]

Un buen desempeño en el encuadre, la contabilidad mental y el autocontrol ayuda a las personas a ahorrar para la jubilación, pero les impide jubilarse cuando es momento de olvidarse de ellos y disfrutar de los frutos de los ahorros. Un hombre extremadamente rico, ejecutivo jubilado de una compañía de seguros, escribió en respuesta a un artículo que escribí en el *Wall Street Journal* sobre el ahorro y el gasto:[41] «He tenido problemas para diferenciar entre ingresos y capital. De hecho, he aceptado un par de cargos en consejos de administración para sentirme justificado al gastar en lo que considero extravagante».

Los cinco grandes rasgos de la personalidad son la extraversión, la amabilidad, la apertura, la responsabilidad y el neuroticismo. La responsabilidad es el rasgo más estrechamente asociado con el autocontrol. El ejecutivo de seguros retirado continuó escribiendo: «Los puntos sobre el ahorro responsable dan en el clavo. Crecí como uno de los nueve hijos de una familia en la gran depresión. Siempre hicieron hincapié en la educación, los logros, los ahorros y la felicidad conyugal por encima de satisfacer los impulsos de las cosas materiales».

Algunas personas son buenas para evitar distorsiones del significado de la elección. Un lector escribió: «Obtengo placer al asumir la estrategia de "ya he terminado de ahorrar. Ahora me lo gasto". Con prudencia, pero, sin duda, con el objetivo de obtener satisfacción». Él y su esposa han hecho algunas reformas en su hogar que llevaban tiempo deseando hacer, planean organizar al menos dos vacaciones importantes en el extranjero al año y complementar las necesidades financieras de sus hijos cuando lo necesiten y puedan ver los resultados. Él dedica más tiempo y dinero a obras de caridad, continúa haciendo ejercicio en un gimnasio local, ahora gratis gracias al programa para mayores Silver Sneakers, lee más y disfruta de su amor por la música clásica. «Todo esto me da una gran satisfacción». Otro escribió: «Aprendí de mi madre que la mayor alegría de la vida es dar a tu familia. Le daría algo a sus seis hijos, a sus cónyuges, a los nietos, a los bisnietos y a todos sus cónyuges en sus cumpleaños, aniversarios, el Día de San Patricio, el Día de San Valentín, y sin ninguna razón. Si quieres lo más parecido a la vida eterna, prueba esto». Otros, sin embargo, no están dispuestos a cambiar su significado de elección y se alejan del autocontrol excesivo porque obtienen beneficios expresivos y emocionales del ahorro y costes expresivos y emocionales del gasto. Como alguien escribió: «¿Y si el goce está en el ahorro, y el dolor está en el gasto?».

Las experiencias de vida anteriores pueden inducir un autocontrol excesivo y un equilibrio deficiente entre el ahorro y el gasto. Las personas que han vivido épocas de alto desempleo muestran un pesimismo persistente sobre sus ingresos futuros y gastan mucho menos que los demás, a pesar de que sus ingresos futuros reales no están relacionados con sus experiencias pasadas. Su austeridad aumenta el ahorro y la riqueza, pero no aumenta el bienestar.[42] Una lectora describió a su difunto esposo, criado por padres extremadamente ahorrativos que sobrevivieron a la gran depresión y a la Segunda Guerra Mundial y acumularon un nido de ahorros muy cómodo a través del trabajo duro y una frugalidad que se acercaba a la avaricia. «Le transmitieron su filosofía fiscal y mi marido la absorbió como una esponja». Una vez que murió, ella se sorprendió al descubrir cuánto dinero tenían. «Tendré que trabajar muy duro para gastarlo todo, pero pienso esforzarme al máximo».

La periodista Paula Span describió a Nancy Canu, una mujer de 92 años que toma múltiples medicamentos para la insuficiencia cardíaca y el dolor en las articulaciones que le dificulta caminar más de una manzana. Renee Turner, su nieta de 37 años, se mudó a su casa hace cinco años para cuidarla, haciéndose cargo gradualmente de las tareas domésticas como comprar, cocinar, limpiar, lavar la ropa y pagar las facturas, mientras administraba los medicamentos de su abuela, llevándola a las citas médicas, quedándose cerca cuando entraba en la ducha y ayudándola a subir las escaleras. «No había duda —dijo Turner—. Quería estar aquí para ella. Aun así —añadió—, se ha convertido en mi trabajo a tiempo completo».[43]

Sin embargo, una lectora de unos sesenta años escribió: «Lo siento por la nieta que aparece en este artículo», compartiendo su historia de cuidado de su madre de 87 años que sufre una demencia cada vez mayor. Ama a su madre y está feliz de cuidarla cuando está en la ciudad, pero le gustaría disfrutar de un viaje después de más de cuarenta años de trabajo a tiempo completo. Sin embargo, su madre se niega a echar mano de sus ahorros para contratar a un asistente sanitario cuando su hija se va de la ciudad, insistiendo en que sus nietos intervengan o que sus dos hijas coordinen sus viajes para que no se vayan al mismo tiempo. «Es frugal hasta la saciedad y nunca pagará de buena gana ni siquiera por una ayuda a tiempo parcial ni se mudará a una residencia para personas mayores… la tozudez de mi madre, su extrema frugalidad, y la expectativa de que los miembros de la familia le brinden toda su atención parecen ser bastante comunes».

Las preocupaciones generalizadas sobre quedarse sin dinero son válidas entre muchos miembros del grupo estable, ya que la afiliación actual no garantiza su permanencia. La periodista Anna Maria Andriotis describió a Alysse Hopkins, una abogada de 43 años que representó a clientes en casos de ejecución hipotecaria y demandas por lesiones personales hasta marzo de 2020, ganando unos 175 000 dólares junto con su marido, lo suficiente para pagar una hipoteca, dos alquileres de coches, préstamos estudiantiles, tarjetas de crédito y otros gastos de criar a dos hijas. Su trabajo se agotó cuando el COVID-19 detuvo muchas ejecuciones hipotecarias y cerró los tribunales. Los beneficios por desempleo han ayudado, pero sus ahorros no pueden sostener 9000 dólares en pagos mensuales de deuda. «Me frustra no poder ganarme la vida —dijo—. Soy licenciada en Derecho, con casi veinte años de práctica».[44]

Sin embargo, la preocupación por quedarse sin dinero podría ser exagerada entre los miembros del grupo estable con ahorros sustanciales que están jubilados o próximos a jubilarse. Los jubilados en Florida son famosos por hacer cola en los restaurantes pegados al mar para obtener los descuentos «Early Bird Special». Pero «¿qué obliga a los jubilados en general a economizar?», se preguntaban la economista Mariacristina De Nardi y sus coautores. Señalaron que «mientras que los ahorros de los solteros tienden a disminuir con la edad, los de las parejas jubiladas tienden a aumentar o permanecer constantes hasta que uno de los cónyuges fallece».[45]

La búsqueda de placeres personales disminuye a medida que las personas van cumpliendo ochenta años. Las personas mayores gastan menos, en gran parte porque las limitaciones físicas las hacen menos capaces de gastar y porque están menos inclinadas a gastar por razones personales. El gasto a los 84 años, ajustado a la inflación, es un 23 % menor que a los 62 años entre las parejas estadounidenses con educación universitaria. El gasto en cine, teatro, ópera y conciertos disminuye en más del 50 % entre los sesenta y los ochenta años, mientras que el gasto en audífonos, hogares de ancianos y gastos funerarios aumenta en más del 50 %.[46] Un lector ilustró estas observaciones: «Muchas personas pierden a su cónyuge y no viajan ni se van de vacaciones porque están solas. Tienen suficiente dinero, pero no van a ninguna parte ni hacen muchas cosas. Han perdido a su mejor amigo y no han encontrado una segunda vida después de perder a su cónyuge. Por lo tanto, se deprimen y no hacen mucho. Es muy triste». Este lector trató de ayudar a las personas en esta situación, pero tuvo poco éxito. «No solo perdemos cónyuges, sino amigos; parejas con las que solíamos cenar o viajar. Amigos del mismo sexo con los que solíamos jugar al golf o ir de compras. De repente nos vemos obligados a hacer esas cosas solos, o a no hacerlas».

El valor neto de la vivienda es la principal fuente de riqueza para muchos adultos mayores, especialmente para aquellos que dependen completamente del seguro social para sus ingresos. Las caídas en el valor neto de la vivienda, como las hipotecas inversas, pueden reducir la pobreza en la vejez. Un programa público de hipotecas inversas en Corea del Sur aumentó los ingresos en aproximadamente un 20 % entre las personas de 65 años o más, y el programa fue especialmente eficaz entre las personas con los ingresos más bajos. Los ingresos adicionales de las hipotecas inversas redujeron las tasas de pobreza entre los adultos mayores del 41 % al 31 %.[47] Sin embargo, muchos propietarios de viviendas son reacios a echar mano del valor acumulado de su vivienda, y se esfuerzan por dejar sus casas a sus hijos. Esto es tristemente evidente entre los adultos mayores de bajos ingresos que optan por renunciar a los medicamentos recetados a pesar de tener un valor neto de la vivienda que se puede utilizar para pagarlos.[48]

Ser propietario de una vivienda tiene un profundo significado para Robin Valentine. A diferencia de su difunta madre, que no podía dejar dinero a sus hijos, Valentine planea dejar su casa a sus tres hijos. «Les dije a mis hijos: "Si me pasa algo y no quieren quedarse aquí, está bien. Toma el dinero y llévalo a tu casa". Es algo más que comprar esta casa y vivir en ella. Es para mí dejar un legado».[49]

Autocontrol excesivo entre los jóvenes

El autocontrol excesivo en el ahorro y el gasto suele ser practicado por las personas mayores, pero también lo practican los jóvenes que se unen al movimiento FIRE (Independencia Financiera, Jubilación Anticipada), que aboga por ahorrar entre el 50 % y el 75 % de sus ingresos mientras trabajan, para jubilarse a los treinta o cuarenta años. Mindy y Carl, una joven pareja que se unió al movimiento FIRE, se jubilaron con 4,3 millones de dólares. Recordaron una ocasión en la que su hija pidió el plato más caro de un menú de desayuno, lo que resultó en una factura de 99 dólares. Esa factura apenas les afectó en su patrimonio, pero les causó mucha ansiedad.[50]

Muchos adeptos de FIRE no logran un buen equilibrio entre el ahorro y el gasto en el presente y el futuro, asignando una importancia excesiva al ahorro y al futuro. Jeffrey, el hombre estadounidense de sesenta años mencionado anteriormente, describió a un compañero de clase que se unió al movimiento FIRE. «Trabajó duro entre los veintidós y los 32 años, trabajó un montón de horas a la semana y se retiró a los 32. Pero perdió sus veinte». Jeffrey prefiere un mejor equilibrio entre el ahorro y el gasto: «No se debería pasar por la vida sin rumbo, pero considero que una búsqueda determinada de algunos objetivos puede ser limitante y hacerte perder el viaje en el camino». Quiere ser realmente feliz en lo que hace en el presente, tener suficiente dinero para disfrutar de la vida y poder ahorrar e invertir lo suficiente mientras tanto para tener una jubilación relativamente cómoda. «Quiero tiempo para dedicarme a nuevos intereses, más tiempo para pasar con mi esposa y la capacidad de visitar a mis hijos y posibles nietos cuando quiera». De hecho, algunos adeptos de FIRE, incluyendo a Mindy y Carl, llegan a arrepentirse de su elección supuestamente previsora de la frugalidad extrema, ya que el tiempo disminuye la culpa por los excesos del pasado, pero aumenta el arrepentimiento por los placeres perdidos.[51] «No queremos simplemente seguir acumulando dinero y seguir siendo tacaños —dijo Mindy—. Miro todo en función de cuánto cuesta y no lo necesito. No debería». «Hemos identificado que probablemente vivimos de una forma poco óptima —explicó Carl—. Si algo realmente te hace feliz, debes gastar dinero en ello. Y hay cosas que hemos pospuesto porque pensamos demasiado en el dinero, y en este momento probablemente no deberíamos».

La pandemia de COVID-19 convenció a algunos a organizar sus finanzas personales, apuntándose a la Independencia Financiera (por sus siglas en inglés, FI) en lugar de al más radical FIRE. «La pandemia me hizo darme cuenta de lo frágil que es realmente nuestra seguridad», dijo Traci Williams, una psicóloga de unos treinta años que trabaja en un hospital de Atlanta. Se sorprendió gratamente cuando examinó, por primera vez, el saldo de su cuenta de ahorros para la jubilación en el hospital, pero estaba preocupada por los 30 000 dólares en deudas de tarjetas de crédito y coches. Calcula que alcanzará su cifra de independencia financiera de 1 o 1,5 millones de dólares cuando cumpla cincuenta años si sigue su plan financiero. «Me encanta ser psicóloga, así que no quiero dejar de trabajar entonces —dijo—. Pero cuando llegue a un punto en el que no necesite un salario para mantenerme a mí y a mi hijo, eso me dará más opciones».[52]

En otro artículo del *Wall Street Journal*, propuse la siguiente afirmación y pregunté a los lectores si es verdadera o falsa. Un *venti latte* en Starbucks cuesta un poco más de cuatro dólares, lo que suma alrededor de quinientos dólares al año si tomas diez *lattes* cada mes. Si tienes veinticinco años, esos quinientos dólares de solo un año de *lattes* podrían crecer a más de cinco mil dólares en cuarenta años, hasta que te jubiles a los 65, si los ahorras en una cuenta con un rendimiento anual del 6 %. Así que ¿es mejor que renuncies a los *lattes*? ¿Verdadero o falso? Yo respondí: «Falso».

«Claro, para algunas personas esto puede tener sentido. Pero no por regla general. El precio de una caja de 240 pañales es de aproximadamente 46 dólares, lo que equivale a unos quinientos dólares al año si usa once cajas para cambiar pañales a tu bebé cada año hasta que aprenda a ir al baño. Sin embargo, pocos te aconsejarían que esperes y tengas a tu bebé a los 65 años. «Ya sean cafés con leche o pañales, pregúntate si quinientos dólares a los 25 años te servirían mejor o peor que cinco mil dólares a los 65 años». Y anadí: «Sigue el consejo de mi madre: "Gasta dinero, pero no lo malgastes". No hagas del ahorro una virtud y del gasto un vicio».

Algunos lectores estuvieron de acuerdo. «Me gusta especialmente el punto contrario a la intuición sobre el valor de gastar quinientos dólares al año en cafés con leche cuando tienes venticinco años en comparación con gastar cinco mil dólares en otra cosa cuando tienes 65». Otros, en desacuerdo, muchos de ellos con vehemencia. «Prepara el café con leche en casa y ahorra dinero: ¡el consumo excesivo es el enemigo de la inversión personal!».[53] La actitud de este hombre es común entre las personas mayores, reprendiendo a los más jóvenes por gastar demasiado y ahorrar muy poco. Pero, como señaló la periodista Isabella Simonetti, las personas de veinte años hoy luchan por ahorrar y están cansadas de que se les dé lecciones al respecto.[54] Habló acerca de la trabajadora social Shea German-Tanner, de veintidós años, que trata de ahorrar, aunque solo sea cincuenta dólares al mes, pero a menudo le resulta imposible con su salario anual de cuarenta mil dólares. Solo tiene seiscientos dólares en su cuenta de ahorros y no ha comenzado a ahorrar para la jubilación. «Siento que la generación mayor te empuja constantemente a hacer cosas como las hacían cuando tenían veinte años, pero la situación ni siquiera es comparable a cuando ellos tenían esa edad». Un lector mayor ofrecía consuelo y perspectiva. «Pasé mis veinte años trabajando y yendo a la escuela de posgrado... Tus veinte años son un momento para invertir en ti mismo. Mis múltiples títulos me ayudaron a conseguir un trabajo seguro y comencé a ahorrar seriamente para la jubilación y a comprar una casa cuando tenía 35 años. Ser pobre cuando se es joven es normal a menos que nazcas en una cuna de oro. Relájate, aprende y disfruta de la vida».

4
Inversión

Un equilibrio inteligente entre el ahorro y el gasto aumenta el bienestar, pero no es suficiente. Las inversiones sensatas y el comportamiento inversor mejoran aún más el bienestar. Las imprudentes pueden desperdiciar ahorros sustanciales, disminuyendo el bienestar.

Un comportamiento de inversión inteligente puede ser simple. Aumenta tus inversiones cuando dispongas de ahorros y retíralos cuando necesites gastar; por ejemplo, para la matrícula, el pago inicial de una casa o los gastos de jubilación. Sin embargo, las personas son susceptibles a la desinformación y a una serie de errores cognitivos y emocionales que las inducen a un comportamiento de inversión absurdo. Las inversiones inteligentes también pueden ser simples, superando la intimidación del tipo expresado por Mary, una mujer estadounidense de 38 años. «Me interesa invertir en acciones, pero no tengo ni idea de cómo y por dónde empezar». Se pueden obtener pistas sobre acciones y otras inversiones y se pueden adquirir conocimientos sobre inversiones. Aquí, también, las personas son susceptibles a la desinformación y a los errores que los llevan a realizar inversiones poco sensatas.

Oportunidades de hacerse rico y prevención de la pobreza

A menudo observo, con evidente exageración, que queremos dos cosas en la vida: oportunidades de riqueza y prevención de la pobreza. La prevención de la pobreza proporciona beneficios prácticos con consumo adecuado, y beneficios expresivos y emocionales en la independencia financiera y la ausencia de miedo. Las oportunidades de riqueza proporcionan beneficios prácticos en un mayor consumo, y beneficios expresivos y emocionales en una forma de estatus social alto y orgullo.

Los inversores pueden empezar, y tal vez terminar, con una cartera sencilla que satisfaga los dos deseos. La cartera consta de tres fondos de inversión de bajo coste muy diversificados (o sus correspondientes fondos cotizados en bolsa (ETF): un fondo de acciones mundiales global, un fondo de bonos global y un fondo del mercado monetario. Un fondo mundial global se compone de acciones de miles de empresas de Norteamérica, Europa, Pacífico y mercados emergentes; el del mercado global de bonos se compone de bonos del Tesoro y bonos de miles de empresas, y el del mercado monetario se compone de letras del Tesoro o solas o en combinación con valores a corto plazo de cientos de empresas. Estos tres fondos de inversión y los ETF correspondientes están disponibles en varias gestoras de fondos de inversión a tarifas anuales de 0,10 % o menos, y también están en los menús de muchos planes de ahorro para la jubilación. Algunos inversores pueden optar por reemplazar el fondo global de acciones mundiales con una combinación de un fondo global de acciones de EE. UU. y un fondo internacional global. Otros pueden optar por reemplazar parte o la totalidad del fondo de acciones con acciones individuales. Algunos podrían inclinarse por reemplazar el fondo de bonos con bonos individuales. Otros pueden optar por agregar inversiones en bienes raíces, materias primas o criptomonedas.

Se puede construir una cartera inteligente para equilibrar las oportunidades de riqueza y la prevención de la pobreza. Los fondos del mercado monetario y de bonos pueden colocarse en una cuenta mental que satisfaga la prevención de la pobreza, tal vez con partes del fondo de acciones, y el resto del fondo de acciones se puede ubicar en una cuenta mental que satisfaga las perspectivas de riqueza.

Las personas equilibran las cuentas mentales de prevención de la pobreza y las oportunidades de riqueza por el peso relativo que asignan a los dos deseos. En general, la cuenta mental de prevención de la pobreza de los jóvenes inversores consiste principalmente en sus ingresos potenciales durante sus años de trabajo, lo que los economistas llaman capital humano. Esto implica que los jóvenes pueden escoger colocar todas o casi todas sus carteras en la cuenta mental de oportunidades de riqueza, asignándolas al fondo de acciones. Los inversores de mayor edad con menos capital humano pueden optar por asignar más al fondo del mercado monetario o a los bonos de su cuenta mental de prevención de la pobreza, incluidos los beneficios de la Seguridad Social, y tal vez las pensiones, si no son suficientes. Los inversores de más edad con un patrimonio lo suficientemente importante como para prevenir la pobreza pueden optar por seguir asignando todas o casi todas sus carteras a acciones, ampliando su cuenta mental de oportunidades de riqueza para sus propios beneficios más adelante en la vida, o para los beneficios de la familia y la comunidad.

Algunos evitan invertir en acciones o bonos porque les preocupa que las pérdidas en estas inversiones puedan obstaculizar la satisfacción de las necesidades de prevención de la pobreza. Prefieren los fondos del mercado monetario o las cuentas de ahorro bancarias que excluyen las posibles pérdidas. Redactando una carta a su asesor, Paul, el hombre estadounidense de setenta años mencionado anteriormente, escribió: «Me doy cuenta de que mi relación contigo no ha cambiado con el tiempo, y a menos que me des algún tipo de garantía de que no perderé mi inversión inicial si invierto, probablemente no cambiará en el futuro». Sin embargo, señaló la desventaja de descuidar la satisfacción de los deseos de oportunidades de riqueza: «La única decepción real que tengo es que dejé pasar algunas inversiones que han demostrado ser muy buenas».

El pesimismo excesivo sobre las condiciones empresariales y las tasas de desempleo obstaculiza a algunas personas de bajos ingresos, disuadiéndolas de comprar casas, automóviles y bienes duraderos.[1] El pesimismo excesivo también los disuade de invertir en el mercado de valores y los impulsa a vender las acciones que poseen en las caídas del mercado. Los israelíes de bajos ingresos vendieron acciones mantenidas en cuentas con ventajas fiscales en la caída del mercado relacionada con el COVID-19 de marzo-abril de 2020, lo que supuso recargos fiscales, además de las pérdidas sufridas por la venta a precios bajos. Por el contrario, las personas de mayores ingresos se abstuvieron de vender en ese momento y ganaron a medida que el mercado de valores se recuperaba.[2]

Las personas que asignan una parte sustancial de sus carteras a fondos del mercado monetario se exponen a la probabilidad de que sus bajos rendimientos, incluso en ausencia de pérdidas, no satisfagan las necesidades de prevención de la pobreza, y mucho menos las oportunidades de riqueza. Las acciones y los bonos pueden infligir pérdidas y no satisfacer las necesidades de prevención de la pobreza, pero es menos probable que lo hagan porque ofrecen mayores rendimientos esperados. Como señaló Víctor, un mexicano de veinticinco años: «Tengo miedo de perder mis activos, pero creo que, si no arriesgas nada, no ganas nada».

Bill, un hombre estadounidense de 52 años, describió las diferencias de circunstancias y conocimientos entre su generación y la de sus padres y suegros. «Tanto mis padres como los padres de mi esposa han ahorrado dinero para la jubilación y ambos tienen pensiones para apoyarlos. Sin embargo, no entendieron el mercado de valores y nunca se han beneficiado realmente de la inversión de la manera en que lo ha hecho mi generación». Los padres de Bill y los de su esposa tienen la suerte de tener pensiones que pagan sus facturas en la jubilación, pero las pensiones están siendo menores, y los jóvenes hacen bien en aceptar las pérdidas potenciales en acciones, bonos y otras inversiones como una necesidad, no como un lujo.

Algunos de los que invierten en acciones, bonos y fondos de inversión y ETF no se consideran inversores. Meredith, la mujer estadounidense de 31 años, es una de ellas. «Técnicamente soy una inversora a través de mi cuenta de jubilación —dijo—. Lo reviso mensualmente para ver cómo está mi cuenta, pero realmente no entro en detalles». De hecho, Meredith es una inversora, no solo «técnicamente». Meredith trabaja en una universidad que ofrece planes de pensiones a sus empleados. Tales planes, por lo general, invertidos en fondos de acciones y bonos, son comunes en los colegios y universidades estadounidenses, financiados por la contribución tanto del empleador como la del empleado. Meredith se avergüenza de su falta de formación sobre el mercado de valores y otros conocimientos financieros. «Me encantaría tener una guía para invertir en el mercado de valores, que sigue siendo un gran misterio para mí. Soy buena con mi propio dinero, pero el mundo financiero sigue siendo definitivamente "lo desconocido". Básicamente, necesito una guía para *dummy´s*». Sin embargo, Meredith no necesita avergonzarse. Invierte por una buena razón: «Mi razón para invertir es ayudar a mi yo futuro», y revisa su cuenta de jubilación «solo para asegurarme de que estoy en el buen camino». Es probable que satisfaga sus deseos de prevención de la pobreza, y tal vez, incluso sus deseos de oportunidades de riqueza, aun si sabe poco sobre el mercado de valores.

Satisfacer las oportunidades de riqueza lenta o rápidamente

Una cartera diversificada, como la cartera de los tres fondos que hemos mencionado, puede satisfacer las necesidades de oportunidades de riqueza, pero solo lentamente. Una cartera concentrada puede satisfacer rápidamente estas necesidades o dilapidar la satisfacción tanto de las oportunidades de riqueza como de la prevención de la pobreza. Un lector de un artículo que escribí en el *Wall Street Journal* señaló el lado positivo de la diversificación. «Enriquecerse lentamente parece funcionar para mucha gente; enriquecerse rápidamente para unos pocos». Y un colega lector notó la desventaja de la concentración: «¡Puedes empobrecerte con la misma rapidez!».[3]

Abandonar la satisfacción rápida de las oportunidades de riqueza tiene la ventaja de liberar tiempo para darle usos mejores. Otro lector señaló que la mayoría de las personas en la fase de acumulación de sus vidas también están criando hijos pequeños y tratando de construir sus carreras y no tienen tiempo de realizar el estudio diario necesario para intentar satisfacer rápidamente las necesidades de sus oportunidades de riqueza. «La diversificación y los fondos de inversión son aburridos, pero funcionan para la mayoría de las personas».[4] Otro lector describió haber trabajado con un hombre que era un especialista en computación a tiempo completo, pero también un inversor aficionado. Venció al mercado durante dos años, pero pasaba tanto tiempo en casa informándose sobre inversiones que molestó a su esposa. «Ella le dijo: "La pequeña cantidad de dinero extra que estás ganando está dañando nuestro matrimonio, y no estás pasando suficiente tiempo con los niños". Y fue el final de eso».[5]

Sin embargo, muchos no están dispuestos a conformarse con una lenta satisfacción de estas necesidades. «La diversificación, por supuesto, mitigará las pérdidas de sus malas selecciones —escribió un lector—, pero también limitará estrictamente las recompensas de las buenas selecciones». Otro señaló que la diversificación «garantiza que su dinero nunca se concentre en los activos de mejor rendimiento, sino que se diluya en activos de menor rendimiento». Algunos afirman que se satisfacen estas necesidades de oportunidades de riqueza mediante carteras concentradas. Un lector escribió: «Me "diversifiqué" en AAPL [Apple] por tercera vez en el noventa y ocho, compré cien acciones a 20,25 dólares, compré ochenta más a 150 dólares hace unos ocho o diez años y lo mantuve todo hasta la semana pasada. Vendí una inversión de 14 000 dólares y a cambio obtuve 1901 000 dólares, incluyendo muchos años de dividendos en el camino». Pero otro lector respondió: «Los que juegan a las apuestas solo presumen de sus ganancias. P.D. No te creo». Y otro señaló: «Uno de los problemas con el exceso de confianza es que [los aficionados a la inversión] generalmente no realizan un seguimiento preciso de todas las cotizaciones... tenemos un sesgo para recordar nuestras elecciones ganadoras, no necesariamente las perdedoras». De hecho, el análisis de datos de una plataforma social de inversores similar a X muestra que los inversores tienen más probabilidades de publicar sobre sus acciones con mejor rendimiento, y sus seguidores tienen más probabilidades de comprar las acciones publicadas.[6] Un estudio de inversores aficionados, miembros de la Asociación Americana de Inversores Individuales (AAII, por sus siglas en inglés), encontró que habían sobrestimado sus propios rendimientos de inversión en un promedio de 3,4 puntos porcentuales en relación con sus rendimientos reales, y habían sobrestimado sus propios rendimientos en relación con los del inversor promedio en 5,1 puntos porcentuales.[7]

Otros inversores evitan la diversificación porque se esfuerzan por satisfacer los objetivos de objetivos de riqueza, como la jubilación anticipada, que es poco probable que se satisfagan con carteras diversificadas. Uno escribió que había abandonado su cartera ampliamente diversificada hace varios años e invertido cantidades sustanciales en acciones individuales, esforzándose por jubilarse anticipadamente. «En los primeros dos años, tomé algunas decisiones excelentes en mega tecnología, tecnología financiera, energía solar y juegos de PC... he conseguido algunos "golazos" y todos mis errores fueron pequeños. Misión cumplida. Ahora estoy jubilado antes de lo previsto». Sin embargo, agregó: «Seré el primero en decirles que tuve un 98 % de suerte y un 2 % de habilidad. Me divierten todas las historias de los nuevos expertos de Robinhood* que creen que lo tienen chupado». Su plan es volver a algo mucho más convencional y diversifi-

* N. del T.: Robinhood es un bróker en línea muy utilizado en Estados Unidos.

cado. «No quiero meter la pata, no soy rico, pero casi. No seas avaricioso».

Otros rehúyen la diversificación porque anhelan el estímulo de las ganancias de la inversión y están dispuestos a pagar con el dolor de las pérdidas. Yong, un hombre chino de 43 años entrevistado por BlackRock, describió la estimulación de estas ganancias. «En mayo de 2015, los precios de las acciones se dispararon y sentí que mi riqueza aumentaba un 10 % cada día». Pero Fangfang, una mujer china de 37 años, describió el dolor de las pérdidas. «El mercado bursátil este año [2018] no es muy bueno. Todas las altas ganancias se derrumbaron en un instante». Y Zihan, un chino de 34 años, describió los efectos de las pérdidas en su bienestar: «Hace tres años, la inversión de las empresas P2P empeoró, casi el 90 % de mi capital se perdió. En ese momento, mi calidad de vida se desplomó». De hecho, una disminución en los precios de las acciones aumenta el uso de antidepresivos por parte de los inversores.[8] Y otros rehúyen la diversificación porque disfrutan de la inversión como pasatiempo, como la pesca, reacios a renunciar a sus beneficios expresivos y emocionales. Uno escribió: «He sido un inversor activo durante diecinueve años, principalmente porque me gusta invertir». Ha vencido al mercado en trece de los diecinueve años, pero no se hace ilusiones de que pueda seguir así. «En términos de tiempo invertido, podría haber sido mejor hacer otras cosas, pero, como señalo, invertir es un pasatiempo, como la pesca, y me gustan los deportes».[9]

Los deseos de beneficios expresivos y emocionales de invertir como pasatiempo son evidentes entre los inversores holandeses que estuvieron más de acuerdo con la afirmación «invierto porque me gusta analizar problemas, buscar nuevas oportunidades y aprender» y también con «invierto porque es una buena actividad para mi tiempo libre», que con la idea de que «invierto porque quiero proteger mi jubilación».[10] Estas necesidades también son evidentes entre los inversores alemanes que operan a menudo porque les gusta.[11] Y son obvias entre la cuarta parte de los inversores estadounidenses que dijeron que compran acciones como un pasatiempo o porque es algo que les gusta hacer.[12] Otros inversores renuncian a la diversificación porque son engañados por errores cognitivos y creen que es fácil vencer al mercado, superando los rendimientos medios de las carteras diversificadas. «Míralo de esta manera —escribió uno—: empieza con diez fondos para elegir y "elimina" al menos la mitad de los gestores por su mal desempeño...

Ahora selecciona el "promedio" entre los que quedan... y terminarás en el cuartil superior y superarás al mercado». Sin embargo, otro señaló el error cognitivo de la retrospectiva. «¿Conduces tu coche mirando a través del parabrisas o del espejo retrovisor?».

La responsabilidad de elegir añade el dolor emocional del arrepentimiento al error cognitivo de la retrospectiva. Sentimos ese dolor al contemplar, en retrospectiva, cuánto mejor nos habría ido si hubiéramos elegido una cartera diversificada mediocre en lugar de lo que resultó ser una cartera concentrada en el fondo. La retrospectiva y el arrepentimiento son maestros útiles, que nos enseñan a evitar elecciones que probablemente salgan mal. Sus lecciones, sin embargo, tardan en asimilarse. William, el hombre británico de 47 años mencionado anteriormente, ilustró la práctica de «promediar hacia abajo» como bálsamo para el dolor del arrepentimiento. El precio de una acción en particular que mantuvo durante muchos años se desplomó. «Fue extremadamente angustioso, ya que también había sugerido a mis padres invertir en esta acción y pusieron algo de dinero... Yo aumenté mi participación y ahora mi promedio es más bajo». También se induce arrepentimiento cuando sabemos, en retrospectiva, que las decisiones que habíamos considerado, pero no llegamos a hacer, obtuvieron ganancias. Paul, el hombre estadounidense de setenta años, tuvo una discusión con sus familiares sobre una empresa de marihuana. «Sentían que tenía un futuro brillante y estaban dispuestos a arriesgar parte de su dinero para comprar sus acciones», pero él sintió que era demasiado arriesgado, por lo que no invirtió en él. Resulta que compraron las acciones a unos 0,30 dólares por acción. Ahora se vende a 1,20 dólares. «Probablemente debería haberlos escuchado».

Los errores de encuadre también llevan a los inversores a evitar la diversificación. Un inversor abogó por obtener rendimientos superiores con carteras concentradas mediante la adquisición de las habilidades de inversión necesarias para elegir buenas inversiones y evitar las malas. «Es vital conocer el lenguaje de las inversiones y las finanzas, cómo leer un estado financiero, haber dirigido un negocio de tamaño decente, comprender cómo valorar un negocio, ser disciplinado y paciente y comprender las cualidades que separan a los grandes negocios de los buenos».

Este inversor, como muchos otros, ve la elección de inversiones inteligentes como jugar al tenis contra una pared de prácticas. Sin embargo, elegir inversiones inteligentes debería verse más bien como jugar al tenis contra un profesional al otro lado de la red, tal vez Novak Djokovic.

Los aficionados a la inversión juegan en contra de los profesionales de la inversión, tal vez los que tienen información privilegiada o una mejor capacidad para combinar la información pública en evaluaciones superiores. Es una locura que los médicos, profesores o fontaneros crean que pueden adquirir en su tiempo libre la información y las habilidades que los profesionales de la inversión adquieren y despliegan en sus trabajos diarios. Como señaló correctamente Zihan, el hombre chino de 34 años antes mencionado: «Cuando administro mis activos, en primer lugar, no soy un profesional y la información de inversión es asimétrica. Obviamente, es como una trampa».

Es cierto que los aficionados muy buenos al tenis pueden vencer ocasionalmente a los tenistas profesionales de nivel. La suerte ayuda. Esto es aún más cierto en el juego de la inversión porque la suerte ayuda a invertir más que al tenis. Sin embargo, los aficionados a la inversión que han tenido suerte confían demasiado en sus habilidades de selección de inversiones, lo que los anima a seguir eligiendo. Con el tiempo, es más probable que los rendimientos sean menores que los de las carteras diversificadas.

Los inversores aficionados que creen erróneamente que son capaces de elegir inversiones ganadoras también se exponen al fraude. Las víctimas de fraude suelen ser, de forma despropocionada, hombres jóvenes, solteros y con buena formación académica.[13] Ser víctima de un fraude reduce el bienestar, no solo por la pérdida de dinero y su utilidad, sino también por el golpe emocional y la sensación de haber sido ingenuo.

Las *penny stocks*, acciones que se venden por céntimos o fracciones de céntimos, siempre han tentado a los inversores en búsqueda de riqueza. Sin embargo, la mayoría de las veces ofrecen estas oportunidades a los estafadores. En el clásico esquema de «pump and dump», los estafadores compran montones de acciones de una empresa desconocida, las inflan con información positiva que hace subir sus precios y luego las venden a inversores ingenuos que esperan hacerse ricos y se encuentran más cerca de la pobreza. El periodista Matt Phillips cuenta la historia de SpectraScience, una empresa de equipos médicos de San Diego que no había revelado resultados financieros desde su pérdida trimestral a finales de 2017, la duodécima consecutiva. El precio de sus acciones se disparó un 500 % antes de desplomarse.[14]

El deterioro cognitivo representa un peligro para los inversores mayores, ya que las habilidades financieras alcanzan su punto máximo a los 53 años.[15] Ese peligro puede privar a los inversores de más edad de su juicio, a menudo sin previo aviso, lo que podría dilapidar toda una vida de ahorros conseguidos con esfuerzo. Algunas compañías de inversión trabajan para mitigar estos peligros detectando señales de declive e informando a familiares.[16]

Manteniéndonos fieles a nuestros valores

Un comercial de los fondos mutuos Ave Maria Catholic Values muestra unas píldoras blancas formando un fondo de ahorro, posteriormente un signo de interrogación y finalmente una calavera con huesos. El locutor dice: «Has trabajado duro para construir un fondo de ahorros, pero ¿coinciden tus inversiones con tus valores? Muchos fondos de inversión invierten en compañías que apoyan el aborto, Planned Parenthood* y pornografía. Escogemos empresas para que puedas poner el dinero donde está tu fe». Ahora vemos nubes blancas contra un cielo azul y una imagen de una cruz y un libro abierto, mientras el locutor dice: «Fondos de inversión Ave María: inversión inteligente y valores católicos».

Más recientemente, después de que la Corte Suprema de EE. UU. anulara Roe v. Wade,** Alinea, una aplicación de inversión, vio un gran deseo entre los adultos jóvenes de invertir en empresas que apoyan la salud reproductiva. «Cuando salió la noticia, uno de los miembros de la comunidad creó una lista de inversión a favor del derecho al aborto»,

* N. del T.: Planned Parenthood es una organización que ofrece servicios de salud reproductiva, incluyendo el aborto.

** N. del T.: Roe v. Wade fue un fallo histórico que legalizó el aborto en todo el país Al ser anulado, la protección federal del derecho al aborto fue eliminada, devolviendo la autoridad sobre la regulación del aborto a los estados, lo que ha llevado a restricciones significativas en algunos lugares.

una cesta de acciones de empresas que apoyaban la causa, dijo Eve Halimi, cofundadora de Alinea.[17]

Los valores provienen de las familias, las religiones, la educación, las culturas y las experiencias de vida. «Aunque fui criado de forma laica en su mayor parte —dijo un consultor de educación—, mis valores fundamentales provienen de la tradición religiosa de mi familia, eso es que el pueblo judío cree en la justicia social». Su abuelo emigró de Europa del Este cuando tenía catorce años. Fue uno de los fundadores de un importante sindicato local y luego comenzó su propio negocio. «Cuando era adolescente —continuó—, estaba trabajando para él cuando hubo una huelga en su negocio y me dijo que no podía cruzar los piquetes. Mi madre me dijo: "Tienes que ir a trabajar y ayudarlo", pero mi abuelo me dijo: "No puedes hacer eso". Esas son las experiencias y el marco clave que me llevaron a hacer hincapié en los derechos de las mujeres y de los trabajadores en mis inversiones».[18]

Los inversores varían dependiendo de la combinación de inversiones con valores y la voluntad de renunciar a los beneficios prácticos en favor de los expresivos y emocionales. Por término medio, los inversores están dispuestos a renunciar a una parte de los rendimientos de sus inversiones para mantenerse fieles a sus valores. Sin embargo, cerca de un tercio de los inversores no están dispuestos a renunciar a ninguna parte de sus rendimientos para mantener esa finalidad. Los demócratas, las mujeres y los inversores de mayores ingresos están más dispuestos a renunciar a partes de sus rendimientos para mantenerse fieles a sus valores que los conservadores, los hombres y los inversores de bajos ingresos.[19]

Un banquero está entre los inversores dispuestos a separar las inversiones de los valores y no están dispuestos a renunciar a los rendimientos de las inversiones para mantenerse fieles a sus valores. Trabaja en finanzas corporativas, otorgando préstamos bancarios a corporaciones. «Financiamos a las compañías tabacaleras, a los contratistas de defensa, a las empresas de juegos y casinos. Todos los pecados, ciertamente. Cuando me muera, ¿me arrepentiré de haber hecho esos préstamos o inversiones? No creo. Creo que hay una diferencia entre la vida moral y la vida profesional».[20]

Los inversores dispuestos a renunciar a una parte de sus rendimientos para mantenerse fieles a sus valores aún se preocupan por el tamaño de esas pérdidas. Como dijo un asesor financiero: «Incluso los inversores socialmente responsables quieren jubilarse algún día». «Para nuestra iglesia, invertir de acuerdo con principios socialmente responsables es más una cuestión de integridad que de hacer una gran diferencia», dijo un funcionario de la Iglesia de los Hermanos. De vez en cuando ve artículos en los fondos de «pecado» que invierten principalmente en acciones de tabaco, alcohol y otras compañías de «pecado», aconsejando a la gente que separe sus inversiones de sus valores, utilizando los beneficios de esos fondos para apoyar buenas causas. «Ese argumento me parece completamente retrógrado porque el dinero ya está ahí afuera apoyando cosas malas». Sin embargo, agregó: «La gente en la iglesia nos pregunta con bastante regularidad si renunciamos a algo en términos de rentabilidad al reducir el enfoque de nuestra cartera [al excluir a las empresas incompatibles con nuestros valores]. A menudo, se pregunta sin rodeos: "¿Cuánto me cuesta invertir con ustedes y excluir esas cosas de mi cartera?"».

5

Noviazgo y matrimonio

Las citas, las bodas y el matrimonio pueden mejorar enormemente el bienestar. Yuxuan, un hombre chino de treinta años entrevistado por BlackRock, describió un alto bienestar mientras estaba en una relación. Cuando salía con su esposa en la universidad, no tenían dinero extra para viajar, comprar ropa o salir a cenar informalmente, «pero aun así éramos muy felices y disfrutábamos de la compañía del otro. Eso es felicidad para nosotros, ¡estar juntos todos los días!». Na, una mujer china de 36 años, describió un gran bienestar el día de su boda, «recibiendo felicitaciones de amigos y familiares. Tenía la atención de todo el mundo y todos los temas de conversación eran sobre mí. Sentí mucho amor y me conmovió mucho». Y Jane, una mujer estadounidense de 59 años, describió un gran bienestar después de casarse: «Mi esposo y yo tuvimos una miniescapada por su cumpleaños. Fue relajante y me dio una sensación de bienestar porque permití que el mundo se me escapara, dejándonos solo a mi esposo y a mí sin preocupaciones, únicamente con una buena conversación». Pasar tiempo con un cónyuge mejora el bienestar, a menudo vale la pena el coste de sincronizar los horarios de trabajo. En promedio, las parejas están dispuestas a renunciar al 17 % de su salario por hora para convertir una hora de cuidado infantil de forma individual a conjunta, y al 10 % para convertir una hora de ocio de individual a conjunta.[1]

Los vínculos entre el matrimonio y el bienestar circulan en ambos sentidos. Un alto grado de bienestar aumenta la probabilidad de matrimonio, y el matrimonio aumenta la probabilidad de bienestar. Las personas que se divorcian se distinguen no solo por el bajo bienestar durante el matrimonio, sino también por la misma condición antes del matrimonio.[2] Las expresiones emocionales positivas de las mujeres en las fotografías de sus anuarios universitarios se asocian con una mayor probabilidad de casarse a los veintisiete años y una mayor satisfacción marital a los 52 años.[3] El bienestar en el matrimonio se extiende de un cónyuge al otro,[4] y la magnitud de los beneficios para la salud derivados del matrimonio es notable, tan grande como los beneficios para la salud derivados de dejar de fumar.[5] La alta calidad conyugal, reflejada en un bajo estrés y una alta armonía, aumenta el bienestar, y una baja calidad conyugal lo disminuye.[6] La probabilidad de divorcio es mayor cuando el bienestar de los cónyuges es menor.[7]

El respeto entre los cónyuges aumenta el bienestar. Un hombre entrevistado por Pew dijo: «[Mi esposa y yo] no siempre estamos de acuerdo en todo, pero nos preocupamos lo suficiente el uno por el otro y nos respetamos lo suficiente como para encontrar buenos acuerdos, pasar por alto los errores o hacer sacrificios individuales».[8] La falta de respeto entre los cónyuges disminuye el bienestar más de lo que el respeto lo aumenta. Una joven de veintiséis años próxima a divorciarse dijo: «Quizás lo más doloroso fue la idea de que esto estaba sucediendo con alguien a quien pensé que amaba, y que pensé que me amaba... inevitablemente ese sabor amargo comienza a aparecer, luego se vuelve completamente agrio hasta que ya no puedes lidiar con él».[9]

El matrimonio mejora el bienestar entre personas del mismo sexo, al igual que en los matrimonios mixtos.[10] Un consultorio matrimonial contó la historia de Luke Kalat y Justin Conner, una pareja del mismo sexo que se casó más de una década después de que se sintieran atraídos el uno por el otro.

«Acabábamos de empezar a hablar, fue la conversación más abierta y honesta que he tenido en mi vida», dijo el Sr. Kalat, recordando su primera conversación. «Me di cuenta de que este es el hombre con el que me voy a casar», dijo Sr. Conner. El Sr. Kalat estaba un poco nervioso cuando se reunió con el Sr. Conner y su familia en el Día de Acción de Gracias, ya que nunca antes había conocido a la familia de un novio. Pero se sintió aliviado al descubrir que la familia de Conner lo recibió con los brazos abiertos.[11]

Otro consultorio matrimonial contó la historia de Stephanie Schulter y Halle Bauer, una pareja del mismo sexo que tuvo su primera cita en el Coney Island Polar Bear Plunge. Poco después, estaban en una canoa que volcó. La Sra. Schulter «inmediatamente vino hacia mí —dijo la Sra. Bauer—, me levantó por la camisa para asegurarse de que estuviera fuera del agua y nos llevó a las dos a la orilla... Recuerdo que volví de ese viaje enamorada de esta persona». Se casaron cuatro años después.[12] El matrimonio aumenta el bienestar tanto del hombre como de la mujer, pero aumenta el de los hombres más que el de las mujeres.[13,14] Esto podría deberse a que la carga de las tareas domésticas y el cuidado de los hijos recae principalmente en las mujeres, y los hombres se benefician más del apoyo social de las mujeres.[15,16] La calidad de la relación, sin embargo, tiende a afectar el bienestar de las mujeres más que el de los hombres.[17] «Las mujeres de Corea del Sur están en huelga contra ser máquinas de hacer bebés», escribió la autora Hawon Jung.[18] A las mujeres surcoreanas les resulta difícil escapar de las normas de género, «Ya sea en las directrices durante el embarazo para preparar ropa interior limpia para su esposo antes del parto, o en el arduo trabajo en la cocina durante varios días para festividades como el festival de la cosecha de Chuseok». E incluso, en las familias de doble ingreso, las esposas dedican más de tres horas diarias a las tareas domésticas y al cuidado de los niños, mientras que sus maridos les dedican menos de una hora.

El matrimonio aumenta el bienestar, especialmente en la mediana edad, cuando el bienestar está en el punto más bajo,[19] lo que indica que el matrimonio puede ayudar a aliviar las causas de su caída en la mediana edad y que los beneficios del matrimonio son a largo plazo. Tener un cónyuge que goce de un alto bienestar se asocia no solo con un matrimonio más largo, sino también con una vida más larga.[20] De hecho, la psicóloga Olga Stavrova descubrió que el bienestar conyugal estaba más estrechamente asociado con la mortalidad de un cónyuge que con el propio bienestar de la pareja. Las personas cuyos cónyuges disfrutaban de un alto grado de bienestar (al comienzo del estudio de Stavrova) tenían menos probabilidades de morir durante los ocho años siguientes que las personas cuyos cónyuges sufrían un menor bienestar al inicio.

El bienestar en el matrimonio se asocia con comportamientos que afectan la salud, incluida la dieta y el ejercicio, y es probable que las personas cuyos cónyuges practican estilos de vida activos también practiquen estilos de vida activos. «Si tu pareja está deprimida y quiere pasar la noche comiendo patatas fritas frente a la televisión —dijo Stavrova—, así es como probablemente terminará siendo tu noche también». Los comportamientos que afectan la salud son la base de algunas de las tasas de mortalidad más bajas entre las personas casadas que entre las solteras durante la pandemia de COVID-19. Un estudio de 46 450 personas en 67 países encontró que las personas casadas tienen más probabilidades de cumplir con las medidas de protección contra la COVID-19 que las personas solteras. Esta brecha matrimonial en el cumplimiento es especialmente alta entre los hombres.[21]

El alto bienestar que acompaña al matrimonio es duradero porque, a diferencia de los aspectos tangibles de nuestras vidas, no se ve disminuido por la comparación social. El bienestar aumenta cuando nuestros ingresos aumentan de 100 000 dólares a 150 000 dólares, pero pronto disminuye cuando nos enteramos de que los colegas ganan 200 000 dólares. Pero el alto bienestar que acompaña al matrimonio no se desvanece cuando nos enteramos de que nuestros colegas casados también disfrutan de un alto bienestar, porque el bienestar que acompaña a los aspectos intangibles de nuestras vidas desafía la comparación social.[22]

El bienestar en el matrimonio a menudo puede resistir grandes adversidades. En respuesta a un artículo sobre el cuidado, un hombre escribió: «Durante casi veinte años, he sido el único cuidador de mi esposa, que está total y permanentemente discapacitada por un derrame cerebral que sufrió». Es un prisionero virtual en su propia casa y ahora, a los 66 años, ciertamente no está viviendo la vida de jubilación que había imaginado. «Pero mi esposa no sufre de demencia ni incontinencia. Ella sabe quién soy y, lo que es más importante, sabe lo que significamos el uno para el otro. Eso compensa en gran medida las pérdidas».[23]

Búsqueda de parejas matrimoniales

Las expectativas de los estadounidenses sobre el matrimonio han cambiado a lo largo de tres épocas, como lo ha identificado el psicólogo Eli Finkel.[24] En la primera, que duró desde el período colonial hasta aproximadamente

1850, los recién casados no esperaban más que la satisfacción de las necesidades materiales. En la segunda, que se extendió hasta aproximadamente 1965, los recién casados también esperaban el amor. Hoy, en la tercera era, los recién casados esperan el autodescubrimiento y el crecimiento personal, además del amor y la satisfacción de las necesidades materiales. Estas expectativas son difíciles de cumplir, y el bienestar se ve disminuido cuando no lo son.

Las universidades son lugares de aprendizaje, lugares para la adquisición de conocimientos que servirían como base de trabajos y carreras bien remuneradas. Pero también sirven como «mercados matrimoniales», como los llaman los economistas, lugares donde las personas se reúnen, salen y consideran preferencias, recursos y condiciones del mercado mientras buscan parejas para casarse. Otros mercados matrimoniales incluyen páginas de citas en línea y lugares de trabajo, y «casamenteros», amigos y familiares, que actúan como facilitadores, vinculando a las personas con posibles parejas matrimoniales.

Susan Patton, que se graduó de la Universidad de Princeton más de tres décadas antes, ofreció consejos sobre el mercado matrimonial a las mujeres actuales de Princeton. «Olvídate de tenerlo todo o de no tenerlo todo, de inclinarte hacia adentro o hacia fuera, esto es lo que realmente necesitas saber que nadie te está diciendo —escribió—: Para la mayoría de vosotras, la piedra angular de su futuro y felicidad estará inextricablemente ligada al hombre con el que os caséis, y nunca más volveréis a tener esta concentración de hombres que estén a vuestra altura... encuentra un esposo en el campus antes de graduarte».[25]

La historia de Lynn Hamilton, contada por la socióloga Pamela Stone, ilustra los consejos de Patton y también la atracción de las normas sociales tradicionales de proveedor y ama de casa.[26] Hamilton conoció a su futuro esposo en Princeton cuando ambos eran estudiantes universitarios con diecinueve años. Pensó que, con unas credenciales casi idénticas y habilidades comparables, sus ingresos combinados serían lo suficientemente altos como para obviar cualquier necesidad de que cualquiera de ellos trabajara en puestos estresantes. Resultó, sin embargo, que ambos estaban trabajando en esos puestos. «Y yo seguía diciendo, tenemos que reconfigurar esto. Y de lo que me di cuenta fue de que él no lo iba a hacer». Entonces, Hamilton renunció a su trabajo para convertirse en ama de casa.

La atracción de las normas sociales tradicionales en la búsqueda de parejas matrimoniales es evidente en las preferencias que se muestran en las páginas de citas *online*. Las mujeres que buscan hombres dan el doble de peso a los ingresos de los hombres que los hombres a los ingresos de las mujeres. Esto es cierto tanto si los ingresos de las mujeres son altos como si son bajos.[27]

La atracción de las normas sociales tradicionales también es obvia en la tendencia de las mujeres solteras a rehuir las opciones que probablemente mejoren sus carreras cuando implican rasgos, como la ambición, que se valoran en los hombres, pero que podrían disminuir las perspectivas de matrimonio de las mujeres. Las mujeres solteras en un programa de MBA pidieron salarios más bajos, expresaron una menor disposición a viajar y a trabajar largas horas cuando eran conscientes de que sus compañeros de clase, especialmente los hombres solteros, observarían sus preferencias.[28]

Y esa tendencia es evidente en un sitio web de citas indio muy popular, donde los perfiles de mujeres que expresan su deseo de trabajar después del matrimonio reciben casi un 22 % menos de interés por parte de los hombres en comparación con aquellos de mujeres que nunca han trabajado. Las mujeres que señalan su disposición a dejar de trabajar después del matrimonio enfrentan una penalización menor.[29] Tanto los hombres como las mujeres prefieren cónyuges que sean similares a ellos por edad, origen étnico y religión. Las mujeres solteras se alejan de los hombres divorciados, mientras que las mujeres divorciadas prefieren a los hombres divorciados. Tanto los hombres como las mujeres con hijos prefieren parejas que también tengan hijos. Y los hombres y mujeres sin hijos se alejan de los que tienen hijos.[30]

Las preferencias varían según la cultura. Un estudio de los anuncios matrimoniales en Canadá, Francia e India de 1950 a 1995 muestra que las preferencias declaradas por altos ingresos en una pareja ideal han caído bruscamente a favor de los rasgos personales en Canadá y Francia, en particular, después de finales de la década de 1960. En la India, sin embargo, los ingresos siguen siendo el criterio principal. Aun así, los ingresos importan incluso en Canadá y Francia. La demanda de rasgos de personalidad se basa en la satisfacción de la demanda de amplios ingresos.[31]

Las diferencias, como en la riqueza, preocupan a los cónyuges. Un artículo sobre las alegrías y los descontentos de la riqueza citó a un hombre: «Yo valgo tres millones de dólares, así que no soy súper rico. Sin embargo, sí me preocupa el afecto; si mi esposa se casó conmigo por mí o por mi dinero. Lo menciona bastante».[32] Y las diferencias de riqueza preocupan a los padres de posibles cónyuges. Una madre de una hija que iba a recibir millones en regalías de su participación en un gran campo petrolero me escribió para pedirme consejo. Su hija tiene un novio bien intencionado y brillante, pero él no tiene casi nada. ¿Será estable su matrimonio?

Los matrimonios interreligiosos son comunes ahora en los Estados Unidos, sin embargo, casarse dentro de la misma fe sigue siendo lo más común. Una encuesta del Pew Research Center encontró que siete de cada diez personas casadas comparten religión.[33] Las proporciones de las personas que cohabitan o están casadas con parejas de su propia religión son altas entre los hindúes, mormones y musulmanes estadounidenses, y más bajas entre los judíos, los protestantes tradicionales y las personas sin afiliación religiosa.

La historia de Myra Farooqi, una joven musulmana pakistaní-estadounidense, y un joven hindú indio-estadounidense ilustra las barreras a menudo insuperables para el matrimonio entre personas de diferentes religiones y etnias. Farooqi conoció al hombre en Dil Mil, una aplicación de citas para sudasiáticos, a pesar de los filtros que estableció para evitar la angustia al excluir a todos los hombres no musulmanes y no paquistaníes. Cuando Farooqi le contó a su madre sobre su relación, ella le preguntó: «¿Es musulmán?». Cuando dijo «no», su madre gritó: «¿Es paquistaní?». Cuando dijo «no», su madre se quedó sin aliento. «¿Puede hablar urdu o hindi?». Cuando ella dijo «no», su madre comenzó a llorar.

La madre se ablandó cuando Farooqi describió lo feliz que es en su relación y la promesa del hombre de convertirse al Islam. Pero cuando el hombre les dijo a sus padres que estaba pensando en convertirse, ellos rompieron a llorar y a suplicarle que no abandonara su religión. En su conversación final, el hombre dijo: «Nunca me convertiré al Islam, ni aparentemente, ni religiosamente». Y Farooqi dijo: «Entonces, eso es todo», sabiendo que había perdido al hombre que pensó que amaría para siempre.[34]

Algunos hombres y mujeres confían en que sus padres conozcan sus preferencias y seleccionen a los candidatos para el matrimonio. Esto es especialmente cierto donde los matrimonios arreglados son comunes, como en la India y China, y entre los judíos ortodoxos en los Estados Unidos. Linda Hirschel, una mujer judía ortodoxa estadounidense, describió haber sido emparejada con su futuro esposo en un matrimonio arreglado, un *shidduch*. Se convirtió al ortodoxo cuando tenía veinticuatro años, y se sometió a algunos *shidduchim*. «Eventualmente, me presentaron a Don Perfecto. Nuestra historia fue así: nos reunimos un viernes por la noche, salimos tres veces esa semana y nos comprometimos el viernes siguiente. Tres meses después nos casamos y este año cumpliremos treinta años».[35] Hirschel describió los beneficios de los matrimonios arreglados. «Los *shidduchim* funcionan porque los padres proporcionan el filtro, la idea es que nuestros hijos no tengan que besar muchas ranas antes de encontrar a su príncipe o princesa». Como madre, trata de encontrar cónyuges que compartan los principios y objetivos de su familia, que se comprometan con el matrimonio y que ayuden a criar a los hijos con esos mismos principios y metas.

Es probable que el matrimonio arreglado de Mina Shankar y Aditya Radhakrishnan sea tan exitoso como el de Hirschel y su Don Perfecto. Se conocieron por sugerencia de sus padres, quienes administraban las cuentas de sus hijos en BrahminMatrimony.com, un sitio web orientado al matrimonio para descendientes de indios. «Solo estaban tratando de ayudarme —dijo Radhakrishnan sobre sus padres—. Me dije: mantendré la mente abierta». Y Shankar comentó: «Mi mamá fue quien le presentó mi cuñada a mi hermano, y ya llevan casados diez años... Mi mamá obviamente tiene mis mejores intereses en el corazón». Su primera cita terminó en un beso. «Fue muy fácil comunicarme con él —dijo Shankar—, sentí que ya lo conocía». «Creo que al final ambos quedamos gratamente sorprendidos», dijo Radhakrishnan. Se casaron un año después.[36]

No todos los intentos de matrimonio arreglado son tan exitosos como los de Hirschel y su Don Perfecto o Shankar y Radhakrishnan, pero una mujer de ascendencia india rechazó la noción de que los matrimonios arreglados son matrimonios forzados. «Mis padres se conocieron y hablaron antes del día de su boda en la India y les preguntaron si cada uno veía un futuro con el otro». Accedió a una cita con Raj, arreglada por sus padres. Tenía muchas ganas de que algo funcionara entre ellos, casarse y hacer felices a todos. «Pero mientras hablábamos después del *brunch* ese día, era más evidente que un romance entre Raj y yo no estaba destinado a suceder». Habría tenido que doblegar su yo orientado a su carrera, apasionado, amante de la comida y viajero por el mundo si se hubiera casado con él.[37] Los padres de la mujer entendieron, confiaron en su juicio y dejaron de lado el tema. «Les di una oportunidad y eso fue suficiente para ellos. Todo lo que quieren para mí es la seguridad».

Las percepciones de los padres sobre el matrimonio y sus preferencias a menudo son diferentes de las de sus hijos, incluso cuando los padres tienen en cuenta el interés superior de sus hijos. El aplazamiento del matrimonio en las principales ciudades de China es común ahora, pero persisten las expectativas de los padres sobre los roles de género tradicionales. A las mujeres solteras de veinte años se les llama «mujeres sobrantes» y se enfrentan a la presión de los padres para encontrar una pareja para casarse. Las entrevistas con mujeres profesionales jóvenes, solteras, chinas y con trabajo de oficina en Beijing muestran diferentes percepciones y preferencias de padres e hijas sobre el matrimonio, la relación romántica y el rol de género, así como las aspiraciones de autonomía e independencia de las hijas.[38]

A veces, sin embargo, los padres no se preocupan por los intereses de sus hijos, y los matrimonios concertados se convierten en matrimonios forzados. Los padres indios con muchas hijas a menudo apresuran a la hija mayor a casarse con un hombre de baja educación y ocupación, para darles tiempo suficiente para casar a sus hermanas menores. Como consecuencia, las hijas mayores abandonan la escuela antes y se ven perjudicadas por la menor alfabetización.[39]

Además, los padres indios a veces distorsionan la elección del cónyuge, sacrificando el amor entre la pareja por los servicios que se les prestan. Cuando estos padres participan en la elección del cónyuge, los hijos varones tienen menos probabilidades de casarse con mujeres con educación universitaria o mujeres con carreras profesionales.[40] Del mismo modo, el emparejamiento que hacen los padres en China se asocia con una menor armonía matrimonial entre la pareja, esposas más sumisas y una mayor creencia en el apoyo de los hijos a los padres ancianos.[41]

La prohibición del matrimonio infantil mejora los logros educativos y el empleo de las mujeres. Un estudio de más de 250 000 mujeres de diecisiete países de ingresos bajos y medianos reveló que el aumento de la edad mínima legal para contraer matrimonio a los dieciocho años aumentaba la edad para contraer matrimonio, la edad del primer parto y la probabilidad de empleo.[42] Sin embargo, algunos matrimonios son forzados. Una gran proporción de mujeres en la República de Kirguistán se casan por *ala kachuu*, a veces caracterizado como rapto escenificado o ritualizado, pero en realidad es más probable que sea un matrimonio forzado. Las parejas en los matrimonios *ala kachuu* resultan ser mucho menos similares que otras parejas, una disimilitud que no concuerda con su caracterización como un rapto escenificado o ritualizado. Y los matrimonios *ala kachuu* disminuyen el bienestar de las mujeres.[43]

Los «matrimonios de *penalty*» en los Estados Unidos no son tan forzados como los matrimonios *ala kachuu*, pero no son libres. La escritora Merritt Tierce era una estudiante universitaria encaminada hacia Yale Divinty School. Si tenía nociones de tener hijos o de ser esposa, existían en una vaga neblina de un futuro lejano. Pero con diecinueve años se quedó embarazada. Tierce cedió a la presión de sus padres para quedarse con el bebé y casarse con el padre de su hijo, e incluso tuvieron una hija antes de divorciarse. Los niños salieron bien, pero Tierce tiene dudas sobre sus prácticas de criarlos. «Estaba cerrada y retraída, con dolor y agotada. Quería ir a la escuela de posgrado, para poder tener sentimientos de logro, contribución, confianza y curiosidad».[44]

Condiciones del mercado matrimonial en la búsqueda de pareja

Las condiciones del mercado matrimonial pueden fortalecer o debilitar las posiciones de los posibles cónyuges. Las condiciones del mercado cambiaron en Francia después de la Primera Guerra Mundial, ya que el ratio de mujeres por hombre aumentó debido a la alta mortalidad militar durante la guerra. Esa elevada proporción fortalece la posición de los hombres en el mercado matrimonial y debilita la de las mujeres. Como consecuencia, los hombres tenían más probabilidades de casarse que las mujeres, los nacimientos fuera del matrimonio aumentaron y los hombres tenían menos posibilidades de casarse con mujeres de clases sociales más bajas.[45]

En el lado opuesto, la política del hijo único en China y la preferencia por los hijos varones se combinaron para aumentar la proporción de hombres, fortaleciendo la posición de las mujeres en el mercado matrimonial y debilitando la de los hombres. Las familias con hijos varones respondieron acumulando más riqueza que las familias con hijas y poseyendo propiedades residenciales adicionales.[46] Fangfang, la mujer china de 37 años mencionada anteriormente, ilustró esa respuesta: «En el futuro, cuando los hijos crezcan, el coste del matrimonio y la crianza de los hijos será demasiado alto, pero mi hijo no necesita preocuparse. Tengo una casa lista para él cuando se case en el futuro».

La posición relativa de las mujeres estadounidenses en el mercado matrimonial se debilitó cuando la competencia de China eliminó puestos de trabajo en las industrias manufactureras estadounidenses dominadas por mujeres, como los artículos de cuero. Las tasas de matrimonio aumentaron, ya que las mujeres percibieron que el matrimonio tenía más probabilidades de conducir a la seguridad económica que la maternidad soltera.[47]

Las condiciones del mercado matrimonial también afectaron a los pagos de la dote en el mercado matrimonial indio. Entre 1930 y 1975 se duplicó la proporción de matrimonios indios que incluían pagos de dote, y el valor real medio de los pagos se triplicó. El aumento de la dote se debió a la modernización que fortaleció las posiciones de los hombres con habilidades que dicha modernización hizo más valiosas.[48]

Las leyes contra la dote introducidas en la India en 1985 tienen algunos efectos lamentables. Las nuevas leyes redujeron considerablemente las dotes, pero también condujeron a un aumento de la violencia doméstica contra las mujeres. Los niños nacidos de madres afectadas por estas leyes son más bajos y tienen menos años de escolaridad completa. Es probable que esto se deba a la violencia doméstica contra las madres y a la disminución de la riqueza familiar causada por la disminución de las dotes.[49] En China, es el novio el que proporciona la dote, y la dote insuficiente también tiene efectos penosos. «Mi esposa me contó una historia sobre su compañero de clase —dijo Zihan, el hombre chino de 34 años mencionado antes—. Durante su boda, el novio no dio lo suficiente para la dote, lo que provocó que su suegra lo tratara de manera bastante poco amable desde entonces».

El papel de las finanzas

El matrimonio representa ahora algo más que un conjunto de recursos materiales, pero estos recursos siguen siendo la base, y los de las clases desfavorecidas son escasos. Cuando ocurren los percances habituales de la vida, una reparación de un automóvil o una lesión de rodilla, las clases desfavorecidas tienen más probabilidades de sufrir desempleo, desalojo e indigencia. Las clases desfavorecidas también tienen menos probabilidades de tener control sobre sus horarios de trabajo y menos dinero para el cuidado de los niños. Cuando encuentran tiempo para conversar con sus cónyuges, es probable que lleguen a ellos sintiéndose emocionalmente agotados por otros factores estresantes, y los temas de conversación a menudo consisten en cómo presupuestar su poco dinero y cómo obtener cuidado infantil asequible. Las clases desfavorecidas saben que no existe tal cosa como «pobres, pero felizmente casados», que el matrimonio entre los más desfavorecidos es probable que termine en divorcio, y que el divorcio es la última pérdida de prestigio. Es mejor no casarse que casarse y divorciarse.[50]

El sociólogo Victor Tan Chen señaló que hasta hace unas décadas las personas sin títulos universitarios tenían muchas más probabilidades de casarse a los treinta años que las que tenían títulos universitarios. Ahora, sin embargo, solo la mitad de las mujeres sin esta titulación están casadas a los cuarenta años, en comparación con tres cuartas partes de las mujeres con un título universitario. Atribuyó la disminución de las tasas de matrimonio entre los que no tienen títulos universitarios a la reducción de los empleos bien remunerados disponibles para ellos, lo que impide relaciones estables. De hecho, el matrimonio es ahora un componente central de la desigualdad de ingresos que permite a los graduados universitarios casados poner en común sus ingresos. Chen citó a un hombre de 51 años que había trabajado en una fábrica de automóviles en Detroit, cuyo matrimonio se desmoronó durante tres años de desempleo casi constante. «Yo no tengo dinero y ahora ella tiene un trabajo —dijo—. Toda la credibilidad se va por el desagüe cuando no puedes pagar las facturas».[51]

La estabilidad financiera y la seguridad de la vivienda son determinantes cruciales de las estructuras familiares. Las dificultades financieras aumentan la probabilidad de divorcio de una pareja casada entre un 4 % y un 8 %.[52] En el otro extremo, un estudio de los ganadores de premios sustanciales de lotería en Suecia indica que el aumento de la riqueza aumenta la probabilidad de matrimonio y reduce la de divorcio. El aumento de la riqueza también aumenta la fertilidad masculina.[53]

Los hombres y mujeres jóvenes de clases desfavorecidas buscan cónyuge y esperan criar a sus hijos en el matrimonio. Además, cuando sus hijos nacen fuera del matrimonio, la mayoría de los jóvenes de clases desfavorecidas dicen que quieren casarse con las madres de sus hijos. Sin embargo, el matrimonio no suele seguir al nacimiento de los hijos, y las relaciones entre las parejas tienden a desmoronarse rápidamente, en gran parte, porque los hombres de clases desfavorecidas carecen de los recursos financieros, laborales y de comportamiento necesarios para mantener un matrimonio.

Los sociólogos Kathryn Edin y Timothy Nelson ofrecieron la historia de Bear y Amber, una joven pareja pobre, como ilustración de la compleja dinámica en la que un embarazo repentino, un fuerte deseo de tener hijos, estándares elevados para el matrimonio y una desconfianza palpable establecen barreras casi insuperables para el matrimonio.[54] Bear y Amber, que apenas se conocían antes de la concepción, descubren de repente, una vez que nace el bebé, que no comparten los mismos valores y prioridades. Cuidar a un bebé crea en Amber ciertas expectativas financieras, laborales y de comportamiento que deben ser cumplidas por Bear. Ella espera que Bear sea un padre diligente, totalmente responsable. Sin embargo, Bear nunca fue diligente, y se resiste a rendir cuentas ante Amber. Él no eligió a Amber como su esposa. Terminó con ella porque un bebé estaba en camino.

Los elevados estándares matrimoniales de Bear y hombres como él exigen un matrimonio de absoluta confianza y compromiso, un matrimonio que no flaqueará cuando aparezcan desafíos de la vida real, ya sea la adicción a las drogas, una pena de prisión o la pérdida del trabajo. Estas elevadas normas hacen que las relaciones reales sean profundamente insatisfactorias. «Una chica normal debe competir de repente con la aspirante a Miss América». Irónicamente, los estándares matrimoniales más altos son gran parte de la razón de las tasas más bajas de matrimonio entre los desfavorecidos de hoy en día. Muchos hombres de clases desfavorecidas que habrían cumplido con los estándares de las de las décadas de los cincuenta y sesenta no cumplen con los de hoy.

Las mujeres de clases desfavorecidas consideran el matrimonio como un lujo, conscientes de los escasos recursos de los posibles cónyuges, pero piensan que los hijos son una necesidad, poniendo en el centro la relación madre-hijo. Por lo tanto, las mujeres de clases desfavorecidas podrían estar dispuestas a tener hijos de hombres inadecuados para el matrimonio. Esperan que sus relaciones con los padres de sus hijos mejoren cuando nazcan, pero saben que se quedarán con los niños incluso si sus relaciones con los padres se desmoronan.

Aun así, el descenso de las tasas de matrimonio entre las personas sin estudios universitarios no se debe solo a la disminución de las perspectivas de empleo y de los salarios. Los cambios en las normas sociales también importan. Los economistas Melissa Kearney y Riley Wilson exploraron las consecuencias de los «*booms* del *fracking*»* en las tasas de matrimonio. Confirmaron que los «*booms* del *fracking*» estaban asociados con el aumento de los salarios de los hombres que carecían de educación universitaria, pero no encontraron ningún aumento en las tasas de matrimonio. Esto podría deberse a que los cambios en las normas sociales eliminaron parte del estigma de la maternidad soltera y el parto fuera del matrimonio.[55]

Los hombres y mujeres de la élite, a diferencia de las clases desfavorecidas, dan por sentado que sus finanzas serán adecuadas y que las necesidades materiales serán satisfechas. Esperan casarse con alguien con las características financieras, laborales y conductuales necesarias para sostener un matrimonio. Confiados en que encontrarán a una persona así, retrasan el matrimonio hasta que completen sus estudios, establezcan sus carreras y comiencen a convivir como matrimonios de prueba. Ponen en el centro la relación marido-mujer y consideran a los hijos como un complemento posiblemente deseable. Sarah Barton, una mujer de la élite de 34 años, había vivido con su ahora esposo durante varios años antes de casarse, al igual que sus hermanos. «[A mis padres] no les gustó eso ni lo aprobaron. Pero para mis primos más jóvenes y miembros de mi familia, lo recomiendo encarecidamente».[56]

* N. del T.: El *fracking* es un término referido a la técnica de extracción de gas y petróleo del subsuelo que tuvo alto impacto en la economía estadounidense en ese período.

Cuando los miembros de la élite se comprometen con parejas a largo plazo, tienen recursos financieros y apoyo que les permiten centrarse en el respaldo emocional y la conexión, hacer concesiones y obtener ayuda cuando se enfrentan a dificultades. Esto reduce las probabilidades de ruptura y aumenta las de encontrar nuevas parejas si se separan.[57] La píldora anticonceptiva ofrecía a las mujeres miembros de la élite la oportunidad de posponer el matrimonio y continuar desde la universidad hasta los programas profesionales de posgrado. La proporción de mujeres en estos programas aumentó sustancialmente justo después de 1970, y la edad del primer matrimonio entre las graduadas universitarias comenzó a aumentar alrededor del mismo año.[58]

Los miembros de la élite también pueden posponer el matrimonio porque pueden permitirse la fertilización *in vitro* (FIV). La adopción en Israel en 1994 de la FIV gratuita ofrece un experimento natural para ver cómo los horizontes de fertilidad afectan el momento en el que las mujeres se casan y otros resultados. El cambio de política fue seguido por un aumento sustancial de la edad media del primer matrimonio. Este cambio parece estar impulsado tanto por el aumento de los matrimonios de las mujeres mayores como por el hecho de que las mujeres más jóvenes lo retrasan. La edad del primer parto también aumentó.[59]

Resolución de conflictos

Los beneficios de bienestar del matrimonio son especialmente grandes cuando los cónyuges son muy buenos amigos y se apoyan mutuamente.[60] Una pareja mayor describió su relación con una sonrisa, «uno cojea y el otro es un bastón». Aun así, los conflictos surgen incluso entre los mejores amigos, y no siempre se ofrece algo sobre lo que apoyarse.

Los psicólogos John Tierney y Roy Baumeister describieron las estrategias constructivas que utilizan las parejas cuando los comportamientos de los cónyuges les molestan. «Déjalo pasar y espera que las cosas mejoren, o explica lo que te molesta y llega a un acuerdo». También describieron estrategias destructivas: «Enfadarse. No decir nada, alejarte emocionalmente de tu pareja o dirigirte "hacia la salida". Amenazar con romper la relación o empezar a buscar otra pareja».[61]

Las estrategias constructivas mejoran las relaciones de forma reducida, pero las estrategias destructivas dañan mucho las relaciones. «Cuando te aferras silenciosamente a tu pareja, tu lealtad a menudo ni siquiera se nota. Pero cuando te alejas de esa forma de tu pare ja o lanzas amenazas de forma agresiva, puedes comenzar una desastrosa espiral de represalias».

En sus estudios de miles de parejas, los psicólogos John Gottman y Robert Levenson encontraron que el desprecio es el primero entre los factores que separan a las parejas, disminuyen el bienestar y señalan el fin de las relaciones. Por el contrario, la amabilidad, la generosidad y la gratitud unen a las parejas, mejorando su bienestar.[62] «Tendemos a sobreestimar nuestros esfuerzos en una relación y a subestimar la cantidad de trabajo que nuestra pareja está realizando», dijo el psicólogo Allen Barton.[63] La gratitud es una barrera protectora contra la tendencia común de dar por sentadas las contribuciones de un compañero.[64]

Desahogar la ira contra un cónyuge puede ser catártico, pero daña las relaciones y disminuye el bienestar. Las reuniones programadas para discutir los desacuerdos sanan las relaciones y mejoran el bienestar. Rhaina Cohen, productora y editora de *podcasts*, describió la transición del desahogo al reencuentro en la relación con Liz y Tom.

«Mostrar un enfado exagerado fue claramente parte de nuestras idas y venidas», dijo Tom, describiendo la primera parte de su relación. Ahora, redactan sus quejas y esperan para discutirlas en reuniones programadas cada tres meses. La espera drena las emociones dolorosas momentáneas y facilita la cooperación y la creatividad. Liz y Tom establecieron normas para sus reuniones y reglas de compromiso. «No te cierres a las observaciones de la otra persona, prepárate para escuchar críticas, admitir tus errores y estar agradecido por tu pareja. Comprométete a trabajar en la relación a largo plazo y acepta que el cambio puede llegar con pequeños pasos».[65]

La falta de amabilidad, generosidad, conversación y disposición para comprometerse tensiona el matrimonio y reduce el bienestar, como se evidencia en la historia de Meredith, la mujer estadounidense de 31 años mencionada con anterioridad. «No me sentía bien cuando me mudé por primera vez de Boston, de donde soy, a Oregón». Ella y su esposo estaban pasando por una mala racha en su matrimonio y se estaban adaptando a tener que cuidar de un perro. «Sentí que no podía hablar con él en absoluto porque él había crecido con mascotas y simplemente no podía entender cuál era mi problema. En general, la comunicación era pobre y no era un buen momento para ninguno de los dos». Las diferencias en la ausencia de compromiso continúan disminuyendo el bienestar de Meredith ahora que su esposo ha dejado su trabajo a tiempo completo para ir a la universidad. «Esto afecta a nuestro presupuesto de dos maneras: una, ahora vivimos con un solo sueldo, y dos, ahora tenemos que pagar la matrícula junto con nuestros gastos ordinarios. Y CON UN SOLO SUELDO». Meredith le explicó el problema a su esposo: «Cuando tenemos estas conversaciones, soy yo quien le explica que, hasta cuando él paga su comida en el Taco Bell con su tarjeta de crédito... Soy yo quien realmente lo está pagando». Hasta ahora, sus explicaciones no han calado. «Por lo general, solo soy yo hablando y él disculpándose. Es un asco, la verdad».

Fidelidad financiera

La infidelidad financiera, que oculta los gastos y las deudas de un cónyuge, es probablemente más frecuente que la infidelidad sexual, y también puede dañar las relaciones. Una encuesta realizada a parejas casadas reveló que el 40 % dijo que había incurrido en infidelidad financiera y el 85 % de ellas dijo que había dañado su relación, desde conversaciones subidas de tono hasta el divorcio.[66] Jessica Matthews, una asesora financiera, se divorció de su esposo cuando descubrió que escondía más de 30 000 dólares en deudas de tarjetas de crédito. Ahora comparte su experiencia mientras guía a sus clientes.

Las cuentas financieras conjuntas pueden prevenir la infidelidad financiera mediante la publicidad y el control externo, complementando el autocontrol o reemplazándolo, ya que cada miembro de la pareja debe justificar el gasto al otro. Una cuenta bancaria conjunta induce a los miembros a comprar solo lo necesario, puesto que existe esta necesidad de justificación, mientras que las cuentas bancarias separadas tientan a comprar bienes de lujo.[67]

Danny, un hombre estadounidense de 43 años entrevistado por BlackRock, describió los beneficios de la transparencia y el control externo en su matrimonio. Unos meses antes, su esposa confesó que no había logrado administrar correctamente sus finanzas personales. En los últimos tres años había acumulado una deuda de 10 000 dólares en tarjetas de crédito. Inicialmente, Danny estaba enfadado, pero después de una conversación con su esposa, acordaron que él se encargaría de todas sus finanzas. «Decidimos darle una paga semanal en efectivo, lo que parecía triste pero necesario».

Las parejas que combinan sus finanzas en cuentas conjuntas bancarias, de tarjetas de crédito y de inversión disfrutan de un mayor bienestar y acumulan más activos que las parejas que mantienen sus finanzas separadas.[68] Sin embargo, el control externo de las finanzas conjuntas no siempre es bueno, a veces es utilizado por uno de los miembros para controlar al otro. La socióloga Rachel Sherman describió a Stephanie, miembro de una pareja adinerada, quejándose de que su esposo compra comida *gourmet* y vino para sus amigos, pero restringe sus gastos en las necesidades de su hijo y su hogar.[69]

Además, la falta de confianza disuade a muchas parejas de combinar sus finanzas. Y la falta de confianza a veces está justificada. La escritora Naomi Jackson definió el dinero *vex* como «dinero escondido en tu persona o en un lugar secreto como tu sujetador, una cuenta bancaria o la Biblia de tu abuela, para ser gastado solo en caso de emergencia, cuando una situación que alguna vez fue estable de repente se vuelve molesta, por lo general, pero no siempre, debido a un hombre».[70]

Jackson observó pocos matrimonios felices en su comunidad afrocaribeña inmigrante. Había rumores sobre mujeres fuera del matrimonio y niños ilegítimos, y comentarios de desaprobación sobre hombres que se jugaban no solo sus propios ingresos, sino también los ahorros de su familia, Se le enseñó que era mejor permanecer casada incluso frente a una profunda traición, pero también comprendió que no es inteligente depender de un hombre que no puede o no quiere mantener a su familia. «El dinero *vex* es la manifestación de nuestra falta de voluntad para confiar».

Una mujer blanca de clase alta se sorprendió al descubrir que su experiencia era similar a la de Jackson. Su madre tuvo que huir de un marido maltratador y rico, que le retuvo dinero a ella y a sus hijos como táctica de divorcio. «Los fondos para emergencias dan seguridad».

Otra mujer blanca que creció en una familia pobre o de clase media baja citó a su madre: «Nunca confíes en un hombre. Si quieres algo, consíguelo tú misma. Primero, obtén una buena educación porque nadie te la puede quitar». Ese consejo le sirvió mucho después de su divorcio. Y otro escribió: «En mi comunidad judía alemana europea, teníamos lo mismo, ¡pero se llamaba *knipple*! Supongo que el hecho de que las mujeres tengan que guardar algo de dinero para sí mismas en un lugar secreto es una larga tradición».

Diferencias sobre el comportamiento financiero

La edad, el origen étnico y la religión son fáciles de conocer antes del matrimonio, pero el comportamiento financiero, especialmente el relacionado con el ahorro, el gasto y las actitudes hacia el riesgo, son más difíciles de evaluar. Sin embargo, por lo general, las parejas son capaces de percibir el comportamiento financiero de alguna manera. Muchas parejas en matrimonios estables tienen puntuaciones de crédito similares, lo que indica una propensión similar a gastar y a ahorrar,[71] y, a menudo, los cónyuges suelen tener actitudes de riesgo similares antes del matrimonio, en lugar de converger sus actitudes de riesgo durante el matrimonio.[72] Sin embargo, algunas personas a menudo se casan con parejas cuyo comportamiento financiero es diferente al suyo porque ninguno de ellos anticipa los efectos del matrimonio en el comportamiento y los resultados. Cuando tenemos hambre, podemos estar más inclinados a comprar más comida en el supermercado que cuando estamos saciados. Y cuando estamos enamorados, antes del matrimonio, actuamos como si esperáramos estar enamorados para siempre.[73]

«En las relaciones de pareja, hablar de finanzas a menudo se considera tabú», anotaron el investigador de matrimonio y familia Matthew Saxey y sus coautores. Sin embargo, las parejas adultas emergentes se enfrentan a algunos desafíos financieros únicos que pueden conducir a una mala comunicación financiera y a riesgos en la relación. Saxey y sus coautores descubrieron que las discusiones financieras tempranas en las relaciones románticas pueden mejorar la calidad de la relación, pero también pueden crear conflictos financieros. Sin embargo, en general, sus hallazgos sugieren que cuanto antes las parejas jóvenes adultas hablen de finanzas, mejor.[74]

La relación entre April, una mujer estadounidense de 31 años entrevistada por BlackRock, y su marido se está desmoronando por el dinero. «Cuando era niña, era ingenua», dijo. Sus padres y abuelos eran muy generosos. Cuando se casó en 2008, la realidad del dinero la golpeó fuertemente. Acababa de graduarse de la universidad, su prometido había perdido su trabajo y la cuenta de ahorros para la jubilación de su padre se había desplomado. «Nueve años después... mi marido ha perdido cinco empleos en nueve años... Esto nos quitó una cantidad significativa de nuestros ahorros más de una vez».

April prefiere mantener parte de su dinero en una cuenta individual. Al compartir su filosofía sobre el dinero con una amiga, habló sobre «cómo las mujeres que trabajan merecen un ratito... para darse un capricho con algo: un masaje, manicura, pedicura, etc.». Su amiga no estaba de acuerdo, argumentando que todo el dinero va a una cuenta conjunta. «Fue interesante para mí que no estuviéramos de acuerdo en esto».

El poder de negociación es importante. La proporción del gasto en productos de belleza de las esposas es mayor y la proporción del gasto en alcohol es menor cuando la educación relativa y los salarios potenciales de las esposas son más altos. Y el fortalecimiento de las posiciones negociadoras de las esposas en las parejas con hijos se asocia con una mayor inversión en estos, lo que se refleja en una mayor participación presupuestaria en libros, artículos de papelería y útiles escolares.[75] La negociación también tiene lugar entre los maridos empleados y las esposas amas de casa. Danielle, heredera de una fortuna familiar y exbanquera entrevistada por la socióloga Rachel Sherman, se ve reforzada por su empleo anterior. «Cuando te preguntan ¿a qué te dedicas?, les digo: "Me quedo en casa, no estoy trabajando. Soy una banquera jubilada"».

Aun así, se sentía culpable por gastar «dinero en caprichos». «Ganar tu propio dinero te valida. Alguien te está pagando por lo que estás haciendo». Ella y su marido han calculado lo que costaría reemplazar su trabajo doméstico. «Es una cantidad considerable. Entre el cuidado de niños, ayudarles en las tareas escolares, limpiar, cocinar, ¿qué significa eso en horas de trabajo? Es un montón de dinero». Danielle se paga a sí misma un salario por su trabajo, extraído de sus inversiones, que utiliza para gastos familiares y personales.[76]

Masculinidad y feminidad, el proveedor y el ama de casa

Mucho de lo que sucede hoy en día en el matrimonio todavía está arraigado en las normas sociales tradicionales de masculinidad y feminidad, el proveedor y el ama de casa. De acuerdo con estas normas sociales, los maridos son los proveedores, los que proporcionan ingresos, y las esposas son amas de casa, cuidando del hogar y de los hijos. Algunos adultos jóvenes con buena formación rechazan estas normas sociales tradicionales en favor del matrimonio igualitario, en el que cada cónyuge es a la par el proveedor y el ama de casa. Sin embargo, la atracción de las normas sociales tradicionales sigue siendo fuerte.[77] «Las propuestas de matrimonio son una tontería —argumentó la escritora Caroline Kitchener—: Esta no es la manera en que dos adultos deberían tomar una decisión tan importante en la vida».[78] La tradición estadounidense de la propuesta de matrimonio requiere que un hombre lleve a una mujer a algún lugar romántico y la sorprenda arrodillándose, haciendo la pregunta y sacando un anillo de diamantes. Ese ritual luego exige que la mujer llore y diga «sí» de inmediato.

Las normas sociales tradicionales se ajustan un poco cuando los esposos se convierten en padres que se quedan en casa, pero no del todo. Los padres que se quedan en casa aumentan su participación en el cuidado de los niños y las tareas domésticas entre semana, pero no los fines de semana.[79] La socióloga Rachel Sherman describió a Patricia Lambert, una mujer de la élite, que reconocía que su marido hizo posible que se quedara en casa. «Ganaba suficiente dinero como para que no necesitara mis ingresos. No quiero dejar de estar agradecida y ser consciente de eso. Realmente teníamos una opción, y la mayoría de las mujeres no la tienen. Y eso lo veo en mi cuñada, que es enfermera».[80] Sherman también describió a Melissa Wyatt, otra mujer de la élite, quien señaló una metáfora empresarial que su esposo usa para justificar su división tradicional de roles después de que ella dejó su trabajo tras el nacimiento de su primer hijo: «Él es ingresos y yo soy operaciones».

Las normas sociales del marido como proveedor y de la esposa como ama de casa están sometidas a estrés y el bienestar disminuye cuando las esposas ganan más que sus maridos. Estos maridos son más propensos a utilizar medicamentos para la disfunción eréctil que otros maridos, incluso cuando las diferencias entre los ingresos son pequeñas. Y tanto los esposos como las esposas usan más medicamentos para el insomnio y la ansiedad cuando las esposas ganan más que sus esposos.[81] De hecho, la aversión a que una esposa gane más que su marido reduce la probabilidad de casarse. Y, si está casada, reduce la probabilidad de empleo de una esposa y sus ingresos si está empleada, y aumenta la probabilidad de divorcio.[82]

Aun así, los maridos se tragan su orgullo y prefieren una esposa que gane más cuando ganan muy poco para mantener a la familia. El sociólogo Victor Tan Chen habló con una extrabajadora de fábrica de 54 años que dijo que el resentimiento de su esposo por sus frecuentes despidos temporales se extendió a peleas por dinero y una eventual separación. «Cada vez que me despedían, él se enfadaba», dijo. Los esposos que ganan más que sus esposas reducen su malestar inflando sus ingresos. Reportan ganancias más altas a los encuestadores del censo que lo que sus empleadores informan a Hacienda. Por su lado, las esposas disminuyen su malestar y el de sus maridos disminuyendo los ingresos que reportan.[83]

Un informe sobre estos hallazgos suscitó muchas respuestas, en su mayoría insistiendo en que su bienestar no se ve afectado por los ingresos relativos del esposo y la esposa.[84] Un hombre escribió que está orgulloso de su esposa por ganar más que él. «Ha trabajado diligentemente y ha mejorado de forma constante su educación, por lo que todas sus ganancias son bien merecidas. Un matrimonio es un trabajo en equipo y si nosotros, el equipo local, ganamos, lo celebramos juntos». Otros, sin embargo, se hicieron eco del hallazgo de que el bienestar disminuye cuando las esposas ganan más que sus maridos. Una mujer escribió: «Mi papá era un hombre pacífico, pero cuando mi mamá mencionaba que estaba ganando más dinero [...] perdía la calma tan rápido que no podía creer que fuera el mismo tipo». Su madre aprendió a no sacar a la luz los problemas de dinero, al menos no cuando su padre estaba desempleado o subempleado. Si su padre tenía un empleo satisfactorio, es decir, ganaba más que su madre, era muy complaciente con ella sin importarle cómo se gastara el dinero. «Pero no le das una patada cuando está en el suelo».

Las esposas generalmente se esfuerzan por calmar los frágiles egos de los esposos a quienes superan en ingresos. La socióloga Rachel Sherman señaló que estas esposas se esfuerzan por reconocer las contribuciones de sus maridos, más de lo que lo hacen los esposos por sus esposas.

Sin embargo, las esposas conservan la responsabilidad primordial de sus hogares e hijos, incluso si aportan a su matrimonio mayores salarios o herencias.

Sherman describió a Miriam, una esposa con un salario anual de 1,2 millones de dólares por largas horas de trabajo bancario, diez veces el ingreso de su esposo. Sin embargo, el trabajo de su esposo tiene prioridad en la familia porque su ego estaba más ligado a su trabajo que el de ella. Ella era la que se quedaba en casa con los niños cuando la niñera estaba enferma. «Creo que hay una cosa de género que sucede, donde las mujeres que trabajan también son las directoras ejecutivas de la casa, y los hombres simplemente trabajan».[85]

Apaciguar el ego de un esposo es más difícil cuando los ingresos del hogar son bajos. La socióloga Marianne Cooper describió la escalada de la pelea entre Laura Delgado y su esposo desempleado, Vince, cuando él compró un camión nuevo. «Cuando estaba realmente deprimido por no tener empleo, ¿qué hizo? Salió y compró un camión. Quiero decir, vamos, un camión, con ruedas enormes que no podíamos permitirnos, eso denota masculinidad».[86]

Según las normas sociales tradicionales, también se supone que los maridos poseen mayores conocimientos financieros que las esposas. La identidad femenina dificulta la contribución de las esposas en las decisiones financieras, mientras que la identidad masculina promueve la resistencia entre los maridos.[87] Sherman describió a Ellen, quien señaló que los hombres quieren invertir el dinero para poder «tener su huella» en él.[88] Las mujeres *millennials* acomodadas, aquellas con al menos 250 000 dólares en activos invertibles, tienden a ceder a sus maridos la inversión incluso más que las mujeres de la generación del *baby boom*. Entre las mujeres *millennials* que viven con parejas masculinas, el 54 % de las encuestadas dijo que delega en sus parejas la inversión en lugar de compartir esa responsabilidad o tomar la iniciativa, en comparación con el 39 % de las mujeres *boomers*.[89]

Algunas de las diferencias en las finanzas entre las familias de la élite y las de clase trabajadora o desfavorecida probablemente se deban al hecho de que las finanzas de las familias de la élite implican inversión, mientras que entre las de clase trabajadora y desfavorecida implican hacer un presupuesto. La socióloga Marianne Cooper describió a Melinda, una mujer de clase trabajadora, responsable del presupuesto de su familia. Owen, su esposo, explicó que su salario va directamente para cubrir sus gastos. Y así, muchas veces, cuando se despierta y se prepara para ir a trabajar, y es el tercer día del mes, Melinda dice: «¿Cuándo entra el dinero? Porque tengo que hacer esto, tengo que hacer aquello», así que ella es la que tiene que hacer el presupuesto.[90]

Convivencia

Los beneficios de la convivencia para el bienestar pueden ser iguales a los del matrimonio, especialmente en las culturas que la aceptan, todo ello dependiendo de la confianza, la comunicación y los estilos en la resolución de conflictos.[91,92] En efecto, el escritor Mandy Len Catron argumentó que estos beneficios superan a los del matrimonio. «Cuando mi pareja, Mark, y yo hablamos sobre si queremos casarnos o no, los amigos tienden a asumir que estamos tratando de decidir si somos o no "serios" acerca de nuestra relación. Pero no estoy expresando dudas sobre mi relación; estoy dudando de la institución en sí».[93]

Catron acepta el punto de vista de sus amigos casados sobre los beneficios intangibles del matrimonio para el bienestar en los sentimientos de pertenencia y seguridad, pero señala los costes de estos beneficios. Describió el trabajo de las sociólogas Natalia Sarkisian y Naomi Gerstel, quienes encontraron que el matrimonio debilita otros lazos sociales. Las personas casadas son menos propensas que los solteros a socializar con amigos y vecinos, visitar o llamar a sus padres y hermanos, u ofrecer apoyo emocional y ayuda pragmática. «No son las circunstancias de la vida matrimonial las que aíslan —escribió Catron—, es el matrimonio mismo». Sin embargo, la evidencia indica que los beneficios para el bienestar del matrimonio son generalmente más altos que los de la convivencia.[94]

La ventaja del bienestar del matrimonio sobre la convivencia proviene de la mayor estabilidad del matrimonio, reflejada en los sentimientos de pertenencia y seguridad señalados por Catron. Los sociólogos Bradford Wilcox y Laurie DeRose señalaron que el matrimonio aumenta la estabilidad mediante rituales nupciales elaborados, normas de compromiso, fidelidad, permanencia y trato distintivo por parte de la familia y los amigos. Por el contrario, la misma libertad y flexibilidad que hace atractiva la convivencia, la hacen menos estable. Wilcox y DeRose encontraron que casi la mitad de las madres estadounidenses con educación universitaria que cohabitan rompen con sus parejas antes de que su hijo cumpla doce años, mientras que menos de una quinta parte de las madres que estaban casadas cuando nació el niño lo hacen. Lo mismo ocurre en Europa. Los niños nacidos de parejas que cohabitan tienen aproximadamente un 90 % más de probabilidades de presenciar la ruptura de sus padres cuando cumplen doce años que los niños nacidos de padres casados.[95]

Además, los psicólogos Scott Stanley y Galena Rhoades descubrieron que las parejas que cohabitaron antes del matrimonio tenían más probabilidades de ver terminar sus matrimonios en comparación con aquellas que no lo hicieron. Esto es especialmente cierto para aquellos que comenzaron a convivir antes de comprometerse.[96] Las razones para mudarse juntos importan. Las personas que informaron que su principal razón para convivir era poner a prueba su relación o por razones financieras tenían más posibilidades de ver terminar sus matrimonios que aquellas que lo hicieron porque querían pasar más tiempo con su pareja. Además, los que habían tenido más parejas de hecho con anterioridad eran más propensos a ver cómo se acababa su matrimonio.

6

Viudedad y divorcio

Betty Rollin es autora y excorresponsal de informativos de televisión. También es viuda. Una amiga asumió que Rollin había superado la pérdida, más de un año después de la muerte de su esposo. «Aparentemente, el tiempo correcto es un año más o menos —dijo Rollin—. Al parecer, no estaba haciendo bien eso de recuperarme».[1]

Rollin ofreció algunos consejos a los amigos de las viudas: no desaparezcas después de un correo electrónico comprensivo con tu amiga viuda. No cuentes historias tristes sobre tus otras amigas viudas. No asumas que todas las viudas han superado su dolor en un año más o menos. No asuma nada sobre las finanzas de las viudas. «Mis amigos cristianos enviaron flores; mis amigos judíos me mandaban comida. La comida es mejor».

Joseph Chuman, viudo desde hace seis años, se opuso a la designación del «trastorno de duelo prolongado» como un trastorno mental en el *DSM-5*, conocido como la biblia de la psiquiatría. El duelo no es «un estado emocional por el que uno pasa para emerger del otro lado como era antes —escribió—. El duelo es transformador, y no soy la misma persona que era antes de que mi amada esposa muriera».

En los primeros meses después de la muerte de su esposa, se sintió consumido por emociones abrumadoras. Con el paso del tiempo, pudo recuperar su funcionamiento normal, pudo trabajar, socializar con los demás y reír. Pero bajo la superficie se sentía solo, triste y vacío.

En la pandemia de COVID-19 han muerto más hombres que mujeres, dejando muchas viudas. «Es muy traumático por lo inesperado que es —dijo una viuda—. Regresó de dos despliegues [en Irak]. Llegó a casa y esto fue lo que lo mató».[2]

Las viudas más jóvenes en la pandemia de COVID-19 se ven obligadas a la abrumadora tarea de criar solas a sus hijos pequeños. «Toda esta experiencia es tan agotadora —dijo la madre viuda de una niña de cinco años—. Tienes que guiar a tu hijo con el ejemplo. Quieres que sean felices, y les estás mostrando cómo comportarse».

La viudedad disminuye el bienestar y aumenta la depresión, pero sus efectos son más fuertes entre los hombres que entre las mujeres, en parte, porque los hombres asisten a la iglesia con menos frecuencia que las mujeres y les disgustan más las tareas domésticas.[3]

La viudedad aumenta la mortalidad por casi todas las causas, incluidos los cánceres, las infecciones y las enfermedades cardiovasculares.[4] Sin embargo, los viudos tienen más probabilidades de morir poco después de la muerte de sus cónyuges que las viudas, en parte, porque las viudas mantienen relaciones sociales y amistades fuera del matrimonio, mientras que los viudos se aíslan, perdiendo estas relaciones sociales y grupos de apoyo.

Una mujer que respondió a un artículo sobre la viudedad[5] escribió: «Mi prima y yo, a los setenta años, perdimos a nuestros esposos en el mismo año. Las dos somos amigas de toda la vida, y cada una tiene su propia casa: la suya está en la ciudad, la mía en el campo... Abrimos nuestras casas y nuestras rutinas, y nos hicimos amigas, convirtiéndonos en compañeras en eventos, viajes y, durante muchas noches, simplemente pasando el rato».

De hecho, la amistad puede obviar el deseo o la necesidad de volver a casarse. «Con amigas en abundancia, muchas viudas eligen la soltería», escribió la periodista Anne Roark, describiendo a Jane Austin, una maestra de escuela jubilada que enviudó a los 69 años. Echa de menos a su marido, pero no tiene ningún deseo de volver a casarse.[6] «La mayoría de los hombres que conozco que son viudos no se sienten cómodos solos en sus propios hogares —dijo Austin—. O buscan esposas de reemplazo como amas de casa y directoras sociales, o terminan en una silla viendo la CNN y los canales de cocina... esperando el final».

La probabilidad de muerte de un viudo es mayor en el primer mes de viudedad. Entre los hombres esa probabilidad no disminuye mucho hasta el sexto mes de viudedad, y entre las mujeres no lo hace hasta el tercer mes.[7] La muerte de los esposos a menudo conduce a las viudas a la pobreza, aun cuando las viudas no eran de clases desfavorecidas cuando se casaron. Un estudio realizado en 1987 por los economistas Michael Hurd y David Wise encontró que mientras que solo alrededor del 9 % de las parejas forman parte de la clase desfavorecida, aproximadamente el 35 % de las viudas posteriores lo son. Una gran proporción de la riqueza de las parejas se pierde cuando los maridos mueren. Además, los matrimonios en los que las mujeres se volvieron pobres después de enviudar ganaron y ahorraron menos que las matrimonios en los que las viudas no cayeron en la pobreza. Una mayor parte de sus pequeños ahorros se perdió cuando murió el esposo, y la falta de pensiones de supervivencia o seguros de vida dejó a esas viudas en la pobreza.[8]

Los datos más recientes indican una mejora general de la situación financiera de las viudas.[9] Un estudio de 2018 realizado por la economista Alicia Munnell y sus coautores encontró que la tasa de pobreza de las viudas disminuyó del 20 % en 1994 al 13 % en 2014. También encontraron que la disminución de la tasa de pobreza se debe principalmente al aumento en la educación de las mujeres y a una mayor participación en la fuerza laboral.[10]

Tanto las viudas como los viudos pierden mucho peso después de la muerte de sus cónyuges. Es más probable que coman solos, pierdan el apetito y disfruten menos de las comidas que antes. Esto es especialmente cierto entre las viudas mayores y las que tienen un funcionamiento cognitivo más bajo.[11] «Para muchas viudas, la parte más difícil es la hora de comer», escribió la periodista Amelia Nierenberg , describiendo a Michele Zawadzki, quien perdió a su esposo, Bill, después de un matrimonio de 47 años. Zawadzki quedó impresionada por sus sentimientos cuando caminaba por los pasillos del supermercado, pasando por delante de los alimentos que él amaba. «Hay desencadenantes en todas partes con la comida —dijo—. Llegas a casa, sigues sola y estás acostumbrada a cocinar de cierta manera. Es muy duro».[12] La economista Maja Adena y sus coautores trazaron la evolución del bienestar de las mujeres que enviudan comparándolas con sus homólogas no viudas. Encontraron una disminución dramática en la salud mental y el bienestar después de la pérdida de una pareja, causada principalmente por el aumento del tiempo que se pasa solo.[13]

Sin embargo, tanto las viudas como los viudos pueden ser resilientes.[14] La periodista Jane Brody citó a Stephen Goodman, periodista retirado y viudo. «Ayuda ser una persona positiva y enfocada». Joyce, la esposa de Goodman, solía escribir los cheques mensuales. Pero cuando murió, Goodman los puso a todos en pago automático y aprendió a lavar la ropa y a poner el lavavajillas. La propia Brody, ahora viuda, aprendió a doblar las sábanas de la cama que compartió durante 43 años con un marido que siempre le había ayudado. Y cuando va sola al cine, ahora le pide a desconocidos que le expliquen los giros argumentales que la desconciertan.[15]

Una mujer que respondió al artículo de Brody describió su capacidad de recuperación. Puso su casa en orden con un nuevo sistema de climatización de alta eficiencia, aislamiento, cercado y pintura. Viajó mucho por su cuenta, incluido un maravilloso viaje a Italia. Y corta su propio césped. «No soy una persona religiosa —dijo—. Mi esposo murió; ¡no se fue a su recompensa eterna! Pero sé cómo se sentía acerca de la mayoría de las cosas y le consultó regularmente. Me ha sorprendido mi propia resiliencia emocional, me ha ayudado a salir adelante. La vida sigue siendo buena».

Divorcio

Honor Jones estaba contemplando una renovación de la cocina en la casa que compartía con su marido cuando poco a poco se dio cuenta de que lo que realmente quería era divorciarse. El matrimonio satisfacía las necesidades materiales de Jones, cumpliendo con las expectativas de la primera era del matrimonio, y también con el amor, cumpliendo con las expectativas de la segunda, pero el matrimonio no colmó con las expectativas de autodescubrimiento y crecimiento personal de la tercera era. «Todo lo que experimenté —las relaciones, la realidad, mi comprensión de mi propia identidad y deseos— lo filtraba a través de él antes de poder acceder a ellos —dijo—. ¿Cuánto de mi vida —me refiero a la estructura de mi vida, pero también a su esencia, mi alma, mi mente— había construido alrededor de mi esposo? ¿Quién sería yo de no haber sido su esposa?». Ahora, divorciada, se sentía vulnerable, y le gustaba. «No había nada entre el mundo y yo. Era como si hubiera estado usando gafas de sol y luego me las hubiera quitado, y de repente todo se veía diferente. Ni mejor ni peor, solo más claro, más duro. Viento frío en mi cara».[16]

Las personas divorciadas tienen un bienestar menor que las casadas, pero el divorcio en sí mismo no necesariamente disminuye el bienestar.[17] De hecho, como se evidencia en las palabras de Honor Jones, el divorcio generalmente aumenta el bienestar al disolver matrimonios insatisfactorios.[18,19]

¿Es el divorcio demasiado fácil ahora? ¿Ha oscilado demasiado el péndulo en la tercera era, donde el divorcio sigue a expectativas insatisfechas de autodescubrimiento y crecimiento personal? La sacerdote anglicana Tish Harrison Warren cree que sí. «Escuchamos historias de personas que dejan un matrimonio como un acto de amor propio —escribió— para embarcarse en un viaje personal, espiritual o sexual de autodescubrimiento. Incluso hay una nueva tendencia de fiestas de celebración de divorcio». En contraste, escribió, permanecer en un matrimonio decepcionante por los hijos o debido a un compromiso religioso o por alguna otra razón mundana es visto como «poco auténtico y poco creativo, carente de audacia y entusiasmo por la vida». Harrison Warren compartió las lecciones que había aprendido en su matrimonio.

«Me casé con la persona equivocada —escribió— y estoy muy contenta de haberlo hecho». Ella y su esposo se casaron jóvenes, y los diecisiete años transcurridos desde su boda incluyeron largos períodos de infelicidad, a veces alcanzando gritos y desprecio. Pero están aprendiendo a amarse con cada día que pasa. «Hay noches en las que él se sienta a leer en silencio, y yo lo miro a la cara y recuerdo la empinada colina que hemos subido y seguiremos subiendo, y me siento abrumada por la gratitud de que se haya quedado conmigo, de que podamos vivir esta vida juntos, con todo el dolor, la traición, la gloria, la belleza, la sorpresa y el misterio que conlleva».[20] Sin embargo, Harrison Warren se alegra de que el divorcio esté disponible para las personas, generalmente mujeres, en matrimonios y relaciones abusivas. La autora Amy Butcher experimentó una relación de este tipo. A sus veinte años, ella y su pareja estaban en un viaje por carretera cuando una noche él se enfureció repentina e incontrolablemente y ella temió que estuviera dispuesto a matarla.

A Butcher le daba vergüenza decirle a alguien que la persona que amaba era alguien que podía ser tan cruel con ella. Las fotos que publicó en las redes sociales no daban ninguna pista de su abuso. «Nadie hubiera creído lo asustada que estaba cuando publiqué mis alegres imágenes, y yo tampoco lo habría creído, porque no creemos que estas cosas nos pasen hasta que suceden».[21]

«La vergüenza impregna la experiencia de la violencia de pareja —escribió la profesora de Derecho Rachel Camp—. Las personas que perpetran violencia de pareja suelen utilizar tácticas diseñadas para avergonzar a sus parejas, como denigrar su dignidad, socavar su autonomía o dañar su reputación». La vergüenza disminuye el bienestar, ya que devasta el sentido de autoestima de una persona. Las órdenes de protección son la intervención legal más común para la violencia de pareja, pero las supervivientes que las solicitan se ven obligadas a despojarse de su privacidad y de su capacidad para controlar su propia imagen, viviendo experiencias arraigadas en la vergüenza.[22]

Las políticas de confinamiento y distanciamiento social de la COVID-19 y sus consecuencias económicas se asociaron con un aumento de la violencia de pareja. El impacto de las consecuencias económicas fue el doble que el del confinamiento, y el aumento de esta violencia fue especialmente grande cuando la posición relativa del hombre empeoraba, sobre todo cuando esa posición ya estaba amenazada.[23]

Romper con las normas sociales, como que el esposo gane más que la esposa o tenga un estatus social más alto, aumenta la probabilidad de divorcio. Esta se duplica cuando las esposas son promovidas a puestos altos como alcaldesa, parlamentaria o CEO. Los divorcios que siguen a estos ascensos se concentran en las parejas tradicionales de género, mientras que las tasas de divorcio en los matrimonios con igualdad de género no se ven afectadas.[24]

La falta de respeto puede llevar al divorcio incluso en ausencia de abuso. La autora Jancee Dunn contó la historia de Matthew Fray, quien no no recogía lo que ensuciaba durante su matrimonio.[25] «Ella se divorció de mí porque dejé los platos junto al fregadero», dijo. Cada vez que entraba en la cocina y descubría un vaso junto al fregadero, a centímetros del lavavajillas, ella se acercaba más a poner fin a su matrimonio. Por supuesto, no se trataba del vaso. «Le pareció que con esto era como si yo le dijera: "No emplear cuatro segundos en poner mi vaso en el lavavajillas es más importante para mí que para ti"». Ahora entrena a parejas para que eviten sus errores.

Las discusiones políticas pueden ser lo suficientemente graves como para romper matrimonios. El periodista John Whitesides describió a Gayle McCormick, de 73 años, quien se separó del que fue su esposo durante veintidós años por sus actitudes hacia Donald Trump. «Me destrozó completamente que pudiera votar por Trump», dijo. Ella, una demócrata de tendencia socialista, sufrió durante su matrimonio con un republicano conservador, pero se sintió traicionada por su apoyo a Trump.[26]

Las diferencias en el bienestar entre marido y mujer pueden llevar a la separación y al divorcio incluso en ausencia de disputas y faltas de respeto. El economista Cahit Guven y sus coautores señalaron que cada cónyuge compara su bienestar con el del otro, y ambos son reacios al bienestar desigual.

Además, Guven y sus coautores encontraron que la probabilidad de separación y divorcio es especialmente alta cuando el bienestar de una esposa es menor que el de su esposo, un hallazgo que se refleja en el título de su artículo «No puedes ser más feliz que tu esposa». De hecho, los divorcios son iniciados predominantemente por mujeres, por mujeres, en especial, por aquellas cuyo bienestar es inferior al de sus maridos.[27]

Los divorcios varían según la amabilidad y el gasto. La periodista Deborah Copaken describió su divorcio como «hágalo usted mismo», barato, pero poco amistoso.[28] Cuando tomó por primera vez la dolorosa decisión de poner fin a su matrimonio, le dijeron que un abogado de divorcio le pediría un anticipo de 30 000 dólares solo para comenzar el proceso. Copaken y su marido tenían dos hijos, deudas, pero no bienes y seguramente no 30 000 dólares, así que lo intentaron con un mediador. «Craso error —escribió—. Aunque ambos teníamos un deseo declarado de mantener las cosas civilizadas, la naturaleza de nuestra disfunción particular era evidente... torpedear la mediación como una alternativa viable». También les dejó con una deuda de 1400 dólares. Luego se enteró de que se podía representar a sí misma en el proceso de divorcio, obviando la necesidad de un abogado. El juez les concedió el divorcio después de resolver un desacuerdo angustioso sobre la custodia de sus hijos.

Otros divorcios son caros pero amistosos. Entre ellos, el divorcio por parte de un juez privado de Sergey Brin, cofundador de Google, de Anne Wojcicki, fundadora de 23andMe, y también los de Bill y Melinda French Gates, y Jeff Bezos y MacKenzie Scott.

Sin embargo, otros divorcios son caros y están lejos de ser amistosos. Entre ellos, el de Allison Huynh y Scott Hassan. Hassan reescribió el código del lento rastreador web de Larry Page y trabajó con Sergey Brin para construir el motor de búsqueda que finalmente se convirtió en Google. En 1998, Hassan compró 160 000 acciones de Google por ochocientos dólares que posteriormente se convirtieron en muchos miles de millones.[29] Huynh ha acusado a Hassan de «terrorismo de divorcio», alegando que él le había dicho que planeaba «enterrarla» y asegurarse de que «no recibiera nada». Hassan negó haber dicho eso, pero señaló que el divorcio nunca es fácil, «y nadie está en su mejor momento».

Es poco probable que el divorcio lleve a la pobreza a los ricos Scott Hassan y Allison Huynh, pero lleva a la pobreza a muchas parejas con una riqueza modesta, especialmente a las mujeres con hijos pequeños en casa. La periodista Darlena Cunah citó al economista Stephen Jenkins: «Las diferencias clave no son entre hombres y mujeres, sino entre padres y madres». La tasa de pobreza entre las mujeres separadas es del 27 %, casi tres veces mayor que la de los hombres separados.[30] Cunah describió a una mujer de 38 años que tenía un trabajo bien remunerado, puntuación de crédito perfecta, ahorros sustanciales y un matrimonio aparentemente feliz antes de su divorcio. Ella y su esposo decidieron que dejaría su trabajo cuando naciera su primera hija, y abandonaron la idea de que ella volviera a trabajar cuando naciera su segunda hija. Sin embargo, su esposo solicitó el divorcio siete años después de casarse. «Dijo que estaba cansado de mis problemas médicos y que no estaba dispuesto a trabajar en la relación. Me echó de mi propia casa. Sin trabajo y sin casa, entonces mi único recurso era un abogado. Le estoy pagando a plazos».

El divorcio también lleva a la pobreza a algunas mujeres mayores, que representan uno de cada tres divorcios en Estados Unidos. La periodista Paula Span describió a Cynthia Palazzo, una mujer de 61 años que había pasado la mayor parte de sus años de casada criando a tres hijos. Le pagaron por su trabajo en la empresa manufacturera que comenzó con su esposo, pero nunca abrió una cuenta de ahorros para la jubilación. Cuando se divorció después de casi treinta años de matrimonio, Palazzo encontró un trabajo de diecisiete dólares la hora en facturación médica, luego lo perdió pero encontró otro. Con la pensión alimenticia, «ahora estoy bien», dijo. Compró un condominio, pero se siente estresada, sabiendo que pagará una hipoteca hasta los ochenta años. «Básicamente, empecé mi vida de nuevo a los 54 años».[31]

Hijos divorciados

Muchos niños sienten como si sus mundos se estuvieran desmoronando cuando sus padres se divorcian, y las preocupaciones por el bienestar de los niños mantienen a muchos padres en matrimonios infelices. «Mi peor sensación de bienestar fueron los meses y años previos [a mi divorcio] —dijo Ruth, una mujer británica de 38 años entrevistada por BlackRock—. No podía cambiar una situación que deseaba desesperadamente por miedo a arruinar la vida de mis hijos».[32]

El divorcio llegó inesperadamente para Natalie Muñoz, una hija única de ocho años que creció con dos padres cariñosos, que se dedicaba a leer libros con su madre entre semana y jugar al aire libre con su padre los fines de semana. Esa vida feliz se vio interrumpida de repente cuando sus padres entraron en la sala de estar, apagaron el televisor y «comenzaron a explicar cómo su matrimonio no estaba funcionando, y cómo se estaban separando, pero seguían siendo amigos». Escribiendo siete años después, a los quince, Muñoz comentó que fantaseaba con que sus padres volvieran a estar juntos antes de adaptarse a su divorcio. Solía llorarle a una persona invisible que uniera a su familia. «Y desde entonces me he dado cuenta de algo: esa persona soy yo. Yo soy el vínculo. Soy la constante más grande en nuestras vidas. Lo he sido todo el tiempo, y me alegro de que siempre lo seré».[33]

«¿El divorcio es malo para los niños?», se preguntaron los psicólogos Hal Arkowitz y Scott Lilienfeld en un artículo con el mismo nombre. «La ruptura puede ser dolorosa, pero la mayoría de los niños se adaptan bien con el tiempo», respondieron.[34] Los hijos de padres que se divorcian sienten a menudo como si sus mundos se estuvieran desmoronando, y los padres temen por el bienestar de sus hijos. Muchos niños reaccionan al divorcio con ansiedad, enojo, conmoción e incredulidad, pero las reacciones generalmente disminuyen al final del segundo año después del divorcio.

A la mayoría de los hijos de divorciados también les va bien en los años siguientes. Solo hay pequeñas diferencias entre los hijos de padres divorciados y los de familias intactas en cuanto a logros académicos, problemas emocionales y de conducta, delincuencia, autoconcepto y relaciones sociales, lo que sugiere que la gran mayoría de los niños se adaptan bien.

El conflicto de los padres, más que el divorcio, se asocia con malos resultados para los hijos. De hecho, los hijos de padres con mucha discordia tienden a adaptarse al divorcio rápidamente porque lo anticipan y tal vez lo acogen como un alivio. Por el contrario, los niños de familias con poco conflicto se sorprenden y tal vez se aterrorizan por el divorcio de sus padres, lo que retrasa su adaptación.

A los hijos de un divorcio les va mejor si los padres limitan la exposición de los niños a él durante el proceso o la minimizan. Además, a los niños que viven con al menos un progenitor que funciona bien les va mejor que a aquellos cuyo progenitor principal tiene un mal desempeño. Y los comportamientos de los padres, como la calidez y el apoyo emocional, pueden amortiguar los efectos del divorcio en los niños. Lo mismo puede suceder con la estabilidad económica posterior al divorcio y el apoyo social de amigos y maestros.[35]

La novelista Joyce Maynard describió cómo se divorció en 1989 cuando ella y su esposo tenían treinta años, después de doce de matrimonio. Su matrimonio comenzó a desmoronarse desde el principio, ya que ella quería conexión y su esposo quería espacio. Prometieron a sus hijos de cinco, siete y once años que siempre los amarían y que siempre se cuidarían el uno al otro. «Todavía puedo ver sus caras, no me lo creo», escribió. Los niños salieron bien, y ahora, más de treinta años después, ofrece las lecciones que aprendió. «Por mucho que necesites perdonar a tu pareja, también debes perdonarte a ti mismo», escribió. Ningún padre tiene toda la responsabilidad de las penas o dolores futuros de sus hijos.

«Suponer que mi divorcio podría marcar el futuro de mis hijos era una exageración de mis facultades como madre. Al final cada uno de nosotros traza su propio camino».[36]

Muchos lectores no se lo creían. Uno escribió: «Un divorcio no es solo la disolución de un matrimonio; es la destrucción de una familia. Una vez que tienes hijos, ya no se trata de ti y de tu "felicidad", los niños son lo único que importa».

Otro relató sobre una pregunta que su buena amiga le hizo a su hija adulta. ¿Sabía qué día es? Su hija no lo sabía, y la amiga dijo: «Es el aniversario del día en que nuestros padres nos dijeron que se divorciaban». Esa amiga tiene una relación sana con sus padres y ha construido un buen matrimonio. Así que, en la superficie, el divorcio no la perjudicó en última instancia. Sin embargo, después de casi cuarenta años, recuerda el día en que se enteró de la separación con la misma claridad con la que recuerda los cumpleaños y otras ocasiones más felices. «Por lo general, el divorcio no es bueno para los niños, no importa cómo lo enmarques».

Pero otro escribió: «Si no me hubiera divorciado de mi primera esposa, ya estaría muerto de estrés. Mi segunda esposa es una mujer maravillosa, y me quedo con ella. A veces es mejor seguir adelante».

7

Padres e hijos

«¿No es lo suficientemente malo que la persona que amas, con quien has experimentado una alegría genuina, eventualmente se pierda para ti?», escribió la novelista Zadie Smith, describiendo la paternidad como una extraña mezcla de terror, dolor y placer. ¿Por qué añadir a esta pesadilla la posibilidad de perder a un hijo, que, si alguna vez ocurriera, significaría nada menos que tu total aniquilación?[1]

La aniquilación total fue la pesadilla experimentada por Choi Seonmi, cuya hija de diecinueve años, Park Ga-young, murió en el aplastamiento de Halloween de 2022 en Seúl. «¿Qué hago con mi hija? ¿Qué debo hacer con mi hija?», exclamó Choi, con la cabeza y los brazos apoyados contra la pared de un centro comunitario donde las familias esperaban saber de sus seres queridos. Se desplomó cuando se confirmó la muerte de su hija, abrumada por el dolor. «Era una niña hermosa», dijo, sosteniendo una foto de ella antes de romper en llanto.[2]

Los sociólogos Rachel Margolis y Mikko Myrskylä descubrieron que el bienestar de los padres aumenta antes del primer parto, probablemente reflejando el proceso de formación de la pareja y el aumento en la calidad de su relación, pero el bienestar pronto disminuye a sus niveles previos al nacimiento.[3] El periodista Jason Stanford rechazó estos hallazgos, basándose en su experiencia y en la de sus amigos.[4]

«Por supuesto, tener hijos pequeños es difícil —admitió Stanford—. Tener un recién nacido en la casa se siente como una resaca permanente sin haberte divertido en primer lugar». Sin embargo, recordó el consejo de un amigo: «No te preocupes, espera a que te sonría».

«Hasta el día de hoy —escribió Stanford—, no hay nada que me haga más feliz que cuando mi primer hijo se olvida de que es un adolescente y sonríe, llevándome de vuelta al momento en que su suave cabecita cabía en la palma de mi mano y el resto de su cuerpo descansaba a lo largo de mi antebrazo. Cuando caí, caí profundamente».

Muchos padres comparten la experiencia de Stanford, describiendo su mayor bienestar al nacer sus hijos. «Me sentí muy cómodo y con una fuerte sensación de bienestar justo después de que naciera mi hija —dijo Bill, el hombre estadounidense de 52 años ya mencionado—. Durante varias semanas después de su nacimiento, me quedé en casa con ella y mi esposa y me sentí muy cómodo».[5]

«Cuando nació mi primera hija, me sentí feliz, cansado y extraño al mismo tiempo. Fue una gran y completamente nueva experiencia en mi vida», dijo Adolfo, un mexicano de 32 años. Y Xiaoying, la mujer china de 33 años, dijo: «Tener a mi hija en mi vientre durante nueve meses y poder verla. Era una sensación de anticipación y un sentimiento de responsabilidad hacia ella».

Otros, sin embargo, se hacen eco de los hallazgos de Margolis y Myrskylä. Divya, la mujer estadounidense de 33 años citada antes luchó contra la disminución de su bienestar tras el nacimiento de su primera hija. Rara vez tenía tiempo para sí misma, nunca podía hacer ejercicio, no le gustaba su apariencia y, sobre todo, lo pasaba mal con su hija que siempre estaba enferma. «Era un mundo completamente nuevo para mí traer a este pequeño ser humano al mundo y no estaba preparada para ello».

Sin embargo, otros hablan con nostalgia de la vida antes de los niños. La periodista Jessica Grose describió su fantasía de la era COVID, recordando un paseo en barco con remos en su luna de miel. «Tengo un recuerdo intenso de levantar la cara hacia el sol, remando perezosamente mientras la brisa marina fluía con suavidad a mi alrededor. Recuerdo ese momento cuando daba vueltas en la cama durante esos tiempos de pandemia. Me sentía tan relajada y libre entonces... porque no tenía hijos».[6]

Los padres mejoran el bienestar de los niños mediante los beneficios prácticos de la alimentación y la vivienda. Los hijos corresponden con apoyo utilitario según sea necesario cuando los padres envejecen, proporcionando dinero y cuidado en los hogares de sus padres o en los suyos propios. Y los padres y los hijos mejoran el bienestar mutuo mediante los beneficios expresivos y emocionales de la seguridad, el apoyo y el amor.

Los economistas John Ifcher y Chris Herbst descubrieron que el bienestar de los padres aumentó en relación con los que no eran padres durante las últimas décadas.[7] Argumentaron que el aumento se debe, en parte, a los beneficios de las familias como el último vestigio de la vida comunitaria en una sociedad estadounidense donde las personas están «jugando solas», aisladas unas de otras.

La periodista Tanya Basu citó a Herbst: «Los padres son más propensos a pasar tiempo con amigos, estar al tanto de las noticias, interesarse en la política, pensar que la gente es honesta, tener fe en la economía y ser confiados». Los padres que socializan en las reuniones de la asociación de padres y profesores son un ejemplo de la vida comunitaria, al igual que los padres que socializan durante las citas de juego de sus hijos.[8] Además, los hijos protegen a los padres contra las fuerzas sociales y económicas que reducen el bienestar entre quienes no tienen hijos.

Del mismo modo, la psicóloga Katherine Nelson y sus coautores descubrieron que los padres evalúan sus vidas de manera más positiva que los que no lo son, se sienten relativamente mejor en el día a día y obtienen sentimientos más positivos del cuidado de sus hijos que de otras actividades diarias.[9]

Sin embargo, la crianza de los hijos es cara e impone altos costes prácticos. El gasto familiar total promedio en un niño nacido en 2015 en una familia de clase media con dos hijos sería de 310 605 dólares.[10] La carga de los altos costes de la crianza de los hijos es especialmente pesada para los padres de bajos ingresos porque los gastos en alimentos, vivienda y gasolina ascienden a una gran parte de lo que ganan.[11] Los altos costes de la crianza de los hijos llevan a muchos futuros padres a posponer el tener hijos o a optar por no tenerlos en absoluto. Una encuesta del Pew Research Center de 2021 encontró que el 26 % de los estadounidenses de entre dieciocho y 49 años dijeron que era «muy probable» que tuvieran hijos algún día, lo que representa una caída del 32 % respecto de 2018. La proporción de los que respondieron «no es muy probable» aumentó del 16 % en 2018 al 21 % en 2021, continuando una tendencia a largo plazo.[12]

Los beneficios y costes esperados de la paternidad para el bienestar se ven afectados por la cultura. En los Países Bajos, solo el 5 % de las personas estaba de acuerdo con la afirmación «no se puede ser realmente feliz sin tener hijos»; en Bélgica, el 12 %, y en Finlandia, el 22 %. En Chipre, sin embargo, el 68 % estuvo de acuerdo con esta afirmación, y en los países de Europa del Este, como Hungría, Lituania, Estonia, Checoslovaquia y Alemania (Oriental), entre el 44 % y el 59 % estuvo de acuerdo.[13] Los niveles de acuerdo no variaron mucho entre hombres y mujeres, pero hubo mucho menos acuerdo con la afirmación entre los jóvenes y entre los que tenían un alto grado educativo.

Hubo un mayor acuerdo intercultural con la afirmación «ver crecer a los niños es la mayor alegría de la vida». Aproximadamente el 80 %-90 %, y algo más de mujeres que de hombres, están de acuerdo con esta afirmación en casi todas partes.[14]

La periodista Katherine Zoepf describió su lucha para pagar los costes de crianza cuando se convirtió en madre soltera, alquilando su propia habitación en Airbnb y compartiendo la litera con sus hijos.[15] «Durante unos quince meses, los ingresos adicionales que generó este acuerdo con Airbnb fueron un salvavidas para mí y mis hijos, una forma de evitar una catástrofe financiera durante una transición complicada en nuestras vidas». Zoepf llevó su peso en secreto, para no sobrecargar a sus hijos.

Muchas empresas de tecnología agregaron beneficios a los empleados en tiempos de COVID-19, incluido el tiempo libre adicional para los padres que cuidan a los niños pequeños.[16] Algunos empleados que no eran padres protestaron, quejándose de que las empresas estaban anteponiendo las necesidades de los padres a las suyas. Un lector escribió: «Todo el mundo parece olvidar que ser padre es, para la mayoría de la gente, una elección... ¿Entonces, no debería exigir privilegios adicionales porque yo... tomo otras decisiones que mejoren mi vida de otras maneras? La equidad exige un trato igualitario».

Pero otro escribió: «Estoy asombrado de lo que los padres pueden hacer mientras trabajan desde casa. Para mí, el hecho de que los que no son padres se quejan de los "extras" que se dan a los padres habla de una enfermedad en la cultura corporativa en estos lugares».

Los costes expresivos y emocionales de la crianza de los hijos aumentan cuando los niños se convierten en adolescentes, navegando por la pubertad que cambia las hormonas, las emociones, las prioridades y los deseos. Los cambios drásticos en la pubertad crean volatilidad en los comportamientos, actitudes y estados de ánimo de los adolescentes, ya que priorizan la adaptación a sus compañeros en lugar de la familiar.[17]

El hijo adolescente de Tiffany Lee se negó a usar mascarilla en tiempos de COVID-19. «Veía a todos sus compañeros de clase haciendo fiestas en la piscina y yendo a jugar a los bolos y estaba enojado conmigo porque no lo dejaba ir —dijo Lee—. Él piensa que yo soy mala madre porque "mamá se interpone entre mis amigos y yo"». Para alivio de su madre, el hijo optó por usar una mascarilla cuando regresó a la escuela, explicando que se sorprendió al descubrir que sus amigos no entendían cómo funcionan las vacunas. «Creo que nuestra relación es más fuerte ahora —dijo Lee—. No soy la madre malvada que él pensaba que era y estoy empezando a respetarle de una forma nueva».[18]

Un lector ofreció un paralelismo en el conflicto entre Anne Frank y su madre. Hojeando su diario, Anne a veces se sorprendía por sus propias duras opiniones sobre su madre. En una versión reescrita, Anne era más amable. «El período en el que hice que mamá derramara lágrimas ha terminado, me he vuelto más inteligente y los nervios de mamá no están tan al límite. Por lo general, mantengo la boca cerrada si me molesta, y ella también, así que parece que nos llevamos mucho mejor juntas».

Otro ofreció un poco de sarcasmo, conocido por todos los padres de adolescentes. «Es un espectáculo de terror que te come la vida y parece no tener fin. Ah, y nadie entiende lo horrible que es y todos piensan que tienen consejos útiles. Ojalá esto no te pasara a ti».

Los costes de la crianza de los hijos persisten cuando los niños se convierten en adultos. Las transferencias promedio de padres estadounidenses a hijos adultos son lo suficientemente grandes como para ser consideradas partidas de gasto importantes. Los padres, al menos uno de los cuales tenía entre 50 y 64 años, transfirieron a sus hijos un promedio anual de 8350 dólares. El promedio correspondiente fue de 4787 dólares cuando al menos uno de los padres tenía 85 años o más.[19]

El apoyo de los padres también es común fuera de los Estados Unidos. Más del 60 % de los compradores de vivienda británicos menores de 35 años recibieron ayuda financiera de sus padres, con un promedio de 30 000 dólares en 2019, frente a 21 800 dólares en 2016. Los jóvenes daneses reciben de sus padres una transferencia neta promedio de más de cien dólares por mes, y uno de cada diez recibe más de mil dólares por mes.[20]

Los padres están dispuestos a sacrificar mucho por sus hijos. Casi tres cuartas partes de los padres anteponen las necesidades de sus hijos adultos a las suyas propias.[21] Planificar la jubilación y el dinero para sus hijos es importante para Helen, una mujer británica de 51 años entrevistada por BlackRock, y tiene un impacto en su vida. «Necesito reformar mi cocina y no quiero gastar ningún ahorro, ya que entonces siento que es posible que no tenga suficiente si algo sucede o si mis hijos lo necesitan».[22]

«Mi hijo tenía un problema financiero y estaban a punto de embargarle el coche —dijo Paul, un hombre estadounidense de setenta años—. Le proporcioné los fondos para pagarse el coche y eliminar el problema. Estaba feliz de haber tenido la capacidad de ayudarlo». Yang, un chino de 51 años, dijo: «Darle a mi hijo el dinero ganado del alquiler durante estos años para que renueve su casa, compre nuevos electrodomésticos y muebles...». Y Jerónimo, el mexicano de 65 años antes mencionado, dijo: «Estoy planeando iniciar un nuevo negocio que pueda heredar mi hija, dadas las características de su desarrollo profesional». De hecho, el bienestar de los padres es mayor cuando el bienestar de sus hijos adultos es mayor.[23] «Ahora estoy jubilado —dijo David, un hombre estadounidense de 71 años— tengo un ingreso fijo, pero es suficiente para pagar las cuentas y hacer lo que quiero, dentro de lo razonable. Trato de ayudar a mis hijos tan a menudo como puedo. Nunca dejas de ser padre». James, el hombre estadounidense de 52 años mencionado antes, reaccionó a las palabras de David: «Nunca dejas de ser padre. ¡Nunca se han dicho palabras más verdaderas!». Y David agregó: «Siempre te preocupas por ellos. Bueno, no tanto preocuparse, sino más bien esperar que todo esté bien».

Los padres nunca dejan de ser padres en todas partes, pero la cultura afecta a la ayuda financiera que ofrecen los padres a sus hijos adultos. Los padres de Sara Murphy son iraníes-estadounidenses, y la cultura iraní sigue influyendo en el apoyo a su hija adulta. «Esta es mi niña —dijo la madre de Murphy—. Tengo dinero. Y, mientras yo esté viva, soy responsable».[24]

Jason Rezaian, un escritor iraní-estadounidense, recibió apoyo financiero de su abuelo y sabe que su padre, que era dueño de un negocio de alfombras persas, lo apoyaría si fuera necesario. «Esta idea de que nos echan de casa cuando tenemos dieciocho años es muy opuesta a cómo se cría a la mayoría de los iraníes —dijo—. Ya estamos entrando en una era en la que algunos de estos valores más tradicionales al estilo iraní probablemente tengan más sentido». De hecho, el apoyo financiero de los padres estadounidenses a sus hijos adultos está aumentando a medida que los *baby boomers* y otros estadounidenses mayores transfieren cantidades récord a los niños. Se estima que se transferirán aproximadamente 61 billones de dólares a los *millennials* y a la generación X entre 2018 y 2042. Además, las donaciones anuales de padres a hijos reportadas Hacienda ascendieron a 75 mil millones de dólares en 2016, una fracción del total de donaciones, puesto que la mayoría de las donaciones no se declaran.

El apoyo de los padres permite a los niños de cuatro años retrasar la gratificación. En los famosos experimentos del malvavisco, los niños de cuatro años que resistieron la tentación de comerse un malvavisco durante quince minutos recibieron un segundo malvavisco y, más adelante, les fue bien en la escuela y en el trabajo. Estos hallazgos se han interpretado como evidencia de que la fuerza de voluntad generada internamente paga grandes dividendos. Sin embargo, los hallazgos más recientes indican que el apoyo de los padres, y no la fuerza de voluntad, trae consigo una mayor satisfacción. Como señaló la socióloga Jessica McCrory Calarco, es posible que los niños de familias desfavorecidas no esperen un segundo malvavisco porque tienen pocas garantías de apoyo parental. Sus padres, que desean cumplir sus promesas, pueden verse obligados a renegar de ellas porque no tienen dinero. Por el contrario, los niños de familias acomodadas están dispuestos a esperar porque el dinero siempre está ahí para cumplir las promesas.[25]

El apoyo de los padres mejora el bienestar de los niños en beneficios expresivos y emocionales más allá de los prácticos. Los hijos adultos que reciben apoyo gozan de un mayor bienestar que los que no lo reciben.[26]

Brianna Leavitt recibió aproximadamente 93 000 dólares después de la muerte de su padre, pagando alrededor de 32 000 dólares de deuda estudiantil, 15 000 dólares de deuda de tarjeta de crédito y un préstamo de automóvil de 8000 dólares. El dinero le proporcionó a Brianna beneficios expresivos y emocionales además de los prácticos. «Mi papá y yo tuvimos una relación complicada —dijo—. Significó mucho para mí saber que era él quien me cuidaba».[27]

La retirada del apoyo emocional de los padres puede reducir el bienestar tanto de los niños como de los padres. Esto es evidente cuando los padres siguen el mantra que escucharían en algún curso de «no envíe mensajes de texto ni llame, deje que sea su hijo adulto el que se comunique con usted». Una madre describió los costes de bienestar de seguir ese mantra. Echaba de menos a su hijo, pero se quedaba de brazos cruzados en lugar de mandarle un mensaje, mientras que su hijo pensaba que su madre ya no se preocupaba por él. «Recuperamos nuestra relación, pero nos costó trabajo».[28]

Sin embargo, los padres que perciben que sus hijos adultos necesitan demasiado apoyo experimentan un menor bienestar.[29] Una mujer escribió a un consultorio sobre su hijo de 33 años, que se graduó de la universidad, pero ahora trabaja con el salario mínimo, y su hija de 25 años, que trabaja como barista y pasa ocho horas al día despotricando contra sus padres. Estamos pensando en la jubilación. ¿Deberíamos ayudarles económicamente? ¿Comprarles casas, pagarles más estudios, comprarles coches?

Parece que la mayoría de nuestros amigos han hecho esto por sus hijos, y sus relaciones son mejores, ¿algún consejo?[30]

El apoyo de los padres a los hijos adultos a menudo viene con condiciones que tensan las relaciones, imponiendo costes expresivos y emocionales junto con beneficios prácticos.[31] Esto es evidente en la voz de Josh Maeir, un ingeniero de *software* sin trabajo, que depende de su madre y sus suegros. «Se siente extraño volverse dependiente después de todos estos años —dijo—. Mi madre y mis suegros ayudan porque pueden, porque son generosos y porque realmente se preocupan por nosotros. Pero hay algunos obstáculos... Una vez, cuando contratamos a un electricista para arreglar un ventilador de techo, se convirtió en un gran problema porque mis suegros lo consideraron una excentricidad».[32]

El apoyo de los hijos adultos a los padres también puede tensar las relaciones, imponiendo costes expresivos y emocionales junto con beneficios prácticos. Jean Ley, una mujer de 62 años, no pudo salvaguardar su independencia financiera cuando perdió su trabajo, dejándola con pocos ahorros. Estaba agradecida por el apoyo de su hijo, Matt. «Si mi familia no pudiera ayudarme en este momento, no tendría un hogar», dijo. Pero Matt comentó: «Creo que el dinero lo cambia todo. Es un cliché, pero cuando le prestas dinero a un amigo, cuando le prestas dinero a la familia, las cosas cambian».[33]

A los padres con amplios medios económicos les resulta más fácil mejorar el bienestar de sus hijos y el suyo propio.[34,35] En un foro en el que «todo el mundo parecía rico», un hijo adulto de padres con recursos relativamente escasos escribió: «En mis círculos sociales era muy común que los padres ayudaran a sus hijos con los pagos iniciales por las casas... y a veces también por los coches, la escuela de posgrado, las bodas, etc. Estoy viendo a gente que regularmente recibe 28 000 dólares al año libres de impuestos como parte de su planificación patrimonial. ¡Ah, bueno, no puedes elegir qué tan ricos son tus padres!».[36]

La riqueza de los padres puede cerrar las brechas entre ellos y sus hijos o ampliarlas.[37] «La perspicacia para los negocios y la audacia en el momento, respaldados por enjambres de abogados que decían hasta dónde podía llegar, impulsaron a Harold Simmons a las filas de los multimillonarios del país», escribió el periodista Allen Myerson. Pero a principios del año pasado, con toda su fortuna en juego, esos atributos le fallaron en las negociaciones con sus propias hijas. Temiendo un gran cargo de impuestos, exigió que sus cuatro hijas firmaran documentos que disolverían un fideicomiso para ellas. Dos de sus hijas presentaron una demanda, presentándose como víctimas de un padre tirano.

Aquellos que conocen mejor al clan Simmons ven el caso como una evidencia de que puedes, en realidad, ser demasiado rico. «Yo diría que todo el mundo puede aprender una lección sobre lo que el dinero puede hacer a una familia», dijo el hermano mayor de Simmons.

Los padres con amplios medios no temen los costes del cuidado de los niños, la matrícula universitaria, una casa o incluso un fondo fiduciario, pero algunos temen que sus hijos se queden sin rumbo, dependan de sus fondos fiduciarios y se resientan por ello. La herencia es demasiado pequeña.[38]

Un heredero, un hombre inteligente con un MBA de una escuela *top*, renunció a un trabajo tras otro. «En algún momento, algo sucedía en cada trabajo que aquellos que tienen que trabajar para ganarse la vida aprenderían a tolerar, y él simplemente decía: "No quiero lidiar con esto". Al final tuvo que decir: "No tengo una carrera"».[39]

Los padres obtienen un mayor bienestar de la paternidad que las madres, reportando un mayor bienestar en las interacciones con sus hijos que en otras actividades, mientras que las madres reportan un menor bienestar.[40] Esto podría deberse a que los padres juegan con sus hijos más que las madres, mientras que las madres los cuidan más que los padres. «Tengo dos hijas maravillosas —dijo un padre entrevistado por Pew—. Ambas son muy jóvenes y su inocencia, alegría, felicidad y confianza absoluta en mí añaden un gran significado y me conceden un maravilloso respiro de las preocupaciones más adultas. Es fácil olvidar lo que está mal en el mundo cuando finges ser un cachorro con tu hija».[41]

Los cambios biológicos que experimentan los padres en el proceso de convertirse en padres no son tan obvios como los de las madres, pero convertirse en padre es tan biológico como convertirse en madre. La testosterona, la hormona masculina estereotipada, motiva a los hombres a encontrar pareja, pero ser padres exitosos requiere centrarse en la familia y resistir la tentación de buscar otras parejas. El nacimiento de un niño disminuye la testosterona en los hombres y eleva la oxitocina y la dopamina, las hormonas de unión que traen recompensas cuando los hombres interactúan con sus hijos.[42]

De hecho, el parto es un punto de inflexión. Entre las mujeres, las detenciones por comisión de delito disminuyen notablemente en los primeros meses de embarazo, estabilizándose en la mitad de los niveles previos al embarazo tres años después del nacimiento. Entre los hombres, hay una disminución sostenida del 20 % en la delincuencia que comienza en el embarazo. Estos efectos se concentran entre los padres primerizos, lo que indica un cambio permanente en las preferencias.[43]

Las historias de niños engendrados por el butanero son exageradas, pero la obsesión con los hombres engañados persiste.[44] Hasta el siglo XX, era difícil probar que un hombre en particular era el padre biológico de un niño determinado, pero la secuenciación del ADN, omnipresente desde la década de 1990, lo facilitó. Resulta que la tasa de es inferior al 1 % en todas partes, en Bélgica, España, Italia, Alemania y los pueblos agrícolas de Malí.

Sin embargo, las infidelidades ocurren. Las revelaciones de una prueba de ADN fueron devastadoras para Mike L., lo que lo llevó a divorciarse de su esposa, pero no había renunciado a su hija y continuó pagando su manutención.[45] De todos modos, a Mike le resultó insoportable apoyar a su hija cuando se enteró de que su exesposa estaba a punto de casarse con el hombre que es el padre biológico de la niña. Pidió a los tribunales de Pensilvania que declararan que ya no era el padre de su hija.[46] Aun así, Mike ama a su hija. «El hecho de que nuestra relación comenzara debido a la mentira de otra persona —dijo— no significa que el vínculo que se desarrolló no sea real». Este vínculo, sin embargo, se mezcló con la humillación y la indignación.

Las contribuciones de los padres a sus hijos son recompensadas regularmente por los beneficios expresivos de un alto estatus social y los beneficios emocionales del orgullo. Jihong, una mujer china de 55 años entrevistada por BlackRock, dijo: «Mi hijo me dijo que iba a ser enviado a Japón por trabajo y me sentí muy feliz. Sentí como si mi hijo hubiera crecido, tanto en términos de carrera como de vida. La sensación de orgullo que siento es realmente especial».[47]

El orgullo de los padres no siempre tiene que ver con los grandes logros de sus hijos. Un maestro pidió a los padres que completaran la oración «Estoy orgulloso de mi hijo porque...».[48] Un padre escribió simplemente: «Es mi hijo». Otros escribieron: «Se enfrenta a muchos desafíos y los supera con una actitud positiva»; «es cariñoso, respetuoso y amable, le gusta ayudar a los demás y tiene compasión por los más necesitados», y «es responsable, trabajadora, muy servicial, muy atenta con sus hermanas y sus hermanos, y realiza por sí misma los pagos del coche y del seguro».

Los niños a menudo tardan en comprender el orgullo que sus padres sienten por ellos. La madre de la académica del *marketing* Lan Nguyen Chaplin huyó de Vietnam mientras estaba embarazada de ella. «Tenía una voluntad tan fuerte que sin ni una palabra de inglés, trajo a todos sus hijos a Estados Unidos de manera segura, localizó a mi papá cinco años después y fue una extraordinaria detectora de mentiras que mantuvo a sus catorce hijos a raya».

La madre de Nguyen Chaplin esperaba que siguiera un camino hacia el éxito arraigado en la cultura vietnamita de la década de 1950, pero eligió un camino diferente. Durante su última conversación profunda, su madre la tomó por sorpresa. «Fue la primera vez que expresó orgullo por lo que yo era. Tenía 32 años».[49] Los padres que buscan los beneficios expresivos y emocionales de la alta posición social y el orgullo a veces se sienten tentados a presumir de sus hijos. La escritora Jane Parent describió a una antigua amiga que solía presumir de las calificaciones y los logros deportivos de sus hijos. Un día, exasperada, se jactó de los resultados de los exámenes de su hijo, y pronto se arrepintió de haber descendido al nivel de ese amigo. «No me sentí tan bien después al saber que no había mostrado mi mejor versión».

Deb, otra examiga de la madre fanfarrona, dijo: «Amo a mis hijos, pero para ser honesta, mi hijo tiene un problema de aprendizaje y, a veces, obtener un aprobado justo es para él una completa victoria. Cuando se jacta de todos los logros de sus hijos, cosas que mi hijo nunca logrará, simplemente no puedo soportarlo».[50]

A veces, sin embargo, los padres sufren costes expresivos y emocionales debido a un bajo estatus social y la vergüenza.[51] La terapeuta Harriet Lerner describió a una madre que comenzó terapia poco después de que su hijo de dieciséis años incendiara un edificio. El suceso fue portada en su pequeña comunidad, donde la gente ya había estado murmurando que este muchacho estaba descendiendo de perdedor a barriobajero, y cómo el agrio divorcio de sus padres lo perjudicó. «Me siento sucia», dijo la madre, describiendo la intenso sensación de vergüenza que le invadió desde el exterior. «Es como si la vergüenza de mi hijo se derramara sobre mí».

El dolor abrasador de la vergüenza lleva a algunos padres a elegir la muerte antes que la vida. Un hombre que esperaba ser extraditado a Estados Unidos por cargos de asesinato se suicidó en su celda en Francia, a donde huyó. Sus padres se suicidaron antes, diciendo en una nota que no podían soportar la vergüenza de lo que su hijo había hecho.[52]

El distanciamiento entre padres e hijos puede basarse en una percepción precisa de la realidad o en una percepción errónea de la misma. La periodista Jane Brody señaló que las desavenencias pueden provenir de años de agravios acumulados que nunca se resolvieron, o de un viejo trauma que distorsiona las percepciones de la realidad.[53]

Un lector del artículo de Brody escribió: «Mis padres eran (y mi madre todavía lo es) muy tóxicos, así que los eliminé de mi vida… Sí que me reconcilié con ellos en un momento dado, pero me hicieron daño terriblemente otra vez. Ya no más. Cuando era niño, tenía pocas opciones. Ahora puedo elegir a mi familia, y lo he hecho».[54]

Otro escribió: «De la nada, durante una de mis (como mínimo) visitas semanales con mi madre, ella pensó por un momento, respiró hondo, me miró directamente a los ojos y dijo: "No me gustas... Es que NUNCA me has gustado...". Sus palabras me liberaron. A veces, los distanciamientos son honestos y permite a los involucrados pasar a una vida más auténtica».[55]

Los distanciamientos también pueden comenzar con conflictos sobre finanzas, religión o política. Leslie, una mujer políticamente liberal de 35 años, esperaba que los disturbios en el Capitolio de Estados Unidos el 6 de enero de 2021 sirvieran como una llamada de atención para sus padres partidarios de Trump. En cambio, descubrió que su madre estaba entre los alborotadores. Antes, dijo Leslie, «había una sensación de que tal vez había alguna manera de reconciliarse». Ahora, «se sentía como una muerte, honestamente».[56]

Los prejuicios raciales fueron la causa del distanciamiento en la familia del periodista Robert Klemko. Describió a su padre, un hombre blanco, cuya madre rechazó su matrimonio con una mujer negra. Cuando su hijo se casó, la madre quemó la mayoría de las fotos de su infancia y le envió el resto, con un marcador negro garabateado en cada una: «*Nigger Lover*».[57]

Criar a los niños como plantas de invernadero o plantas de campo, con mucho control o más libres

Un hombre llamó a la policía, alarmado al ver a un niño de catorce meses en un cochecito fuera de un restaurante en Manhattan. La policía arrestó a los padres que estaban cenando adentro, una actriz de Copenhague y su esposo, y la Administración de Servicios para Niños de la ciudad colocó al niño en un hogar de acogida hasta que un juez ordenara su devolución.[58]

La mayoría de los padres entrevistados en Manhattan dijeron que la pareja fue negligente al dejar al niño fuera. Sin embargo, los padres de Copenhague quedaron asombrados por la historia. «Vamos, hacemos esto todo el tiempo», dijo una mujer de Copenhague sentada en un café mientras su hijo de siete meses dormía en su cochecito afuera. «Entramos a tomar una taza de café, nos sentamos para poder ver el cochecito, salimos y revisamos de vez en cuando y eso es todo».

Las prácticas de la paternidad y sus beneficios y costes de bienestar varían según el período, la cultura y la clase social, como destaca la socióloga Viviana Zelizer. La llegada de un recién nacido a los Estados Unidos del siglo XVIII era bien recibida por los beneficios prácticos de un niño como futuro trabajador y como seguridad para los padres en la vejez. A mediados del siglo XIX, sin embargo, los hijos de la élite urbana dejaron de proporcionar beneficios prácticos como trabajadores, pero continuaron proporcionando beneficios expresivos y emocionales en el amor, las sonrisas y el éxito que enorgullecían a los padres. Los niños, en el lenguaje de Zelizer, se «sacralizaron», carecían de valor económico pero emocionalmente no tenían precio.[59]

El proceso de sacralización fue más lento entre la clase trabajadora y las clases desfavorecidas, a medida que la industria ganaba a finales del siglo XIX, aumentando los beneficios prácticos de los niños como trabajadores. Estos beneficios prácticos se reflejan en la emisión de pólizas de seguros sobre la vida de los niños menores de diez años. Algunos miembros de la élite denunciaron tales seguros como una profanación de la vida de los niños, como si los padres no obtuvieran nada más que beneficios prácticos de sus hijos, «preparados para traficar con sus hijos como si fueran caballos o cabras».

Esto, sin embargo, fue un juicio excesivamente severo de los padres de clase trabajadora y desfavorecida. Los padres siempre han amado a sus hijos y han obtenido beneficios expresivos y emocionales de sus relaciones con ellos. Un juez que presidía un juicio relativo a la muerte de un niño pequeño señaló los beneficios prácticos que los niños proporcionan a sus padres: «Un padre tiene derecho a los ingresos de un hijo menor. Tiene un interés pecuniario en la vida de un menor de edad». Sin embargo, también señaló los beneficios expresivos y emocionales que proporcionan los niños. «Entre las clases más desfavorecidas, los padres quieren mucho a sus hijos».[60] A principios del siglo XX, los padres de clases desfavorecidas y de clase trabajadora se unieron a los padres de la élite para sacralizar a sus hijos.

La sacralización de los hijos impone responsabilidades hoy que no son asumidas por sus propios padres o abuelos, incluida la responsabilidad de «evitar que los hijos tengan sobrepeso». Un estudio de dos importantes revistas para padres en los Estados Unidos y Canadá durante 1983 a 2014 muestra que, en los primeros años, las revistas describían a los niños como responsables de su propia grasa, mientras que más recientemente las revistas describían una «epidemia de obesidad» con palabras cada vez más aterradoras, instando a los padres, especialmente a las madres, a asumir la responsabilidad de reducir la grasa de los niños mediante una intervención diligente.[61]

La sacralización se refleja en la transición de los niños estadounidenses de estar en libertad, a los que se les permite vagar dentro de ciertos límites, a ser vigilados por sus padres y otros adultos. Esta transición es bastante reciente, y se remonta quizás a 1979, cuando las noticias se centraron en Etan Patz, un niño de seis años de Manhattan que desapareció de camino a la parada de autobús de su escuela.

El psicólogo Roger Hart descubrió que a principios de la década de los setenta a los niños estadounidenses de cuatro y cinco años se les permitía vagar solos por sus vecindarios, y a los niños de diez años se les permitía vagar solos por toda la ciudad. Cuarenta años después, aunque la tasa de criminalidad no ha aumentado, los niños tienen prohibido caminar más allá de sus propios patios traseros.[62]

La periodista Stephanie Murray contó la historia de la escritora Anna Rollins, que salió a pasear con su hijo de cinco años. «Siempre ansioso por hacer las cosas por sí mismo, el niño anunció que quería caminar solo». Cuando Rollins se negó, le propuso un acuerdo. Él caminaba por un lado de la acera de la calle, ella caminaba por el otro, y se encontraban en el otro extremo. La distancia era corta y el tráfico era ligero, por lo que Rollins estuvo de acuerdo, pensando que este era un buen comienzo para la independencia. Pero el hijo de Rollin no estaba en el lugar que habían acordado cuando ella llegó. Presa del pánico, se puso a buscar a su hijo. Finalmente, lo encontró con una pareja de ancianos al otro lado de la calle. «¿Es este tu hijito? —preguntó la mujer mientras Rollins se apresuraba a acercarse—. Estaba solo». Rollins trató de explicarle —la petición del muchacho, el plan, la independencia— sin éxito. «Feliz Navidad», dijo la mujer con frialdad mientras le devolvía al niño.[63]

Los desacuerdos sobre las prácticas de crianza de los hijos causan fricciones. La periodista Michelle Buteau practica la paternidad «helicóptero», mientras que su marido, nacido y criado en los Países Bajos, practica la paternidad libre que incluye «abandonar» a los niños y dejarlos encontrar el camino a casa.[64]

«Estas diferencias en nuestros orígenes han creado un interesante tira y afloja. Y por "interesante" quiero decir "molesto" —escribió Buteau—. Para mi esposo, no soy solo una mamá helicóptero. Soy como un dron y una madre quitanieves. Para mí, mi marido es demasiado descuidado y relajado. ¡El momento del cuidado de los niños pequeños no es un concierto de Jimmy Buffett!».[*,65]

* N. del T.: Jimmy Buffett fue un famoso músico y cantautor estadounidense conocido por su estilo musical relajado y alegre, que evocaba escenas de playa y despreocupación.

Un lector estadounidense señaló que la paternidad helicóptero en los Estados Unidos es reciente. «Cuando era niño, en la década de los sesenta, en un pueblo pequeño, deambulábamos por todas partes sin adultos a la vista. A kilómetros de casa... Lo único que sabía mi madre es que estábamos jugando... La única advertencia real que seguíamos era "no te subas al coche de un desconocido"».

Otra, una mujer holandesa, señaló que las nociones de los estadounidenses sobre los niños holandeses en libertad son exageradas. «El *dropping* de los niños es un juego muy bien organizado para los campamentos escolares». Escondidos alrededor de los niños hay adultos que los mantienen a salvo evitando que se pierdan. «Los holandeses podemos ser más relajados a la hora de criar a nuestros hijos, ¡pero no somos estúpidos! Les enseñamos a vivir en este mundo, y sí, van en bicicleta a una edad temprana junto a mamá en medio del tráfico».

Algunos padres estadounidenses de la élite se han alejado un poco de la paternidad helicóptero y acercado a la crianza en libertad, pero estas medidas son una espada de doble filo, percibido como un correctivo a la paternidad helicóptero cuando es practicado por la élite, pero criticado como negligente cuando lo practica la clase trabajadora y las clases desfavorecidas.[66]

La socióloga Annette Lareau describe el estilo de crianza de la élite americana como un «cultivo concertado», y el de la clase trabajadora y pobre estadounidense como «logro del crecimiento natural».[67] Las sociólogas Kathryn Edin y Maria Kefalas describieron el cultivo concertado más vívidamente como el cuidado de los niños como «plantas de invernadero», que crecen en el suelo y se fertilizan de manera concertada mediante el enriquecimiento del tiempo de juego a la temprana edad, recurriendo a actividades extracurriculares, como lecciones de música; cuando ingresan a la escuela primaria, y la preparación para las mejores universidades cuando ingresan a la escuela secundaria. Describieron el logro del crecimiento natural como atender a los niños como «plantas de campo», que se espera que crezcan naturalmente.[68]

La transición de la crianza en el campo a la crianza en invernaderos entre los padres de la élite es manifiesto en un estudio de revistas para padres en cuatro países industrializados de habla inglesa entre 1959 y 2000.

Muestra una transición de un enfoque en actividades divertidas a uno cada vez mayor en las habilidades académicas y el desarrollo cognitivo de los niños.[69]

La paternidad helicóptero es practicada por los padres de la élite cuando los niños son pequeños, y la crianza en invernadero es practicada por ellos cuando los niños son un poco mayores. «Sentí que, con los niños en séptimo y cuarto curso (en España, 1° de la ESO y cuarto de primaria), estaban llegando a esa edad en la que... la niñera no es suficiente», dijo Denise Hortas, una mujer de la élite en un exigente puesto ejecutivo para las sociólogas Pamela Stone y Meg Lovejoy. «Cuando son más pequeños, necesitan que la gente sea amable con ellos, que los alimente, que los cuide y que les sonría. Los niños pequeños preguntan: "¿Cuándo puedo comerme una galleta?". Pero a medida que crecen, te empiezan a hacer preguntas sorprendentes y es importante cómo respondes a ellas, tiene que ver más con tus valores». Hortas dejó su puesto ejecutivo cuando sus hijos tenían nueve y doce años para dedicarse la crianza en «invernadero».[70,71,72]

Los padres de la élite evalúan su éxito por los logros de sus hijos. Cuando se le pregunta si es una buena madre, es probable que una mujer de élite diga que lo sabrá dentro de veinte años, cuando conozca la calificación en la selectividad de sus hijos, la lista de universidades que los aceptaron y sus trayectorias profesionales.[73] Los padres de clase alta desafían a los niños a formular preguntas para los médicos, les enseñan a dar la mano y a mirar a los adultos a los ojos, amplían su vocabulario y les enseñan a exigir acciones de las instituciones sociales.

Los padres de clase trabajadora y con menos recursos económicos se enfocan en satisfacer las necesidades básicas de los niños mientras les permiten desarrollar sus talentos de forma natural. Estos niños participan en actividades menos estructuradas, tienen más interacción con los hermanos y límites más claros entre adultos y niños. Mientras que los niños de la élite aprenden a exigir lo que quieren, los niños de la clase trabajadora y los de clases desfavorecidas aprenden a aceptar lo que es.

Los padres de clases desfavorecidas y de clase trabajadora esperan que sus hijos sean obedientes en silencio frente a los adultos, y que imiten la incomodidad de sus padres en sus interacciones con los responsables escolares y profesionales de la salud. Evalúan su éxito proporcionándoles lo necesario para el crecimiento natural, refugio, alimento y ropa, y conocimientos básicos de números y letras.

El sociólogo Patrick Ishizuka descubrió que los padres de clases desfavorecidas y de clase trabajadora dicen cada vez más que comparten las normas de crianza de invernadero de la élite, pero sus comportamientos de crianza difieren marcadamente.[74]

Ishizuka pidió a los padres de todas las clases sociales que eligieran sus mejores respuestas a unas viñetas. Una respuesta corresponde a la crianza en invernadero y la otra a la crianza en el campo. Por ejemplo, una viñeta contrasta la crianza en invernadero de actividades estructuradas con la crianza en el campo de actividades no estructuradas.

«El verano ha terminado y el año escolar acaba de comenzar de nuevo. La hija de Michael se queja de que se ha estado aburriendo después de la escuela». En la crianza de los hijos en invernaderos, Michael dice: «¿Qué tal si buscamos diferentes actividades para que hagas después de la escuela? ¿Qué tal si te inscribes en un equipo de deportes o haces clases de música?». En el campo, Michael dice: «¿Qué tal si sales y juegas con tus amigos? Puedes ir a jugar siempre y cuando tengas cuidado y estés en casa antes de la cena».

Otra viñeta contrasta la crianza en invernadero con explicaciones parentales pacientes y bien articuladas de las reglas del hogar y el estímulo del razonamiento y la negociación, con la crianza de campo por directiva. «Es tarde, hay colegio, y Angela le dice repetidamente a su hija que es hora de acostarse. La hija de Angela grita: "¡Odio tus normas! ¡Son tan injustas!"». En la crianza de los hijos en invernaderos, Angela dice: «Podemos hablar sobre por qué crees que las reglas son injustas, pero primero tenemos que tener una conversación sobre tu comportamiento». En cuanto a la crianza de los hijos en el campo, Angela dice: «Una regla es una regla, te guste o no. No vamos a tener una conversación sobre esto».

Ishizuka encontró que los padres de clases desfavorecidas y de clase trabajadora, al igual que los padres de la élite, elegían respuestas que correspondían a las normas de la crianza en invernaderos, sin embargo, los padres de clases desfavorecidas y de clase trabajadora no practican la crianza en invernaderos con los mismos criterios de los padres de la elite, porque carecen del capital financiero y social necesario para poner en práctica las normas deseadas.[75]

La falta de capital financiero limita la capacidad de los padres de clase trabajadora y desfavorecidas de pagar actividades como la natación o las clases de tenis. También causa estrés, disminuyendo la energía, la atención y la paciencia de los padres de clases desfavorecidas y de clase trabajadora cuando interactúan con sus hijos. Además, la falta de capital social limita el acceso de los padres de clases desfavorecidas y de clase trabajadora a las conversaciones informales en las que los padres de la élite intercambian información sobre la crianza en invernaderos con otros padres de la élite.

La periodista Claire Cain Miller ilustró los efectos de la falta de capital social en una descripción de Stacey Jones, una madre de clase trabajadora a cuyo hijo le gustaba nadar, pero solo se enteró mucho más tarde de que podría haber competido en un equipo de natación años antes. «No lo sabía porque no vivo en una comunidad de natación y tenis —dijo—. Siento que muchos niños que tienen antecedentes de clase trabajadora no se benefician de este conocimiento».[76]

La escritora Kelly Corrigan describió la transición de la infancia de su madre en la época anterior a la sacralización, a su propia infancia en la época de la crianza en el campo, y la infancia de su hija en la época de la crianza en invernaderos. Los hijos de la generación de su madre se unieron a sus padres en el trabajo agrícola, vistos, pero no escuchados, sin derechos propios. A los niños de su propia generación los enviaban a jugar después del desayuno y los llamaban a la hora de la cena. Y en la generación de su hija, la crianza se convirtió en una acción activa, ya que los padres educan a sus hijos y disfrutan de sus relaciones con ellos.[77]

Corrigan describió los beneficios expresivos y emocionales de la crianza en invernadero en su relación con su hija, puestos de relieve mientras se preparaba para irse a la universidad en tiempos de COVID-19. «He visto como pasa sus días. Por la noche, me inclinaba sobre ella en la cama y la besaba en la cabeza. Su presencia fue una experiencia sensorial completa las veinticuatro horas del día, los siete días de la semana... pero ahora es el momento de que se vaya. Se tardan unos 43 minutos en apañar la habitación de su residencia, y luego llega una dura despedida».

Una lectora describió una experiencia similar cuando se iba a la universidad. «Mis padres son inmigrantes de Asia y no muestran mucha emoción, pero cuando se estaban subiendo a su camioneta para irse, mi papá comenzó a llorar. Nunca lo había visto llorar. Fue entonces cuando me di cuenta de lo mucho que me quería a mí, su hija mayor, y de lo orgulloso que estaba. Nunca olvidaré ese día». Algunos padres de la élite ahora se unen a sus hijos de primaria para almorzar en la escuela, una práctica impensable hace veinte años, cuando el escritor Taylor Lorenz estaba en la escuela primaria.[78] Entonces, los padres abandonaban a sus hijos en la escuela por la mañana, dejándolos jugar, aprender y crecer hasta que eran recogidos después a la vuelta. Algunos padres dijeron que el almuerzo es el único tiempo de calidad ininterrumpido que tienen. Pero si la hora del almuerzo escolar se convierte en tiempo de calidad para los niños y los padres, entonces deja de ser un momento para que los niños aprendan a interactuar con sus compañeros.

Incluso a los padres de la élite les resulta imposible ser padres perfectos. Los intentos de perfección conducen a un estrés crónico que puede convertirse en agotamiento, una exasperación que separa a los padres de sus hijos y disminuye la confianza de los padres en sus habilidades de crianza.[79] El agotamiento se intensificó en tiempos de COVID-19. La periodista Catherine Pearson señaló que el 66 % de los padres que trabajan cumplen con los criterios de agotamiento parental, sintiendo que no les queda nada que dar porque están agotados por la presión de cuidar a sus hijos.[80] «Es un estado en el que has estado dando, y dando, y dando y dando, hasta que estás totalmente vacía», dijo Kate Kripke, trabajadora social clínica y fundadora del Centro de Bienestar Posparto en Boulder, Colorado.

Los horarios intensos de las actividades extraescolares de la crianza en invernadero causan estrés y problemas de salud mental de los miembros de la élite de la generación Z, los nacidos después de 1997, sin mejorar sus perspectivas de vida. «Es mejor que tanto los padres como los niños aprendan a valorar tiempo libre y una mayor participación cívica», escribió la autora Shalini Shankar. Señaló además que los niños de la generación Z son muy conscientes de la desventaja de estos horarios sobrecargados, y algunos priorizan su bienestar sobre los logros profesionales.[81]

Un lector estuvo de acuerdo, describiendo cómo su madre le quitó la pesada carga de actividades de sus hombros y de los de su hermano, cuando tenían siete y nueve años. Ella eligió el piano como la única actividad que realmente le gustaba, y su hermano eligió el kárate. «Treinta años después, soy una cirujana exitosa y él finalmente está sobrio, ayudando a cuidar a mis padres ancianos y a mi hermano discapacitado». Recuerda con cariño jugar con sus amigos y las amistades que siguen manteniendo. «No creo que nuestro camino profesional hubiera sido diferente si nos hubiéramos mantenido ocupados con todas las lecciones, pero ciertamente nos faltarían amistades para toda la vida».

Las pesadas responsabilidades de la crianza en invernaderos hacen que algunos permanezcan sin hijos o tengan menos hijos de los que desean. Jessica Boer, una mujer de veintiséis años no está segura de poder cumplir con los altos estándares y responsabilidades actuales de la crianza de los hijos: «Tendría la responsabilidad de criar a esta persona para que se convirtiera en una ciudadana funcional y productiva, y algunos días ni siquiera yo soy responsable».[82]

Sin embargo, la carga de criar a los hijos recae sobre todo en los padres de clases desfavorecidas y de clase trabajadora, cuyos escasos recursos financieros obstaculizan la energía, la atención y la paciencia cuando interactúan con sus hijos.[83,84] Se las arreglan, en parte, moderando sus expectativas y las de sus hijos.

La socióloga Marianne Cooper describió a Laura Delgado, quien aprendió a moderar sus expectativas y enseña a sus hijos a hacer lo mismo.[85,86] Al ver un programa de televisión sobre las personas que sobrevivieron al huracán Katrina en Nueva Orleans, les dijo a sus hijos: «Mira, están felices de estar vivos. En ese momento, todas las cosas que tienes simplemente no importan porque sobrevivir y estar con tu familia es todo lo que hay». Laura describió las lecciones que aprendió de su abuela, una viuda que trabajó duro para criar a sus cuatro hijos y vivió con su hija cuando era mayor. Compartió las pequeñas cantidades de sus ingresos del Seguro Social con sus nietos, diciendo: «Aquí hay un poco de abuela para llevar contigo».

Aun así, el dinero, como el tiempo libre remunerado y los subsidios para el cuidado de los niños, facilita la vida de los padres y aumenta su bienestar. La socióloga Jennifer Glass y sus coautores encontraron que el bienestar de los padres es menor en países como Estados Unidos, donde el gobierno proporciona un apoyo familiar escaso, que en los países desarrollados, donde el gobierno proporciona un generoso apoyo familiar.[87]

Las sociólogas Kathryn Edin y Maria Kefalas señalaron las marcadas diferencias culturales según la clase social en la elección de tener hijos, las edades a las que tenerlos y las prácticas de criarlos. Las mujeres de clases altas obtienen recompensas económicas sustanciales al abstenerse de tener hijos hasta que hayan completado la universidad y se hayan establecido en sus carreras, tal vez a mediados de los treinta años. Es probable que estas recompensas económicas desaparezcan si tienen hijos en la adolescencia.[88]

Por el contrario, las mujeres jóvenes de clases desfavorecidas que quedan embarazadas, ya sea por accidente o planificado, a menudo eligen tener a sus hijos, a pesar de los obstáculos que surgen una vez que nacen. Los hijos ofrecen a las jóvenes de clases desfavorecidas una fuente de significado, estima social y satisfacción personal, mientras que otras fuentes, como la universidad, la carrera y el matrimonio, parecen vagas y tenues.

Edin y Kefalas citaron a Sonia, una madre pobre de veintitrés años con un hijo de cuatro años: «Mi hijo es mi corazón». Cuando lo ha pasado mal, siempre se dice a sí misma que lo ha querido. «Incluso si me pongo esa piedra en el dedo, esa valla blanca y esa escritura que dice que la casa es mía», ella seguirá teniendo a su hijo en caso de que algo salga mal. «Le diré a mi esposo: "¡Vete! Este chico es mío"».[89]

Edin y Kefalas señalaron además que las relaciones estrechas entre madres e hijos son especialmente valiosas en las comunidades de clases desfavorecidas, donde la confianza es asombrosamente baja incluso entre los miembros de la familia, y la pobreza marca las relaciones, no solo las financieras, fomentando el deseo de dar y recibir amor, y los niños son los mejores en eso. Citaron a Pamela, una mujer de mediana edad con siete hijos. «Creo que me quedé embarazada principalmente porque quería ser amada. Pasé mi infancia sin serlo. De alguna manera, sabía que crecería y tendría hijos, y supe que esa era la mía. Nadie me lo podía quitar. Era algo que me encantaría. Sería capaz de amarlo incondicionalmente».[90]

Además, muchas de las personas desfavorecidas perciben el aborto como una vergüenza, juzgando a quienes lo eligen como inmaduros, incluso inmorales, incapaces de aceptar las consecuencias de sus propias elecciones. Las mujeres jóvenes cambian su percepción de sí mismas y de sus responsabilidades cuando se embarazan y se esfuerzan por hacer lo que es correcto para el bebé. Las expectativas sociales también cambian cuando el embarazo se hace visible, y las mujeres embarazadas son juzgadas desfavorablemente por tomar una copa en un bar del barrio o pasar una noche con amigos.

Los padres y sus hijos discapacitados

Los padres siempre se han sacrificado por sus hijos, y los sacrificios de los padres de los niños discapacitados son especialmente grandes. Las discapacidades de los niños pueden ser físicas, como la distrofia muscular o la esclerosis múltiple; del desarrollo, como el síndrome de Down o el autismo; conductuales, como el trastorno por déficit de atención con hiperactividad (TDAH) y la enfermedad bipolar; o sensoriales, como ser ciego o sordo.

Los padres acuden a urgencias con niños que tienen problemas graves de conducta, pero las visitas ofrecen pocos beneficios a largo plazo. «El comportamiento de su hijo puede ser un peligro para ellos mismos, pero también para los padres, para los otros niños en el hogar —dijo Anna Cushing, médica de la sala de emergencias pediátricas—. Realmente no tienen a dónde ir».[91]

«Si no has visto a un niño pasar de estar bien a ser peligroso en cuestión de una hora —escribió un padre—, podrías pensar que los padres están haciendo un trabajo terrible. No es así. Sé amable con cualquier padre que tenga que lidiar con un niño así».

El hijo de Lillyth Quillan padece un trastorno de conducta, carece de empatía y es hábil para la manipulación.[92] Describió el dolor de los padres avergonzados y rechazados por la comunidad, que no encontraban más consuelo que los abrazos virtuales de otros padres y las reuniones ocasionales. «El simple hecho de estar físicamente presente junto con otra persona que entendía se sentía como un milagro». El dolor que sienten estos padres se ve exacerbado por la tendencia a atribuirles todo el comportamiento de los hijos.

«Con demasiada frecuencia, escuchaba: "Si fuera mi hijo, nunca dejaría que se saliera con la suya" —dijo Quillan—. Con el tiempo dejé de tratar de conectarme con otros padres. Dicen que se necesita un pueblo para criar a un niño, pero ¿qué haces cuando el pueblo te rechaza?». En respuesta a un artículo sobre la implacabilidad de la crianza moderna, una madre de dos niños pequeños, uno de los cuales es discapacitado, señaló que a su alrededor ve a los padres mareados por la guardería, las clases de idiomas, los grupos deportivos, estar perfectos para Instagram... Pero su hijo discapacitado le da un golpe de realidad. «¿A quién le importa el mandarín? Deja que su cerebro sobreviva a esas convulsiones, solo déjalo caminar, solo déjalo hablar».[93]

Tener un hijo discapacitado aumenta en diez puntos porcentuales la probabilidad de que los padres se separen en los siguientes doce a dieciocho meses. Y si los padres siguen viviendo juntos, disminuye en seis puntos porcentuales la calidad de su relación.[94]

Los padres de niños discapacitados tienen tres veces más probabilidades de hacer sacrificios laborales que otros padres, y sus trayectorias de ingresos muestran una fuerte ruptura cuando un niño queda discapacitado. Tanto las madres como los padres hacen sacrificios laborales, pero los sacrificios de las madres suelen ser mayores porque suelen ser las principales cuidadoras.[95]

Livie, la hija de James y Lindsay Sulzer, tenía casi cuatro años cuando la caída de una rama de árbol devastó su cerebro. James dedicó su carrera a reparar sistemas nerviosos dañados, y Lindsay llegó a trabajar en formas de tratar lesiones cerebrales traumáticas. Tienen acceso a todos los tratamientos posibles, pero Livie no puede hablar ni caminar sin ayuda, y sus discapacidades cognitivas son profundas.

Lindsay asumió las inmensas tareas de organizar el cuidado de Livie, contratar enfermeras y asistentes personales, conseguir equipos como sillas de ruedas y establecer un ciclo de alimentación, medicamentos y ejercicio. A la hora del almuerzo, una enfermera colocó a Livie en un soporte y preparó un iPad para entretenerla mientras le ponían una bolsa de suplemento alimenticio de garbanzos en la sonda de alimentación. Al ver vídeos de Livie antes del accidente, James dijo: «Ahora es como si tuviera dos hijas, en cierto modo. Una que falleció, y ahora esta».[96]

El politólogo Norman Ornstein describió el coste de la enfermedad mental en él, su esposa y, especialmente, en su hijo Matthew, «un joven brillante y reflexivo, que experimentó la repentina aparición de una enfermedad mental a los veinticuatro años». Ornstein y su esposa volaron a Florida, donde vivía Matthew, presos del pánico por las acusaciones sobre su comportamiento. Pero Matthew ya se había ido cuando llegaron sus padres, transportado a un centro de salud mental por agentes de policía que lo esposaron cuando salía de la ducha, sin dejarlo vestirse, recoger su teléfono móvil o explicar lo que estaba sucediendo. El personal de la instalación ni siquiera confirmó que Matthew estaba allí, prohibido por las reglas de privacidad.

Un lector del artículo de Ornstein escribió: «Mi hija también tiene una enfermedad mental grave. Es una persona amable que quiere ser "normal" pero no puede y tal vez nunca podrá controlar su impulsividad y sus estados de ánimo erráticos». Otro describió que se enfrentó a las secuelas de un brote psicótico de un niño, más o menos de la nada. «El gran problema: después de que tu hijo cumple los dieciocho años es que no puedes obligarlo a buscar ayuda... Entonces, puedes ver cómo la persona que una vez nació de tu cuerpo, que sostenías en tus brazos, firmabas los boletines de notas perfectas y aplaudías mientras caminaba por el escenario con toga y birrete se sumerge en la oscuridad y el engaño».[97]

Mark Bertin, un médico, escribió sobre las cargas adicionales de los padres de niños con necesidades especiales en mayo de 2020, la época de COVID-19. «El niño puede tener contratiempos durante el cierre de la escuela. Pero recuerden, las escuelas volverán a abrir en algún momento y ayudarán a que las cosas vuelvan a la normalidad».[98] Las cargas adicionales que soportan los padres son claras en las palabras de un lector que culpó a Bertin por pasar por alto discapacidades significativas que necesitan cuidados diarios constantes, padres solteros y trabajadores que hacen malabarismos con el trabajo y la enseñanza en casa, y estudiantes que tendrán pérdidas significativas difíciles de compensar. «Es bueno transmitir tranquilidad, pero pasar por alto los problemas significativos no permite enfrentar los verdaderamente importantes». Varios lectores se opusieron a la palabra «carga» en el título del artículo de Bertin, pero otros reconocieron esa carga. Una escribió: «He criado a un hijo con necesidades especiales... tiene veintiocho años y todavía está en casa conmigo, los dos solos. Lo amo profundamente y él es mi mayor alegría. Me considero afortunada de ser su madre todos los días. Pero carga es una palabra que se aplica». Es la carga de tratar de obtener ayuda para cuando los recursos son escasos, la carga de encontrar un respiro de la preocupación constante, la carga de darse cuenta de que el niño nunca podrá vivir de manera independiente, la carga de lo desconocido, de lo que le sucederá cuando su madre ya no esté en esta tierra para cuidarlo. «Mi hijo no es una carga, pero la preocupación sí lo es. Me acompaña todos los días».

Otro escribió: «Yo también soy miembro del "club"». Él y su esposa criaron a dos hijos, ahora adultos, uno de los cuales está totalmente discapacitado a raíz del autismo, que requiere atención las veinticuatro horas del día, los siete días de la semana. Ambos siempre han convivido con ellos. «Si realmente estamos "todos juntos en esto", todos actuaremos de esa manera como nación, ahora y para siempre». Citó el libro *Etz Hayim* (*Árbol de la vida*): «La decencia de una sociedad se mide por la forma en que cuida a sus miembros con menos poder».[99]

La posibilidad de detectar discapacidades, como el síndrome de Down, en el útero y abortar añade complejidad y angustia a la vida de los futuros padres. El síndrome de Down trae consigo una discapacidad intelectual, bajo tono muscular, defectos cardíacos y gastrointestinales, trastornos inmunológicos, artritis, obesidad, leucemia y demencia.

La detección del síndrome de Down ha sido común en Dinamarca desde 2014, cuando el gobierno la ofreció a todas las mujeres embarazadas. Sin embargo, hay un abismo que separa las actitudes expresadas públicamente en Dinamarca, a favor de dar a luz a niños con síndrome de Down, y las decisiones privadas a favor del aborto. Casi todas las mujeres embarazadas optan por someterse a la prueba de detección, y más del 95 % de las que recibieron un diagnóstico de síndrome de Down optan por abortar. Solo dieciocho niños con síndrome de Down nacieron en Dinamarca en 2019, mientras que aproximadamente seis mil niños con síndrome de Down nacen en los Estados Unidos cada año.

Una pareja danesa anunció un embarazo a familiares y amigos solo después de que una prueba de detección no hallara síndrome de Down. «Queríamos esperar porque si hubiera tenido síndrome de Down, habríamos abortado». Sin embargo, la prueba falló y no lo detectó, y ahora temían que su familia y amigos pensaran que no aman a su hija, enfrentándose a los juicios morales que acompañan al aborto o el dar a luz a un niño discapacitado.[99] Las expresiones de arrepentimiento por tener hijos son tabú, pero el arrepentimiento es especialmente común entre los padres de niños discapacitados. Carrie, una mujer británica, lamenta tener a sus dos hijos discapacitados, uno de doce años y otro de diez años, a los que lleva a la escuela y a las citas de terapia. Es reacia a admitir sus fantasías tabú sobre visitar a un amigo en Hawái y nunca volver.[100]

Una madre desesperada rompió un tabú y renunció a la custodia de su hijo de diecisiete años, con una enfermedad mental, después de no poder recibir tratamiento para él. Tomó la decisión «entre el momento en que él se lanzó hacia el cajón de los cuchillos y cuando ella marcó el 112 por decimocuarta vez en menos de un año». Cuando compareció ante el juez, todavía tenía un hematoma en el brazo derecho, donde su hijo la había agarrado semanas antes, gritando improperios mientras lo llevaba a la escuela. «No soy un monstruo —se dijo a sí misma—. Lo amo, lo he intentado todo». [101]

Algunos padres son directos no solo sobre la carga de sus hijos discapacitados, sino también sobre su deseo de liberarse de esa carga. Una madre describió la carga de cuidar a su hija discapacitada de 32 años, hija única de ella y su esposo. «Una enfermera me dijo que recibiría mi recompensa en el cielo. Es tan condescendiente. Lo que más me molesta es cuando la gente se acerca a ti y te dice: "Dios solo da estos niños especiales a personas que pueden lidiar con ellos". Bueno, entonces puede llevársela. Lo siento, voy a ser muy clara al respecto: ella no es especial. Es mercancía dañada». Ella quería que la hija que iba a tener ya tuviera dos hijos, hubiera terminado sus estudios universitarios y tuviera una vida propia, en una casa donde su madre pudiera visitarla y cuidar a sus nietos. «Quería tener a esa hija».[102]

8

Padres ancianos, abuelos, hermanos y mascotas

La cultura estadounidense se describe como individualista, mientras que la china se describe como colectivista. El psicólogo Geert Hofstede definió el individualismo como «una preferencia por un marco social poco unido en el que se espera que los individuos se cuiden solo a sí mismos y a sus familias inmediatas». Definió el colectivismo, su opuesto, como «una preferencia por un marco estrechamente unido en la sociedad en el que los individuos pueden esperar que sus parientes o miembros de un grupo particular cuiden de ellos a cambio de una lealtad incuestionable».[1] Estados Unidos ocupa el primer lugar en individualismo entre 88 países, mientras que China ocupa el puesto 65.

La veneración de los padres ancianos es muy importante en China. «Cuando mis padres ven algo que les gusta pero que no se pueden permitir comprar, puedo verlo en sus ojos y cuando lo dejan después de cogerlo —dijo Jihong, una mujer china de 55 años—. Cuando les digo que se lo compraría, me dicen que estoy desperdiciando dinero». Jihong lo compra en secreto y cuando sus padres lo ven, «la felicidad en sus caras me hace sentir que no importa cuánto gaste, poder envejecer con ellos es realmente felicidad para mí».

La cultura colectivista de China incluye la «lealtad filial», un contrato cultural construido sobre la premisa de que los padres hacen todo lo posible para cuidar a sus hijos, y luego terminan sus vidas siendo cuidados por sus hijos, disfrutando de beneficios utilitarios, expresivos y emocionales. La lealtad filial se ilustra en historias como la de *Los veinticuatro ejemplos de piedad filial*, sobre un hijo de la dinastía Jin, nacido de padres demasiado pobres para permitirse una mosquitera. El hijo se quitó la camisa y se sentó junto a la cama de sus padres, dejando que los mosquitos lo picaran y perdonaran a sus padres.[2]

La lealtad filial mejora el bienestar de los padres ancianos, lo que se evidencia en tasas más bajas de suicidio durante el Año Nuevo lunar chino, cuando los hijos suelen visitarlos.[3] Sin embargo, la lealtad filial se está deshilachando en China a medida que los hijos abandonan los hogares de sus padres para trabajar y vivir en las ciudades. Los padres chinos de edad avanzada se quejan de que no ven a sus hijos con la suficiente frecuencia, y los hijos explican que el estrés del trabajo y la vida en las ciudades dificultan visitar a sus padres. En 2016, solo la mitad de los hijos adultos chinos que vivían lejos de sus padres regresaron a casa para el Año Nuevo lunar chino. Era especialmente improbable que los hijos que vivían en Pekín, Shanghái y Tianjin regresaran.[4]

El desgaste de la lealtad filial en China se ilustra en una historia reciente de un granjero que vivía en la pobreza para pagar la educación universitaria de su hijo. El hijo se lo devolvió consiguiendo un nuevo número de teléfono para que su padre no pudiera contactar con él, cuando encontró un trabajo en una ciudad lejos de la casa de su padre. El padre caminaba dieciséis kilómetros cada semana para encontrar un teléfono para llamar a su hijo a un número desconectado, incapaz de imaginar que su hijo lo había abandonado.[5] El sistema de bienestar social chino se esfuerza por proporcionar a los padres ancianos beneficios utilitarios que ya no proporcionan sus hijos, pero ningún sistema de bienestar social puede proporcionar beneficios expresivos y emocionales.

Una ley china de 2013, la de Protección de los Derechos e Intereses de las Personas Mayores, tiene como objetivo obligar a los hijos adultos a proporcionar beneficios expresivos y emocionales a sus padres mayores, además de beneficios utilitarios, comunicándose con ellos, visitándolos y cuidándolos. Sin embargo, muchos dudan de la eficacia de reemplazar la lealtad filial tradicional con la ley.[6] Se han desarrollado otros instrumentos y medios como sustitutos de la lealtad filial. El Acuerdo de Apoyo Familiar (FSA, por sus siglas en inglés) es un contrato voluntario entre padres chinos ancianos y sus hijos adultos sobre las disposiciones parentales. A finales de 2005, más de trece millones de familias rurales habían firmado acuerdos de estabilidad social y ahora se están abriendo camino en las ciudades. Las violaciones de la FSA están sujetas a sanciones por ley, pero la efectividad de las FSA no está clara.[7] Los ancianos padres chinos de hoy reciben más apoyo de las hijas que de los hijos, a pesar de la expectativa cultural de lealtad filial de los hijos. Esto es especialmente cierto para los mayores de ochenta años o más, y sorprendentemente más frecuente en las zonas rurales, donde la preferencia por los hijos varones es más prevalente que en las zonas urbanas.[8]

La cultura individualista de los Estados Unidos se refleja en las palabras de Jeffrey, el hombre estadounidense de sesenta años antes mencionado. Él y su esposa no esperan ninguna herencia de sus padres, y sus hijos saben que no pueden esperar mucho de una herencia de sus padres. «Si están trabajando y siguen viviendo con nosotros, esperamos algún tipo de alquiler para ayudar con los gastos». Sin embargo, la lealtad filial se practica en los Estados Unidos más de lo que se predica; es evidente la prevalencia de la «generación sándwich» de padres estresados financiera y emocionalmente mientras cuidan tanto a los niños pequeños como a los padres ancianos.[9] Las transferencias monetarias de los hijos adultos a los padres ancianos en los Estados Unidos subestiman el apoyo total que los jóvenes brindan a los ancianos porque gran parte de ese apoyo es en especie, como en el cuidado en sus propios hogares o en los hogares de sus hijos.[10]

Tanya Brice, una madre soltera de 43 años, cuida de su madre, que es médicamente débil, de sus hijos gemelos, uno de los cuales sufre autismo y discapacidad intelectual, y de un hijo adolescente. Su presupuesto, que consiste en el salario de una trabajadora social, y su horario están en un punto límite. Brice se las arregla para pagar el alquiler, los servicios públicos y la comida, pero la televisión por cable, las actividades extracurriculares y todo lo demás está fuera de sus posibilidades. De hecho, a veces incluso falta comida.[11] Una encuesta realizada a cuidadores estadounidenses destacó algunos de sus sacrificios: el 25 % recurrió a sus ahorros para la jubilación; el 41 % a sus ahorros personales; el 25 % dedicó cuarenta horas a la semana al cuidado, y el 45 % de los que tenían trabajos externos utilizaron parte o la totalidad de su tiempo de las vacaciones para el cuidado. Los cuidadores también han sacrificado las actividades de ocio y el tiempo con amigos y familiares.[12]

El estrés financiero y profesional de cuidar tanto a los hijos como a los padres puede pesar mucho en las relaciones. Amanda Mayo, de cuarenta años y madre de niños pequeños, cuida de sus suegros, que viven con ella y su marido, y también viaja con frecuencia a Nebraska para cuidar a sus abuelos. «Seré sincera, casi rompe nuestro matrimonio», dijo. Los lectores aportaron sus historias. Uno escribió: «Durante solo diez meses, cuidé a mi madre que tenía demencia. No era como cuidar a un bebé. A menudo se trataba de hacer que mi madre se levantara para ir al baño, o tal vez dormir cinco horas y lavar la ropa tres horas más a la mañana siguiente porque mojaba la cama».

Sin embargo, cuidar a los padres ancianos puede traer recompensas. Un hombre escribió: «Cuidar de mi madre durante veinticinco años influyó en todos los trabajos que tomé y tuvo un efecto negativo en mi carrera». Gastaba muy poco en sí mismo y todo lo que ganaba de más se destinaba a los gastos de manutención y cuidado de su madre. «Sacrifiqué mi vida personal y mi felicidad general para hacer esto. Lo volvería a hacer. Era lo correcto».[13]

Las personas mayores con familiares tienen la suerte de tener personas que los cuidan. Los que no tienen familiares no tienen tanta suerte.[14] Lynne Ingersoll, una jubilada de 77 años, bibliotecaria, nunca se casó ni tuvo hijos. Cuando su hermana murió, se unió al grupo de estadounidenses mayores sin familiares. No está segura de lo que hará cuando no pueda arreglárselas sola. Una lectora «solitaria» escribió que, a los 73 años, decidió que era hora de mudarse a un centro de mayores donde tendría un sistema de apoyo en caso de que quedara discapacitada. «Sé que esto no es para todos, y muchas personas no tienen el dinero para pagarlo, pero me da tranquilidad. Cuidé a mi madre y a mi marido durante el proceso de morir y sé que estar sola y enferma sería un desastre». Otra escribió: «Mi marido y yo hemos decidido no tener hijos. El dinero que de otro modo habríamos invertido en los niños se ha ahorrado e invertido en otros lugares. Por lo tanto, estaremos bien financieramente en nuestros años posteriores a la jubilación, muy capaces de emplear a un cuidador, etc.».

La ayuda de los hijos adultos a los padres ancianos puede unirlos, pero los conflictos a menudo acompañan esta ayuda. Los padres ancianos esperan que sus hijos adultos les ayuden si es necesario, y aprecian la preocupación de sus hijos, pero también quieren autonomía y les molesta la sobreprotección.[15] Los padres ancianos utilizan una serie de estrategias para hacer frente a sus sentimientos contradictorios, como ser terco, minimizar la ayuda que reciben, ignorar o resistirse a los intentos de control de los hijos, establecer límites claros ocultándoles información y buscar a otros como confidentes.[16]

Una muestra de hijos adultos completó un diario de siete días de su estado de ánimo y la frecuencia con la que sentían que sus padres ancianos eran testarudos. El 31 % de los hijos adultos reportaron un comportamiento obstinado por parte de sus padres ancianos, y un 17 % reportaron un comportamiento de riesgo.[17] Tales informes se asocian con un bajo grado de bienestar entre padres e hijos por igual, baja calidad de las relaciones entre padres e hijos, mayores discapacidades funcionales de los padres, mayor neuroticismo entre los hijos adultos y un mayor estado de ánimo negativo entre ellos.[18] Las lagunas en el conocimiento de los problemas de los padres ancianos entre los hijos adultos también pueden conducir a necesidades insatisfechas entre los padres ancianos.[19]

En respuesta a un artículo de la periodista Paula Span sobre estos hallazgos, un lector escribió exasperado. «Si nuestros padres quieren ser independientes, no deberían esperar que salgamos corriendo cuando su independencia tiene consecuencias terribles (totalmente predecibles). Pero ellos lo hacen, y nosotros lo haremos. Algo así como cuando estábamos creciendo, solo que con los papeles invertidos».[20] Otra señaló el papel de la desconfianza entre los padres ancianos y sus hijos adultos. Después de años de tratar de persuadir a su madre para que se mudara a una comunidad de jubilados, de repente anunció que se había inscrito en una porque un voluntario de la Sociedad Americana del Cáncer le aconsejó que lo hiciera. «Debido a que era un desconocido, no alguien que intentaba deshacerse de mí, decidí escuchar», —dijo su madre—.

Tendríamos que haber contratado a un desconocido hace años», dijo el marido de la hija.

La autora Claire Berman, madre anciana, ilustró la ambivalencia en las relaciones entre los hijos adultos y los padres ancianos, empatizando con las preocupaciones de un hijo adulto acerca de que su padre anciano condujera de noche, pero también empatizando con la queja de su padre sobre ser acosado por sus hijos por su forma de conducir. Otra amiga le contó a Berman sobre la ambivalencia en su relación con su hija adulta, quien se ha mudado para vivir más cerca de ella. La madre está encantada de ver a su hija más a menudo, pero le angustia que su hija parezca aprovechar las visitas para realizar inspecciones. «¿Cumple mi casa con la prueba de limpieza? Y el yogur de la nevera, ¿está caducado?». Los conflictos surgen porque los padres ancianos, que tratan de mantener su independencia, desean ser atendidos, pero temen ser cuidados.[21]

Los padres mayores necesitan transporte, pero muchos son reacios a utilizar servicios de transporte como Uber y Lyft. Se sienten intimidados por la tecnología y preocupados por las estafas y los robos de identidad, temiendo que los piratas informáticos puedan obtener acceso a sus cuentas bancarias y vaciarlas.[22] Una lectora ofreció un ejemplo de esa renuencia en su experiencia como cuidadora de su madre y de su abuela, ninguna de las cuales puede conducir. «Estoy completamente agotada después de dos años de ser su chófer —escribió—. Se niegan a probar un servicio de transporte a pesar de que mi madre es una ávida usuaria de su iPhone. Social y emocionalmente, estarían mejor sabiendo que no necesitan estar confinadas en casa. Me doy por vencida».

Otro encontró la manera de enseñarle a su padrastro a usar un servicio de transporte. Su padrastro lo miró como si le hubiera crecido una segunda cabeza cuando sugirió Uber por primera vez. «Pero lo llevé a cenar un par de veces... y luego descargó la aplicación en su teléfono. Las siguientes dos veces que salimos, le pedí que lo pidiera él. Ahora puede pedir uno cuando quiera o lo considere necesario». Un experimento ofreció tres meses gratis de viajes ilimitados de Lyft a personas mayores que sufren enfermedades crónicas y reportan problemas de transporte. Casi todos utilizaron el servicio de transporte compartido, y casi todos informaron de una mejora en el bienestar.[23] Los servicios de transporte compartido ahora están colaborando con los sistemas de atención médica para el transporte médico que no es de emergencia, lo que reduce la pérdida de citas de los pacientes y mejora su bienestar.

El cuidado de los niños es más barato en los hogares multigeneracionales, donde los abuelos cuidan de los nietos, lo que evita las necesidades de cuidado infantil remunerado, y los hijos adultos cuidan a los padres ancianos, obviando las necesidades de los centros de mayores. Una casa para un hogar multigeneracional es más barata de comprar o alquilar que dos o tres para hogares de una sola generación. De hecho, el incremento de los precios de la vivienda en China aumentó la prevalencia de los hogares multigeneracionales.

Sin embargo, los hogares multigeneracionales suelen estar divididos por conflictos que disminuyen el bienestar, ya que surgen desacuerdos sobre asuntos grandes y pequeños, desde la privacidad hasta la educación de los hijos y los ingresos y gastos de los adultos. La periodista Frankie Huang comparó su menor bienestar en China cuando era niña en un hogar multigeneracional con su posterior mayor bienestar como mujer soltera y como mujer casada con pensamientos contrarios acerca de tener hijos. «En China —escribió Huang—, tres o cuatro generaciones viven juntas en una sola casa. En un momento dado, cuando era niña, tanto mi bisabuela como mi abuela residían con nosotros. Decir que fui criada en exceso es quedarse corto». Idealizaba vivir sola y se le ocurrió la idea de cohabitar con un compañero de confianza y confidente. El COVID-19 obligó a Huang y a su marido a mudarse de China a la casa de sus suegros en Connecticut, formando un hogar multigeneracional.

No escuchamos las voces de los suegros de Frankie Huang en su historia, pero sí las de los padres y suegros en una historia sobre hijos adultos en tiempos de COVID-19 que regresan con sus padres junto con sus cónyuges e hijos. Patricia Mitchell, una mujer de 74 años que todavía llora la muerte de su marido, estaba alojando a su hija, su yerno, su bebé y un hijo de cuatro años. Mitchell relató las ventajas de vivir con su familia extendida, incluida la alegría de ayudar a criar a su nieta bebé y ser ayudada por su yerno en las tareas domésticas y las reparaciones. Sin embargo, también señaló las desventajas. «El nivel de ruido. La casa se despierta muy temprano. El grado de actividad es un poco impactante para mi sistema, a decir verdad».

Las reacciones de los lectores a la historia son perspicaces y conmovedoras. Uno escribió: «Disfruta cada momento con tus padres, especialmente si son ancianos. ¡Echo de menos a los míos todos los días, incluso años después de que estuvieran aquí!». Otra escribió sobre su hijo de veintiséis años y su novia que vinieron para un largo viaje de vacaciones y ahora estaban varados en su casa por el COVID-19: «De vez en cuando caímos en roles de padres-hijo, pero la mayoría de las veces, compartimos un hogar como iguales. Qué alegría ver a mi hijo como un adulto maravilloso. Disfrutaré de recuperar mi hogar y lloraré su maravillosa compañía».

La holgura económica permite a algunas familias disfrutar de lo mejor de los hogares de una sola generación y multigeneracionales. Los abuelos y los padres disfrutan del bienestar en sus propios hogares y de uno adicional cuando se visitan unos a otros. Ese bienestar fue evidente en su interrupción por la COVID-19. «Echo de menos a mis nietos», se lamentó la escritora científica Robin Marantz Henig. Todos los jueves, ella y su marido cogían el metro desde su apartamento en Manhattan hasta la casa de su hija en Brooklyn, recogiendo a sus nietos en la guardería y el parvulario. «Los acompañábamos a casa, a veces nos deteníamos en el parque infantil para dejarlos trepar y trepar; les leíamos libros; construíamos juntos con bloques; cocinábamos macarrones con queso; los bañábamos; los acurrucábamos y los acostábamos». La última vez que lo hicieron fue en marzo de 2020. «No hemos abrazado a nuestras nietas, o, para el caso, a nuestras propias hijas adultas, desde entonces, y me duele el cuerpo».

El cuidado de los hijos por parte de las madres o suegras beneficia a las familias al facilitar el empleo de las mujeres con hijos pequeños. El cuidado de los niños consiste no solo en el cuidado programado regularmente durante las horas de trabajo, sino también en el cuidado irregular o imprevisto. La probabilidad de empleo entre las mujeres casadas con hijos pequeños que viven cerca de sus madres o sus suegras es de cuatro a diez puntos porcentuales mayor que entre las que viven más lejos. La periodista Jessica Grose dio testimonio de los beneficios del cuidado de los niños por parte de sus padres, que viven a unos dieciséis kilómetros de distancia. «Si no hubiéramos vivido con ellos durante parte de 2020, cuando el cuidado infantil no estaba disponible y teníamos dos niños en casa, mi marido o yo habríamos tenido que coger una baja en el trabajo». Grose también testificó sobre los beneficios adicionales que brindan a sus hijos los abuelos que se unen una vez a la semana para cenar, lo que todos disfrutan.

Las finanzas familiares afectan a las culturas familiares y, a su vez, las culturas afectan a las finanzas. Un estudio de Pew Research señaló que la proporción de estadounidenses que viven en hogares multigeneracionales aumentó del 12 % en 1980 al 20 % en 2016. Pew atribuyó una parte del aumento de los hogares multigeneracionales a las finanzas familiares. Los ingresos relativos de los hombres jóvenes han ido disminuyendo desde la década de los setenta, y es más probable que vivan en casa que las mujeres jóvenes. Mientras tanto, los precios de las viviendas aumentaron y su disponibilidad disminuyó.

La proporción de estadounidenses que vivían en viviendas multigeneracionales aumentó considerablemente durante la gran recesión de 2007 a 2009 e inmediatamente después, ya que muchos adultos jóvenes, especialmente los que carecían de títulos universitarios, vivían con sus padres. Un aumento más reciente en la proporción de familias multigeneracionales se vio facilitada por asignaciones estatales más generosas de fondos de Medicaid* para servicios de atención a largo plazo prestados en el hogar. Un estudio posterior del Pew Research Center en tiempos de COVID-19 encontró que la proporción de adultos jóvenes que viven con sus padres es más alta que en cualquier otro momento desde la gran depresión. Los adultos más jóvenes, de dieciocho a veinticuatro años, representaron la mayor parte del crecimiento, en consonancia con las pérdidas de empleo desde la aparición del virus.

Pew atribuyó otra parte del aumento a la cultura familiar. Los asiáticos y los hispanos, especialmente los inmigrantes, se inclinan culturalmente hacia los hogares multigeneracionales, y su proporción en Estados Unidos está aumentando en relación con la población blanca. De hecho, la cohesión y la calidad de los vínculos familiares es un factor clave que explica el alto bienestar de las personas en las familias latinoamericanas, en relación con las personas de los países desarrollados, a pesar de sus ingresos relativamente bajos.

*N. del T.: Medicaid es un programa de asistencia pública en EE. UU. que proporciona atención médica gratuita o de bajo coste a personas con bajos ingresos.

Las personas mayores son objeto de fraude por parte de personas que pretenden ayudarles o entablar una relación sentimental con ellas. Los hijos adultos a menudo advierten a sus padres ancianos sobre las estafas románticas, pero los padres ancianos regularmente no hacen caso de tales advertencias, creyendo que han encontrado el amor de sus vidas. Es el caso de Desiree Boltos, la «Estafadora de Amores» y su marido, que estafaron más de tres millones de dólares a ancianos que creían tener relaciones sentimentales con ella. James Olmstead, un oficial retirado de la Marina que tenía 75 años en ese momento, fue uno de ellos. Boltos se topó con él en la cola de la caja de un Office Depot. Se volvió a encontrar con ella junto a su coche en el aparcamiento y empezaron a hablar. Ella le dijo que tenía 32 años y era soltera, y que su marido había muerto de cáncer. Olmstead la invitó a salir, y durante los dos años siguientes le dio casi todos los ahorros de toda su vida. «Llegan a tu vida —dijo—. Pisotean todo lo que es sagrado. Compartía sentimientos con ella y estos anulan el sentido común».[24] Sin embargo, a veces son los hijos adultos los que maltratan a los padres ancianos en lugar de protegerlos. Los ejemplos incluyen a un hijo que usa la tarjeta de cajero automático de su madre anciana en casinos y licorerías, y una hija que roba joyas a una madre que sufre de demencia. El abuso de ancianos es pernicioso porque a menudo comienza con buenas intenciones. Un hijo puede comenzar a cuidar a sus padres ancianos con buena voluntad, pero la buena voluntad puede convertirse en resentimiento y en la elección de echar mano de la cuenta de sus padres como pago por el cuidado.[25]

La herencia de padres a hijos puede estar motivada por el altruismo de los padres hacia estos o por el interés propio de los padres en el apoyo de sus hijos. Una comparación de los motivos de los padres en los Estados Unidos, India, China y Japón muestran que el altruismo es generalmente prevalente en los Estados Unidos y la India, mientras que el interés propio lo es en China y Japón.[26] Los hijos adultos japoneses tienen más probabilidades de vivir con sus padres ancianos o cerca de ellos y proporcionarles cuidado y atención si esperan recibir una herencia de ellos.[27] La magnitud de las herencias de los padres chinos a sus hijos está sincronizada con el grado de asistencia personal de los hijos. Tanto las herencias como la asistencia son mayores cuando los ingresos de los padres son más altos, y más bajos cuando los ingresos de los hijos son más altos.[28] Por otra parte, los padres chinos ancianos utilizan sus casas como medio para cuidar a sus hijos adultos. Los hijos tienden a proporcionar más apoyo financiero y emocional a sus padres cuando aumenta el valor de la posible herencia de la vivienda.[29]

Algunas personas mayores tienen una buena experiencia en comunidades de jubilados, residencias de ancianos y pólizas de cuidados a largo plazo, pero son caras.[30] Una mujer escribió: «El asilo de ancianos de mi madre [...] cuesta la asombrosa cantidad de 13 556 dólares por mes, [pero] la atención que recibe es excelente». Paga la mitad de los ahorros de sus padres y la otra mitad de la póliza de cuidado a largo plazo que su padre compró hace décadas. «Cuando lo hago, siempre desearía poder decirle lo agradecida que estoy por su intuición».

El apoyo gubernamental a los estadounidenses es exiguo en relación con el generoso apoyo del Reino Unido y Francia. Uno de ellos señaló que muchos en los Estados Unidos no pueden permitirse contratar un seguro de atención a largo plazo cuando pagan las deudas de la universidad, y cuando quieren comprar un seguro en la mediana edad lo encuentran demasiado caro y con demasiadas exclusiones. «Mientras tanto, mis padres en el Reino Unido tienen atención domiciliaria, emergencia de guardia, enfermeras que los visitan a diario y los cuidan bien. Ni un solo dólar ni preocupación por nuestra parte porque sé que están en buenas manos». Otro escribió: «Vivo en Francia, mi tía trabajó desde que era adolescente hasta los sesenta años, se jubiló a esa edad y estuvo en su casa hasta los 86 años. Después, en una residencia de mayores medicalizada. Al sufrir de demencia ya no podía vivir en casa». Su centro está gestionado por el gobierno, con empleados profesionales atentos que ganan salarios decentes, y la comida es excelente. «Doy gracias a Dios todos los días por vivir en Francia».

Abuelos y nietos

Los abuelos obtienen mucho bienestar de sus relaciones con sus nietos. Los nietos pueden hacer que los abuelos se sientan más jóvenes y pueden mejorar el bienestar de los abuelos en un momento en que las personas de su edad encuentran menos sentido a sus vidas.[31] Jonathan, un estadounidense de 67 años entrevistado por BlackRock, describió ese bienestar. Tienen dos nietos, de diez y nueve años, que son una gran parte de sus vidas. Están creando un «fondo de educación» para sus gastos universitarios y presupuestando un «fondo de verano» para pagar las cosas divertidas que pueden hacer. «También crearemos un "fondo de herencia" para cada uno de ellos». Otros padres, sin embargo, están agobiados por las expectativas de mantener a sus hijos o nietos. Karen, la mujer británica de sesenta años ya mencionada, señaló que «los miembros de la familia de su generación que tienen hijos han sentido una mayor presión para mantener a sus hijos o nietos en la universidad y en la compra de su primera vivienda».

El bienestar evaluativo de los padres sin nietos es igual al de los que no tienen hijos de la misma edad, pero el de los abuelos con al menos un nieto es mayor. Esto implica que hay beneficios de bienestar a largo plazo al tener hijos, incluso si no aumentan el bienestar de sus padres, si los hijos llegan a tener hijos propios.[32] Sanjeev Ranjan y Sadhana Prasad, de la India, gastaron sus ahorros para que su hijo se formara como piloto en los Estados Unidos, y pagaron su lujosa boda en la India, junto con un automóvil de lujo y una luna de miel en el extranjero.[33] Seis años después, demandan a su hijo y a su nuera por 650 000 dólares por daños y perjuicios porque no pudieron tener un hijo. Un comerciante de su ciudad dijo que los residentes habían estado discutiendo sobre el caso con gran interés mientras tomaban el té fuera de su tienda, y que las personas mayores tendían a simpatizar con los demandantes. «En la vejez, quieres jugar con tu nieto —dijo—. ¿Qué hay de malo en darles uno?».

Mudarse para vivir más cerca de los nietos es común entre los abuelos, y algunos se jubilan para cuidar a los nietos.[34] La probabilidad de mudarse es mayor entre los abuelos que reportan el cuidado de sus nietos.[35] En los primeros días de la pandemia, cuatro de los nietos de Marc y Cathy Joseph , junto con sus padres, vinieron de Austin y Orlando a vivir con ellos, en Scottsdale, Arizona. Otros dos nietos que vivían cerca eran visitantes frecuentes en las comidas y las fiestas de pijamas con sus amigos. «A medida que envejeces, te vuelves más inteligente —dijo Marc—. Ojalá hubiera estado allí más a menudo para mis hijos». Viajaba mucho por su trabajo cuando sus hijos eran pequeños. «Si puedo pasar más tiempo con mis nietos, entonces tal vez esté compensando lo que no les di a mis hijos».[36]

Un centro de mayores japonés ahora tiene «bebés trabajadores», 32 niños menores de cuatro años que pasan tiempo con sus residentes que son en su mayoría de ochenta años. Los residentes entablan conversaciones con los niños, y los niños les ofrecen abrazos. «No puedo ver a mis nietos muy a menudo, así que los bebés trabajadores son un gran placer», dijo Kyoko Nakano, de 85 años. Lo deja todo para pasar tiempo con ellos cuando llegan.[37] Sin embargo, el cuidado de los nietos puede disminuir el bienestar de los abuelos que dejan de lado sus propios proyectos e intereses y pierden las conexiones sociales. Esto es especialmente cierto cuando la carga del cuidado se vuelve mayor de lo esperado o cuando un abuelo no está de acuerdo con su cónyuge sobre soportar esa carga.[38]

Criar a los nietos en casa de los abuelos puede disminuir también el bienestar de los abuelos.[39] Barb, una mujer de 68 años, y Fran, su marido de 69 años, están criando en su propia casa a una nieta dejada por su hijo y su novia. «Nadie espera pasar su jubilación criando a un hijo —dijo Barb—. Lo cambia todo. Tu vida está patas arriba».[40] El coste para los abuelos que crían a sus nietos incluye depresión, insomnio y falta de privacidad y tiempo con sus cónyuges, amigos y otros miembros de la familia. Más del 40 % de los abuelos que crían a sus nietos también sufren escasez de apoyo económico o de servicios sociales.

El alejamiento de los abuelos de sus nietos es tristemente común, lo que disminuye el bienestar de todos. Por lo general, comienza con el distanciamiento de los abuelos de sus propios hijos o de las parejas de sus hijos. Estos distanciamientos son especialmente tristes porque no son iniciados por los nietos, pero los privan de la oportunidad de conocer a sus abuelos y estar con ellos en celebraciones navideñas, cumpleaños y aniversarios, bodas, viajes de vacaciones e incluso funerales. Pat Hanson es una abuela de 75 años separada de su nieta desde hace trece años, cuando la niña tenía cuatro años, una vez que su nuera se separó de su hijo. Hanson escribe cientos de cartas, fantaseando con la reconexión con su nieta y esperando que las cartas le muestren a su nieta cuánto anhelaba verla.[41]

Un lector escribió: «Es un dolor que nunca desaparece, es una pérdida como la muerte, pero no es lo mismo porque te afliges por alguien que todavía está vivo. Le pido a Dios que un día vea a mi nieto abiertamente para tocar, abrazar, besar y ponerse al día con su vida que me fue arrebatada. Solo espero vivir tanto tiempo». Pero otro escribió: «Ojalá este artículo hubiera incluido una discusión sobre los abuelos que eligen alejarse de sus hijos y nietos adultos... Cuando los abuelos excomulgan a sus hijos adultos, es doloroso y a menudo difícil de reconciliar: la sensación de ser arrojados a un lado como basura por sus padres. Funciona en ambos sentidos».

Las diferencias en las normas de crianza entre padres y abuelos son comunes. Una encuesta reveló que el 57 % de los padres no están de acuerdo con los abuelos sobre la disciplina, el 44 % sobre la comida, el 36 % sobre el tiempo frente a la pantalla y el 21 % sobre la hora de acostarse.[42] Por lo general, las diferencias se resuelven con buena voluntad o silencio. Menos de la mitad de los padres mencionaron sus preocupaciones a los abuelos. Los padres agnósticos de un niño de tres años se preocuparon al principio, luego se desconcertaron y luego se divirtieron cuando regresó de sus abuelos diciendo cosas como «¡Dios nos creó!» y «¡Dios nos vigila!». «Ha sido muy valioso ver crecer su vínculo con mis hijos desde que se mudaron aquí», dijo la madre. El tema de Jesús es solo «una cosa que nos hace rascarnos la cabeza y nos lleva a pensar más sobre nuestro propio punto de vista y la forma en que estamos criando a nuestros hijos».[43]

Cuando los padres mencionaron sus preocupaciones, casi la mitad de los abuelos que prometieron hacerlo mejor lo hicieron. Sin embargo, alrededor de un tercio de los abuelos que lo prometieron no lo hicieron, y casi una quinta parte se negó a cambiar su comportamiento.[44] Aquí es donde las diferencias pueden convertirse en conflictos y distanciamientos, especialmente cuando los hijos adultos no están de acuerdo con la forma en que ellos mismos fueron criados y se esfuerzan por criar a sus propios hijos de una mejor manera. Un lector que respondió a un artículo sobre el distanciamiento entre abuelos y nietos escribió: «Sí, los padres son guardianes; ese es su trabajo. Muchos padres son abusivos, negligentes y tóxicos. Mi pareja y yo ya hemos acordado que [mi suegra] no será informada cuando tengamos hijos... No podemos arreglar el pasado de mi pareja... Pero podemos asegurarnos de que nuestros hijos nunca, nunca tengan que pasar por lo que él pasó».[45]

Una abuela le escribió a Carolyn Hax, una columnista dedicada a un consultorio, sobre el distanciamiento causado cuando le dio un bocadillo con nueces a una nieta que sufría una alergia severa a las nueces. «Fue completamente accidental, pero ella tuvo una reacción leve y sus padres estaban muy molestos». La abuela se disculpó, pagó el precio de la visita al médico y purgó su casa de todo lo que tenía rastros de nueces, pero ya no se le pide que cuide a los niños. «¿Qué más puedo hacer para redimirme de este pequeño error?», preguntó.[46] Un lector respondió: «Con una alergia alimentaria grave, no hay tal cosa como un "error menor"». Otro escribió: «Podrías haber matado a tu nieto. Accidentalmente, y estoy seguro de que te sentirías terriblemente culpable, pero aun así estaría muerto».

Hermanos

Los hermanos se dividen en categorías que van desde los mejores amigos, que incrementan el bienestar, hasta los enemigos acérrimos, que lo disminuyen. Los hermanos Harry y William, príncipes de la familia real británica, se acercan a la categoría de enemigos acérrimos. El príncipe Harry describió interacciones dolorosas con el príncipe William, que van desde un mal gesto por haber cambiado de asiento en la recepción de su boda hasta un altercado físico que dejó al príncipe Harry tirado en el suelo.[47] La amistad de Audrey Findlay, de 75 años, y Barbara Rowe, su hermana de 63, está en la categoría de mejores amigas. Comienzan todos los días de la semana con una llamada telefónica a las 8 a. m. antes de partir hacia Findlay Rowe, su tienda de regalos. Después de la cena se unen a un paseo y a una conversación. «Nuestro padre era huérfano y tenía un gran sentimiento por la familia —le dijo Rowe a la periodista Catherine Pearson—. Podemos tener una pelea a golpes y al día siguiente es como: "Bueno, ¿dónde vamos a cenar?"».[48] Los niños pasan más tiempo fuera de la escuela con sus hermanos que con cualquier otra persona, incluidos sus padres y amigos. La calidad de su relación afecta el bienestar desde la infancia hasta la vejez. El académico de la vida familiar Alexander Jensen y sus coautores dividieron los componentes de la calidad de la relación entre hermanos en cercanía, marcada por el afecto, la calidez, la intimidad y el cuidado; conflicto, marcado por la tensión, las peleas, las discusiones, los insultos y las disputas; y la comunicación que consiste en hablar por teléfono, enviar mensajes de texto, correos electrónicos, interactuar en las redes sociales y pasar tiempo juntos en persona.[49] La cercanía tiende a mantenerse estable durante la adolescencia o incluso a aumentar, y muchos hermanos adolescentes se comunican diariamente sobre las redes sociales, los estudios, los amigos, la familia y la imagen corporal. Los adolescentes a menudo siguen viendo a los hermanos como modelos a seguir y se benefician a medida que disminuyen los conflictos.

Muchos adultos jóvenes disfrutan de una mayor cercanía y una disminución de los conflictos cuando los hermanos mayores se van de casa o se van a la universidad. Casi dos tercios de los adultos jóvenes se comunican diariamente con sus hermanos, incluso cuando ya no viven juntos. La comunicación activa, tanto en persona como en mensaje de texto, ayuda a mantener un sentido de cercanía entre los hermanos más que la comunicación pasiva, como los correos electrónicos y las publicaciones en las redes sociales. La cercanía con los hermanos se asocia con un alto bienestar. Los hermanos con relaciones íntimas, conectadas y cálidas sufren menos soledad y depresión, y disfrutan de una mayor autoestima y resiliencia. Tienen actitudes más positivas hacia la escuela y un mayor compromiso escolar, actitudes más saludables y participación en el ejercicio, y una mayor empatía hacia los demás. También es menos probable que estén involucrados en la delincuencia, los comportamientos de riesgo o el consumo de sustancias.

El apoyo de los hermanos en la edad adulta temprana aumenta el bienestar mediante un sentido de competencia. El apoyo de los hermanos también sirve como un amortiguador contra las experiencias negativas. El afecto de los hermanos entre los adolescentes reduce la tendencia a internalizar los eventos estresantes de la vida, y la calidez de los hermanos reduce las ideas suicidas. Las relaciones cercanas entre ellos en la infancia mejoran el bienestar hasta bien entrada la mediana edad. Las personas que reportaron mejores relaciones con sus hermanos a los dieciocho o diecinueve años tenían una menor probabilidad de depresión mayor y consumo de drogas que alteran el estado de ánimo a los cincuenta años.

Las relaciones entre hermanos, sin embargo, a menudo son tensas, acosadas por la rivalidad. Gran parte de esa rivalidad se deriva de la competencia por el afecto y los recursos de los padres. Esa competitividad es central en la historia del príncipe William, que está destinado a ser rey, y el príncipe Harry, que siempre será un «sustituto». Se puede observar en la historia de la Biblia sobre José, sus hermanos, y Jacob, su padre. Jacob favoreció a José sobre sus hermanos, confeccionando para él una prenda especial de muchos colores. La posición privilegiada de José despertó los celos de sus hermanos, y su arrogancia añadió enemistad cuando les contó a sus hermanos sueños en los que el sol, que representaba a su padre, la luna, que representaba a su madre, y las estrellas, que representaban a sus hermanos, se inclinaban ante él. Los hermanos encontraron la oportunidad de vengarse vendiendo a José como esclavo. El favoritismo a menudo se produce cuando los recursos de los padres son limitados.

En Etiopía, los padres de recursos limitados refuerzan la desigualdad educativa entre hermanos. Los niños inherentemente sanos tienen más probabilidades de asistir al preescolar, estar matriculados en la escuela primaria y tener más gastos educativos pagados. Aun así, los padres asignan los gastos de salud a los niños que más los necesitan.[50] La rivalidad entre hermanos por los recursos inclina a los padres a favorecer a los hijos sobre las hijas en sociedades donde tal favorecimiento es la norma. Esto da una ventaja a los hijos que tienen más hermanas que hermanos. Los niños de Ghana con hermanas, pero sin hermanos, obtienen resultados entre un 25 % y un 40 % mejores en los indicadores de salud medidos que si tuvieran todos los hermanos y ninguna hermana.[51]

La rivalidad entre hermanos es una característica normal de la vida familiar, escribió la doctora Claire McCarthy.[52] De hecho, dicha rivalidad puede tener un lado positivo en la adaptación y el afrontamiento a largo plazo. Los conflictos entre hermanos durante la infancia y la adolescencia proporcionan un lugar relativamente seguro en el que enfrentar los desafíos y la adversidad, y aumentan la competencia personal, social y emocional de los adultos. Pero demasiada rivalidad puede ser perjudicial, causando daños duraderos. El acoso entre hermanos disminuye el bienestar entre los adultos jóvenes debido a un menor sentido de competencia y autoestima. Y ser acosado por un hermano duplicó el riesgo de depresión y autolesión. Es posible que no pensemos que las peleas y los insultos entre hermanos son acoso, pero pueden sentirse así para un niño. McCarthy aconsejó a los padres que sean conscientes de sus prejuicios, que transmitan con palabras y acciones que todos los niños son amados y valorados, y que se resistan a las comparaciones que hacen que un niño parezca mejor que el otro. También aconsejó a los padres que sean conscientes de cómo los acontecimientos de la vida afectan a los hermanos. Un bebé recién nacido puede sentirse mal con un hermano o hermana. «Celebre las fortalezas de los niños sin clasificarlos, anímelos a seguir sus propios intereses y pase un tiempo individual con cada niño con regularidad».

La cooperación y la rivalidad entre hermanos también son comunes en el mundo animal.[53] Se sabe que las especies de garza bueyera practican el fratricidio cuando los padres están lejos del nido, cazando insectos y peces. Entre los elefantes, la hermana mayor cuida a sus hermanos menores mientras la madre está fuera. Las musarañas europeas son tan pequeñas que una camada de ellas puede caber en una cucharilla. Para no perderse, se mueven en caravana, con la madre a la cabeza y los niños siguiéndola, agarrando al hermano que tienen delante con los dientes.

Un mayor número de hermanos se asocia con una mayor cantidad de conflictos entre humanos y animales por igual, a menudo derivados de los recursos limitados de alimentos y el cuidado parental. La competitividad entre los conejillos de Indias domésticos por la leche de sus madres aumenta con el tamaño de la camada y los de camadas más grandes tenían niveles más altos de cortisol y tasas de crecimiento más bajas que los de camadas de dos cachorros. Las desigualdades entre hermanos en edad y tamaño se suman a los conflictos. Los polluelos de crías de aves con un macho mayor mostraron niveles de estrés más altos que los de crías con una hembra mayor.[54]

La periodista Jessica Grose describió a sus hijas de cuatro y ocho años, que generalmente son buenas amigas, pero a veces compiten por posiciones como rivales.[55] Contó la historia de la rivalidad mientras esperaban para vacunarse contra la gripe. «Las chicas se enzarzaron en una pelea sobre quién debía recibir la primera dosis. Mi hija mayor "ganó" esa discusión, pero fue solo cuando caminaba hacia la puerta de la farmacia cuando se dio cuenta de que una inyección no era en realidad un premio». Grose citó a la psicóloga Jeanine Vivona: «La competitividad entre hermanos es solo un hecho de la vida. Y nosotros, como personas con hermanos y personas con hijos, debemos tratar de manejarlo lo mejor que podamos». La rivalidad ayuda a los niños a descubrir lo que es único en sí mismos y a ser especiales diferenciándose de sus hermanos, amplificando las diferencias con los hermanos y minimizando las similitudes.

Vivona puso un ejemplo en el caso del Sr. A, cuya conmoción al ser desplazado como hijo único por el nacimiento de un hermano menor reverberó en la edad adulta.[56] Su padre estuvo ausente durante los primeros años del Sr. A, por lo que parecía que eran solo ellos dos, madre e hijo. El nacimiento de un hermano cuando el Sr. A tenía cuatro años amenazó su posición como la persona favorita de su madre en el mundo. El Sr. A luchó por su posición diferenciándose de su hermano, convirtiéndose en un hombre de alto rendimiento, desinteresado y con un alto autocontrol. «De hecho, la historia de la familia era que el Sr. A era el hijo de la madre, y su hermano era el hijo del padre, como si cada padre tuviera un solo hijo y cada hijo un solo padre». Vivona puso otro ejemplo en el caso de la Sra. C, la tercera de cuatro hijos que se diferenció por adoptar el papel de rebelde. «Apretujada entre un bebé adorable y un prodigio invencible, la Sra. C creía que no podía mantener el amor especial de su madre».

Una niña china de ocho años se enfrentó a la rivalidad entre hermanos llevando un «diario de rencor», enumerando sus conflictos con su hermana de dieciséis años.[57] «8 de agosto de 2022: Ayudé a mi hermana a lavar la ropa, pero ella no reconoció mis esfuerzos. Lo toleraré. 21 de agosto de 2022: hoy, mi hermana no comió su cena y fue regañada por mamá. Me reí de ella y ella me regañó y lloré. Lo toleraré. 30 de agosto de 2022: el nuevo curso está llegando. Ayudé a mi hermana a recoger sus cosas, pero accidentalmente rompí su peine. Me dio una paliza por eso. Espero que su curso comience pronto. No puedo aguantarlo más». Su hermana de dieciséis años dijo que el diario contenía algunas exageraciones, pero admitió que no era consciente de que había herido tanto los sentimientos de su hermana pequeña y prometió hacerlo mejor en el futuro. Muchos lectores se sintieron conmovidos por las actuaciones entre las dos hermanas, recordando sus propias acciones con los hermanos. «Mi hermana y yo también teníamos siempre pequeñas peleas, pero ella me traía bocadillos de la escuela y yo le compraba las cosas que quería con mi dinero», escribió uno.

La rivalidad entre hermanos puede intensificarse en la edad adulta cuando uno de los hermanos tiene mucho más éxito que los demás, como cuando una empresa propiedad de un hermano emprendedor sale a bolsa. «Hubo un tiempo en el que seguías más o menos la misma hoja de ruta» —escribió la periodista Ellyn Spragins—. Ahora ha entrado en un terreno que tú ni siquiera puedes imaginar. Si compartimos tanto, te preguntas, ¿por qué le ha ido tan diferente a él?"».[58] Spragins describió el trabajo de la psicoterapeuta Eileen Gallo, quien estudió a las personas que se hicieron inesperadamente ricas mediante salidas a bolsa iniciales de acciones o ingresos de lotería. Casi todos reportaron un efecto negativo en sus relaciones con sus hermanos. Algunos hermanos se ven acosados por la envidia, y otros por un sentido de derecho sobre la nueva riqueza de un hermano.

Sin embargo, tener hermanos ricos puede aumentar el bienestar en países colectivistas donde la cultura impone obligaciones financieras a los ricos. En China, los hermanos se ayudan mutuamente cuando es necesario.[59] La rivalidad entre hermanos puede acalorarse cuando uno cree que otro recibe más recursos de los padres que otro. Un hombre le escribió a Philip Galanes, un columnista de un consultorio, acerca de su hermano menor. Durante quince años, sus padres han pagado para que su hermano viva «en un apartamento de lujo en la cara ciudad donde fue a la universidad. No trabaja. Apenas se graduó de la universidad, perdió el contacto con sus amigos y luego suspendió la escuela de posgrado... Ahora mis padres están resignados a mantenerlo indefinidamente». ¿Qué puede hacer?[60] «Si hubieras expresado preocupación por el bienestar emocional de tu hermano o por las raíces de su aparente parálisis adulta —respondió Galanes—, habría sido más fácil simpatizar contigo. Pero tu pregunta se lee como una historia de celos sobre la rivalidad entre hermanos de mediana edad: ¡Mamá y papá le dan demasiado!». Muchos lectores señalaron que el hombre puede ayudar a su hermano menor encontrando atención psiquiátrica para él y, además, el dinero que sus padres gastan en él es suyo. Uno escribió: «Obviamente el hijo mayor ve cómo su herencia se marchita debido a los fracasos de su hermano menor», añadiendo un poco de sarcasmo. «Lo más probable es que el hermano mayor muera primero debido al estrés autoimpuesto de pensar en ese tipos de cosas durante más de treinta años. Problema resuelto».

Algunos hermanos descubren que el cuidado de los padres ancianos los acerca. Los hermanos Glenna y Jim Crooks se distanciaron cuando eran adultos. Cada uno estaba en contacto con su madre, pero no entre sí. La falta de conversaciones entre los hermanos llevó a malentendidos a medida que la demencia de su madre empeoraba, hasta que una conversación reveló que su madre los estaba enfrentando entre sí. Los hermanos se acercaron mientras cuidaban de su madre, hablando de la disfunción familiar y de las relaciones difíciles con sus padres. «Si mamá hubiera muerto antes de que Jim y yo nos hubiéramos dado cuenta de esto hace un año, nunca lo habría vuelto a ver —dijo Glenna—. Habrá una familia en el futuro después de que ella muera».[61]

La rivalidad entre hermanos puede volverse viciosa en las disputas sobre las herencias de los padres porque combinan la preocupación por el dinero con la preocupación por el amor de los padres, abriendo viejas heridas. Esto es cierto incluso en culturas colectivistas como la china. «Mi suegro falleció repentinamente y su casa fue vendida —dijo Jihong, la mujer china de 55 años a la que se hizo referencia anteriormente—. A pesar de que solo costaba 380 mil yuanes, cuatro hermanos estaban luchando por ella y realmente empeoró nuestra relación dentro de la familia».

«Una desagradable disputa familiar por el testamento de su madre lleva a dos hermanas jubiladas a la cárcel, y una de ellas puede perder su casa», escribió la periodista Melissa Klein.[62] Frances Perrenod, fallecida en 2006, nombró a dos de sus hijas, Jean Mamakos e Irene Savadian, albaceas de su herencia, y a sus cinco hijos como beneficiarios. Anette Klingman, la hermana mayor, se quejó de que sus hermanas estaban administrando mal el patrimonio y tomando dinero al que no tenían derecho. A ella se unieron otra hermana y el hermano. Savadian pasó veintiún días en la cárcel por la disputa, y uno de los hermanos descontentos inició un procedimiento para quedarse con la casa de Savadian. Un testamento temprano dividió un legado de James y Virginia Null en partes iguales entre sus tres hijas, pero en un testamento posterior, su padre colocó a Amy, su hija mediana, por encima de sus dos hermanas. Casi todo el patrimonio del padre fue a parar a Amy cuando murió, y las otras dos hermanas no recibieron casi nada. Las dos hermanas excluidas demandaron. «La gente le hace cosas a sus familias que nunca pensaría en hacerle a un desconocido —dijo Adam Gaslowitz, su abogado—. Estás peleando con tu familia, y no hay nada peor que eso». Una caricatura grabada en su computadora muestra a dos hombres sentados en una nube con alas de ángel. Uno dice: «Me encanta esto. He estado aquí durante once años y mi testamento todavía está en proceso de validación».[63]

Las mascotas y sus «padres»

«Los dueños de mascotas nos dicen que su mayor motivación para mudarse es tener más espacio», dijo un experto inmobiliario, al examinar los cambios en la demanda de casas en tiempos de COVID-19. «Las ciudades con más casas que tienen características que admiten mascotas, como patios vallados, puertas para perros y proximidad a un parque para perros, van a ser más populares entre los dueños de mascotas en este momento».[64] Hablar de los dueños de mascotas como «padres» de mascotas puede sonar extraño a los oídos de aquellos que no tienen mascotas ni desean tenerlas. Sin embargo, las mascotas son miembros de la familia para muchos de sus dueños, lo que mejora el bienestar de aquellos que se describen a sí mismos como padres de mascotas, como otros se describen a sí mismos como padres de niños.

La novelista Zadie Smith describió el dilema de los padres potenciales cuando eligen tener un hijo, sabiendo que sería devastador si su hijo muriese.[65] El columnista Michael Gerson describió el mismo dilema al elegir tener un perro. «¿Por qué aceptamos nuevos perros en nuestras vidas, sabiendo que estaremos destrozados por sus muertes?». Describió que sufrió mucho por Latte, su amado perro, y sin embargo eligió tener a Jack, un cachorro que recogió ocho meses después.[66] En sus encuestas, las sociólogas Nicole Owens y Liz Grauerholz encontraron que los dueños de mascotas que se identificaban a sí mismos como padres de mascotas tomaban prestado mucho de la lengua de la crianza de los hijos. Como explicó uno de ellos: «No quiero que Max (su perro) se comporte mal mientras tenemos esta entrevista, por eso planeé tener cosas con anticipación para distraerlo como si estuvieras distrayendo a un niño».[67]

«El poder de las mascotas» es el título de un artículo del Instituto Nacional de Salud, que describe los beneficios para la salud de las interacciones entre humanos y animales.[68] «Se ha demostrado que interactuar con animales disminuye los niveles de cortisol (una hormona relacionada con el estrés) y la presión arterial. Otros estudios han encontrado que los animales pueden reducir la soledad, aumentar los sentimientos de apoyo social y mejorar su estado de ánimo». Los perros pueden aumentar la actividad física de sus dueños, ya que los obligan a pasearlos varias veces al día. Los perros de terapia a menudo se llevan a hospitales u hogares de ancianos para reducir el estrés y la ansiedad de los pacientes. Los perros también pueden ayudar a los niños que los cuidan.

Los niños con trastorno por déficit de atención e hiperactividad (TDAH) que leían a los perros de terapia una vez a la semana durante treinta minutos mostraron mejores habilidades sociales y más intercambio, cooperación y voluntariado que los niños que leían a títeres que parecían perros. Y los peces pueden reducir el estrés de sus dueños, ya que ver nadar a los peces induce a la calma, y pueden ayudar a los niños que los cuidan. Los niños con diabetes tipo 1 que cuidaban a los peces alimentándolos y reemplazando el agua de su acuario, controlaban su glucosa en la sangre de manera más consistente que los niños que no tenían peces para cuidar.[69] Otro estudio encontró un mayor bienestar después de la adquisición de un perro, una reducción de la soledad y la angustia, un aumento del afecto positivo y una reducción del afecto negativo. Los perros también aumentan la interacción social humana, ya que sus dueños entablan conversaciones con otros dueños de perros.[70]

Cuando una serpiente mordió a Rocky, el gato de la profesora de periodismo Fernanda Santos, no dudó en vaciar sus cuentas bancarias para salvarlo. La factura de cuatro dosis de antídoto, varios análisis de sangre para comprobar el tiempo de coagulación y tres noches en el hospital ascendió a 6200 dólares. Santos describió que salió corriendo por la puerta, gritando el nombre de Rocky, con el corazón latiendo con fuerza, con miedo de perderlo. Cuando Rocky corrió hacia ella, vio heridas punzantes detrás de los dedos de su pata izquierda. «No me arrepiento de haber sacrificado la plenitud de nuestra Navidad planeada, de haber cancelado los planes para reemplazar nuestro viejo congelador y de haber reconfigurado mi presupuesto durante, bueno, el tiempo que sea necesario para pagar las facturas del veterinario. Todo eso importa menos que Rocky. Es parte de nuestra familia».[71]

La guerra de Rusia contra Ucrania obligó a muchos ucranianos a huir, convirtiéndose en refugiados. Algunos viajaron a México, con la esperanza de cruzar a Estados Unidos. Sin embargo, los ucranianos dueños de perros se enfrentaron a un obstáculo desalentador en la frontera de Estados Unidos: no se permiten perros. Las pautas federales de salud prohíben la entrada de mascotas de Ucrania y otros países con una alta incidencia de rabia. La periodista Miriam Jordan describió a Natasha Hrytsenko, una ucraniana de nacimiento y ahora refugiada, que compró a Eddie, un cachorro maltés de raza pura, con sus dos primeros cheques de salario.[72] Ahora, en la frontera entre México y Estados Unidos, dijo: «Puedo dejar atrás mi mejor ropa, mis bolsos favoritos y hasta mi teléfono celular. Pero nunca dejaré atrás a Eddie. Preferiría volver a Europa».[73] Un lector se hizo eco de los sentimientos de Hrytsenko. «No hay forma de que pudiera o quisiera dejar a mis perros atrás. Es como si me pidieran que me cortara los brazos y los dejara al otro lado de la frontera. Nunca sería capaz de vivir conmigo mismo después; la culpa sería demasiado difícil de soportar».

«El lugar de un perro está en la Casa Blanca», es el título de un artículo de la escritora Margaret Renkl.[74] «Un hogar se siente diferente cuando un perro vive allí. Ahora, el 1600 de la Avenida Pennsylvania también será diferente». En ausencia de un perro, una puerta es solo el camino hacia una casa vacía, «no la entrada a una fiesta donde todos te han estado esperando mucho más tiempo del que podrían soportar». Renkl siente este vacío de forma aguda porque acaba de despedirse de su pequeña perrita rescatada, Millie, cuya epilepsia empeoró de manera drástica y grave.

Una lectora describió a su marido que odiaba a los perros hasta que convivió con uno en casa. «En 24 horas, mi marido se enamoró del perro y finalmente entendió a los amantes de los perros». Pero otro no estuvo de acuerdo, describiendo que se sorprende por la reacción de la gente cuando se aleja de su perro, o no aprecia ese cálido lamido y esa nariz húmeda que le frota las manos o las piernas. «"¿Qué, no te gusta mi perro? Es tan bueno", dice el dueño de una bestia de 45 kilos que llega hasta mi hijo pequeño en el cochecito. La verdad es que no. ¿Es tan difícil de entender?». Otra persona consideró que llevar a las mascotas en los cochecitos de bebé es algo que nos avergonzará dentro de unos años, mientras que otros consideraron que la monarquía y las Crocs sí que son dignos de vergüenza.[75]

9

Amistad

«Un grupo de amigos y yo hacemos *aerobic* acuático varias veces a la semana, y luego desayunamos juntos» —dijo una mujer entrevistada por el Pew Research Center—. Se han convertido en confidentes cercanos y es divertido estar con ellos. Estaría perdida sin ellos».[1] Pasar tiempo con amigos y participar en actividades agradables, ya sean *aerobic* acuático, comidas o bodas, aumenta el bienestar.[2] Un hombre no sintió la necesidad de socializar después de la muerte de su esposa, tras 44 años de matrimonio. Sin embargo, Tony, su amigo, seguía invitándolo a unirse a un grupo de amigos que se reunían para cenar todos los jueves. Finalmente, dijo: «Está bien, iré. Cualquier cosa para evitar que me llames todas las semanas». Ahora, seis años después, gracias a Tony, ha estado yendo a cenar todas las semanas con el grupo al que han bautizado como ROMEO, Retired Old Men Eating Out.[*3]

Las amistades a menudo interactúan con las finanzas. Dividir la cuenta del desayuno o de una cena modesta entre amigos implica una carga financiera relativamente pequeña. Pero algunas cenas son caras, lo que se interpone en la amistad cuando las finanzas de algunos son más ajustadas que las de otros.

---

* N. del T.: Es un término que se usa para describir a un grupo de hombres jubilados que se reúnen regularmente para comer juntos.

Un hombre explicó su dilema a un columnista de un consultorio. Gana un buen salario, pero también tiene una buena cantidad de deudas, y el alto coste de vida en la ciudad de Nueva York lo mantiene viviendo al día. Sus amigos ganan múltiplos de su salario y no les importa gastar doscientos dólares en una comida y quinientos dólares en una botella de vino. «¿Cómo les digo que sus ideas de una salida están fuera de mi presupuesto sin ofenderlos o parecer tacaño?». Le preocupa que, al optar por no participar en sus citas caras, podría alejarlos y perderlos.[4]

¿Está bien decir que «no» si no puedes permitírtelo?, preguntan la generación Z y los *millennials*? «Las bodas pueden ser caras —escribió la columnista de consejos, Michelle Singletary—. Está bien rechazar una invitación».[5] La amistad conlleva la expectativa de unirse a eventos especiales, como las bodas, pero los invitados típicos a las bodas gastaron un promedio de 611 dólares por boda en 2023, incluidos regalos, ropa y cuidado, y viajes y alojamiento. Un lector notó que después de la tercera boda, les dijo a sus amigos que no podía permitirse el lujo de asistir a sus bodas. «Me costó mucho decir eso, pero me habría costado más si no lo hubiera hecho».

Aun así, incluso los controles casuales con amigos mejoran el bienestar. La académica Peggy Liu descubrió que «acercarse a alguien para ver cómo está, solo para decir "hola", que estás pensando en él y preguntarle cómo está, puede ser apreciado más de lo que la gente piensa». Las visitas de aquellos que no habían estado en contacto recientemente son especialmente beneficiosas.[6]

«La soledad a menudo nace de una forma no deseada —escribió la periodista Christina Caron—. Pero también se ve impulsada por una discrepancia entre cómo percibes tus relaciones y lo que quieres o esperas de ellas». Esta discrepancia subyace a los sentimientos de soledad mientras se está rodeado de la familia. La bondad hacia los demás es una cura para la soledad. El voluntariado puede aliviar los sentimientos de soledad y ampliar nuestras redes sociales.[7]

Caron contó la historia de Robyn Houston-Bean, una mujer de 52 años cuyo hijo de veinte años murió de una sobredosis accidental. A Houston-Bean le resultó difícil compartir su dolor con familiares y amigos que no han experimentado ese tipo de pérdida. Encontró consuelo entre nuevos amigos que compartían su dolor y se unió a ellos para distribuir ropa, alimentos y otros suministros a los consumidores de drogas que vivían en las calles.

Formar amistades y mantenerlas contribuye al bienestar al satisfacer una necesidad humana fundamental de interacción social. El vínculo entre la amistad y el bienestar se ha observado en niños, adolescentes, adultos jóvenes y de mediana edad, y ancianos. Ese vínculo también se ha observado en todas las culturas.

«Inteligentes y Buscadores» es un programa que fomenta la amistad entre personas mayores y estudiantes de secundaria. El programa conectó a Hannah Boulton, una enfermera jubilada de 76 años que se sentía aislada después de dos años de pandemia de COVID-19, con Ally Brooks, una estudiante de segundo de bachillerato. Los dos se unieron de inmediato por su amor por los viajes. Boulton compartió sus aventuras, viviendo con su primer marido en Okinawa durante la guerra de Vietnam, y con su segundo marido en Karlsruhe, Alemania, donde trabajaba. Ella alentó a Brooks a postularse a universidades en Inglaterra y Escocia, incluida aquella a la que había asistido el difunto marido de Boulton. «Estaba muy emocionada por ella y, por supuesto, la visitaré en la universidad —dijo—. Siento que estamos conectadas».

El establecimiento de *chumships*, relaciones estrechas entre los niños durante los años de la preadolescencia, es crucial para la adquisición de competencias sociales.[8] Las relaciones con los amigos previenen la soledad de los niños, promueven su autoestima y les ayudan a ser sensibles a los problemas y perspectivas de los demás y a dar importancia a la reciprocidad en las relaciones. Los jóvenes escolares españoles mencionaron estar con sus amigos como su actividad favorita. Y los jóvenes estudiantes finlandeses mencionaron la felicidad o las dificultades en las relaciones con los amigos como las experiencias que consideraban más cruciales.

Los amigos cercanos son confidentes en momentos de estrés, ofreciendo una escucha comprensiva y brindando ayuda práctica cuando más se necesita. Los niños, especialmente los adolescentes, son reacios a hablar de los conflictos entre compañeros con sus padres. Están más dispuestos a discutir estos conflictos con sus amigos y es más probable que acepten sus consejos. La ausencia de amigos en la escuela conduce al descontento y a la alienación, y precipita la deserción escolar.

Los niños y adolescentes leen viñetas en las que ellos o sus amigos se enfrentan a problemas sociales.[9] Una viñeta describía a una mejor amiga a la que le iba mal en una presentación frente a la clase, frente a un par de estudiantes que susurraban y se reían de ella. ¿Qué harías cuando la veas en el almuerzo? Las estrategias variaron desde el compromiso emocional, como «le diría a mi amiga que no se sintiera mal porque los otros estudiantes se reían de ella porque cosas así le suceden a todos», hasta evasivas u hostiles, como «le diría a mi amiga que los otros estudiantes se ríen de ella por su propia culpa». Tener más amigos se asocia con una disminución de las estrategias evasivas u hostiles, y tener amistades de alta calidad se asocia con un aumento de las estrategias emocionalmente comprometidas.

La pandemia de COVID-19 redujo nuestros círculos de amigos, y algunos argumentan que deberíamos mantenerlo así. «No necesitas reavivar tu amistad con el padre del compañero de equipo de fútbol de tu hijo si no quieres», sugirió la escritora Kate Murphy.[10] ¿Realmente te gustan las personas de tu grupo? ¿Estás dispuesto a sufrir otra *happy hour* a través de Zoom? ¿Es realmente importante que viajes a la boda de tu excompañero de cuarto? Sin embargo, la pandemia también ofreció oportunidades para profundizar las amistades. Murphy describió a Rachel Ernst, quien se unió a un grupo de seis personas solteras al comienzo de la pandemia. Ernst sabía poco sobre sus compañeros de grupo al comienzo de la pandemia, pero ahora los ve como sus amigos más cercanos, después de conversaciones profundas sobre la vida, la muerte, la fe y la justicia. Ernst describió su vida social antes de la pandemia como una loca carrera de un evento social a otro. Tenía un grupo bastante amplio de amigos en muchos lugares diferentes, pero no siempre era una conexión profunda o satisfactoria. «Ahora sé que puedo relajarme y concentrarme en hacer amistades más profundas».

De hecho, la amistad es una parte de la vida que no deberíamos optimizar, escribió el entrenador ejecutivo Brad Stulberg.[11] Describió una conversación con un colega sobre Zoom en tiempos de COVID-19, señalando que la ventaja de socializar con amigos en vídeo es la capacidad de salir de las conversaciones rápidamente, sin necesidad de demorarse ni cortesías. «Aún mejor —se rio su colega—, ¡quédate en la versión gratuita de Zoom! Te echa después de cuarenta minutos, independientemente de lo que esté pasando». Socializar a través de Zoom puede ser eficiente, escribió Stulberg, pero tal vez la eficiencia no debería ser el objetivo cuando se trata de amistad. La amistad tarda en formarse y sus beneficios para el bienestar son a largo plazo.

Apoyo entre amigos

El apoyo percibido de amigos y parientes que actúan como amigos está constantemente vinculado al bienestar, incluido el bienestar evaluativo y el experiencial.[12] Las personas que disfrutan de una mayor percepción del apoyo reportan niveles más bajos de angustia y trastorno.[13] De hecho, responder «sí» a la pregunta «si estuvieras en problemas, ¿tienes parientes o amigos con los que puedas contar para que te ayuden cuando los necesites?» es la variable más importante que explica las diferencias en el bienestar.[14]

Fangfang, una mujer china de 37 años entrevistada por BlackRock, describió estos beneficios para el bienestar: «Cuando me encontré con contratiempos, mis amigos y familiares me dieron palabras de aliento, y lo sentí como un plato de sopa de pollo caliente para el alma». Y Jeffrey, un hombre estadounidense de sesenta años, dijo: «No sentí una pérdida de estatus [durante mis catorce meses de desempleo] debido a mi situación financiera. Veía a mis amigos MUCHO, y había mucha gente que me apoyaba».[15]

El economista Lamis Saleh descubrió los beneficios para el bienestar del apoyo de amigos en un estudio sobre los refugiados sirios en el campo de refugiados de Zaatari, en el desierto jordano. Más de la mitad de ellos dijeron que su vida dentro del campamento es mejor que fuera. El apoyo entre amigos en el campamento es fundamental para ese bienestar.[16]

La gente confía en la información y los consejos de sus amigos. El economista Michael Bailey y sus coautores describieron un grupo de amigos de Facebook de Los Ángeles que intercambiaban información sobre casas, lo que afectaba sus percepciones de los precios futuros de las viviendas y las probabilidades de comprar casas.[17] La gente acude a sus amigos en busca de información y consejo cuando pide una hipoteca. El economista Ben McCartney descubrió que las personas son más propensas a tomar decisiones hipotecarias similares a las de sus vecinos del mismo bloque. «La conclusión más probable es que estaban hablando con sus vecinos acerca de sus opciones», dijo.[18,19]

Las personas también confían en los amigos para administrar los gastos cuando el dinero escasea. «Soy una persona que usa cupones», declaró Becky Moore, madre de cuatro hijos, a los sociólogos Jonathan Morduch y Rachel Schneider. Becky y una amiga recortaban, organizaban e intercambiaban cupones, comprando en Walmart y en un supermercado local, dependiendo de cuál tuviera los mejores descuentos esa semana.[20]

El autor Boris Fishman, un hombre de 43 años, tiene la capacidad de formar nuevas amistades, algo raro entre los hombres de mediana edad. Su esposa, una terapeuta, le contó sobre uno de sus pacientes, un hombre de su edad, que no podía pensar en un solo amigo varón al que pedirle que lo recogiera de una colonoscopia, un procedimiento que generalmente implica sedación.[21] Fishman usó la historia de su esposa como una vara de medir para la amistad. Le preguntó a cada uno de sus nuevos amigos si lo llevarían a casa después de una colonoscopia. Todos dijeron «sí».

La caída más pronunciada en las amistades masculinas heterosexuales ocurre en los primeros días de un matrimonio o una relación a largo plazo. La disminución es más pronunciada si ese matrimonio o relación involucra hijos. La excesiva dependencia emocional de los maridos molesta a las esposas, quienes tienden a mantener amistades de larga distancia incluso durante el matrimonio. Las interacciones masculinas tienden a ser hombro con hombro, como ver partidos de fútbol juntos o jugar a videojuegos, mientras que las interacciones de las mujeres son más propensas a ser cara a cara, como compartir café y conversar.

Los amigos más cercanos de un hombre eran del equipo de sóftbol con el que había jugado durante catorce años. Antes de la pandemia de COVID-19, nunca se le había ocurrido pedirle a ninguno de sus amigos que saliera a caminar y charlar, como su esposa ha estado haciendo con sus amigas durante toda su vida adulta. En un mes reciente, sin embargo, ha salido a tres paseos y charlas con amigos, y planea continuarlos. «Es totalmente lógico —dijo—. ¿Por qué no íbamos a hacer esto?».[22]

El periodista Billy Baker, un hombre de mediana edad, describió su asombro por la capacidad de su esposa para entablar largas conversaciones telefónicas con su hermana y sus amigos. Sus propias conversaciones con sus amigos tienden a durar unos 45 segundos antes de que uno diga: «Está bien, hablamos luego».[23] «La soledad mata —escribió—, y en el siglo XXI, desde cualquier punto de vista razonable, la soledad se ha convertido en una epidemia». Citó un hallazgo según el cual el riesgo de muerte prematura es un 32 % más alto entre las personas solitarias, incluso, entre las que simplemente vivían solas.

Matt Ritter, un hombre de 43 años, sale a cenar con un grupo de siete hombres que se hicieron amigos cuando estaban en segundo de primaria.[24] « Creo que se les ha inculcado a los hombres que el éxito en la vida no necesariamente incluye la amistad, que si tienen éxito en el trabajo o han formado una familia, han ganado —dijo Ritter—. Nuestra definición siempre ha incluido tener estas florecientes amistades».

La periodista Catherine Pearson señaló que una encuesta de 2021 encontró que menos de la mitad de los hombres estadounidenses adultos dijeron que estaban realmente satisfechos con la cantidad de amigos que tenían, y el 15 % dijo que no tenía amigos cercanos en absoluto. Los hombres eran menos propensos que las mujeres a depender de sus amigos para obtener apoyo emocional o a compartir sus sentimientos personales con ellos.

Pearson ofreció cuatro estrategias para mejorar las amistades masculinas. En primer lugar, llama a practicar la vulnerabilidad, aunque sea incómoda. Contó la historia de Connor Beaton, un hombre de 39 años que le reveló a un viejo amigo su lucha contra el abuso de sustancias. Su amigo lo sorprendió al revelarle que recientemente había luchado con ideas suicidas. «Realmente me di cuenta en ese momento de que simultáneamente sabía todo sobre este hombre, hasta qué tipo de whisky escocés le gustaba beber, y no tenía idea de que estaba luchando de una forma tan intensa». Una segunda estrategia consiste en rechazar la suposición de que las amistades surgen de manera casual. «Hacer amigos de adulto requiere iniciativa». Pearson ofreció la historia de Quincy Winston, un hombre de 37 años que, a instancias de su novia, estableció un grupo para hombres negros profesionales locales. «Solo quería reunir a la gente en la misma sala para arrojar luz sobre la importancia de ser amigos, y tener una comunidad y cultivar un grupo, una hermandad, de hombres». Una tercera estrategia sugiere el uso de actividades que fomenten las conversaciones, como comer juntos. Y una cuarta estrategia exige aprovechar el poder de los encuentros casuales. «La gente tiende a pensar, oh, está demasiado ocupado o ha seguido adelante con su vida, no le importa». Sin embargo, esa tendencia crea barreras innecesarias a la amistad. ¡Envía el mensaje y confirma!

Un lector del artículo, un hombre *gay*, señaló que algunos hombres heterosexuales tienen miedo de acercarse demasiado a otros hombres heterosexuales por temor a que la amistad pueda ser etiquetada como homosexual. «Los hombres heterosexuales no parecen saber lo que se están perdiendo, es decir, esa voz masculina que les dice: "No tienes que sufrir solo. Estoy aquí. Y no voy a quedarme de brazos cruzados mientras cualquiera te hace daño"».

Una mujer escribió: «Soy amiga de bastantes mujeres cuyos maridos no tienen amigos, incluido el mío». La amistad requiere que una persona se acerque a otra y ninguno de estos hombres está listo para hacer eso. «En cambio, confían en nosotras, las mujeres en sus vidas, para todas sus interacciones sociales y necesidades emocionales. Si eres un hombre que lee esto, y te sientes identificado, tu esposa está cansada. Necesitas amigos». Pero un hombre no estuvo de acuerdo: «Las amistades de las mujeres se basan en hablar entre ellas sobre sus sentimientos. Eso es lo que las hace sentir cercanas. Los hombres se conectan entre sí a través de actividades conjuntas: jugar o ver deportes, cazar o pescar, construir una terraza, reparar una cerca, a su manera. Dejen de tratar de convertirlos en mujeres».

La autorrevelación es más fácil cuando los amigos se encuentran cara a cara, como en el trabajo. Las amistades laborales han cambiado mucho con la llegada de la COVID-19, cuando el trabajo a distancia se convirtió en la norma, y las amistades laborales han cambiado, pero el trabajo a distancia estaba aumentando incluso antes de la pandemia. El título de un artículo de Gallup en la época anterior a la pandemia era «Por qué las amistades entre los trabajadores remotos son cruciales».[25] En 2016, el 43 % de los empleados estadounidenses trabajaron de forma remota en alguna medida, frente al 39 % en 2012, lo que supone un reto para directivos y empleados a la hora de desarrollar un mayor compromiso, un elemento fundamental para el rendimiento. Los trabajadores remotos se sienten distantes y les cuesta mantener la conexión emocional con el equipo. La pandemia dejó muy claro ese desafío. Como escribió la periodista Nichole Mo: «Los compañeros de trabajo no tenían más remedio que vincularse cuando pasaban cuarenta horas a la semana juntos. Pero si el trabajo remoto generalizado se mantiene, esas relaciones nunca serán las mismas».

Mo describió a dos especialistas en *marketing* tecnológico del Área de la Bahía, uno de veintisiete años y otro de veintitrés, que solían reunirse regularmente en su oficina para tomar el té y leer el tarot: «Gran parte de mi trabajo consiste en enviar correos electrónicos, escribir documentos... y no hay nada deslumbrante o particularmente emocionante en estas tareas individuales que conforman mi día —dijo el joven de veintisiete años—. Lo que lo hace mucho más agradable es poder pasar el rato con la gente cuando estoy lanzando estos correos electrónicos».[26] Las amistades que prosperaron con la comodidad de las oficinas compartidas ahora tienen que configurarse en encuentros programados y videollamadas: ambos mantienen las amistades, pero otras relaciones se han vuelto transaccionales, reducidas a comunicaciones mínimas sobre tareas. El joven de veintisiete años dijo: «Cuando la base de tu relación o tu amistad con tus compañeros de trabajo se basa principalmente en el trabajo, es difícil comunicarse, como "Oh, pasemos el rato"». Ahora pasa más tiempo solo, o con amigos de la universidad y de la escuela secundaria.

Aun así, algunos trabajadores encuentran alivio en el trabajo remoto: «Hay una especie de regla tácita de que cuando trabajamos de forma remota, no debemos perder el tiempo en relaciones», dijo uno. Los almuerzos de dos horas con amigos del trabajo pueden ser agradables, pero salir de la jornada laboral un poco antes puede ser más agradable todavía.[27]

Las redes sociales son otro lugar para la amistad y la autorrevelación, y Facebook es una de ellas, con 2300 millones de usuarios activos mensuales en todo el mundo, que pasan un promedio de cincuenta minutos por día en Facebook y sus plataformas hermanas, Instagram y Messenger. Las redes sociales tienen el potencial de mejorar el bienestar.

En un extenso estudio, el economista Hunt Allcott y sus coautores pagaron a una muestra de usuarios de Facebook que aceptaron desactivar sus cuentas de Facebook durante las últimas cuatro semanas antes de las elecciones de noviembre de 2018. Descubrieron que Facebook proporciona grandes beneficios para sus usuarios. Incluso después de una «desintoxicación» de cuatro semanas, los usuarios pasaban mucho tiempo en Facebook todos los días y necesitaban que se les pagaran grandes cantidades de dinero para que la abandonaran. Las respuestas de los usuarios a las preguntas de seguimiento y a las entrevistas señalaron las muchas formas en que Facebook aumenta el bienestar como una conexión social crucial para los aislados, una fuente de entretenimiento y una forma de gestionar una organización benéfica o un grupo.[28,29]

Los comentarios de los lectores sobre un artículo que describe el estudio de Allcott y colaboradores ilustran las formas en que las amistades de Facebook mejoran el bienestar o lo disminuyen.[30] «Soy una persona de sesenta y tantos años que vive sola, tiene dos trabajos y tiene pocos amigos solteros —escribió una mujer—, pero pertenezco a grupos privados de Facebook para la familia, para excompañeros de clase y para amigos que tienen ideas políticas afines. La vida social es vibrante, nada reemplazará el sonido de la voz humana, pero me ofrece la oportunidad de conectarme con la gente, y por eso estoy agradecida».

Pero un joven que renunció decisivamente a Facebook un par de meses antes escribió que tiene un estado mental más claro y la capacidad de tolerar mayores períodos de tiempo sin necesidad de distracciones. «He desarrollado relaciones más estrechas con las personas que me importan porque en realidad las llamo y me reúno con ellas directamente en lugar de estar vagamente al tanto de lo que sucede».

Otros lectores notaron una disminución del bienestar entre aquellos que no son conscientes de la tendencia de los usuarios de Facebook a exagerar las imágenes que presentan, y la necesidad de recordar la máxima de «Nunca compares tu interior con el exterior de los demás». Un hombre escribió: «Me tomé un descanso de Facebook hace más de dos años porque era demasiado difícil ver qué tan buenas eran las vidas de los demás en comparación con la mía». Y otro escribió: «La vida después de Facebook es como la vida antes de Facebook, con sus altibajos, éxitos y tragedias, excepto sin la comparación innecesaria, la competencia y la preocupación por personas que apenas conoces».

Círculos de amistad

Las amistades varían en intensidad, descritas por el psicólogo Robin Dunbar como «círculos de amistad». En promedio, la capa más interna del círculo está formada por una o dos personas muy íntimas, típicamente relacionadas con nosotros por relaciones románticas. La siguiente capa está formada por las cinco personas que dejarán todo para ayudarnos cuando lo necesitemos. Los siguientes quince, incluidos los anteriores, están formados por nuestros principales compañeros sociales, los que nos acompañan en actividades sociales y en los que confiamos lo suficiente como para que cuiden de nuestros hijos cuando no estamos. Los siguientes son los cincuenta que se apuntarán a una gran barbacoa de fin de semana, seguidos por los 150 que se unirán a los matrimonios y funerales. A veces, las amistades se acercan a la capa más íntima, como cuando la amistad se convierte en una relación romántica. En otras ocasiones, las amistades se alejan. La calidad de la amistad en los lazos fuertes es lo más importante para el bienestar, pero la cantidad de amistad en los lazos débiles también importa. Las capas de los círculos de amistad reflejan las compensaciones entre la calidad y la cantidad de la amistad, ya que el tiempo que tenemos para las amistades es limitado. «Enamorarse te costará dos amistades —dijo Dunbar—. Si conoces a una persona nueva, te enamoras y te casas, entonces estás invirtiendo mucho tiempo y energía mental en esa relación. Y a partir de nuestros datos, parece que esencialmente sacrificas a dos personas».[31]

Sin embargo, «los lazos débiles pueden ofrecer fuertes recompensas», escribió la periodista Allie Volpe. Ella tuiteó a su red social sobre haber sido despedida en 2015, con la esperanza de que alguien en los márgenes de su círculo social le ofreciera posibles oportunidades.[32] Funcionó. Poco después de su tuit, una amiga de una amiga le envió un mensaje de Facebook sobre un puesto en su departamento. Esta amiga de una amiga es ahora su jefa. «Piensa en los padres que ves en la fila para dejar a los niños en la escuela. Tu barman favorito. Los otros dueños de perros en el parque», aconsejó.

De hecho, hay grandes beneficios en interactuar con desconocidos, mejorando nuestro bienestar al hacernos mentalmente más agudos, más saludables, menos solitarios y más confiados y optimistas.

Nic pasó la mayor parte de su infancia evitando las interacciones con la gente. A los diecisiete años, visitó Europa con sus compañeros de secundaria y se sorprendió al descubrir que la gente iniciaba conversaciones con ella. «Si la gente en Europa me habla de forma espontánea, entonces tal vez no sea tan mala —pensó—. Tal vez no me voy a morir si hablo con ellos de forma espontánea». Hablar con extraños en restaurantes, paradas de autobús y supermercados se convirtió en parte de su vida, mejorando su bienestar.[33]

Vale la pena aprender las lecciones que enseñan las interacciones con desconocidos, especialmente después de que la pandemia redujera en gran medida nuestros círculos sociales. Sin embargo, muchos de los adultos de hoy en día están menos dispuestos a interactuar con extraños. El escritor David Sax comparó la fácil interacción entre su hijo de cinco años y un niño más pequeño en un patio de recreo con su propia interacción difícil con el padre de ese niño.[34] A los pocos minutos de comenzar el «entrenamiento ninja» de su hijo, el niño más joven se unió, acercándose e imitando movimientos. Sax sonrió al padre del niño y trató de bromear en el patio de recreo. Pero después de algunas respuestas renuentes, ese padre señaló los AirPods en sus oídos.

Mientras tanto, los dos niños jugaban juntos como si fueran viejos amigos. El otro padre pareció sorprendido por esta amistad instantánea. Se acercó, se arrodilló y le preguntó a su hijo con quién estaba jugando. «No conozco su nombre —dijo el niño, mientras sus pequeños dedos agarraban una de las figuras de Lego de mi hijo—, pero es mi amigo».

Amistades a lo largo del tiempo y circunstancias cambiantes

Las amistades cambian con la edad y las circunstancias. Los amigos de la infancia son en su mayoría otros niños con los que es divertido jugar. La amistad en la adolescencia incluye la autorrevelación y el apoyo, y los adultos jóvenes buscan amigos que compartan sus valores.[35]

«En primaria se trata de almorzar», señaló la escritora Lydia Denworth. Sabemos desde hace décadas que las habilidades para formar amistades y mantenerlas son cruciales para el bienestar de los niños. Ahora también conocemos las razones biológicas y evolutivas de estas habilidades. «La intensidad de los sentimientos generados por la amistad en la infancia y la adolescencia es intencionada». Los niños de secundaria con amigos obtienen bienestar mediante la adquisición de habilidades sociales nuevas y más avanzadas, mientras que los de secundaria sin amigos sufren un bajo bienestar en ansiedad, depresión y baja autoestima, ya que no tienen a nadie que se siente con ellos en el almuerzo y nadie que los proteja cuando son acosados.[36]

La amistad también mejora el nivel educativo. Una característica única del proceso de solicitud de admisión a la escuela de Tel Aviv es que los estudiantes de primaria designen su escuela secundaria preferida y enumeren hasta ocho amigos con los que desean asistir a esa escuela.

Los economistas Victor Lavy y Edith Sand utilizaron estas listas para definir tres categorías: amigos recíprocos que se enumeraban entre sí; seguidores que enumeraban a sus compañeros de estudios como amigos, pero no figuraban como amigos por estos mismos compañeros de estudios, y amigos no recíprocos, que no enumeraron a sus compañeros de estudios como amigos y no fueron enumerados por sus compañeros de estudios como amigos. Descubrieron que la presencia de amigos y seguidores recíprocos en clase se asoció con mejoras significativas en las puntuaciones de las pruebas de inglés, matemáticas y hebreo. Por el contrario, la presencia de amigos no recíprocos en clase se asoció con el deterioro de las puntuaciones en los exámenes. Además, la presencia de amigos y seguidores recíprocos en clase se asoció con más tiempo asignado a la tarea, un comportamiento menos violento y un mayor bienestar.[37]

Una intervención educativa entre pares emparejó a estudiantes de alto y bajo rendimiento como compañeros de escritorio en escuelas primarias en China, fomentando la amistad. Esa amistad impulsó las puntuaciones en matemáticas de los estudiantes de bajo rendimiento. Además, mejoró la sociabilidad y la amabilidad de los estudiantes de alto y bajo rendimiento.[38]

El economista Raj Chetty y sus coautores describieron el «sesgo de amistad» como la tendencia de las personas de familias pobres y de clase trabajadora a hacerse amigas de personas de su clase. El sesgo de amistad está formado por la estructura de los grupos, como las escuelas secundarias, en los que las personas interactúan.

Algunas escuelas secundarias tienen una mayor proporción de estudiantes de familias de la élite que otras, lo que ofrece mayores oportunidades para que los estudiantes de familias de clase trabajadora y de bajos ingresos formen amistades con estudiantes de familias de la élite. Estas amistades mejoran la movilidad social ascendente entre los estudiantes de familias de clase trabajadora y de la clases desfavorecidas.[39]

Las amistades cambian en la mediana edad, a medida que aumentan las demandas de tiempo, con el matrimonio, los hijos y el trabajo, dejando menos tiempo para las amistades. Sin embargo, las personas de mediana edad suelen haber acumulado muchos amigos de distintos trabajos, ciudades y actividades, clasificados en las categorías de amigos activos, con los que estamos en contacto regularmente, amigos dormidos, aquellos de los que estamos felices de escuchar y visitar si estamos en su ciudad, y amigos conmemorativos, aquellos de los que no esperamos tener noticias pero que nos alegra mucho cuando lo hacemos.

Sin embargo, la negatividad en los lazos sociales es un lugar común. Es probable que la mayoría de las personas tengan en su red parientes exigentes, vecinos ruidosos, compañeros de trabajo competitivos, compañeros de clase intimidantes, amigos molestos o supervisores ofensivos.

La socióloga Shira Offer señaló que, con la excepción de casos extremos, las relaciones sociales suelen combinar interacciones positivas y negativas que incorporan elementos materiales, emocionales, reputacionales y diferentes balances netos de estos dos tipos de interacciones. Vínculos negativos son relaciones en las que la negatividad supera a la positividad, disminuyendo el bienestar en lugar de mejorarlo.[40] «Estoy menos dispuesta a tolerar a las personas tóxicas y a las situaciones que agotan mi energía —dijo Helene, una mujer estadounidense de 56 años entrevistada por BlackRock—. Siento que es crucial conservar mis recursos para las personas y las actividades que disfruto. Algunas amistades se han profundizado debido a esto, y otras han seguido su curso».[41]

El mito de los mejores amigos para siempre es difícil de cumplir, escribió la autora Natalie Kon-yu. «En el cine y la televisión, a menudo vemos amistades femeninas retratadas de una manera muy romántica y poco realista; sin complicaciones y que duran para siempre a pesar de las diferencias de las mujeres involucradas».[42]

Kon-yu contó la historia de su mejor amiga de veinte años «y luego, un día, nada. Dejó de devolverme las llamadas, ignoraba mis mensajes...Y no sabía por qué». Cuando compartió su experiencia con sus amigas, descubrió que es algo común, descrito en una antología, *Just Between Us*, que ella editó. «Está lleno de historias de amistades fallidas, tanto entre niñas como entre mujeres mucho mayores, que tocan temas como la envidia, los celos sexuales, las enfermedades mentales, la traición de las confidencias, las disputas infantiles y los resentimientos que han durado años».

La escritora Pooja Makhijani describió una de esas amistades que se quedó en el olvido, una amistad forjada cuando ella y L estaban embarazadas.[43] Se reunían a menudo durante sus embarazos, asistían a las mismas clases de educación prenatal sobre parto, lactancia materna y primeros auxilios infantiles, e intercambiaban información sobre yoga y ropa de bebé. Las reuniones se sucedieron después del nacimiento de los bebés, aunque Makhijani y L continuaron enviándose mensajes de texto a diario, uniéndose por historias de bebés, pero también por problemas familiares y laborales. Su flujo de mensajes disminuyó en su segundo año de paternidad, y luego cesó. «Ningún acontecimiento marcó el final de nuestra relación —escribió Makhijani—, solo nuestra lenta comprensión de que, a pesar de la intimidad de ese primer año tumultuoso, más allá de los traumas de la infancia, teníamos poco en común». Sin embargo, ocho años después, ha llegado a apreciar su amistad «estacional».

Makhijani tuvo suerte en una amistad que se desvaneció. Otras madres primerizas sufren el dolor del *mom-shaming*, una forma de crítica o desaprobación hacia sus decisiones y métodos de crianza, lo que les genera angustia y estrés. Melanie Parker estaba afligida porque no pudo sostener y amamantar a su bebé inmediatamente después de su cesárea de emergencia. Encontró consuelo en las fotos de Instagram y en las publicaciones de madres que compartían su experiencia. Pero su consuelo se convirtió en consternación cuando leyó un comentario debajo de la imagen: «Ni siquiera puedo imaginar no poder sostener y amamantar a mi bebé». «La vergüenza de las madres no siempre es manifiesta —dijo Parker—: A menudo es ese comentario secundario el que se siente como tu verdad, pero sale como un juicio». Borró su cuenta de Instagram.[44]

Las amistades entre mujeres tienden a ser más intensas que entre hombres, pero esa intensidad hace que las rupturas sean más dolorosas. «Me dolió más perder su amistad que perder mi matrimonio», escribió una mujer. Hace varios años comenzó a socializar con una mujer que conoció en el trabajo. Ambas habían comenzado sus estudios en la misma universidad. Se reunían después del trabajo para correr juntas en el parque del vecindario y compartían sus metas, esperanzas y frustraciones. «Y luego dejó de reunirse conmigo después del trabajo para nuestras carreras habituales. Dejamos de asistir juntas a conferencias. Traté de hablar con ella sobre la forma en que las cosas estaban cambiando entre nosotras, pero no respondió. En muchos sentidos, hay algo más íntimo en una amistad con una mujer. Confiaba en ella implícitamente. Y cuando se desvaneció, me sentí horriblemente traicionada. Me dolió mucho».[45]

Las opiniones políticas pueden establecer amistades o demolerlas. «La presidencia de Trump ha terminado —escribió el periodista Joe Pinsker—, también muchas relaciones». Contó la historia de los silencios que marcaron el final de una amistad de treinta años entre Mary Ann Luna, de 74 años, y una amiga cercana de sus días en un trabajo en el gobierno federal.

Luna y su amiga no hablaban mucho de política antes de las elecciones de 2016, cuando la amiga comenzó a repetir cosas que dijo Trump y a hacer comentarios racistas. El final de su amistad se acercó cuando la amiga le envió a Luna una oración por Trump, sabiendo que a Luna no le gustaba Trump y, finalmente, Luna respondió a su amiga: «Lamento que tu chico haya perdido, pero dejemos de lado la política y seamos amigas». Nunca recibió respuesta. «Echaré de menos a la anterior persona —dijo Luna—, no a la nueva».[46]

Amistades en comunidades

La amistad se extiende más allá de las 150 personas que podríamos invitar a una boda o funeral. Se extiende a las comunidades, grandes y pequeñas. Las universidades estadounidenses, especialmente las comunitarias, son comunidades para los estadounidenses mayores. Ofrecen cursos específicamente para estudiantes de cincuenta años o más, para divertirse, entablar amistad y reestructurar su carrera. Además, algunas de ellas incluyen comunidades de jubilados en el campus o cerca de él.

Charlie Klemick, un ingeniero jubilado de 84 años, y Ruth, su esposa de 82 años, viven en una comunidad de jubilados en el campus de la Universidad Estatal de Pensilvania y se matricularon en el curso de El Arte del Cine. «Obtenemos un gran beneficio al asociarnos con los jóvenes, y nos permiten ponernos de pie y dirigirnos a la clase y dar nuestras opiniones —dijo Klemick, quien señaló un inconveniente—: Nuestra clase es de noche, de 6:00 a 9:00 p. m. y eso es un poco largo para que las personas mayores se sienten en sillas duras».[47]

Las comunidades que giran en torno a cursos universitarios para personas mayores también son comunes en otros países. China los ofrece en universidades de la «tercera edad». «Muchos ancianos se sienten vacíos después de jubilarse, pero yo no tengo esos sentimientos», dijo Liu Tian, un jubilado de 69 años que ha estado tomando clases de piano.[48] La gente anhela la comunidad. Karen, la mujer británica de sesenta años ya mencionada, describió ese anhelo. Vive en un lugar que carece de un sentido de comunidad o vecindad. «Solía vivir en una ciudad costera con una calle principal "de verdad" y un auténtico sentido de comunidad, y lo echo de menos».[49]

Las personas que hacen voluntariado en sus comunidades disfrutan de un mayor bienestar que las que no lo hacen.[50] «Siempre he sido parte de una organización sin ánimo de lucro que ayuda a ancianos sin hogar —dijo Jesús, un mexicano de veintiséis años—. La gente que podía donar dinero a la organización solía hacerlo y ahora que tengo la posibilidad, yo también lo estoy haciendo y lo seguiré haciendo mientras pueda».

Algunos se sienten atraídos por el voluntariado en sus comunidades por experiencias personales. Michelle, una mujer británica de 49 años, perdió a su hija a causa de una enfermedad mitocondrial, y la Fundación Lily la ayudó mucho. La caridad es ahora parte de su vida. Ella dona mensualmente y recauda muchos fondos. «Hay un verdadero sentido de autoestima en ayudar a los demás y saber que estás ayudando a hacer algún bien por alguien... Realmente tendrá un efecto positivo en tu bienestar».

Otros se sienten atraídos a las comunidades por la religión. Mary, una mujer estadounidense de 38 años, creció en una familia que no era rica, pero sus padres nunca dudaron en ayudar a un amigo, familiar o vecino que necesitaba ayuda. «Mis padres nunca esperaron que les devolvieran el dinero porque, como cristianos, sabían que es más bendecido dar que recibir. Así es como encontraban un sentido positivo de bienestar y cumplían con un propósito mayor, en lugar de intentar acumular una gran cantidad de riqueza». Una encuesta de Pew Research encontró que las conexiones con amigos y miembros de la comunidad ofrecen sentido de la vida a personas de todo el mundo.[51] Una mujer griega dijo que encuentra sentido de la vida en su «vida personal y social con amigos y personas cercanas». Y un alemán dijo: «Me parece notable cómo la crisis de COVID afectó nuestros comportamientos. Yo, por mi parte, aprecio mucho el contacto personal con los que me rodean». Los australianos son los más propensos a decir que las conexiones con amigos y miembros de la comunidad ofrecen sentido de la vida, al igual que una cuarta parte de las personas en los Países Bajos, Nueva Zelanda, Suecia y el Reino Unido. Sin embargo, es menos probable que los asiáticos orientales mencionen a los amigos o a los miembros de la comunidad como una forma de dar sentido a sus vidas. No más de uno de cada diez menciona estos relaciones en estos países.

Los adultos jóvenes, aquellos entre las edades de dieciocho a veintinueve años, mencionan a sus amigos y miembros de la comunidad como si ofrecieran significado de la vida con más frecuencia que los mayores. La diferencia de edad es mayor en Grecia, donde el 37 % de los adultos jóvenes hablan de sus amigos u otras relaciones fuera de su familia como algo que les da sentido de la vida, en comparación con solo el 5 % de los mayores de 65 años.

Los amigos y los miembros de la comunidad son mencionados con más frecuencia como los que ofrecen sentido de la vida por aquellos con más educación. En los Estados Unidos, el 31 % de las personas con educación postsecundaria o más hablan de sus amigos o miembros de la comunidad cuando hablan de lo que da sentido a sus vidas, mientras que solo el 13 % de las personas con educación inferior a la postsecundaria dicen lo mismo.

Los de ideologías más progresistas también tienden a ser más propensos a mencionar a los amigos o a los miembros de la comunidad como que ofrecen sentido de la vida que los más conservadores. En

Canadá, el 29 % de los adultos de tendencia izquierdista mencionan haber encontrado sentido en sus amistades o relaciones comunitarias, mientras que solo el 11 % de los de tendencia más conservadora lo dicen.

Compartir teorías conspirativas sirve para formar amistades en las comunidades y expandirlas. La gente está dispuesta a sacrificar la exactitud por la amistad cuando comparte información.[52] El periodista Drew Harwell señaló la analogía entre los miembros de la comunidad QAnon y los miembros de la comunidad WallStreetBets.* Describió a Jake, un miembro de la comunidad de WallStreetBets, trabajando en un almacén de Amazon que odiaba, comprando acciones de GameStop. «Era palpable esta energía: éramos un foro de internet que se enfrentaba a Wall Street». Ese mismo poder comunitario se exhibió el 6 de enero de 2021 en los disturbios en el Capitolio de EE. UU. por parte de partidarios de Trump y creyentes de QAnon. «Las comunidades en línea ofrecían un sentido de pertenencia e intimidad en una era pandémica de tedio, ansiedad y soledad que adormecía la mente... Algunos dijeron que tenían hambre de conexión emocional».

La vivienda compartida, la cohabitación y las organizaciones comunitarias son formas de envejecer en el lugar en comunidades donde pueden mantener su independencia y evitar el aislamiento, posponiendo la vida asistida institucional y los centros de mayores durante el mayor tiempo posible. Los servicios de vivienda compartida ponen en contacto a las personas mayores que necesitan vivienda con otras que la ofrecen. Estos servicios pueden limitarse al alquiler y la compañía, o extenderse a un alquiler más bajo a cambio de comprar comestibles, pasear perros o conducir, u otros servicios.[53]

Un lector se describió a sí mismo como un introvertido que vivió en una vivienda compartida desde los dieciocho hasta los 41 años y todavía la echa de menos. «Si mi cónyuge (que es un poco más joven que yo) está de acuerdo, una vez que ambos estemos listos para mudarnos nuevamente, ciertamente consideraremos varias formas de vivienda

---

* N. del T.: WallStreetBets es un foro en Reddit (una plataforma de redes sociales) donde los usuarios discuten y hacen apuestas especulativas sobre acciones. QAnon es una teoría de conspiración que sostiene que existe una red secreta de pedófilos y criminales en el gobierno y las élites, y que el expresidente Donald Trump está luchando contra ellos.

compartida». Sin embargo, otros lectores señalaron los obstáculos para la vivienda compartida. «Ahora estás viviendo con el hijo adulto de otra persona, que ha sido criado en un sistema de valores diferente con respecto a las tareas domésticas, el trabajo de jardinería, las reparaciones del hogar, el cuidado de las mascotas, etc.».

Los ancianos chinos «se acurrucan para mantenerse calientes» en comunidades donde dependen unos de otros para su apoyo social, en parte, porque no pueden contar con el apoyo de sus hijos únicos o de los centros de atención estatales. Deng Chao y Shen Exiang, hombres de unos sesenta años, se mudaron recientemente de la ciudad de Wuhan al campo. Chao estaba en su motocicleta camino a la casa de Exiang, invitándolo a él y a su esposa a unirse a una caminata, ahora que la nieve se estaba derritiendo en el pueblo.[54]

Algunas casas en los Países Bajos ofrecen comunidad.[55] Un grupo de personas de mediana edad podría renovar una vieja casa de campo para envejecer juntos. Varias familias jóvenes pueden unirse en un entorno rural para disfrutar de la paz y la tranquilidad y los gastos reducidos. Y un hogar compartido puede ser un lugar para refugiados o residentes LGTBI.

Overhoop es una comunidad en los Países Bajos con un grupo central de tres familias, incluida una de inmigrantes iraníes, y tres residentes solteros. También hay cinco habitaciones para visitantes como refugiados o personas recién divorciadas. Una cena comunitaria se sirve una vez a la semana en una sala de estar compartida. Entre los residentes se encuentra Frank Mulder, un periodista de 42 años y padre de cuatro hijos. «Con Overhoop, nunca tuvimos un plan claro —dijo—. Pero si viven, aman y oran juntos, e invitan a ricos y pobres a unirse, las cosas crecerán».

Los centros culturales negros son comunidades que benefician a los estudiantes universitarios negros al conectarlos con los servicios del campus que luchan por llegar a los estudiantes, coordinando recursos y relaciones para satisfacer las necesidades de los estudiantes, y trabajando con centros similares para optimizar los esfuerzos.[56]

Las dificultades en tiempos de COVID-19 llevaron a algunos a crear comunidades para ayudar a los necesitados, llenando neveras en las aceras con comida gratuita.[57] «Todos están invitados a coger alimentos cuando los necesiten y a colocar los alimentos que no necesiten. Los objetivos son simples —escribió la periodista Amanda Rosa—: reducir el desperdicio de alimentos y alimentar a la comunidad».

Un lector escribió: «Acabo de regresar de Burlington, Vermont, donde unos amigos cuidan un jardín en el patio de una escuela, y las verduras son para la comunidad. La gente es maravillosa. Nos necesitamos los unos a los otros para recordar lo que realmente importa. Juntos podemos hacer cualquier cosa».

Los clubes de ciclismo son comunidades. Weekday Cyclists es un grupo de ciclistas, en su mayoría personas mayores, que se reúne semanalmente en el Loeb Boathouse en Central Park.[58] Una ciclista contable de Irlanda que se encuentra temporalmente en Nueva York, dijo que estos paseos semanales habían mejorado su vida social. «Es genial para los expatriados —dijo—, porque te da la oportunidad de conocer a verdaderos neoyorquinos». Los miembros del grupo mejoran su bienestar mediante el ejercicio y el compañerismo, reuniéndose en un café después de sus paseos para tomar bebidas, bocadillos y charlar.

Un grupo contra el odio es una comunidad. El grupo de Facebook #jagärhär (que significa «estoy aquí»), es una comunidad sueca de miles de personas que responden en masa a los comentarios de odio en línea. La investigadora Catherine Buerger describió cómo y por qué los miembros de la comunidad #jagärhär hacen lo que hacen, cómo su trabajo conjunto afecta su voluntad y capacidad para responder al odio, y cómo su comunidad aprovecha los algoritmos de Facebook para influir en las ideas y las normas de conversación entre el público en general.[59]

Las Comunidades de Retiro de Atención Continua (CCRC, por sus siglas en inglés) ofrecen otra forma de comunidad. Los CCRC típicos operan complejos o campus donde los residentes pasan de la vida independiente a la vida asistida, y de allí a unidades de cuidado de la memoria u hogares de ancianos a medida que su salud y movilidad disminuyen.[60] Muchos están satisfechos con las contribuciones de los CCRC a su bienestar. Uno escribió: «Vivo en una comunidad de cuidado integral. Fue una decisión importante, pero me arrepiento debido a la sensación de bienestar y seguridad que tengo de que me cuidarán por el resto de mi vida... Es caro, pero vale la pena para mí».

10

Salud

«No hay vida si no hay salud —dijo Virginia, una mujer mexicana de 46 años entrevistada por BlackRock—. No hay sueños; te vuelves vulnerable. La salud es la riqueza más importante del ser humano».[1] De hecho, la salud, tanto física como mental, es crucial para el bienestar.

La salud aumenta el bienestar gracias a los beneficios utilitarios de los ingresos procedentes del trabajo sin que se vean obstaculizados por enfermedades o discapacidades, y al ahorro en gastos médicos. «Hace cinco años, mi marido tenía un problema de salud y ya no podía mantener a nuestra familia porque no tenía ingresos —dijo Julia, una mujer mexicana de 42 años—. Perdimos solvencia por pagar nuestras facturas».

La salud también mejora el bienestar mediante beneficios expresivos y emocionales, expresándonos como personas activas en lugar de estar confinados a una silla de ruedas o a la cama, y los beneficios emocionales de la ausencia de dolor. «Hace nueve años estaba embarazada cuando sufrí una trombosis profunda y casi pierdo mi pierna y a mi bebé —dijo Virginia, la mexicana de 46 años—. Fue un momento terrible, lleno de ansiedad y desesperación, que me hizo valorar cada segundo de mi vida y apreciar cada movimiento de tu cuerpo». Las personas que quedan discapacitadas se adaptan, recuperando parte de su bienestar, pero la adaptación a la discapacidad severa es incompleta.[2]

El bienestar promueve la salud al relajar el estrés y fomentar comportamientos saludables.[3] Un alto grado de bienestar se asocia con un ejercicio más frecuente, dietas más saludables de frutas, verduras y cereales integrales, reducción del consumo de cigarrillos, mayor calidad del sueño y más visitas de atención médica preventivas.

«Trato de equilibrar el trabajo y la vida tanto como sea posible —dijo Robert, el hombre estadounidense de 35 años ya mencionado—. Ir al gimnasio cuando puedo después del trabajo. Caminar al trabajo para al menos tener una perspectiva saludable en mi vida».

La pandemia de COVID-19 interrumpió la actividad física, el sueño, el uso del tiempo y la salud mental. El promedio de pasos caminados diarios disminuyó de 9400 a 4600, el sueño aumentó entre veinticinco y treinta minutos por noche, el tiempo dedicado a socializar disminuyó más de la mitad, a menos de treinta minutos, y el tiempo frente a la pantalla se duplicó con creces a más de cinco horas por día. El riesgo de depresión se duplicó.[4] La pandemia también disminuyó el bienestar de las personas. Un estudio de residentes chinos encontró que un 1 % adicional de muertes acumuladas por COVID-19 se asoció con una disminución del 0,54 % en el bienestar. La disminución del bienestar fue especialmente pronunciada en las regiones con alto riesgo de COVID-19 y entre las mujeres.[5] Sin embargo, las personas que disfrutan de un mayor bienestar redujeron su riesgo de COVID-19 al cumplir con las medidas de mitigación, incluido el uso de mascarillas, el distanciamiento físico y quedarse en casa. Las encuestas realizadas a más de 119 000 adultos en 35 países mostraron que el bienestar pasado y presente predice el cumplimiento durante el confinamiento.[6]

Vínculos entre la salud física y mental

De hecho, la salud física y mental están inextricablemente vinculadas. «El cerebro está íntimamente conectado con el cuerpo y el cuerpo con el cerebro —dijo el investigador médico David Spiegel—. El cuerpo tiende a reaccionar al estrés mental como si fuera estrés físico».[7] «El trabajo es tan estresante [...] Me he dado cuenta de que ya no tengo veinte años y necesito cuidarme y no solo trabajar hasta quedarme exhausto— dijo Julian, un hombre británico de 36 años—. También he aprendido que la salud mental es tan importante como la salud física y que las dos están vinculadas de forma inextricable». Un diagnóstico de una enfermedad física, como una enfermedad cardíaca o un cáncer, puede originar enfermedades mentales como ansiedad o depresión. Y la enfermedad mental puede provocar la enfermedad física. La tristeza ocasional después de que una puerta se cierre nos lleva a detenernos, contemplar y encontrar puertas abiertas, lo que tal vez nos dirija a mejores destinos. Sin embargo, la tristeza persistente puede derivar en una depresión mayor, devastando el bienestar a medida que las personas se cierran.[8] La esquizofrenia, otra enfermedad mental grave, conduce a graves problemas de funcionamiento social. Las personas con esquizofrenia a menudo son condenadas al ostracismo, lo que hace que sea extremadamente difícil formar amistades cercanas.

La actividad física protege contra la depresión.[9] «A medida que envejezco, me doy cuenta de que el estrés mental tiene un mayor impacto en mi salud física», dijo Helene, la estadounidense de 56 años mencionada. El estrés se cuela lentamente en su vida y tiene que hacer un esfuerzo consciente para identificarlo y combatirlo. A su vez, su reserva de energía física afecta su capacidad para manejar el estrés. «Trato de permitirme descansar lo suficiente para enfrentar los desafíos a mi bienestar».

El ejercicio, la meditación, el yoga, la naturaleza y la terapia alivian el estrés y promueven el bienestar. Julián, el británico de 36 años ya citado, habló sobre sus beneficios. «Tengo el apoyo de un consejero de estrés y estoy aprendiendo sobre (la terapia cognitivo-conductual [TCC])». Trata de meditar cada poco tiempo y hace su ejercicio diario para aliviar su espalda. Espera volver a practicar yoga tan pronto como pueda encontrar una clase adecuada cerca. También trata de levantarse de su escritorio, sacar al perro a pasear, estirarse, tomar un poco de agua y asegurarse de almorzar.. «Tener conciencia es la mitad de la batalla».

Michelle, la mujer británica de 49 años antes mencionada, habló sobre los beneficios del yoga para el bienestar: «Experimenté por primera vez una fuerte sensación de bienestar cuando comencé a hacer yoga hace unos tres años». El yoga la ayudó a concentrarse en sí misma y a estar en el presente en un momento en que se sentía estresada y ansiosa. «Los sentimientos y sensaciones fueron muy positivos, y ahora trato de enfocarme en esta filosofía de atención plena en todos los aspectos de mi vida». Ana Lía, una mujer mexicana de 46 años, habló sobre los beneficios de la meditación para el bienestar: «Sentí bienestar cuando comencé a tomar clases de meditación —dijo—. Me hace sentir en paz; siento que mi mente y mi espíritu están en perfecto equilibrio». Y María Elena, una mexicana de 52 años, habló sobre los beneficios de la naturaleza para el bienestar: «Fui a la playa durante un mes y estando en contacto con la naturaleza me di cuenta de lo mucho que me había olvidado de cuidarme».

Algunas enfermedades y discapacidades, como la falta de una extremidad, son visibles. Otros, como el cáncer o la depresión, son invisibles. «Tengo depresión y ansiedad —escribió el psicólogo Andrew Solomon—. Estas condiciones están bien controladas la mayor parte del tiempo, pero cuando tengo un bajón importante, nadie me facilita nada a menos que se lo explique todo, un esfuerzo desagradable en el mejor de los casos».[10]

Un lector del artículo de Solomon escribió: «Algunos de nosotros con discapacidades invisibles podemos actuar "normal" durante un par de horas cada poco tiempo, pero mostrar esa cara pública es agotador. Aquellos de nosotros con discapacidades invisibles caminan entre vosotros, aunque no nos veáis». Otro escribió: «Tengo una enfermedad autoinmune. Si bien puedo parecer una maravilla, de hecho, tengo días o semanas en los que no estoy seguro de llegar al edificio. Somos millones, y les puedo asegurar que no hay forma de medir el grado de incomodidad con solo mirarnos».

La pubertad trae consigo cambios en las hormonas, las emociones, las prioridades y los deseos de los adolescentes. Estos cambios a menudo conducen a confusión mental, ansiedad, baja autoestima y cambios de humor. El estrógeno, que aumenta considerablemente en las niñas durante la pubertad, está relacionado con la depresión.[11] La edad promedio de la pubertad ha ido disminuyendo, y la pubertad precoz se asocia con malas consecuencias en la salud mental. Las niñas y los niños que se desarrollan temprano se ven diferentes a otros niños y, por lo tanto, se sienten cohibidos o aislados, incapaces de hablar de ello. Son más propensos a sufrir ansiedad, depresión, abuso de sustancias, trastornos alimentarios y un mayor riesgo de suicidio.

El escritor Matt Richtel dio un ejemplo de la agitación de la pubertad en una historia de una niña de trece años que corrió hacia el bosque, furiosa porque su madre miraba su teléfono móvil. La madre se alarmó al ver fotos de los tobillos ensangretados de su hija causadas por autolesiones intencionadas. Otras fotos mostraban la obsesión romántica de la hija con el personaje de anime Genocide Jack, que mata a sus compañeros de clase con unas tijeras. La hija también tenía problemas sociales. Una amiga cercana se hizo popular, mientras que ella a menudo llegaba a casa de la escuela y se metía en la cama. «Me sentía como una figura secundaria —dijo—. Solo quería estar inconsciente».[12]

La llegada de Internet de alta velocidad redujo la salud mental de los adolescentes, especialmente de las chicas, y dañó más la relación entre padres e hijas, cuando partían de una relación ya desgastada.[13] La expansión de Facebook en las universidades disminuyó la salud mental de los estudiantes y perjudicó su rendimiento académico, puesto que Facebook fomentaba las comparaciones sociales desfavorables.[14] Internet de alta velocidad aumentó su uso adictivo y disminuyó el tiempo dedicado a dormir, hacer los deberes y socializar con familiares y amigos.

Las cicatrices de una mala salud mental en la edad adulta temprana son duraderas. Las personas que fueron diagnosticadas con depresión entre los 27 y los 35 años ganaban un 10 % menos de salario por hora a los cincuenta años, y trabajaban entre 120 y 180 horas menos al año, lo que en conjunto generaba un 24 % menos de ingresos anuales. Parte de esta penalización de ingresos se debe a que la depresión suele ser una afección crónica, pero la mayor parte se produce porque la que se genera en la edad adulta temprana interrumpe la educación y la experiencia laboral, lo que lleva a las personas a ocupaciones con menores demandas de habilidades y ofrecen ingresos más bajos.[15]

La depresión, la esquizofrenia y la enfermedad por trastorno bipolar también conllevan grandes penalizaciones en Dinamarca, que oscila desde el 34 % para la depresión, el 38 % para la enfermedad por trastorno bipolar hasta el 74 % para la esquizofrenia. El acceso al tratamiento elimina un tercio de la penalización salarial asociada con el trastorno bipolar y reduce en gran medida el riesgo para los ingresos.[16]

Existen tratamientos para las enfermedades mentales, con tasas de recuperación del 50 % o más. En los países ricos, es probable que el tratamiento no tenga un coste neto para los contribuyentes debido al ahorro en prestaciones sociales y la pérdida de impuestos, y en los países pobres se pueden obtener buenos resultados a un coste anual inferior a dos dólares por persona.[17]

Sin embargo, los medicamentos para las enfermedades mentales, a pesar de sus beneficios, tienen inconvenientes por sus efectos secundarios, lo que lleva a muchos a rechazarlos. El escritor Daniel Bergner explicó el caso de Caroline Mazel-Carlton, quien comenzó a escuchar voces cuando estaba en la guardería. Los medicamentos antipsicóticos calmaron sus voces, pero le causaron obesidad, por lo que aumentó casi veintitrés kilos y perdió el control de sus antebrazos y cuello. Su agitación, su disgusto consigo misma y su terror la llevaron a arrancarse el pelo con los dedos. Sus compañeros de clase se burlaban de ella, llamándola «gorda» y «adicta». Optó por dejar sus medicamentos.[18]

Algunos lectores, sin embargo, describieron mejores experiencias con las medicaciones. Uno de ellos fue diagnosticado con trastorno bipolar después de un episodio maníaco severamente dañino. «Después de diez años, dos divorcios, tres intentos de suicidio dentro y fuera de los hospitales, los médicos finalmente dieron con mi medicación correcta... Desde entonces, he estado limpio y sobrio, he recuperado la relación con mis hijos y he vivido una vida feliz y plena. ¡No perfecta, pero muuuuucho mejor que sin estar medicada!».

Otro escribió: «Hay más en la psicosis que las voces, como mi hija y yo aprendimos cuando tuvo un brote psicótico severo en la universidad. Hasta que la medicación la liberó, simplemente se sentaba en una silla, se acostaba en una cama o se acurrucaba en posición fetal en el suelo, chupándose dedo... Sí, ha tenido un gran aumento de peso y otros efectos secundarios difíciles. Pero ahora puede pensar y razonar, caminar y hablar, trabajar y descansar, y amar».

La medicina a menudo tiene una contrapartida. Los opioides pueden aliviar el dolor crónico, pero también pueden provocar adicción y muerte por suicidio o sobredosis accidental. La epidemia de opioides no fue causada por dificultades económicas, escribieron los economistas Janet Currie y Hannes Schwandt. En cambio, fue causada por la prescripción generalizada de opioides a pacientes «que nunca habían recibido opioides» y que se volvieron adictos. Ellos recomendaron una solución que incluía aumentar el acceso a tratamientos no adictivos para el dolor, ampliar el uso de medicamentos para revertir la sobredosis y un mejor acceso al tratamiento asistido por medicamentos.[19]

Esta solución, sin embargo, no funciona para todos. La escritora Maia Szalavitz contó la historia de Anne Fuqua, una exenfermera que sufre un trastorno genético incurable que causa espasmos y temblores agonizantes. Ella es una de los cinco a ocho millones de estadounidenses con dolor crónico que se estima que solo pueden funcionar cuando toman opioides. Pero la licencia de su médico para recetar sustancias controladas fue suspendida por la Administración de Control de Drogas (DEA), por lo que es la segunda vez que ella ha tenido que valerse por sí misma para evitar el dolor y los síntomas de abstinencia.[20] «Apenas puedo arreglármelas por mi cuenta», dijo, notando que todo su cuerpo está temblando y sacudiéndose todo el tiempo mientras su condición pasaba de estar bien controlada a no estar controlada en absoluto.

La desigualdad en la salud comienza antes de la edad escolar. De hecho, comienza antes del nacimiento, y las grandes diferencias en la salud al nacer son muy importantes más adelante en la vida. La exposición prenatal al estrés de la madre conduce a una mayor probabilidad de enfermedades mentales en los niños más adelante, un aumento en el uso de medicamentos para el TDAH durante la infancia y medicamentos contra la ansiedad y la depresión en la edad adulta.[21] El embarazo durante el Ramadán llevó a un menor peso al nacer entre las mujeres que siguieron las restricciones del ayuno. Los musulmanes de Uganda e Irak tienen un 20 % más de probabilidades de quedar discapacitados en la edad adulta si el embarazo precoz se superpone con el Ramadán. Los efectos sobre las discapacidades mentales y de aprendizaje son especialmente grandes.[22]

La introducción del cobro electrónico de peajes (E-ZPass) redujo en gran medida la congestión del tráfico y las emisiones de los vehículos cerca de las plazas de peaje de las autopistas. También redujo la tasa de niños prematuros y el bajo peso al nacer entre los recién nacidos de madres que viven a menos de dos kilómetros de un control de peaje, en comparación con las madres que viven entre dos y diez kilómetros del control.[23]

La Ley de Aire Limpio benefició más a las comunidades negras que a las blancas, reduciendo las brechas entre sus niveles de salud. Las áreas con poblaciones negras más grandes experimentaron mayores disminuciones en la contaminación parcial relacionada con la Ley de Aire Limpio. De hecho, la Ley de Aire Limpio representa más del 60 % de la reducción en las disparidades raciales en la exposición a la contaminación por partículas en los Estados Unidos desde el año 2000.[24] El aumento de la elegibilidad prenatal de los programas para Medicaid en los primeros años de vida hizo algo más que mejorar la salud de sus beneficiarios directos. También mejoró la salud de sus descendientes.[25]

La educación superior entre las madres mejora la salud infantil, pero existe una gran controversia sobre las formas más óptimas de mejorar los logros educativos. Además, los miembros de la élite aprovechan mejor los beneficios de la educación superior que los miembros de la clase trabajadora y los más desfavorecidos.[26]

Cuerpos delgados y gordos

Un cuerpo delgado no era una marca de alto estatus social en el siglo XVI. Como escribió el historiador del arte Kenneth Clark: «Los desnudos de Rubens parecen a primera vista haber salido de una cornucopia de abundancia… tienen la dulzura del agua que fluye».[27] Esa dulzura se ha agriado hace décadas. Hoy en día, la delgadez va unida al dinero, y cada una marca un alto estatus social, como en «una mujer no puede ser demasiado rica ni demasiado delgada», y los cuerpos salidos de una «cornucopia de abundancia» ahora se llaman obesos.

La historiadora del arte Anne Hollander señaló que durante unos cuatrocientos años, desde el siglo XVI hasta el XIX, los cuerpos «físicamente sustanciales» se consideraron no solo hermosos, sino también marcadores de estabilidad y orden.[28] Los gustos europeos cambiaron en el siglo XIX cuando la fascinación por los desnudos lisos de las estatuas griegas y romanas reemplazó a los desnudos carnosos de Rubens.

El deseo de reforma en el siglo XIX se reflejó en una creciente preferencia por los cuerpos delgados y la vestimenta austera, junto con las revoluciones, la ficción romántica, los avances científicos y la efervescencia religiosa. Las reformas intentadas en el siglo XIX se implementaron en el siglo XX, lo que aumentó la preferencia por los cuerpos delgados. «Hoy en día —escribió Hollander—, la gente gasta dinero, tiempo y energía adquiriendo el aspecto esquelético de los esclavos de una galera».

La preferencia por los cuerpos delgados es evidente entre las personas entrevistadas por BlackRock. «Me sentí mejor alrededor de los cuarenta años, hace más de diez años —dijo Anne, una mujer estadounidense de 53 años entrevistada—. ¡Perdí más de veintidós kilos, me sentí segura y atractiva!». «Me siento orgulloso de mi yo delgado, habiendo perdido unos doce kilos desde diciembre —dijo Ashley, un hombre británico de 32 años—, ¡y ahora estoy cómodo tomándome *selfies* con mi esposa yogui sin preocuparme por lo gorda que estaba mi cara tonta!».

Los beneficios de las prácticas mente-cuerpo, como el yoga, generalmente se atribuyen al aquietamiento del ego, lo que permite a los practicantes fomentar el bienestar al disminuir su sentido de importancia personal. Otros estudios, sin embargo, sugieren que los beneficios de estas prácticas surgen del aumento del ego por los beneficios expresivos y emocionales de un alto estatus social y el orgullo por los cuerpos delgados.[29]

Hollander desacreditó la noción común de que la pasión por la delgadez tiene sus raíces en la búsqueda de la salud. Señaló que la preferencia por la delgadez estaba firmemente establecida al final de la Primera Guerra Mundial, mucho antes de que se conocieran ampliamente los peligros médicos de la obesidad. «Parece como si ahora se invocara la autoridad de la ciencia para dar una muy buena razón práctica a lo que siempre ha sido, y sigue siendo, un asunto estético complejo».

De hecho, las preferencias por las formas del cuerpo varían según las culturas actuales. En los Estados Unidos, la obesidad inflige grandes costes de bienestar, y los que soportan las personas blancas obesas son más altos que los que soportan las personas negras o hispanas. Los costes de bienestar de la obesidad son especialmente altos entre los miembros de la élite en profesiones de alto estatus.[30]

Con el tiempo, Ginni Rometty llegó a ser presidenta y directora ejecutiva de IBM, pero su peso obstaculizó la progresión de su carrera. «Pat,

¿crees que como demasiado?», le preguntó a su jefe Pat O'Brien al principio de su carrera. O'Brien la exhortó a ponerse en «buena forma física» si quería convertirse en una ejecutiva de alto nivel.[31]

Mientras que la obesidad disminuye el estatus social en los países ricos, mejora el estatus social en los pobres. En Uganda, la obesidad se percibe como una señal fiable de riqueza, pero no de belleza o salud. La prima por obesidad equivale a un 60 % más de ingresos, lo que facilita la obtención de préstamos bancarios. Esa prima disminuye en gran medida cuando se dispone de más información financiera, lo que proporciona una señal más fiable de solvencia crediticia.[32]

La obesidad se asocia con un alto nivel de bienestar en Rusia, probablemente porque es un indicador de prosperidad.[33] Los hombres chinos grandes y altos de los grupos rurales gozan de un gran bienestar, probablemente porque son mejores en el trabajo intensivo de mano de obra. Además, la obesidad no impone ninguna penalización para el bienestar en los grupos urbanos, especialmente entre los hombres, tal vez debido a la práctica cultural china de celebrar banquetes mientras se establece contacto.[34]

La compleja cuestión estética que subyace a la preferencia por los cuerpos delgados en los Estados Unidos es evidente en un estudio de la delgadez de las páginas centrales de *Playboy* desde 1978 hasta 1998. El índice de masa corporal (IMC) promedio de las páginas centrales fue de 18,1, inferior al IMC de 18,5 que indica bajo peso. Los investigadores médicos Peter Katzmarzyk y Caroline Davis, autores de este estudio, escribieron: «Dada la percepción de las páginas centrales de *Playboy* como mujeres culturalmente "ideales", la noción de que el 70 % de ellas tiene bajo peso destaca las presiones sociales sobre las mujeres para ser delgadas y ayuda a explicar los altos niveles de insatisfacción corporal y trastornos alimentarios entre ellas».[35] Un estudio posterior de las páginas centrales durante los quince años transcurridos entre 2000 y 2014 encontró que se han vuelto algo más pesadas en promedio, pero todavía en gran medida con bajo peso. El IMC más alto entre ellas fue de 18,87.[36]

Los *docu-realities* de MTV fueron etiquetados como reales, sin embargo, los cuerpos de mujeres y hombres que se mostraban en ellas estaban muy idealizados. El académico de la comunicación Mark Flynn y sus coautores descubrieron que la delgadez era la característica corporal más común. Los cuerpos de casi la mitad de las mujeres eran «curvilíneos» y los cuerpos de más de la mitad de los hombres eran «musculosamente delgados». El cuerpo femenino ideal curvilíneo y delgado, que combina delgadez con pechos grandes, es muy antinatural. El cuerpo masculino ideal musculosamente delgado en forma de V, que combina brazos, pecho y hombros grandes y musculosos con caderas y cintura estrechas, también es muy antinatural. Las mujeres y los hombres que se esfuerzan por alcanzar estos cuerpos son susceptibles a la insatisfacción corporal.[37]

Las académicas Christine Beckman y Melissa Mazmanian señalaron que el «cuerpo ideal», curvilíneo delgado o musculoso, es un marcador de estatus entre la élite. Las personas que se esfuerzan por alcanzar un cuerpo ideal pueden percibirlo como la encarnación de la salud, la energía y la longevidad; sin embargo, un cuerpo ideal es inalcanzable y su deseo es costoso en dinero, salud y bienestar.

Beckman y Mazmanian describieron a Linda Waldo, quien corre en una cinta en su garaje y bebe batidos que «tienen un sabor repugnante, son bastante espesos y tardan en poderse tragar».[38] Y describen a Roger Waldo, su marido, quien se preocupa por la grasa que ve alrededor de su vientre y publica fotos en Facebook con descripciones como «una carrera por la mañana con los chicos» o «¡112 kilómetros con este gran grupo! ¡Buena manera de empezar el fin de semana!».[39]

Los Waldo y sus compañeros pueden entender que los cuerpos en bikini de las mujeres en los anuncios de cerveza y los pechos esculpidos de los hombres en los anuncios de Equinox están retocados con Photoshop, pero la búsqueda del cuerpo definitivo es difícil de resistir porque la búsqueda de un alto estatus social es difícil de resistir.

Un grupo de 1148 adultos del Reino Unido completaron un cuestionario sobre las medidas de la imagen corporal, incluida la apreciación corporal, y las medidas de bienestar. Los resultados mostraron que, una vez que se tuvieron en cuenta los efectos de la edad y el IMC, la apreciación corporal negativa se asoció con un bajo bienestar. Las mujeres tenían una apreciación corporal más negativa que los hombres, y un IMC alto se asoció con una apreciación corporal negativa.[40]

La presión para estar delgado es alta, lo que a menudo conduce a trastornos alimentarios. Audra Koopman, una deportista universitaria de atletismo fue presionada por sus entrenadores para que redujera su grasa corporal. «Es interesante cómo a muchos de nosotros nos han lavado el cerebro para que pensemos que... es bueno para ti perder la regla y es bueno para ti tener esa sensación de hambre en el estómago», dijo Koopman.[41]

Los niños también son susceptibles a los trastornos alimentarios. Griffin Henry, cuya vida giraba en torno al béisbol, dijo: «Pensé que adelgazar me haría más rápido, así que comencé a correr mucho y a cuidar lo que comía —dijo Henry—, me presioné mucho». Amigos y parientes lo felicitaban a medida que adelgazaba. «Nunca me gustó mucho cómo me veía y lo que la gente pensaba de mí, pero comencé a ver resultados en mi cuerpo que no había visto antes, y eso me gustó». Medio año después fue hospitalizado, diagnosticado con anorexia nerviosa. «Recuerdo que me sentía muy hambriento, frío y débil».[42]

El ejercicio en un gimnasio no era un marcador de estatus en 1965 cuando Joe Gold, un marino mercante cascarrabias, estableció Gold's Gym en California, donde los hombres «musculados» hacían ejercicio y se dedicaban al levantamiento de pesas y al culturismo.[43] Hacer ejercicio en un gimnasio se convirtió en un indicador de estatus después. Las actividades en el Vertical Health Club, establecido en Nueva York a principios de la década de 1980, incluían ejercicio, pero el Vertical era glamuroso, muy diferente del Gold's Gym, que atendía tanto a hombres como a mujeres. «Para ser sincero al respecto —dijo el autor Gay Talese—, era una especie de lugar exclusivo para ligar, lleno de gente que se cuidaba mucho».[44]

SoulCycle, un gimnasio neoyorquino con docenas de sucursales atrae a famosos y no famosos con entrenadores que llevan por bandera mensajes motivacionales como «Quiero que crezcas».[45] «El bienestar, como te dirá cualquier devoto de SoulCycle, no es barato en estos días —escribió la periodista Hayley Phelan—. Los entrenadores cuestan 500 dólares por hora y los tratamientos faciales 750 dólares».[46] «Es como el único estilo de vida aceptable para alardear —dijo Ana, una entusiasta del *spinning* de 26 años de Manhattan—. Serías un pedante si presumes de tu coche o de cuánto dinero ganas, pero presumir de cuánto gastas es normal. El zumo verde, por ejemplo, es una muestra de riqueza, disciplina y responsabilidad, todo lo cual, en conjunto, refleja y expresa estatus».

«¿Crees que entrar a la universidad es difícil? —preguntó la periodista Danielle Braff—. Intenta postularte para entrar en estos gimnasios».[47] Cori Zigman, una promotora inmobiliaria de 44 años, rellenó una solicitud para unirse a Heimat, un gimnasio de Los Ángeles, respondiendo preguntas sobre a quién conocía en Heimat y cuáles eran sus nombres de usuarios en las redes sociales. Fue aceptada un mes después, pero algunas de sus amigas no. «Fue incómodo —dijo—. Parecía que todo el mundo quería una membresía, pero simplemente no la estaban repartiendo». Sebastian Schoepe, presidente y director ejecutivo de la compañía propietaria de Heimat, dijo que fue muy específico sobre el tipo de personas que son aceptadas. Heimat da la bienvenida a «las personas que cultivan ese espíritu de atención plena con sus compañeros».

Los grupos de caminar se han vuelto populares en 2023, combinando el ejercicio con oportunidades para formar nuevas amistades. «Hace poco, un domingo frío en Manhattan —escribió la periodista Chavie Lieber—, una turba de mujeres vestidas con zapatillas gruesas y bolsos cruzados se reunió en la esquina de Central Park West y la calle 72. Al mediodía, había más de cien de ellas, todas desafiando el frío en lo que se ha convertido en un ritual semanal».[48]

Lieber citó a la historiadora Natalia Mehlman Petrzela, quien cree que la popularidad de los grupos de caminar es una respuesta a los costosos gimnasios *boutique*.

«Hay un retroceso en contra de la cultura del ejercicio duro y un resurgimiento de volver a lo básico. Además —agregó Petrzela—, el compañerismo es lo más importante para los caminantes. «La conversación que puede surgir durante una clase de *spinning* es limitada».

Pocos pueden alcanzar el cuerpo ideal, pero muchos pueden vestirse con ropa «deportiva». Incluso las personas cuyos cuerpos están lejos de ser ideales pueden señalar su estado con ropa deportiva en el gimnasio y fuera de él, lo que indica que la salud y el bienestar son importantes para ellos. El *Euromonitor* señaló que «el término *athleisure** incluye

* N. de T.: En *athleisure* está contenida la palabra *leisure*, que significa «ocio», pero solo parte de la palabra «atlético», en inglés *athletic*.

toda la palabra ocio, ¡pero menos de la mitad de la palabra "atlético"!». El artículo citaba a una marca de ropa deportiva cuyo sitio web proclama: «Creemos que la condición física no tiene por qué definirse por el rendimiento».[49]

Los alimentos saludables se unen al ejercicio como indicadores de alto estatus social. Las marcas están ocupadas creando productos con propiedades saludables, como verduras exóticas, vitaminas y fibra. Mondelez International presume de que «creamos aperitivos para brindar a las personas deliciosos momentos de alegría. Para ayudar a los consumidores en su camino hacia el bienestar».[50]

Erewhon, una tienda de comestibles orgánicos de lujo es un lugar privilegiado de Los Ángeles para que la élite vea y sea vista, escribió el periodista Max Berlinger.[51] La salud está entrelazada con la riqueza en la vida de los angelinos de alto poder adquisitivo, y los más sanos y ricos entre ellos compran en Erewhon. Algunos lectores lo satirizaron. «Es curioso cuántos de estos compradores de Erewhon parecen no haber comido en años». Otros ofrecieron buenos consejos. «Solo ve al mercado de agricultores más cercano a ti. Mejores productos, mejores alimentos, ¡y no te cuesta un ojo de la cara!».

«Las nuevas pautas destacan lo complicado que es el problema de la obesidad infantil tanto para los pacientes como para los profesionales de la salud», escribió la periodista Catherine Pearson.[52] Describió las nuevas directrices de la Academia Americana de Pediatría para entender la obesidad infantil como una enfermedad compleja en lugar de estigmatizarla como resultado de decisiones personales. La Academia instó a los pediatras a examinar y abordar sus propias actitudes, por ejemplo, decir «un niño con obesidad» en lugar de un «niño obeso».

De hecho, una nueva clase de medicamentos para la diabetes y la obesidad, como Ozempic, muestran que perder peso no es solo una cuestión de fuerza de voluntad. Ozempic «apagó los pensamientos constantes e intrusivos sobre la comida —dijo Patricia McEwan a la periodista de salud Julia Belluz—. Antes de Ozempic, la señora McEwan pensaba que comer en exceso era impulsado por sus emociones y su falta de fuerza de voluntad. Después de Ozempic, comprendió que la forma en que respondía a la comida era el producto de su fisiología».[53]

Envejecimiento y final de vida

Los médicos suelen enmarcar las historias de los pacientes y sus grados de tragedia según la edad, escribió la doctora Daniela Lamas. «Alguien de treinta años debería recibir quimioterapia agresiva o una cirugía de alto riesgo o un trasplante de órganos, pero para alguien de setenta años, esas mismas intervenciones podrían hacer más daño que bien».[54]

Lamas solía ver la duración de la vida humana como un arco que termina naturalmente alrededor de los años ochenta o incluso noventa. Pero ahora, embarazada por primera vez a los 41 años, lo ve de otra manera, fascinada por la promesa de la longevidad. Observa a su padre, un cardiólogo e investigador de setenta años, levantando su cuerpo sobre barras de dominadas, esperando vivir lo suficiente para ver a su primer nieto graduarse de la escuela secundaria. Los investigadores de la longevidad ven el envejecimiento como una enfermedad que pueden entender y tratar, considerando el cáncer, las enfermedades cardíacas y la demencia solo como síntomas. El optimismo lleva a algunos a creer que la primera persona que vivirá hasta los 150 años ya ha nacido.

Brian Hanley, biólogo matemático de 64 años, es aún más optimista. Espera que las terapias génicas que está desarrollando extiendan a 150 su «período de salud», el período de buena forma física y mental. No le interesa la duración de la vida sin la duración de la salud.[55] ¿Qué hará si vive tanto tiempo?, preguntó el periodista Joe Pinsker. «Oh, me gustaría ver Marte, sería realmente interesante ser parte de ese asentamiento y tratar de hacer que funcione».

Sin embargo, el final de la vida llega a todos, incluso a aquellos que hacen ejercicio regularmente y comen los alimentos adecuados, incluso a aquellos que viven hasta los 150 años. Las decisiones al final de la vida son agonizantes para los pacientes, sus familias y los profesionales de la salud que los atienden. Pero hay que tomar decisiones. «Cuando los pacientes muy ancianos sufren un paro cardíaco —escribió la periodista Paula Span—, los médicos suelen tratar de reanimarlos, incluso si ya estaban cerca de la muerte».[56] Se pidió a una muestra de clínicos (paramédicos, técnicos de emergencias, médicos de emergencias y enfermeras) que recordaran a su paciente más reciente, de más de ochenta años, que se había sometido a reanimación cardiopulmonar (RCP). «Solo el

2 % de estos pacientes sobrevivieron el tiempo suficiente para salir del hospital. Sin embargo, más de la mitad de los profesionales de la salud pensaron que la RCP era apropiada en esos casos. Solo el 18,5 % lo consideró inapropiado».

Un médico de la sala de emergencias con 35 años de experiencia escribió: «Hemos mejorado en la reanimación, especialmente en pacientes más jóvenes. Pero tengo que decirte, las veces que he sentido que rompo varias costillas de un paciente [mayor], que sé que probablemente no sobrevivirá, me hace sentir como un torturador. Y punto».

Algunos jóvenes afrontan las decisiones del final de la vida con una gracia conmovedora. Una de ellas fue Francia Bolívar Henry, una pastelera de unos treinta años con una sonrisa cautivadora, atendida por la médica Daniela Lamas. Sufrió una enfermedad inflamatoria que dañó sus pulmones, y su única esperanza de mantenerse con vida el tiempo suficiente para un trasplante era una máquina que reemplazara sus pulmones dañados. Cuando la esperanza de un trasplante se esfumó, su novio le propuso matrimonio y se casaron. La señora Henry llevaba una peluca con un velo que cubría sus catéteres, y su vestido de novia ocultaba los tubos torácicos. «Había una lista de reproducción de música en la boda. Un primer baile. Ella sonreía radiante… Perfecto y muy desordenado al mismo tiempo». Cuando la Sra. Henry estuvo lista, le administraron medicamentos para el dolor y la ansiedad. «Sus niveles de oxígeno bajaron. Sus ojos se cerraron. Y justo cuando el sol se puso esa noche, la señora Henry murió».[57]

Algunos hacen las paces con la demencia o el Alzheimer, como lo hizo la fallecida jueza de la Corte Suprema Sandra Day O'Connor cuando anunció su diagnóstico a los 88 años.[58] Otros optan por la eutanasia o el suicidio. La novelista Amy Bloom escribió sobre su matrimonio, el diagnóstico de Alzheimer de su marido y la decisión de acabar con su vida.[59] Su marido, Brian Ameche, un experimentado arquitecto de 66 años y exjugador de fútbol americano, dijo: «Prefiero morir de pie que vivir de rodillas». La pareja consideró el suicidio por monóxido de carbono, armas de fuego o ahogamiento, pero cada uno tiene riesgos y ramificaciones legales. Bloom localizó a Dignitas, en Zúrich, Suiza, ofreciendo «suicidio acompañado», después de examinar los registros médicos y una tarifa de 10 000 dólares.

John Griffith, un hombre de 99 años, dejó claro a sus tres hijos que acabaría con su vida antes que prolongar su miseria con un tratamiento no deseado en la vida asistida.[60] Ben, su hijo de 67 años, sabía que su padre habría elegido el suicidio asistido, pero no era legal en Missouri. John optó por dejar de comer y beber, un proceso de muerte que dura entre siete y quince días. Ben se quedó con su padre. Cuando la muerte estaba cerca, Ben puso su mano sobre el hombro de su padre y se inclinó sobre él de modo que sus labios casi rozaron la oreja de su padre. «Está bien —dijo—. Deja ir tu cuerpo. Te amamos». Y a los pocos minutos, John Griffith se había ido.

«El suicidio no es un acto de cobardía», escribió el abogado Ken White. La gente no se suicida porque la muerte parezca repentinamente atractiva. Una persona que se suicida es como la persona atrapada que salta desde la ventana de un rascacielos en llamas. «Tendrías que haber estado atrapado personalmente y haber sentido las llamas para entender realmente un terror mucho más allá de la caída».[61]

En respuesta a un artículo sobre el suicidio entre los ancianos, una escribió: «Mi padre no se suicidó. Se quitó la vida». Su padre tenía 84 años y había sufrido dos operaciones cardíacas importantes, una pérdida cognitiva significativa por mucho tiempo bajo anestesia y un mundo disminuido que consideraba inaceptable. La llamó una noche, le dijo que la amaba y, varias horas después, saltó del techo de su propiedad. «No fue, en su vida, un hombre valiente. Ni mucho menos, pero llegó a ese momento en que la muerte se convirtió en su amiga. Nunca tuve más respeto por él que por su decisión de tomar las riendas de su vida y de su muerte».[62]

Salud y finanzas

El ámbito de la salud está estrechamente ligado al de las finanzas. «Si estamos sanos, nuestra capacidad de trabajo y nuestra capacidad de generar ingresos mejoran —dijo Greg, el hombre británico de 63 años mencionado previamente—. Por el contrario, si estamos financieramente sanos, podemos permitirnos mejores y más servicios y productos de atención médica, así como alimentos de mejor calidad».

Las preocupaciones sobre el coste de la atención médica y el seguro médico son prominentes entre los estadounidenses. Meredith, la mujer estadounidense de 31 años ya mencionada, publicó una foto de un aviso en el consultorio de su médico: «Su compañía de seguros requiere que cobremos su copago en el momento del servicio». Meredith agregó: «Si tiene la suerte de poder pagar un seguro, o si su empleador le proporciona un seguro, aún tiene que pagar copagos y encontrar atención médica dentro de la red».

Las preocupaciones sobre el coste de la atención y el seguro médico son especialmente importantes entre los estadounidenses jubilados y aquellos que se acercan a la jubilación y que temen que los gastos de atención médica, en particular, los gastos de hogares de centros de mayores, los dejen en la indigencia. «Creo que nuestra mayor preocupación financiera es que el coste de nuestra atención médica crezca más allá de nuestro presupuesto —dijo Bill, el hombre estadounidense de 52 años mencionado antes—. «He hablado con mi asesor [financiero] sobre temas de atención médica. No tenía una solución más allá de incluir las proyecciones de aumento de costes en nuestro plan a largo plazo».

La ausencia de seguro médico puede resultar en una deuda médica sustancial.[63] Las facturas médicas sin pagar eran el mayor origen de deuda de los estadounidenses con las agencias de cobro entre 2009 y 2020. Las personas en los estados que se han negado a expandir Medicaid tenían más deudas médicas antes de que se promulgara la Ley de Cuidado de Salud a Bajo Precio,* y la diferencia entre su deuda médica y la de las personas en los estados que habían expandido Medicaid se había ampliado. Además, la deuda ha aumentado entre las personas mayores, y las que tienen más deudas también tienen más probabilidades de sufrir múltiples enfermedades, como hipertensión, diabetes, cáncer, enfermedades cardíacas y pulmonares, ataques cardíacos y accidentes cerebrovasculares.

Denise Revel, una mujer de 62 años, carece de seguro médico. Se vio obligada a ir a la sala de emergencias cuando un coágulo de sangre en su pierna se hinchó dolorosamente y se calentó al tacto. La señora Revel se recuperó del coágulo, pero no pudo pagar la factura médica. «Es

* N. del T.: Esta ley, promulgada por el Presidente Obama (por ello se le conoce como el *obamacare*), busca hacer que el seguro de salud sea más accesible para los estadounidenses al expandir la cobertura, reducir los costes y proporcionar más protecciones a los consumidores.

como una nube oscura sobre tu cabeza —dijo—. Recibes llamadas de personas que son exigentes; algunos pueden ser muy groseros. Ni siquiera quieres contestar al teléfono».[64]

Una mujer que reaccionó a la historia de Revel señaló que la carga de la deuda que soportan los ancianos pobres a menudo se transfiere a sus hijos adultos, quienes agotan sus propios ahorros o su salud si se convierten en cuidadores. «La falta de atención médica decente para todos tiene el potencial de producir daños multigeneracionales».

La divulgación de la demencia o el Alzheimer por parte de figuras públicas alivia el estigma, pero hace poco para aliviar las cargas financieras. Una lectora escribió sobre las cargas financieras de cuidar a su padre después de su diagnóstico de Alzheimer. «Ya sea que se trate de una persona famosa que viene a reconocer su viaje con esta terrible enfermedad o alguien como mi padre, un hombre ordinario para la mayoría, pero un gran hombre a mis ojos, los mejores recursos deben estar disponibles para todos los que son diagnosticados con esta terrible enfermedad». Pero no lo están.[65]

Otro lector señaló las cargas financieras adicionales impuestas por los proveedores de seguros de salud. No le revelará a su médico que su padre tiene demencia por temor a que su oportunidad de adscribirse a un seguro de atención a largo plazo disminuya y su coste aumente. «No necesariamente me importa que la gente lo sepa en general, pero no quiero ser víctima de una compañía de seguros».

Los beneficios del seguro médico se ven en cómo la elegibilidad para Medicaid durante la infancia afecta la salud y la economía en la edad adulta. Ser elegible para Medicaid desde pequeño redujo la mortalidad y la discapacidad, aumentó el empleo y disminuyó los pagos por discapacidad hasta cincuenta años después. Medicaid ha ahorrado al gobierno estadounidense más de lo que costó inicialmente y ha salvado más de diez millones de años de vida ajustados por calidad.[66]

Los beneficios del seguro médico también son evidentes en las consecuencias del mandato del seguro médico en Massachusetts y en la expansión de su cobertura. Los residentes de Massachusetts experimentaron mejoras significativas en el bienestar en relación con los residentes de Connecticut y otros estados de Nueva Inglaterra.[67]

Y los beneficios del seguro médico son evidentes en las consecuencias del seguro sanitario en Oregón, donde algunos adultos de bajos ingresos y sin seguro fueron elegidos por sorteo para inscribirse en el programa de Medicaid. La cobertura de Medicaid aumentó las visitas ambulatorias, las hospitalizaciones, los medicamentos recetados y las visitas a la sala de emergencias. La cobertura redujo en gran medida la deuda médica y prácticamente eliminó los gastos médicos estratosféricos. La cobertura también redujo en buena parte la prevalencia de la depresión, pero no tuvo efectos significativos sobre la salud física, medida por la presión arterial, el colesterol o el riesgo cardiovascular.[68]

La red de seguridad médica estadounidense es relativamente débil. Por otro lado, la red de seguridad británica es más fuerte, pero no lo suficientemente fuerte para todos. «Cuando tuve un linfoma, recibía el sueldo completo, etc., —dijo Helen, la mujer británica de 51 años mencionada anteriormente—, pero si le hubiera pasado a mi marido y no pudiera trabajar, entonces podríamos haber tenido un problema, puesto que era un trabajador autónomo en ese momento». Además, abundan las preocupaciones sobre el futuro del Servicio Nacional de Salud británico. «Si el gobierno actual y el futuro continúan desfinanciando el sistema, colapsará», dijo Julian, un británico de 36 años.

La red de seguridad médica finlandesa es sólida. «Vivo con trastorno bipolar y trastorno de estrés postraumático severo —escribió un lector de un artículo sobre los estadounidenses que viven con discapacidades—.[69] Gracias a Dios que vivo en un país donde todos pagamos impuestos por la atención médica. Tengo toda la asistencia médica y social que necesito. No sé cómo los estadounidenses con discapacidades de enfermedades mentales son capaces de vivir sus vidas de manera saludable. Supongo que no».

11

Trabajo

«No hay palabras para describir la increíble sensación que provoca traer una nueva vida a este mundo —dijo Barbara, la matrona británica de veintiocho años mencionada anteriormente en una unidad médica del Servicio Nacional de Salud (NHS)—. Y el simple agradecimiento de mis pacientes hace mucho por mi ánimo y mi personalidad».

El trabajo ocupa un lugar destacado entre los ámbitos del bienestar de la vida, en parte, porque representa una gran porción de nuestro tiempo, y a menudo determina dónde vivimos, cómo pasamos los días y las noches, y qué hacemos en nuestro tiempo libre. Obtenemos beneficios utilitarios de nuestro trabajo en ingresos, y también beneficios expresivos y emocionales, en identidad, significado, comunidad, dignidad y orgullo. Celebramos eventos de trabajo en nuestros lugares de trabajo, ya sean ascensos o jubilaciones, y también eventos de la vida, ya sean nacimientos o cumpleaños.[1]

Las actitudes sobre el trabajo ilustran las diferencias entre el bienestar experimentado y el bienestar evaluativo y de significado. El psicólogo Daniel Kahneman, premio nobel de Economía, y el economista Alan Krueger evaluaron el «afecto neto», una medida del bienestar experimentado, de actividades como trabajar, socializar después del trabajo, ver televisión y desplazarse al trabajo, calculando el promedio de tres adjetivos positivos: feliz, cálido/amigable y placentero, menos el promedio de seis adjetivos negativos: frustrado/molesto, deprimido/abatido, agobiado/acosado, enfadado/hostil, preocupado/ansioso y criticado/menospreciado.[2] Encontraron que las relaciones íntimas ocupaban el primer lugar en afecto neto, seguidas por la socialización después del trabajo. El trabajo se ubicó en el penúltimo lugar, más bajo que el viaje al trabajo por la tarde y más alto solo que el viaje por la mañana. Sin embargo, los economistas Jan-Emmanuel De Neve y George Ward descubrieron que las personas empleadas disfrutan de un mayor bienestar evaluativo de la vida que los desempleados, situándose en un escalón de la escala de Cantril* que es más alto en promedio que el escalón de los desempleados.[3] Y el economista Andrew Bryce encontró que la mayoría de las personas obtienen un alto sentido de bienestar de sus trabajos, considerando que el trabajo es más significativo que las compras, socializar, relajarse o el ocio.[4]

Los trabajadores reportan el mismo bienestar evaluativo en los días laborables y los fines de semana, pero reportan un mayor bienestar experimentado los fines de semana y días festivos, incluyendo más felicidad, disfrute y risas, y menos preocupación, tristeza y enfado. El contexto social, tanto en el trabajo como en el hogar, es importante para el bienestar experimentado. Los efectos de fin de semana son dos veces mayores entre los trabajadores remunerados a tiempo completo que entre el resto de la población, pero son mucho menores entre los trabajadores que consideran a sus supervisores de trabajo como socios en lugar de jefes, y cuyos entornos de trabajo son de confianza y abiertos.[5]

John, el hombre británico de treinta años mencionado anteriormente, ilustró la diferencia entre el bienestar de significado y el bienestar experiencial al describir el alto bienestar de significado que obtiene de su trabajo y el bajo bienestar experimentado que sufre al viajar hacia y desde ese trabajo. Le encanta trabajar con los clientes, ayudándoles a comprar propiedades que sean adecuadas para ellos. Lo que no le gusta es el viaje a Manchester, «puede ser agotador a veces».

Los vínculos entre el trabajo y el bienestar van en ambas direcciones. El trabajo mejora el bienestar y el bienestar mejora las perspectivas y los resultados del trabajo. Los hombres que trabajan más tiempo

* N. del T.: La escala de Cantril es una herramienta que mide la satisfacción con la vida de una persona, y va de cero a diez.

viven más tiempo, lo que se evidencia en los resultados de un programa holandés que redujo los impuestos a quienes trabajan después de los sesenta años. Los hombres que trabajaron más tiempo vieron caer la tasa de mortalidad a los sesenta años de alrededor del 8 % al 6 %.[6] Y un alto bienestar de los empleados conduce a su alta productividad, una alta lealtad de los clientes, una baja rotación de empleados y, en última instancia, beneficios tangibles para los empleadores por el aumento de la rentabilidad.[7]

Los líderes de las empresas entienden cada vez más que el bienestar de los empleados beneficia a las empresas, no solo a los empleados. «Para los directores financieros, el bienestar puede ofrecer rendimientos saludables», escribieron Jen Fisher, directora de bienestar de Deloitte, una empresa de consultoría y auditoría, y su colega Anh Phillips.[8]

Señalaron que el exceso crónico de trabajo provoca problemas de salud que disminuyen la productividad de los empleados, como depresión, diabetes, enfermedades cardíacas y trastornos del sueño, y citaron una encuesta que muestra que el 80 % de las organizaciones identifican el bienestar de los empleados como importante o muy importante en el éxito de su organización. Agregaron que el bienestar se promueve mediante un enfoque holístico, proporcionando a los empleados las herramientas que necesitan para mejorar ese bienestar.

Sin embargo, los programas de bienestar de los empleados todavía están peleando por demostrar sus beneficios.[9] Los investigadores de políticas de salud Zirui Song y Katherine Baicker siguieron a miles de empleados del BJ's Wholesale Club durante un año para controlar los efectos de su programa de bienestar. Los trabajadores que se inscribieron en el programa reportaron que hacían más ejercicio y cuidaban su peso, pero Song y Baicker no encontraron diferencias significativas en algunos resultados, como una menor presión arterial o menores niveles de azúcar y otras medidas de salud. Tampoco encontraron una reducción significativa en los costes de atención médica de los trabajadores.

«Estos hallazgos pueden moderar las expectativas sobre el retorno financiero de la inversión que los programas de bienestar pueden ofrecer a corto plazo», concluyeron Song y Baicker, pero añadieron que el programa BJ's Wholesale Club debe verse como un primer paso necesario en lugar de un veredicto final sobre los programas de bienestar en el puesto de trabajo.

Utilitario, expresivo y emocional

Un hombre entrevistado por el Pew Research Center ilustró los beneficios utilitarios, expresivos y emocionales del trabajo: «Restauro casas viejas y me apasiona hacerlo porque soy un poco artista y me encanta diseñar estas viejas bellezas para devolverlas a su antigua gloria... No podría importarme menos ser rico». Este hombre se expresa como un artista, restaurando «viejas bellezas» y disfruta de los beneficios emocionales del «amor» por su obra. A él «no podría importarle menos ser rico», pero le importan los beneficios utilitarios de las ingresos del trabajo necesarios incluso para una vida modesta.

Flaviana Decker, una mujer de 44 años, no esperaba ser rica antes de perder su trabajo de catorce años como camarera de Disney World, víctima del COVID-19. La pérdida de Decker de los beneficios utilitarios de su trabajo se vio agravada por los costes expresivos y emocionales de ser tratada como un «querido miembro del elenco» en la carta de despido que recibió. Un compañero trabajador despedido envió un mensaje de texto: «Al menos podrían haber puesto nuestro nombre», y otro agregó: «Eso es todo lo que somos, solo un número».[10]

El trabajo ofrece beneficios expresivos y emocionales a través de la dignidad. Un italiano entrevistado por Pew dijo: «Sin trabajo es difícil tener dignidad». Y el trabajo ofrece beneficios expresivos y emocionales en un sentido de acomodación y crecimiento personal. Un japonés dijo: «Conseguí el trabajo que quería. Habré dejado mi huella cuando mire hacia atrás en mi vida».[11]

La seguridad laboral mejora el bienestar y la inseguridad laboral agrava la salud mental de los trabajadores tanto como lo hace el desempleo. «Tengo seguridad en el empleo en lo que de otro modo podrían ser tiempos económicos inestables—dijo un hombre entrevistado por Pew—. Tengo lo suficiente para pagar mis cuentas y un poquito más». Lamentablemente, la seguridad laboral siempre estuvo ausente en la vida de Flaviana Decker, lo que disminuyó su bienestar incluso antes de ser despedida.

Las visas H1-B permiten a los trabajadores extranjeros, en su mayoría ciudadanos indios, trabajar en los Estados Unidos. Muchos asumieron que sus habilidades tecnológicas les proporcionaban seguridad laboral, pero esa seguridad era ilusoria y desapareció con los despidos masivos en el sector tecnológico en 2023. Se verían obligados a abandonar los Estados Unidos en un plazo de sesenta días a menos que encontraran un nuevo trabajo.

«Es molesto porque las cosas iban bien y pronto mi esposa dará a luz a un bebé», dijo Indu Bhushan, de 36 años. Bhushan ha estado buscando un nuevo trabajo, pero la competencia por los trabajos tecnológicos es feroz. «Regresar a la India solo porque mi H1-B no está siendo renovada es la peor manera de dejar un país, que se conoce como la tierra de las oportunidades».[12]

La aportación de los beneficios expresivos y emocionales del trabajo al bienestar son evidentes en un estudio de refugiados en los campamentos de Bangladesh. Algunos fueron asignados a un grupo que trabajaba y recibía dinero en efectivo por su trabajo, y otros fueron asignados a un grupo que recibía la misma cantidad de dinero en efectivo sin trabajar. El trabajo aumentó el bienestar sustancialmente más que el dinero en efectivo, y el 66 % de los refugiados asignados al grupo que trabajó estaban dispuestos a seguir trabajando gratis. El alto valor que los refugiados atribuyen a los beneficios expresivos y emocionales del trabajo es especialmente remarcable dada la pobreza hizo urgentes sus beneficios utilitarios.[13]

La mera satisfacción con el trabajo proporciona menos beneficios expresivos y emocionales que el hecho de estar comprometido en el trabajo. Gallup define a los trabajadores comprometidos como aquellos que están involucrados, entusiasmados y dedicados a su trabajo y a su lugar de trabajo. Define a los trabajadores activamente desvinculados como aquellos con experiencias laborales miserables, y a los trabajadores no comprometidos como generalmente satisfechos pero no conectados cognitiva y emocionalmente con su trabajo y su lugar de trabajo: se presentan a trabajar y hacen lo mínimo requerido, pero es probable que abandonen su empresa por una oferta ligeramente mejor. En 2018, el 34 % de los trabajadores estadounidenses estaban comprometidos, el 13 % estaban activamente desvinculados y el 53 % restante no estaba comprometido.[14]

Divya, la mujer estadounidense de 33 años mencionada anteriormente, trabaja en una empresa de informática, pero no se dedica a ese trabajo, o tal vez, se desvincula activamente de él: «Mi objetivo en la vida es iniciar un negocio de *foodtracks*. Me encanta cocinar y estoy cansada de trabajar en horarios apretados y completar proyectos en mi entorno laboral».[15]

Los trabajadores bien remunerados no necesariamente están comprometidos con su trabajo. De hecho, algunos se desvinculan activamente del mismo, considerando que no son más que medios para alcanzar un fin. La socióloga Marianne Cooper citó a Brooke Mah hablando de su marido Paul. «Siempre pienso que no es una persona feliz porque no creo que le guste el trabajo. Solo sabe que tiene que hacerlo». No siempre es divertido, les dice a sus hijos, pero hay que hacerlo. «Así que me siento mal por él». Paul admite que no le gusta el trabajo que hace: «¿Me gusta? No particularmente. Lo hago porque paga las facturas. Pero la naturaleza de lo que hago día a día, ¿me hace competente? Sí. ¿Me encanta hacerlo? No».[16]

Cooper también citó a Bret Colson, quien fue ascendido en el trabajo, asumiendo una capa adicional de responsabilidad, en parte, debido a las mayores recompensas financieras. «Francamente, no me gusta el trabajo que estoy haciendo ahora tanto como lo que estaba haciendo antes». De hecho, los ascensos proporcionan mayores recompensas financieras y mayores privilegios, pero no siempre mejoran el bienestar porque van acompañados de una mayor responsabilidad, rendición de cuentas y horas de trabajo. Los ascensos mejoran la satisfacción laboral a corto plazo, pero la salud mental es significativamente menor dos años después de recibir un ascenso.[17]

«No comprometidos» se convirtió en «desmotivados silenciosos» en la época de COVID-19, describiendo a los trabajadores que no hacen más que cumplir con las descripciones de sus trabajos.[18] Como señaló una encuesta de Gallup, esto es un problema porque la mayoría de los trabajos de hoy en día requieren un cierto grado de esfuerzo adicional para colaborar con los compañeros de trabajo y satisfacer las necesidades de los clientes. El aumento de estos desmotivados silenciosos en la época de la COVID-19 se debió en gran medida a expectativas poco claras, ausencia de oportunidades para aprender y crecer, sentimiento de descuido y falta de conexión con la misión o el propósito de la organización. La disminución del compromiso fue especialmente pronunciada entre la generación Z y los *millennials* más jóvenes que trabajan de forma remota.

La época de la COVID-19 fue también la época de la gran renuncia, ya que los trabajadores reflexionaron sobre su bienestar y algunos optaron por renunciar a sus trabajos. Un estudio realizado en Oregón durante ese periodo reveló que el 27 % de las personas cambiaron de situación laboral, el 11 % de los trabajadores perdieron su trabajo, el 5 % renunciaron y un poco más del 2 % se jubilaron.

Sin embargo, los trabajadores de Oregón que renunciaron a sus trabajos no necesariamente odiaban trabajar. De hecho, el 26 % de los trabajadores indicaron que estaban considerando renunciar a su trabajo, a pesar de que el 75 % dijo que estaba muy o algo satisfecho con su trabajo actual.[19]

El periodista Sydney Ember describió a Justin Hoffman, un director de *marketing* de veintiocho años de una consulta ortopédica, que probablemente habría renunciado a su trabajo en algún momento porque no estaba comprometido con él, y tal vez, se habría acabado desvinculando, pero la pandemia aceleró su decisión. «Para el Sr. Hoffman, la decisión de dejar su trabajo fue la culminación de meses de injusticias percibidas, que dijo que pudo evaluar con mayor claridad debido a la pandemia».[20]

De hecho, «las renuncias están aumentando porque la gente está viendo más ofertas de trabajo, no porque se sientan más marxistas —escribió el periodista Derek Thompson—.[21] Probablemente ni siquiera deberíamos llamarla la gran renuncia. Es más bien como el *Great Job Switcheroo*».*

Algunos renunciaron a sus empleos para trabajar por cuenta propia, como lo hicieron Melody e Ian Karle.[22] Ian estaba harto de su trabajo como gerente de calidad en una empresa de la industria del petróleo y el gas en Texas. Melody trabajaba como bibliotecaria académica. Se mudaron a Montana, donde Melody aceptó un trabajo como administradora remota del sistema de bibliotecas, e Ian comenzó su propia compañía de chocolate artesanal. «Ni siquiera sabes cuánto estrés tienes hasta que se ha ido», dijo Melody.

* N. del T.: Se refiere a dar un gran salto en términos de trabajo y económico.

El trabajo por cuenta propia libera a los trabajadores del estrés provocado por los jefes. De hecho, el bienestar de los trabajadores por cuenta propia es mayor que el de los asalariados, independientemente de los ingresos obtenidos o de las horas trabajadas.[23] Sin embargo, los trabajadores por cuenta propia tienden a ser demasiado optimistas, prediciendo un mayor bienestar a cinco años en el futuro que su bienestar real cinco años después. Esto puede deberse a que subestiman sus horas de trabajo y sobreestiman su satisfacción con el ocio.[24]

Trabajos, carreras y vocaciones

Los trabajos se convierten en carreras cuando siguen una escala profesional, como de subteniente en el ejército a teniente, capitán, comandante y luego a general. Los trabajos y las carreras se convierten en vocacionales cuando están estrechamente ligados a su identidad, es decir, la respuesta a la pregunta «¿quién soy yo?».[25]

La sanación energética es una vocación para un hombre entrevistado por Pew. Le encanta su trabajo, ayudar a las personas a superar las limitaciones, mejorar su salud y expandir su conciencia. «Las conexiones humanas personales con amigos, clientes, estudiantes y otras personas en mi vida me ayudan a contribuir a crear un mundo mejor».[26]

El trabajo que ofrece autonomía personal, oportunidades para ayudar a los demás y un sentido de impacto social positivo, es más probable que sirva como vocación, incluido el trabajo de terapeutas, médicos, enfermeras, maestros y trabajadores sociales.[27]

Luis, un mexicano de 34 años entrevistado por BlackRock, describió el bienestar que deriva de su vocación, ayudar a las personas y al planeta. Sintió una fuerte sensación de bienestar cuando construyó una empresa de energía renovable. «Siento satisfacción y me siento orgulloso de poder ayudar al planeta en estos tiempos en los que tanta gente está tratando de destruirlo».[28]

El alto bienestar entre los trabajadores que ayudan a otros es consistente con la observación de que hacerlo mejora el bienestar tanto de los ayudantes como de los ayudados. El impacto social positivo es aún más importante para mejorar el bienestar que el deseo de ayudar.[29] Sin embargo, aproximadamente el 8 % de los trabajadores percibe su trabajo como socialmente inútil, y otro 17 % duda de la utilidad de su trabajo, lo que disminuye su bienestar.[30]

A los trabajadores de un estudio se les pidió que etiquetaran las células tumorales. A algunos trabajadores se les dijo que el propósito de su tarea era identificar células tumorales, mientras que a otros trabajadores no se les dijo nada sobre el propósito de su trabajo. Los trabajadores tenían más probabilidades de participar cuando se les decía que su tarea era identificar células tumorales y, cuando participaban, etiquetaban más imágenes.[31]

Otro estudio manipuló la utilidad de una tarea, ensamblar una estructura de Lego, variando si las estructuras ensambladas se desmantelaban inmediatamente después de completarse o se mantenían intactas. La gente pedía un salario un 40 % más alto para hacer la tarea de montaje cuando las estructuras se desmantelaban inmediatamente, en comparación con cuando las estructuras se mantenían intactas.[32]

La senadora Diane Feinstein tenía noventa años cuando falleció, y su salud era evidentemente precaria cuando se negó a renunciar. «No son solo las ventajas, como los lugares de estacionamiento gratuitos y reservados en los aeropuertos de D.C., lo que hace que sea atractivo aguantar —escribió la periodista Annie Karni. Feinstein—, después de todo, es rica y ha volado en aviones privados durante la mayor parte de su carrera». Feinstein se refirió a su trabajo como su vocación. «Continúo trabajando y obteniendo resultados para California», dijo.[33]

El final de la vida de George Eastman, fundador de la compañía fotográfica Eastman-Kodak, es una ilustración extrema del trabajo como vocación e identidad. La periodista Kaitlyn Tiffany contó la historia de la excursión de su clase de quinto curso al Museo George Eastman en Rochester, Nueva York. Al final del recorrido leyeron las palabras que Eastman escribió antes de pegarse un tiro en el corazón. «Mi trabajo está hecho. ¿Por qué esperar?». «Contar esta historia a un grupo de niños de diez años no pretendía ser morboso, sino edificante: trabajar es vivir».[34]

Dejar un trabajo que sirve como identidad disminuye el bienestar. La socióloga Pamela Stone describió a Wendy Friedman, una editora de libros, contemplando la posibilidad de dejar su trabajo. «¿Cómo podría hacer esto?», pensó. Sí, era madre y esposa, pero «toda mi identidad era el trabajo».

Maeve Turner fue fiscal de distrito antes de dejar el trabajo. «Sabes, la primera pregunta que siempre te hacen es: "Bueno, ¿qué haces? ¿Dónde trabajas?". Y yo digo: "Bueno, ahora no estoy trabajando. Me quedo en casa con mis hijos". Y era como un muro de invisibilidad».[35]

Dejar un trabajo que no es una vocación puede mejorar el bienestar. Dorothy Lennon, una mujer de 43 años, pasó de centrarse en su trabajo como alta ejecutiva bancaria a centrarse en su familia. Lo describió como un cambio del «hacer» al «ser». Y una mujer entrevistada por Pew describió su buena fortuna de poder retirarse del mercado laboral para quedarse en casa y criar a sus hijos: «Supe desde muy joven que quería quedarme en casa y criar hijos. Fui increíblemente afortunada y me casé con un hombre que sentía que eso también era importante para una familia».[36]

Pero otra mujer entrevistada por Pew describió su frustración por ser ama de casa, desprovista de pasatiempos, carrera e incluso amigos: «Actualmente, no me siento muy satisfecha con mi vida. Soy ama de casa y mi vida es una monotonía y un caos sin fin».

Trabajo entre la clase obrera y la élite

El trabajo aumenta el bienestar, pero no todos los trabajos lo aumentan por igual. Además, ninguno se adapta a todo el mundo. Los promedios de bienestar en un trabajo concreto pueden ocultar diferencias en la adecuación a cada trabajador. Las personas disfrutan de un alto grado de bienestar cuando realizan un trabajo que se ajusta a sus intereses y personalidades.[37]

Aun así, el trabajo de los obreros produce un bienestar más bajo en promedio que el de los trabajadores de oficina en actividades de gran intensidad en mano de obra como la construcción, la minería, la manufactura, el transporte, la agricultura, la pesca y la silvicultura. Los gerentes, ejecutivos, funcionarios y trabajadores profesionales se sitúan en promedio por encima del sexto escalón de la escala de bienestar de Cantril, mientras que las personas que trabajan en la agricultura, la pesca o la silvicultura se sitúan en promedio por debajo del quinto escalón.[38]

El trabajo de los obreros requiere fuerza física y agilidad que disminuyen rápidamente a medida que envejecen, mientras que el de los trabajadores de oficina requiere fuerza mental y agilidad que disminuyen más lentamente. Vemos la diferencia entre los unos y otros en las edades de jubilación en el Seguro Social. La mitad de los obreros solicitan la pensión de la Seguridad Social tan pronto como cumplen los requisitos, a los 62 años. En cambio, una gran mayoría de los trabajadores de oficina trabajan más allá de los 62 años.[39]

Lorraine Porto se retiró de su trabajo administrativo, pero su familia está llena de artesanos, carpinteros, electricistas, agricultores y camioneros que trabajaron hasta que se agotaron. Las personas con trabajos administrativos no siempre son conscientes de «lo difícil y exigente que es trepar postes todos los días, descender a alcantarillas, construir rascacielos o traer heno con un calor de 32 grados y temperaturas bajo cero», dijo.[40]

Retrasar la jubilación era imposible para Mark Roberts, un exelectricista de 67 años. Tuvo que solicitar la pensión por discapacidad porque su lesión en el pie empeoró con el tiempo. No pudo trabajar el tiempo suficiente ni ganar lo suficiente para ahorrar para la jubilación y tiene dificultades para vivir de su pensión de discapacidad. «Tengo que sobrevivir durante un mes con lo que solía ganar cada semana».[41]

Sin embargo, los obreros se enorgullecen de su experiencia técnica y obtienen bienestar de ella. La profesora de Derecho, Joan Williams, describió a un instalador de tuberías que criticaba a los trabajadores de oficina «de camisa y corbata» por «demasiada politiquería». «Están compitiendo por puestos de trabajo y preocupándose por si están haciendo los movimientos correctos y esas cosas. Siento que no tengo que involucrarme en eso». En términos más generales, los hombres de la clase trabajadora a menudo ven a los profesionales de la élite como falsos. Un hombre que había dejado Wall Street para ser bombero dijo: «En las grandes empresas, hay muchas cosas falsas que suceden». Y un mecánico de coches dijo: «¿Sabes lo que odio? Dos caras. No soporto eso. Eres un farsante, eres un farsante. ¿Por qué ser un farsante?».

La dignidad y la estima entre los miembros de la élite provienen del trabajo en profesiones liberales.[42] La dignidad y la estima también se extienden a algunos miembros de la clase trabajadora, como los bomberos, los policías o los soldados. Para la mayoría de los miembros de la clase trabajadora, sin embargo, la dignidad y la estima no provienen del trabajo. «¿A qué te dedicas?» es una pregunta común para romper el hielo entre la élite, sin embargo, los miembros de la clase trabajadora la ven como una muestra de privilegio de clase. Williams describió que asistió a la reunión de la escuela secundaria de su marido cuando él le hizo la pregunta «¿qué haces?» a un trabajador que fue compañero de clase. La cara del compañero se puso muy roja cuando se acercó a la cara del marido y siseó: «Vendo baños».[43]

El filósofo Michael Sandel señaló que la alta estima otorgada a los miembros de la élite disminuye la estima que se concede a los miembros de la clase trabajadora. Les dice que el trabajo que realizan no solo es menos valioso en ingresos utilitarios, sino también en beneficios expresivos y emocionales de dignidad y honor. «En el corazón de los resentimientos populistas que agitan la política estadounidense están las quejas sobre el trabajo».[44]

Sandel citó las palabras de Martin Luther King Jr. a los trabajadores sanitarios en huelga en 1968. «La persona que recoge nuestra basura es, en última instancia, tan importante como el médico —dijo King—, porque si no hace su trabajo, las enfermedades proliferan. Todo trabajo tiene dignidad».

Williams señaló además que los trabajos de las personas de clase trabajadora tienden a ser rígidos, altamente supervisados y, a menudo, aburridos y repetitivos. Los trabajos de los hombres, como el de las fábricas, la construcción y la conducción de camiones de larga distancia, son duros, física y emocionalmente. Los trabajos de las mujeres, como la enfermería, el servicio al cliente y la gestión de pequeñas tiendas, pueden ser emocionalmente agotadores, incluso cuando no son tan duros físicamente como los de los hombres. Las personas de la clase trabajadora valoran la responsabilidad y la obediencia porque sus condiciones de trabajo y de vida se combinan con pocos recursos financieros para que sea difícil protegerse contra las adversidades.

Los miembros de la élite valoran la independencia más que la obediencia. Mientras que la disrupción puede hacer que los trabajadores de la clase trabajadora sean despedidos, la disrupción entre la élite significa fundar una empresa emergente exitosa. El economista Daron Acemoglu describió el efecto de la diferencia de valores en la forma en que los padres preparan a sus hijos para el mundo laboral. Los padres de clase trabajadora transmiten valores de obediencia a sus hijos para ayudarlos a encajar en un mundo laboral en el que recibirán órdenes, mientras que los padres de élite transmiten valores de independencia a sus hijos para que encajen en un mundo laboral en el que darán órdenes. Los valores de independencia preparan a los niños de la élite para trabajar como profesionales o empresarios, promoviendo la movilidad social, mientras que los valores de obediencia retrasan la movilidad social.[45]

El aumento de la práctica del trabajo desde casa en tiempos de COVID-19 amplió la brecha de bienestar entre los miembros de la élite y los de la clase trabajadora. Muchos miembros de la clase trabajadora fueron designados como «trabajadores esenciales», como los cajeros de los supermercados, lo que trajo pequeños aumentos salariales pero mucha exposición al COVID-19. Por el contrario, el trabajo desde casa prevalecía entre los miembros de la élite, algo común en actividades con trabajadores mejor educados y mejor pagados.[46]

Conciliación de la vida laboral y familiar

El trabajo y la vida, especialmente la vida familiar, pueden ser mutuamente incompatibles, disminuyendo el bienestar. La gran carga de trabajo, los horarios prolongados y las situaciones laborales estresantes pueden aumentar los conflictos entre el trabajo y la familia, mientras que los factores estresantes y las demandas familiares, como las responsabilidades del cuidado de los hijos o la discordia matrimonial, pueden aumentar los conflictos entre el trabajo y la familia.[47]

La socióloga Marianne Cooper citó a un adolescente: «Mi padre trabaja mucho. No hablo mucho con él». Le gusta pasar el rato con su padre, dice, «pero no soy tan cercano a mi padre como a mi madre».[48]

James, el hombre estadounidense de 52 años mencionado anteriormente, describió un mal equilibrio entre el trabajo y la vida personal.[49] Construyó un programa de apoyo psicológico con su prometida, y fue un gran negocio y las cosas iban muy bien. Se sentía gratificado financiera y personalmente porque estaba prestando un tremendo servicio al público. Sin embargo, el estrés del crecimiento de la empresa afectó su relación y fue apartado de la empresa. «Durante varios años después, me sentí perdido y fue un momento muy difícil para mí emocionalmente».

Hannah, una científica investigadora de treinta años en Escocia, describió un buen equilibrio entre el trabajo y la vida personal. Su trabajo de investigación puede consumir la vida con presiones para obtener resultados. Sin embargo, su organización fomenta el equilibrio entre el trabajo y la vida personal. «Cuando empecé, me dijeron que las pausas de una hora para almorzar eran la norma y realmente se aprovechaban, y que mucha gente salía a caminar, hacía ejercicio, socializaba, corría o incluso navegaba en esos descansos... Yo soy más productiva en el tiempo de trabajo: sé que tengo mucho que hacer y un tiempo limitado, así que lo logro».[50] Una semana laboral de cuatro días es un intento de aumentar el equilibrio entre el trabajo y la vida personal y mejorar el bienestar sin disminuir la productividad. Un estudio sobre una semana laboral de cuatro días en el Reino Unido reveló que la mayoría de los empleados mantenían su productividad. Además, casi cuatro de cada diez empleados experimentaron menos estrés, la mitad experimentó una mejora en la salud mental, y casi cuatro de cada diez también experimentaron una mejora en la salud física.[51]

El trabajo puede disminuir el bienestar cuando entra en conflicto con la familia, pero también puede mejorar el bienestar de las familias por los ingresos que las sostienen, y en las amistades, las habilidades y el sentido de competencia. Esta mejora bidireccional del trabajo y la familia es evidente en un estudio de empleados de una organización minorista a los que se les pidió que declararan su satisfacción laboral mediante grados de acuerdo con afirmaciones como «Estoy generalmente satisfecho con el tipo de actividad que hago en mi trabajo»; satisfacción familiar según los grados de acuerdo con afirmaciones como «Estoy contento con el progreso hacia los objetivos que tengo para mi familia», enriquecimiento del trabajo a la familia según los niveles de acuerdo con afirmaciones como «Me ayuda a entender diferentes puntos de vista y a ser un mejor miembro de la familia», y enriquecimiento de la familia al trabajo según los niveles de acuerdo con afirmaciones como «Me ayuda a adquirir habilidades y esto me convierte en un mejor trabajador». El estudio encontró que el enriquecimiento del trabajo a la familia promueve la satisfacción laboral, y el enriquecimiento de la familia al trabajo promueve la satisfacción familiar.[52]

Tiempo y dinero

Convertimos el tiempo en dinero mediante los ingresos del trabajo, equilibrando el trabajo y la vida y mejorando nuestro bienestar mediante los beneficios utilitarios de lo que el dinero puede comprar. Y convertimos el dinero en tiempo, equilibrando el trabajo y la vida y mejorando nuestro bienestar gracias a los beneficios expresivos y emocionales de lo que el tiempo libre puede proporcionar. Combinamos tiempo y dinero, y sustituimos uno por el otro para alcanzar nuestro mejor equilibrio entre el trabajo y la vida personal.

La jubilación reduce el dinero disponible, pero aumenta el tiempo disponible. Los jubilados convierten el tiempo en dinero al cambiar sus compras por productos que cuestan menos dinero pero que requieren más tiempo para convertirse en experiencias de consumo.[53]

La típica casa estadounidense de 1900 no tenía electricidad, escribió el periodista Derek Thompson, y solo los ricos tenían fontanería interior. Las décadas siguientes trajeron refrigeradores, estufas, lavadoras y secadoras y aspiradoras que ahorraron tiempo.[54]

La gente podría haber convertido su nuevo tiempo en los beneficios expresivos y emocionales del ocio, pero la mayoría optó por convertirlo en los beneficios expresivos y emocionales de la ropa lavada y los hogares limpios. «Porque nosotras, las amas de casa de hoy, tenemos las herramientas para alcanzarlo —dijo una mujer en la década de 1920—, excavamos todos los días tras el polvo que dejó la abuela en un cataclismo primaveral».

Pocas personas tienen todo el tiempo y el dinero que quieren. La escasez de dinero es común, al igual que la escasez de tiempo. Pero estas dos presiones toman formas diferentes entre la clase obrera y la élite.

Un informe de la Brookings Institution describió a Kevin, un padre de clase trabajadora que trabaja en su negocio familiar con problemas financieros. Se preocupa por sus hijos y le gustaría proporcionarles todo el dinero y tiempo que necesiten, pero se siente presionado, lo que lo obliga a elegir dinero a lo largo del tiempo. «En este momento, todo mi tiempo está en ganar dinero, de cualquier manera posible... Trato de darles a los niños todas las cosas que yo no tenía».[55]

Trevor, un padre de clase trabajadora que trabaja en el control de plagas, se enfrentó a la elección entre el tiempo y el dinero cuando su hijo le pidió que lo llevara al Festival del Renacimiento. Trevor, al igual que Kevin, eligió el dinero en lugar del tiempo. «Tengo que ganar este dinero», le dijo a su hijo. Cuando la esposa de Trevor dijo que su hijo estaba molesto, él contestó: «Sí, pero tienes que entenderlo».

Las madres de clase trabajadora se ven obligadas a elegir entre el tiempo y el dinero tanto como los padres, si no más. Cada vez más madres de clase trabajadora trabajan a tiempo completo mientras continúan haciendo la mayor parte del trabajo doméstico y el cuidado de los niños. Las familias monoparentales son ahora más comunes, especialmente entre las madres en el extremo inferior de la clase trabajadora, lo que aumenta la presión para proporcionar tiempo y dinero. Por lo general, las madres de clase trabajadora sienten que nunca tienen suficiente tiempo, que no pueden ponerse al día y que sufren la molesta sensación de que su trabajo nunca termina.

El informe de Brookings presentó a Wendy, una madre casada de cuatro hijos que los educa en casa y recoge «entregas de Uber, Instacart y todo ese tipo de cosas» además de administrar su hogar. «Nunca tengo suficiente tiempo —explicó—. Eso es lo único que siempre digo: tengo poco tiempo. Siento que tiene que haber tres como yo porque no tengo tiempo para hacer todo».

Wendy opta por asumir un trabajo adicional, sacrificando tiempo por dinero, para mejorar las experiencias de sus hijos tanto en tiempo como en dinero. «Estoy tratando de salir adelante o ganar dinero, para poder pasar más tiempo de calidad con ellos e ir a más lugares y hacer más cosas».

Muchos miembros de la clase trabajadora, especialmente las mujeres, carecen de una planificación avanzada en su trabajo, lo que disminuye su bienestar al exprimir tanto el tiempo como el dinero. Cuando el empleador llama a María, una mujer que trabaja en el comercio minorista: «No importa si ese día alguien falleció o alguien cumplió años», debe ir a trabajar.

La socióloga Sarah Halpern-Meekin y sus coautores describieron a Rose Alvarez, una madre soltera con dos hijos adolescentes, que trabaja como asistente de atención médica en el hogar y trata de trabajar cuarenta horas a la semana: «A veces trabajo solo cinco horas al día, así que eso no es bueno. Pero la razón es porque cuando las personas se enferman más, las internan en un hogar de ancianos. Algunos de ellos, simplemente se van y fallecen».[56]

La inestabilidad y la imprevisibilidad de los horarios de trabajo disminuyen en gran medida el bienestar. De hecho, unas condiciones de trabajo flexibles mejoran el bienestar tanto como los grandes aumentos de los salarios.[57] Un estudio en las tiendas de ropa Gap encontró que las condiciones de trabajo flexibles para los empleados aumentaron las ventas, disminuyeron los costes de mano de obra y aumentaron la productividad de la tienda.[58]

Algunos miembros de la élite priorizan el trabajo sobre la familia debido a necesidades financieras comunes de los miembros de la clase trabajadora. Los economistas Peter Kuhn y Fernando Lozano concluyeron que los miembros de la élite estadounidense trabajan más horas porque hacerlo proporciona mayores beneficios utilitarios. Estos beneficios utilitarios no son necesariamente inmediatos, ya que los salarios que ganan los trabajadores de la élite rara vez incluyen el pago de horas extra, pero los horarios más largos aumentan la probabilidad de futuros aumentos, bonificaciones o ascensos en sus empresas actuales o futuras. Y a medida que la seguridad laboral ha disminuido entre los trabajadores de la élite, las largas jornadas de trabajo aumentan la probabilidad de mantener sus empleos.[59]

Sin embargo, a veces los miembros de la élite también priorizan el trabajo sobre la familia porque su trabajo es su vocación e identidad. «Soy abogada, profesora de Derecho y escritora —escribió Lara Bazelon—. También soy una madre divorciada de dos niños pequeños. A menudo me preguntan alguna versión de: "¿Cómo sobresalir en el trabajo y ser la mejor madre que puedas ser?". Esta pregunta presupone que es posible lograr un equilibrio entre el trabajo y la vida personal. No lo es».[60] Bazelon prioriza su trabajo por encima de sus hijos porque es el único sostén de una familia monoparental, pero también porque su trabajo es su vocación e identidad. «Priorizo mi trabajo porque soy ambiciosa y porque creo que es importante. Si no escribiera, enseñara y litigara, una parte de mí se sentiría vacía». Bazelon describió su trabajo como abogada litigante en un caso para liberar a un hombre inocente. En ese momento, su hijo tenía cuatro años y su hija dos. «¿Por qué te vas tanto?», le preguntó su hijo. Explicó lo que estaba en juego.

Una lectora escribió: «Como escritora profesional y madre de tres hijos, seis nietos y tres bisnietos, encontré que este artículo es uno de los argumentos feministas más escalofriantes que he leído. Espero que sus hijos sean indulgentes».

Pero otra escribió que su hija acaba de cumplir doce años y recientemente leyó *Matar a un ruiseñor*. Le mostró a su hija el artículo de Bazelon para explicarle por qué su madre dedicaba tanto tiempo a su trabajo y le preguntó qué pensaba. «Ella está haciendo lo que Atticus hizo por su cliente —dijo la hija—, siempre puedes celebrar un cumpleaños otro día, pero no siempre puedes ayudar a un hombre inocente». «Mi trabajo está hecho», concluyó la madre.

El periodista Derek Thompson describió la creencia de que el trabajo es la pieza central de la identidad y el propósito de la vida como «culto al trabajo».[61] «Los mejor educados y los estadounidenses con mayores ingresos, que pueden tener lo que quieran, han elegido el cargo por la misma razón por la que los cristianos devotos asisten a la iglesia los domingos: es donde más se sienten ellos mismos».

Los estudios de las expertas en gestión Christine Beckman y Melissa Mazmanian, revelaron que los miembros de la élite se esfuerzan por ser trabajadores ideales, padres perfectos y diligentes guardianes de su salud.. «Esperábamos que la gente dijera: "Uf, quiero hacer menos"», dijo Mazmanian. Pero lo que escucharon fue: «Quiero hacerlo todo mejor. La idea de hacer menos simplemente no está en el ADN de las personas de alto rendimiento».[62]

Muchos trabajadores de la élite estadounidense también obtienen beneficios expresivos y emocionales de largas horas de trabajo en un alto estatus social. Los símbolos de estatus varían según la cultura y el tiempo. Los estilos de vida pausados indican un alto estatus en algunas culturas y épocas, mientras que los estilos de vida con exceso de trabajo señalan un alto estatus en otras.

La especialista en *marketing* Silvia Bellezza y sus coautores enfrentaron una cita del libro de Thorstein Veblen de 1899, *The Theory of the Leisure Class*, con una de un anuncio de Cadillac en la Super Bowl de 2014.

Veblen escribió: «La abstención notoria del trabajo se convierte en la marca convencional de un logro económico superior». En contraste, el comercial de Cadillac decía: «En otros países, trabajan, caminan a casa, se detienen en el café, se toman agosto libre, ¡libre! ¿Por qué no eres así? ¿Por qué no somos así? ¡ Porque somos unas personas apasionadas y trabajadoras, por eso!».

Bellezza y sus coautores encontraron que en los Estados Unidos, el ajetreo y la falta de tiempo libre connotan un alto estatus social, impulsado por las percepciones de que una persona ocupada es competente, ambiciosa y demandada en el mercado laboral. En Europa, sin embargo, el ocio sigue teniendo una alta connotación social, como en la época de Veblen.[63] Cuando a los miembros de la élite estadounidense se les pregunta: «¿Cómo estás?», la respuesta correcta es «muy ocupado», lo que indica que tienen una gran demanda.[64]

Trabajar en familia y compañeros de trabajo como miembros de la familia

A menudo escuchamos comentarios de aprobación sobre lugares de trabajo que se sienten como la propia casa y compañeros de trabajo que se sienten como miembros de la familia. De hecho, los compañeros de trabajo que actúan como hermanos serviciales y los jefes que actúan como padres cariñosos mejoran el bienestar.[65]

Jean, la mujer estadounidense de 31 años mencionada anteriormente, tuvo la suerte de tener una jefe que actuaba como una hermana mayor servicial. «Ella era cinco o seis años mayor que yo, así que fue una especie de mentora en el sentido de que estábamos lo suficientemente cerca en edad como para sentir que ella sabía lo que iba a venir después para mí».[66]

Alexia Rowe, una mujer de veinticinco años, fue afortunada de tener una jefa que actuaba como una madre cariñosa. Rowe, que es taquillera, llamó a los espectadores que tenían entrada para decirles que se había reprogramado un espectáculo. Uno de ellos empezó a gritarle. A la mañana siguiente, sintió una oleada de ansiedad y su jefa le permitió tomarse un descanso de hacer llamadas. «Si dejo este puesto —dijo Rowe—, no voy a encontrar un gerente que sea como ella».[67]

Sin embargo, como señaló el periodista Joe Pinsker, «los lugares de trabajo como hogar y los compañeros de trabajo como familia también pueden ser insalubres, manipuladores y tóxicos. Cuando escucho algo como "aquí somos como una familia", completo la analogía en silencio: "Te impondremos obligaciones, esperaremos tu devoción incondicional, no respetaremos tus límites y nos resentiremos si priorizas algo por encima de nosotros"».[68]

Los compañeros de trabajo como familias tóxicas trajeron la tragedia a nueve trabajadores asesinados por un compañero en una agencia de tránsito en Silicon Valley.[69] El pistolero llevaba un cuaderno en el que expresaba su enfado hacia sus compañeros de trabajo. «Fue muy deliberado y muy rápido —dijo un portavoz de la agencia—. Sabía dónde estarían los empleados».

Los compañeros de trabajo, como familias tóxicas, disminuyen el bienestar al dañar la salud mental y física, incluso cuando no conducen a la tragedia. El cirujano general Vivek Murthy dijo a los estadounidenses que «los lugares de trabajo irrespetuosos o despiadados podrían ser peligrosos para su salud». El estrés crónico interfiere con el sueño, aumenta la vulnerabilidad a las infecciones y se asocia con problemas de salud que van desde enfermedades cardíacas hasta depresión.[70]

De hecho, la falta de respeto en el trabajo disminuye el bienestar más de lo que el respeto lo mejora. Una maestra negra descrita por la socióloga Michele Lamont notó el desgaste diario de la falta de respeto, ya que sus compañeros de trabajo no la saludan cuando entra en la sala de maestros, mientras que saludan a una maestra blanca que entra con ella a la sala.[71]

No todos los trabajadores tienen la suerte de tener compañeros de trabajo que actúan como hermanos que te ayudan y jefes que actúan como padres cariñosos. April, una mujer estadounidense de 31 años entrevistada por BlackRock, describió la frustración que la llevó a cambiar de trabajo. «Un gerente en el que confiaba le dijo a mi jefe que me estaba entrevistando con otro equipo, y el ambiente se volvió muy hostil». Se sentía estresada, traicionada e insegura de cómo se desarrollarían las cosas. Por suerte, a las pocas semanas encontró un nuevo puesto y se marchó. Y Zihan, un hombre chino de 34 años, dijo: «Estuve trabajando muchas noches, pero al final no recibí el reconocimiento de mi jefe a pesar de todo el trabajo duro. Fue bastante desmoralizador».[72]

La confianza en la dirección era baja en la empresa de John, el hombre británico de treinta años antes mencionado, lo que disminuía su bienestar. Su jefe «tenía una vibra negativa y parecía estresado todo el tiempo», y sus «demandas estúpidas, su enfado, y su comportamiento intimidatorio» hicieron que John se sintiera mal, estresado y ansioso por su salud. «Empecé a tener erupciones en la cabeza y no estaba en un buen estado». Las adquisiciones corporativas se asemejan a familias mixtas, disminuyendo el bienestar al aumentar el estrés, la ansiedad, la depresión, el uso de medicamentos psiquiátricos e incluso el suicidio. Estos efectos son frecuentes entre los trabajadores tanto de las empresas adquiridas como de las adquirentes, tanto en las empresas en dificultades como en las rentables. Los trabajadores más afectados por las adquisiciones son aquellos cuyas carreras se han visto truncadas, los obreros y los trabajadores con menores habilidades cognitivas y no cognitivas.[73]

Burnout

Roy Coops, entrevistado por *Business Insider*, describió su agotamiento en un lugar de trabajo estresante y el daño que supuso para su bienestar. «Hace unos años trabajé para una gran empresa de *fitness* que me proporcionaba un buen salario, un coche de empresa, un ordenador portátil y un teléfono móvil. Todo lo que tenía que hacer era trabajar siete días a la semana, diez horas al día». El rendimiento de Coops se medía por el número de nuevos miembros que reclutaba para el gimnasio, pero eso significaba que los miembros existentes no recibían la atención que necesitaban y se iban. Coops prefería cuidar a los miembros existentes en lugar de sufrir el estrés de reclutar nuevos. Entonces, fue despedido de la empresa de mala manera.[74]

El *burnout* o agotamiento laboral que experimenta Coops es muy común, al igual que su efecto negativo tanto en el bienestar de los trabajadores como en el éxito financiero de sus empresas. «En esencia —escribió la periodista Olga Khazan—, el agotamiento es un problema de trabajo y los cambios en el lugar de trabajo son la mejor manera para arreglarlo».[75]

El *burnout* puede provenir de una carga de trabajo excesiva, una cultura laboral despiadada centrada en los resultados, un control o autonomía insuficientes, falta de reconocimiento o recompensa por el trabajo, ausencia de comunidad y una sensación de injusticia. Las características laborales que ayudan a prevenir el agotamiento profesional incluyen tratar a los colegas como amigos e inspirarse mutuamente con respeto, gratitud, confianza e integridad.[76]

Las expertas en gestión Emma Seppälä y Kim Cameron señalaron que demasiadas empresas actúan como si las culturas estresantes del lugar de trabajo produjeran éxito financiero. Sin embargo, los lugares de trabajo estresantes no solo disminuyen el bienestar de los trabajadores, sino que también disminuyen el éxito financiero de las empresas.[77]

A las empresas les resulta difícil cambiar la cultura que conduce al agotamiento, lo que se evidencia en los efectos de la política de «fin de semana protegido» de los bancos para los banqueros junior, destinada a prevenir este agotamiento laboral, garantizando el tiempo libre durante los fines de semana, específicamente los sábados. La política indujo a los banqueros a quedarse en casa los sábados, pero también los indujo a trabajar más tiempo otros días.[78]

La dificultad de cambiar la cultura también fue evidente en Pacific Investment Management Co. (PIMCO), un gigante administrador de fondos.[79] Algunos trabajadores disfrutaban de su cultura de «sálvese quien pueda» y competencia despiadada. Uno dijo: «Fui allí no porque quisiera un lugar cómodo, sino para ganar dinero... todo lo demás eran detalles». Los trabajadores más jóvenes ya no están dispuestos a aceptar trabajos como pruebas de resistencia, o que incurran en un trato injusto o en la falta de diversidad. Y los grandes inversores, como los sistemas de pensiones, presionan a los administradores de dinero para que cambien sus culturas despiadadas de «sálvese quien pueda».[80]

Naomi Osaka, la segunda tenista femenina del mundo en ese momento, evitó el *burnout* al priorizar su bienestar sobre la oportunidad de participar en el prestigioso torneo de tenis Roland Garros. Se retiró del torneo después de que los funcionarios del tenis le impusieran una multa de 15 000 dólares y amenazaran con expulsarla del torneo por no participar en sus conferencias de prensa obligatorias. Hablar con los medios internacionales tiene un alto coste en su salud mental, dijo Osaka, lo que agrava la ansiedad inherente a los torneos prestigiosos. Como señaló la escritora Kelli María Korducki, el problema no es un ataque repentino de pereza. El problema es el trabajo. «Osaka ha dado un rostro público a una revuelta creciente y largamente esperada».[81]

Desempleo

La pérdida de un empleo puede devastar el bienestar. El desempleo priva a los trabajadores no solo de ingresos y sus beneficios utilitarios, sino también de los beneficios expresivos y emocionales que aporta la estructura del tiempo, que es la organización y planificación del tiempo de las personas empleadas, y del sentido de pertenencia, propósito y competencia necesarios para el bienestar.[82] Cuanto más tiempo estén las personas sin empleo, más probabilidades tendrán de sufrir depresión.[83]

Gabriel, un británico de 46 años entrevistado por BlackRock, fue privado de la estructura temporal y de un sentido de pertenencia y propósito cuando perdió su trabajo: «Me sentía deprimido, sin valor y tenía una sensación de falta de pertenencia». No sabía qué hacer con su tiempo, así que durante ocho a diez horas del día «daba vueltas en círculos».[84]

El desempleo sigue siendo una cicatriz en el bienestar mucho después de haber recuperado el empleo.[85] Por otra parte, el desempleo se extiende a todos, incluso a los que ahora están empleados, que temen ser los siguientes en la cola del desempleo.[86] De hecho, los costes expresivos y emocionales del desempleo y sus efectos sobre el bienestar no se mitigan cuando muchas personas alrededor están desempleadas. Y el impacto fuertemente dañino de la falta de empleo en el bienestar no desaparece con el tiempo, ni los repetidos episodios de desempleo lo mejoran.[87] Y mientras que en el tiempo hay una adaptación del bienestar al divorcio, a la viudedad y al nacimiento del primer hijo, hay poca adaptación al desempleo para los hombres.[88]

La antropóloga Katherine Newman contó la historia de David Patterson, un miembro de la élite, que fue despedido de su puesto en una industria informática en Long Island a finales de la década de los ochenta, cuando toda la industria estaba en crisis. Intentó encontrar un nuevo trabajo, sin éxito. «La gente no entiende que puedes enviar 150 cartas a los cazatalentos y obtener diez respuestas. Tal vez uno o dos se conviertan en algo, pero hay un centenar de personas cualificadas que van detrás de cada trabajo».

Él y su esposa agotaron sus ahorros y se vieron obligados a vender su casa. Las amistades en el círculo de Patterson giraban en torno a salidas a restaurantes elegantes, bailes en el club de campo y el ocasional espectáculo o concierto de Broadway en Nueva York, por lo que dejó de llamar a sus amigos porque no tenía buenas noticias que compartir. Se culpaba a sí mismo por su situación y se preguntaba si su esposa también lo culpaba.[89]

El sociólogo Victor Tan Chen contó la historia de John Hope, un miembro de la clase trabajadora, que perdió su trabajo en 2009. Durante catorce años había trabajado en una planta de coches cerca de Detroit, levantando parachoques de camiones pesados en una máquina que pule las imperfecciones del acero en bruto, preparándolos para la inmersión en un baño químico que recubre cada parachoques con una fina capa de cromo brillante.[90]

Hope se enorgullecía de la fuerza necesaria para sujetar los parachoques sin que se volcaran, y de la habilidad para pulir cada pieza con precisión para que desapareciera toda la abrasión. A medida que su trabajo desapareció por la automatización, también lo hicieron su salario, su estatus y su orgullo. Todos sus buenos amigos trabajaban en la planta. «Cuando trabajas catorce años, son todos los amigos que tienes». Se culpa a sí mismo por no trabajar más duro, y a su sindicato, y a su empleador.[91]

De hecho, el economista Daron Acemoglu descubrió que al menos la mitad de la creciente brecha salarial entre los trabajadores estadounidenses en los últimos cuarenta años se debe a que se ha producido una reducción de los salarios de los trabajadores estadounidenses, por la automatización de tareas que antes realizaban las personas.[92] La globalización y el debilitamiento de los sindicatos han desempeñado un papel importante.

«Pero el factor más importante es la automatización». Aun así, los sindicatos aumentan el bienestar de los miembros de la clase trabajadora al mejorar su situación financiera, su salud personal y la calidad del lugar de trabajo, incluida la seguridad en el trabajo, el equilibrio entre la vida laboral y personal, la confianza interpersonal y la autonomía de los trabajadores.[93]

Los efectos negativos del desempleo en el bienestar pueden mitigarse en cierta medida mediante actividades que reduzcan el estrés, como la participación en las actividades artísticas, la socialización, los viajes e ir a la iglesia. Esto también aumenta la probabilidad de encontrar un nuevo empleo.[94]

Los efectos negativos del desempleo sobre el bienestar también pueden mitigarse en cierta medida mediante normas sociales. A los cincuenta años, el bienestar de las personas desempleadas es mucho menor que el de las personas empleadas. Pero el bienestar de los desempleados aumenta después de los cincuenta años a medida que las personas empleadas se van jubilando.[95]

Empleo a tiempo parcial

El empleo a tiempo parcial, a diferencia del desempleo, no necesariamente disminuye el bienestar. Depende mucho de si uno realmente quiere trabajar más horas o no. De hecho, los empleados a tiempo parcial que no buscan un empleo a tiempo completo disfrutan de un mayor bienestar que los empleados a tiempo completo, y sufren menos estrés y preocupación.[96]

Un hombre entrevistado por Pew dijo: «Tengo la suerte de tener una profesión (psiquiatría) que me permite trabajar a tiempo parcial a pesar de ser mayor, y me proporciona un buen ingreso. Vengo de una familia de clase media baja y no necesito mucho dinero».[97]

La relación entre el empleo y el bienestar varía según el género.[98] Los hombres, más que las mujeres, se perciben a sí mismos como los proveedores de la familia y, por lo tanto, consideran esencial el trabajo. Jonathan, el hombre estadounidense de 67 años mencionado anteriormente entrevistado por BlackRock, estaba desesperado cuando su trabajo fue eliminado. «¿A dónde voy a partir de aquí? ¿Cómo voy a mantener a mi familia?».[99]

Un estudio sobre estudiantes de medicina señala diferencias entre las preferencias laborales de hombres y mujeres. Las mujeres prefieren ocupaciones caracterizadas por menores ingresos y menor requerimiento de tiempo, menos competencia y una mayor contribución social. Y las mujeres son más propensas que los hombres a estar como residentes en los lugares donde van a vivir.[100]

La variación por género es evidente en Australia. Las madres que trabajan a tiempo parcial disfrutan de un mayor bienestar que las madres que trabajan a tiempo completo, especialmente cuando sus hijos tienen menos de cuatro años.[101] Esta variación es evidente también en el Reino Unido. Los hombres disfrutan del mayor bienestar si trabajan a tiempo completo sin horas extraordinarias, mientras que las mujeres prefieren trabajos a tiempo parcial.[102]

Los hombres en edad de trabajar que no están en el mercado laboral, como los padres que se quedan en casa, los discapacitados o los jubilados, sufren mayores reducciones en el bienestar que las mujeres. Además, estos hombres experimentan un mayor afecto negativo y un menor afecto positivo, mientras que no hay mucha diferencia entre el afecto, positivo o negativo, de las mujeres que están fuera de ese mercado laboral con respecto a las que son empleadas a tiempo completo.[103]

La discapacidad hizo que un hombre entrevistado por Pew causara baja laboral y disminuyó su bienestar: «Cuando miro hacia atrás en mi vida, extraño el trabajo que ya no puedo hacer. Me siento satisfecho de haber podido ser oficial de policía y detective en mi juventud y haber podido ayudar a muchas personas». Fue altamente condecorado por su trabajo excepcional hasta que recibió un disparo en la cara cuando acudió en ayuda de una persona que estaba siendo golpeada en la calle, y se vio obligado a retirarse.[104]

Los conflictos entre el trabajo y la maternidad, intensificados por la COVID-19, llevaron a algunas mujeres que trabajaban en oficinas a renunciar a sus trabajos o a cambiar a un trabajo a tiempo parcial. La periodista Olga Khazan describió la frustración de Molly Quigley, una mujer que no puede «hacerlo todo» ni estar al 100 % en su carrera y vida personal al mismo tiempo.[105] Quigley trabajaba siete días a la semana desde su casa como directora de comunicaciones de un restaurante. Mientras tanto, sus tres hijos estaban a su alrededor, haciendo la escuela por Zoom. «Estuve gritándole a todo el mundo todo el día —dijo Quigley—. Y mi hijo de seis años no se quedaba en su clase de Zoom. Y finalmente me di cuenta de que no puedo hacerlo todo».

Khazan señaló que las mujeres que entrevistó son afortunadas, ya que trabajan en campos donde es posible hacerlo a tiempo parcial, con maridos que aportan dinero. Algunas fueron despedidas y otras renunciaron, como lo hizo Karen Craigo, cansada de trabajar para un jefe que le pedía sugerencias, solo para rechazarlas de inmediato. Renunció para convertirse en escritora *freelance* y ahora recibe más refuerzos positivos de los clientes.

El trabajo a tiempo parcial es más común entre las mujeres fuera de los Estados Unidos. Una cuarta parte de las mujeres estadounidenses trabajan a tiempo parcial, en comparación con aproximadamente el 12 % de los hombres. Pero la mayoría de las mujeres holandesas trabajan a tiempo parcial, pasando la semana laboral «practicando deportes, plantando jardines, haciendo proyectos de arte, pasando el rato con sus hijos, haciendo voluntariado y reuniéndose con sus amigos».[106] Sin embargo, el trabajo a tiempo parcial tiene sus desventajas. Las mujeres holandesas tienen menos probabilidades que las estadounidenses de ser gerentes. Y a los trabajadores a tiempo parcial se les paga menos y obtienen menos prestigio.

Jubilación

A algunos les resulta fácil la transición del trabajo a la jubilación, lo que mejora su bienestar. «Mi marido y yo hemos hecho un gran esfuerzo para simplificar nuestra vida —dijo una mujer entrevistada por Pew—. No hay viajes diarios angustiosos al trabajo, no hay un gerente/supervisor inmediato que esté estresado y transmita estrés».[107]

Sin embargo, el cambio del trabajo a la jubilación puede ser complicado porque la nómina y sus beneficios utilitarios se acaban. Además, la jubilación también detiene los beneficios expresivos y emocionales de la identidad, la estructura y el significado, dejando viejas relaciones y formando otras nuevas.[108] ¿Cómo llenaremos nuestros días? ¿Y cómo lo resolveremos?[109]

De hecho, la jubilación anticipada puede aumentar la probabilidad de muerte prematura. Los hombres suizos que se jubilan dos años antes de la edad legal de jubilación aumentan su riesgo de muerte antes de los 83 años en 41 puntos porcentuales. El efecto se debe a la pérdida de estructura que proporciona el trabajo y a los correspondientes estilos de vida poco saludables, como el aumento del consumo de alcohol y el consumo de tabaco. Es más pronunciada entre los hombres solteros y los hombres que viven en la parte de habla alemana de Suiza acostumbrados a normas que favorecen el trabajo entre los hombres que viven en la parte de habla latina.[110]

Además, la jubilación completa conduce a un aumento de entre el 5 % al 16 % en las dificultades asociadas con la movilidad y las actividades diarias en un período promedio posterior a la jubilación de seis años; un aumento del 5 % al 6 % en las condiciones de enfermedad, y un deterioro del 6 % al 9 % en la salud mental. Los efectos se derivan de los cambios en el estilo de vida, incluida la disminución de la actividad física y las interacciones sociales. Los efectos adversos para la salud son menores entre las personas casadas, las que cuentan con apoyo social, las que siguen realizando actividad física y las que siguen trabajando a tiempo parcial.[111]

Los efectos de la jubilación en la salud mental y el bienestar varían según el género y el estado civil. La jubilación de los hombres con pareja mejora la salud mental y el bienestar tanto de ellos como de sus parejas. Pero la jubilación disminuye la salud mental y el bienestar de los hombres solteros, en parte, debido a la soledad.[112]

La jubilación es especialmente difícil para aquellos cuyo trabajo fue también su vocación e identidad. Disfrutaron de su mayor bienestar durante sus años de trabajo, y la jubilación disminuye considerablemente su bienestar.[113] Algunos se declaran «jubilados fracasados» y optan por reanudar el trabajo.[114] De hecho, tener muy poco tiempo se asocia con un bajo bienestar, al igual que tener demasiado tiempo.[115]

En respuesta a un artículo sobre jubilados fracasados, un lector escribió:[116] «Sí, soy uno de esos que regresan. Bromeo diciendo que pensé que estaba quemado, pero resulta que solo estaba chamuscado». Otro escribió: «A algunos de nosotros que tenemos largas carreras profesionales nos resulta difícil "apretar el gatillo" y jubilarnos [porque] vinculamos nuestras profesiones muy estrechamente a nuestras identidades. Eso tiene mucho menos que ver con las finanzas que con nuestra identidad».

La transición directa «de golpe» del trabajo a tiempo completo a la jubilación completa sigue siendo la más común, pero muchos prefieren la jubilación gradual con trabajos puente. Entre los estadounidenses mayores con recursos financieros adecuados, el 38 % se dedica a trabajos puente y otro 7 % los busca. Aquellos que realizan trabajos puente tienden a trabajar menos horas, tienen horarios flexibles y reciben una compensación más baja.[117] Los efectos sobre el bienestar de la jubilación de golpe son similares a los de la jubilación gradual, pero los efectos sobre el bienestar de la jubilación que se percibe como elegida son más positivos que los de las jubilaciones percibidas como forzosas.[118]

Un lector se describió a sí mismo como un abogado que tenía un trabajo puente tras jubilarse a los 69 años después de cuarenta años de práctica del derecho privado. «Me aburrí hasta la muerte en la jubilación y tuve la suerte de poder aplicar mis talentos al sector público... con una compensación mucho menor. Como las finanzas claramente no son un problema, trabajo porque amo lo que hago, no porque lo necesite».

Muchos, sin embargo, se vieron obligados a jubilarse anticipadamente en la época de la COVID-19, sin poder cambiar a otro trabajo a tiempo completo o encontrar un trabajo puente. Los periodistas Nelson Schwartz y Coral Murphy Marcos describieron a Dee Dee Patten, una mujer de 57 años, y a Dana, su marido, quienes se vieron obligados a retirarse cuando el negocio se agotó en su taller de reparación mecánica. La mayor parte de sus ingresos provenían de la inspección de autobuses escolares, que se detuvieron en marzo de 2020 cuando las escuelas cambiaron al aprendizaje remoto.[119]

Los Patten se sienten desconcertados por el repentino cambio a la jubilación después de veintidós años de trabajo ininterrumpido, pero están viendo el lado positivo. «Ambos sabemos que, a nuestra edad, probablemente fue lo mejor para nosotros —dijo la Sra. Patten—. Nos acostumbraremos a todo este tiempo en nuestras manos. Nuestro plan es ser voluntario, viajar y buscar un nuevo lugar para vivir después de treinta años en la antigua granja».[120]

La discriminación por motivos de edad empeora la situación de los que se ven obligados a jubilarse. Como señaló un lector: «Muchos trabajadores mayores son excluidos de los trabajos para los que están calificados simplemente por su edad y la sensación de los gerentes de contratación de que no "encajarán" con las cohortes más jóvenes en el negocio». Otro escribió: «Mi esposa y yo, ambos de 66 años, somos parte del éxodo. En mi caso, ciertamente no quería dejar mi trabajo, pero me lo pidieron, e independientemente de mi capacidad técnica, encontrar un nuevo rol como ejecutivo de *marketing* a mi edad es imposible, por lo que me considero jubilado a regañadientes». De hecho, la discriminación por edad es rampante. Un experimento creó anuncios de empleo para puestos de asistente administrativo, minorista y guardia de seguridad, utilizando el lenguaje de los anuncios de trabajo reales, variando según los estereotipos relacionados con la edad. El lenguaje de los anuncios de empleo relacionado con los estereotipos de edad disuadió a los trabajadores mayores de presentar su solicitud.[121]

Las transiciones en la jubilación pueden ser tensas, incluso cuando la jubilación es voluntaria y las finanzas son abundantes. Los hombres hacen cambios más grandes después de jubilarse que las mujeres. Los sociólogos Michal Engelman y Won-tak Joo descubrieron que los hombres se vuelven más dependientes de la familia, mientras que las mujeres ya tenían una red más grande y siempre habían trabajado en el mantenimiento de las relaciones.[122]

«Mirando hacia atrás en los últimos doce meses —preguntaron Engelman y Joo—, ¿quiénes son las personas con las que discutiste más a menudo cosas que son importantes para ti?». Cada persona enumeró hasta cinco personas en sus redes, la naturaleza de las relaciones y la frecuencia con la que están en contacto.

Los hombres jubilados son más propensos a dar dinero a sus hijos u otros miembros de la familia. La decisión de dar dinero a menudo es tomada conjuntamente por el marido y la esposa, pero las transferencias de dinero reales son hechas por hombres. Esto podría deberse a que los hombres de estas generaciones mayores han sido tradicionalmente la principal fuente de apoyo financiero para la familia, o porque los hombres son los únicos que necesitan mejorar sus lazos con la familia y el dinero facilita esa mejora.

El periodista Peter Finch describió el viaje de John Strumsky, de 78 años, y Dawn, su esposa, a una comunidad de jubilados.[123] Dawn deseaba desesperadamente mudarse a una comunidad de jubilados, libre de cocinar, limpiar o trabajar en el jardín, pero John detestaba esa idea. Eventualmente, John accedió a los deseos de Dawn y se mudaron a una comunidad de jubilados. Ahora a ambos les encanta.

La renuencia de John a mudarse a una comunidad de jubilados, escribió Finch, es común. La gente a menudo teme perder su independencia, y es reticente a abandonar su hogar, y teme enfrentarse a su propia mortalidad. Ahora John ve su viaje como el de un estudiante de secundaria que va a la universidad: «No puedes simplemente entregarles un folleto y decirles: "Aquí es donde vas". Es un viaje».

Trabajo voluntario

Sandy Drisk, una mujer de 72 años, y John, su marido, se estaban quedando sin alimentos en los primeros días de la COVID-19. Salir a comprar comestibles era peligroso porque Sandy tenía bronquitis y John estaba luchando contra la enfermedad de Parkinson.

Un amigo le contó a Sandy sobre una nota de Greg Dailey, que entregaba su periódico matutino, ofreciéndose a entregar los víveres. «Comprendo que durante estos tiempos duros es difícil para algunos salir de su casa para satisfacer las necesidades diarias. Me gustaría ofrecer mis servicios de forma gratuita a cualquier persona que necesite comestibles, productos para el hogar, etc.». Greg entregó comestibles a Sandy, sin coste de envío. «Qué regalo del cielo ha sido este hombre», dijo Sandy.[124]

«Siempre he sido una ávida escritora creativa, tanto profesionalmente como por diversión», escribió Victoria H. Por lo tanto, aprovechó la oportunidad de ser voluntaria e involucrar a niños de bajos ingresos en la escritura creativa. «La energía creativa que brotaba de estos niños a las 6 p.m., después de un día completo de clases y actividades extraescolares, era increíblemente inspiradora... Habrá algunos novelistas serios que saldrán de ese grupo, ¡eso es seguro!».[125]

El trabajo de los voluntarios no proporciona los beneficios utilitarios de los ingresos, pero mejora su bienestar mediante beneficios expresivos y emocionales. El voluntariado aumenta el bienestar de los voluntarios en el equivalente de más de 911 libras esterlinas (1049,89 euros) al año.[126] La relación entre voluntariado y bienestar va en ambos sentidos. Las personas que disfrutan de un alto bienestar se ofrecen como voluntarias más horas, y el voluntariado aumenta su bienestar. El trabajo voluntario aumentó el bienestar de los voluntarios en una mayor felicidad, satisfacción con la vida, autoestima, sentido de control sobre la vida y mejoró su salud física y mental.[127]

El Servicio Nacional de Salud (NHS, por sus siglas en inglés) de Gran Bretaña estableció un programa de Voluntarios de Respuesta para ayudar en la pandemia de COVID-19. Los voluntarios activos se beneficiaron de una mayor satisfacción con la vida, sentimientos de valía, conexión social y pertenencia a sus comunidades locales. Los beneficios del programa fueron al menos 140 veces mayores que sus costes.[128]

La solicitud de trabajo voluntario y donaciones de dinero son fundamentales para el éxito de las organizaciones sin fines de lucro. Estas organizaciones prefieren las donaciones de dinero, pero los donantes prefieren donar trabajo voluntario, incluso cuando hacerlo es menos efectivo para la causa. Esto se debe a que los voluntarios sienten más control personal sobre el trabajo voluntario que sobre las donaciones de dinero, lo que lleva a un mayor interés en el voluntariado.[129] El voluntariado regular es especialmente eficaz, ya que aumenta el bienestar a lo largo del tiempo si se mantiene de forma regular, especialmente entre aquellos con un bajo bienestar inicial.[130] También puede proporcionar beneficios utilitarios, ayudando a los voluntarios a alcanzar sus metas profesionales. Amplía las redes, conociendo a profesionales que pueden ser buenos mentores o patrocinadores, especialmente para los jóvenes profesionales. Y dice cosas buenas sobre los valores de los voluntarios, pues muestra un cuidado y generosidad que los convertiría en buenos miembros del equipo. Los empleadores que ofrecen pago por trabajo esperan que los candidatos posean habilidades y experiencia, pero las organizaciones sin fines de lucro que buscan voluntarios están listas para permitir que los candidatos prueben nuevas habilidades y adquieran experiencia. Las habilidades y la experiencia que adquieren los voluntarios pueden servirles más adelante en trabajos remunerados.

Kellogg, una empresa de productos alimenticios, ha desarrollado un programa de voluntariado basado en habilidades con United Way. Los empleados de Kellogg en el programa son emparejados con organizaciones sin fines de lucro que podrían usar las habilidades que desean para ser voluntarios. Matt Reid, un empleado de Kellogg y autodenominado introvertido, se ofreció como voluntario para ayudar a un banco local de pañales a desarrollar perfiles laborales y un proceso de evaluación. A medida que enseñó al equipo cómo planificar el crecimiento e identificar las habilidades que los empleados necesitaban mientras la organización crecía, también logró algunos de sus objetivos de desarrollo profesional y adquirió habilidades que necesitará para eventualmente liderar un equipo en Kellogg.[131]

Aficiones y actividades

Los pasatiempos, como el voluntariado, no proporcionan beneficios utilitarios de los ingresos, pero, al igual que el voluntariado, mejoran el bienestar mediante beneficios expresivos y emocionales. Flora, una mujer mayor, describió cómo hacer colchas contribuía a su bienestar. «Creo que [aprender nuevas técnicas] mantiene el cerebro activo. Sientes que sigues siendo valioso y creo que después de haber tenido una familia... Echas de menos eso... Una vez que están lejos, ya no te necesitan... Era parte de mi bienestar hacer algo creativo».[132]

Los estadounidenses entrevistados por Pew enumeraron los pasatiempos y las actividades como parte de lo que hace que las vidas se sientan significativas, plenas o satisfactorias. Trabajo y los pasatiempos se fusionan para los pocos afortunados cuyos pasatiempos son también sus vocaciones, reflejando su identidad. Un hombre entrevistado por Pew dijo: «Dicen que si amas tu trabajo, nunca trabajarás un día en tu vida. Es verdad». Ese hombre está cerca de ser afortunado, aunque no lo sea del todo. «Quería ganarme la vida con la música, y lo he hecho. No como una estrella de rock, sino reparando instrumentos musicales. Todavía puedo ser una estrella de rock todos los fines de semana con mi banda».[133] De hecho, la música es un pasatiempo para muchos y un trabajo para pocos porque es difícil ganarse la vida tocando música. Matthew, un británico de ventiocho años entrevistado por BlackRock, trabaja como músico independiente. Le encanta su trabajo, pero no le proporciona ingresos estables. «Estresado por mi situación financiera y preocupándome de que no tendré suficiente para pagar una casa, etc.».[134] La lectura también ocupa un lugar destacado entre los pasatiempos. Una mujer entrevistada por Pew dijo: «Me encanta leer porque es como unas pequeñas vacaciones agradables de todo lo que está pasando en mi propia vida». Para otros, las artes y las manualidades son prominentes, ya sea hacer colchas, tejer o labores de carpintería.

Muchos pasatiempos y actividades producen «experiencias de flujo»(actividades que producen un alto nivel de concentración y satisfacción). El psicólogo Mihaly Csikszentmihalyi ilustró las experiencias de flujo con el ejemplo de un esquiador que baja por la pista: «Toda nuestra atención se centra en los movimientos de tu cuerpo, la posición de tus esquís, el aire silbando por tu cara y los árboles cubiertos de nieve que corren por la pista...Tan perfecto que lo único que quieres es que dure para siempre, sumergirte por completo en la experiencia».[135] El flujo llega cuando el desafío se encuentra con la habilidad. Los esquiadores con habilidades intermedias se pierden en las pistas de esquí de nivel intermedio porque sus habilidades coinciden con sus desafíos. Las pendientes de nivel principiante no pueden mantener su atención porque son demasiado lentas y aburridas, mientras que las pendientes de nivel avanzado son demasiado rápidas y aterradoras, exigiendo habilidades que no tienen.

John, el hombre británico de treinta años mencionado anteriormente, disfrutó de un bienestar máximo en el flujo de la música en un festival. Llegó con su banda al mediodía y disfrutó socializando antes de tocar a las 3 p. m. para una audiencia de casi dos mil personas que disfrutaron de la música, cantando y bailando. «Me sentí fantástico durante la preparación de nuestro concierto y luego, al tocar, estuve eufórico». Tocar con sus amigos fue genial, y el clima y el ambiente fueron simplemente increíbles.[136]

Perri Klass, médica, describe su experiencia de fluidez en el tejido: «Tejer me pone en el momento. Mis manos se mueven, soy consciente de su movimiento. El hilo se mueve entre mis dedos, alrededor de mis dedos, y soy consciente de la tensión».[137]

El bienestar viene con el flujo de actividades que promueven el crecimiento a lo largo de la vida, abren nuevas oportunidades de acción y estimulan el crecimiento de la vida y el desarrollo de nuevas habilidades. El bienestar mejora cuando el flujo proviene de la participación física, mental o emocional activa, del trabajo, los deportes, los pasatiempos, la meditación y las relaciones interpersonales.[138] Este tipo de participación puede darse en el trabajo, en la iglesia o en actividades de voluntariado. Una mujer entrevistada por Pew encontró bienestar en su trabajo voluntario en un hospital de rehabilitación de animales silvestres y dirigiendo recorridos para la observación de aves:«Las personas y las experiencias que tengo allí no se parecen a ninguna otra cosa, aprendo algo nuevo cada semana».

Los pasatiempos y las actividades son especialmente importantes en la jubilación, después de que termina el trabajo regular. El interés de Jeanne Stellman en las actividades en la jubilación surgió cuando estaba realizando un estudio de salud de los trabajadores de los astilleros en Chester, Pensilvania. En la actualidad es profesora jubilada de políticas de salud y expresidenta de EPIC, Profesores Eméritos en Columbia. «Había un hombre de unos sesenta años que se estaba jubilando. En su último día de trabajo, se fue en estado de *shock*. Después de cuarenta años en un astillero, debería haber campanas y silbatos, pero no había nada: simplemente salió con sus cosas».

Stellman se comprometió a evitar esas historias tristes para ella y sus compañeros profesores y personal no docente jubilado, conectándolos con la vida universitaria. «Una vez que ya no tienes la estructura de trabajo, tienes que averiguar qué hacer con tu tiempo —dijo—. EPIC es una forma de continuar con la participación intelectual y la socialización aquí en Columbia». EPIC es «el tipo de lugar en el que tendrás a un neurocientífico hablando con un erudito ruso sobre el Big Bang», dijo el vicepresidente de EPIC, Lou Cleveland, quien se retiró del departamento de microbiología. Las interacciones en EPIC ofrecen beneficios espectaculares porque la soledad es una fuente mayor de ansiedad para los académicos mayores que la disminución de la movilidad o la pérdida de audición. «La compañía intelectual en la jubilación —dijo— es muy difícil de encontrar». EPIC también es consciente de los beneficios del ejercicio para la función cognitiva. Ginny Papaioannou, profesora jubilada de genética y desarrollo, imparte dos clases de yoga EPIC cada semana. «Muchas personas mayores se vuelven muy inactivas físicamente —dijo—. Esto se debe en parte a que la cultura del ejercicio (correr, aeróbicos) está diseñada para los jóvenes. A medida que envejeces, tienes que hacer adaptaciones. El yoga era una forma de hacer eso. Y sentí que era algo que podía ofrecer a EPIC».[139]

12

Educación

La disminución de los beneficios utilitarios de la escuela, específicamente a escala universitaria, fue evidente durante la pandemia de COVID-19. «Mis estudiantes universitarios no están bien», escribió el instructor universitario Jonathan Malesic.[1] Un tercio de sus estudiantes se perdían casi todas sus clases en línea, y los que estaban allí se encontraban menos comprometidos, enterrando sus rostros en las pantallas de sus ordenadores portátiles y algunos durmiendo abiertamente. Eso fue cierto tanto en la diversa universidad pública como en la rica privada donde enseñaba. Colegas de otras universidades le contaron historias similares. Malesic trató de ayudar creando estructuras de cursos más flexibles, políticas de plazos comprensibles y calificaciones menos estrictas, pero esto no ayudó mucho.

Los beneficios utilitarios de la escuela también son evidentes en su declive en la escuela primaria, intermedia y secundaria durante la pandemia. El periodista Frank Bures señaló que las lecciones de sus dos hijas de secundaria continuaron en línea cuando su escuela cerró en marzo de 2020, pero su calidad disminuyó y sus hijas se cansaron de mirar una pantalla.[2] Sus habilidades matemáticas disminuyeron, su vocabulario en español se redujo, su conocimiento de la ciencia disminuyó y ahora acumulaban meses de retraso en su plan de estudios.

Los beneficios utilitarios de la escuela se consideran regularmente como sus únicos beneficios, pero los expresivos y emocionales son muy importantes para mejorar el bienestar, lo que también pone de manifiesto su declive durante la pandemia. La educación presencial en las escuelas, cara a cara con compañeros y profesores, mejora el bienestar más que la educación *online* en el hogar, ya que proporciona beneficios expresivos y emocionales además de los utilitarios. «Nunca pensé que faltaría a la escuela, pero lo hago —escribió un estudiante de secundaria—. Ha sido difícil no ver a mis compañeros y profesores. No me di cuenta de que todas las conversaciones sin sentido en clase y ponerme al día con mis amigos en el almuerzo eran una parte tan importante de mi vida».[3]

Otro estudiante de secundaria describió estos beneficios en un poema.

«Echo de menos la escuela porque cuando estoy allí, puedo
ver a todos mis maestros y amigos,
En la escuela, el amor nunca termina...
Echo de menos hacer mis cálculos diarios,
siempre me lleva por el camino correcto...
Echo mucho de menos hacer arte,
me hace sentir que soy inteligente».[4]

El tiempo de la pandemia también reveló los beneficios utilitarios, expresivos y emocionales de la educación fuera del aula.[5] Las dos hijas de Bures, que estaban en la escuela secundaria, aprendieron que el mundo es frágil y puede cambiar en un instante, que el miedo puede hacer que algunos arremetan y otros sean valientes y amables, que ir a la tienda a comprar comestibles es un privilegio y que la vida continúa incluso cuando el mundo es frágil.

El bienestar de los estudiantes se ve reforzado por la satisfacción de tres necesidades psicológicas básicas: autonomía, relación y competencia. Estas necesidades se combinan para promover el crecimiento y desarrollo personal, y motivan la participación en actividades de aprendizaje y descubrimiento. La necesidad de autonomía se refiere a la experiencia de elección y a los sentimientos de control de los estudiantes. Los estudiantes gozan de una gran autonomía cuando se sienten libres de elegir los temas para las presentaciones en clase y cuando se sienten libres de expresar sus ideas.

La necesidad de relación se refiere a sentirse conectado y formar parte de relaciones significativas. Los maestros promueven el sentimiento de pertenencia tratando a los estudiantes con empatía y demostrando un deseo de mejorar su bienestar, mientras que los directores de las escuelas lo promueven al preocuparse de forma sincera por las dificultades familiares que puedan estar enfrentando los estudiantes.

La necesidad de competencia se refiere a los sentimientos de eficacia y dominio del entorno. Los estudiantes experimentan competencia cuando comprenden materiales difíciles que se enseñan en clase. Y están más inclinados a avanzar hacia actividades de crecimiento si sienten que pueden tener éxito en ellas.[6]

Los maestros se unen a los padres para guiar a los estudiantes y demostrar optimismo y resiliencia. El apoyo de los docentes abarca desde la asistencia utilitaria con lo académico hasta muestras emocionales de respeto y protección contra el acoso. Estos beneficios son especialmente importantes entre niños y adolescentes que traen problemas personales a la escuela.

Los beneficios para el bienestar de la escuela también son evidentes en su papel como refugio contra el estrés y el abuso en el hogar. Una encuesta de estudiantes de secundaria en la época de la pandemia encontró que más de dos de cada cinco sufrían tristeza o desesperación persistente, más de la mitad sufrían abuso emocional por parte de un padre u otro adulto en su casa, y más de uno de cada diez sufrían abuso físico. En comparación, una encuesta anterior a la pandemia encontró que menos de dos de cada cinco sufrieron abuso emocional, y solo uno de cada veinte sufrió abuso físico.

La periodista Ellen Barry citó a la doctora Moira Szilagyi, presidenta de la Academia Americana de Pediatría y especialista en casos de abuso, diciendo que los adolescentes se benefician de la gran red de adultos en la escuela. «Hay un mar de personas allí, y entre ellos, su maestro, su entrenador, la administración de la escuela, hay adultos que se preocupan por los jóvenes y que pueden buscar e identificar cuando a un joven no le está yendo bien».[7]

El psicólogo Francisco Juan García Bacete y sus coautores señalaron que el bienestar tiende a disminuir durante la adolescencia, ya que los niños experimentan transformaciones físicas, sociales y psicológicas que son cruciales pero difíciles.[8] Una encuesta realizada a niños de Hong Kong de primaria a primero de bachillerato y a sus padres revela que la disminución del bienestar a medida que los niños crecen hasta la adolescencia está relacionada la disminución de cuatro componentes clave: el amor, la perspicacia, la fortaleza y el compromiso. A su vez, las disminuciones en estos cuatro componentes se asocian con el aumento de las presiones sobre los niños a medida que crecen. Las presiones de las actividades extraescolares tienen un efecto negativo mucho mayor en el bienestar de los niños que las presiones de las tareas del colegio. La disminución del bienestar de los niños a medida que estos crecen puede explicarse por la disminución de su tiempo libre, ya que las actividades extraescolares ocupan porciones cada vez mayores de ese tiempo.[9]

La satisfacción en la escuela facilita las transformaciones a medida que los niños se convierten en adolescentes y mejora el bienestar. Un estudio etnográfico de estudiantes de dos escuelas secundarias canadienses descubrió una amplia comunicación entre los estudiantes, aumentando el bienestar por los beneficios expresivos y emocionales de la amistad y la aceptación social.

La importancia de los maestros en la promoción del bienestar de los estudiantes disminuye a medida que los estudiantes pasan de la escuela primaria a la secundaria. Esto es especialmente cierto entre los estudiantes con poca motivación intrínseca para aprender. En los años de la escuela primaria, los niños suelen tener contactos prolongados con uno o un pequeño número de maestros, formando estrechas relaciones personales. Sin embargo, en la escuela secundaria, es posible que los niños no puedan establecer relaciones personales tan estrechas con sus maestros.

Bienestar en la educación entre la élite

La competitividad entre la élite por las plazas en las escuelas prestigiosas comienza temprano, ya que los padres quieren hacer lo correcto por sus hijos. Esto es lo que hicieron el periodista George Packer y su esposa, llevando a su hijo de dos años a su primera entrevista escolar en una escuela privada donde la matrícula anual asciende a 30 000 dólares. El encargado de admisiones le dio al niño una hoja de papel y lápices de colores y él dibujó la luna, un círculo amarillo sobre un garabato verde, mientras Packer y su esposa respondían preguntas. La carta de rechazo llegó poco después.[10]

«La presión de la meritocracia nos hizo postular a escuelas privadas cuando nuestro hijo tenía dos años —escribió Packer—, no porque quisiéramos que asistiera a una privada, sino porque, en la ciudad de Nueva York, donde vivimos, llevarlo a una buena guardería pública más adelante sería aún más difícil».

Las presiones sobre los niños pequeños de hoy en día en familias de la élite, como la de Packer, incluyen la transformación de la guardería en primer grado. Los niños en la guardería ahora son dirigidos a terminar su «trabajo» antes de poder jugar, y las paredes de las aulas están llenas de un «muro de palabras» cubierto de carteles instructivos, horarios y frases motivacionales, mucho más allá de la capacidad de los niños de cuatro años para «decodificar» las palabras que se usan hoy para leer.[11]

La competitividad entre la élite se refleja en la práctica del *redshirting*, donde los padres retrasan la inscripción de sus hijos en la guardería o el primer grado para darles ventajas en su desarrollo, ayudando así a que los niños promedio sobresalgan en su clase. Las sociólogas Pamela Stone y Meg Lovejoy citaron a una madre que se quejó de la práctica, pero admitió que ejerce presión sobre ella y otros padres para que hagan lo mismo.[12] «Creo que es importante que mi hijo entienda que ser competitivo no solo se va a aplicar en jugar fútbol —dijo un padre—, se va a aplicar por el resto de su vida, en competir por la admisión a la universidad, los trabajos y todo lo demás en la vida».

Algunos padres de la élite han recurrido a herramientas de gestión de proyectos en internet, como Trello, para organizar los horarios del colegio y las actividades extraescolares de sus hijos. Tonya Parker puso a sus cuatro hijos, de entre nueve y dieciocho años, en Trello.[13] «Lo uso todos los días para llevar la cuenta de las tareas escolares que tengo que hacer, o los lugares en los que tengo que estar, las cosas que tengo que comprar», dijo Hannah, su hija de quince años. Ahora la madre puede preguntar: «¿Cómo vas con tu lista de tareas?».

La presión sobre los niños de familias de la élite es evidente en un niño de diez años que exclamó: «Quiero dirigir una *start-up*», cuando se le preguntó qué le gustaría hacer cuando crezca. No sabe lo que es una *start-up*, escribió la psicóloga Madeline Levine, pero conoce el camino en el que debe permanecer si quiere dirigir una. Aplicará a la escuela secundaria más competitiva de su ciudad y pasará a una universidad prestigiosa.[14]

Levine señaló que los padres de la élite de este niño y otros similares alientan a que se mantengan en el camino correcto recta hacia el éxito. Sin embargo, tal insistencia tiende a disminuir la probabilidad de este. Solo una de cada diez de las personas que se consideran exitosas describen su camino hacia el éxito como una línea recta. Los otros describen caminos con zigzags fortuitos, asumiendo riesgos, fracasando, recuperándose, a menudo fracasando de nuevo, antes de encontrar el éxito. Levine añadió que los niños a los que se anima a seguir un camino recto tienden a ser cautelosos y competitivos, cuando les iría mejor si fueran curiosos, estuvieran dispuestos a asumir riesgos y fueran buenos colaboradores.[15]

La competencia llegó a un extremo cuando Raffaela Spone creó vídeos *deepfake* para mejorar la posición de su hija en el equipo de animadoras de su escuela secundaria acosando a sus rivales. Spone publicó fotos que editó para que pareciera que los miembros del equipo habían posado desnudos o estaban fumando y bebiendo.[16]

El profesor de Derecho Daniel Markovits señaló que los padres de la élite sienten que tienen pocas opciones, incluso si temen los efectos perjudiciales de la presión sobre sus hijos, porque su mayor temor es ver a sus hijos quedarse atrás de la competencia. Los padres observan a sus hijos de secundaria y bachillerato hacer de tres a cinco horas de tarea cada noche y los inscriben en un centro educativo focalizado en hacer lo que sea necesario para lograr la admisión en universidades prestigiosas y asegurar trabajos de élite en finanzas, administración de empresas, derecho o medicina.[17]

Los temores de los padres de la élite de que sus hijos se queden rezagados en la competencia no son infundadas. La periodista Kaitlin Flanagan describió a un graduado de Princeton, uno de los mejores estudiantes de su escuela secundaria pública, que descubrió que no podía alcanzar a sus compañeros de clase de las escuelas secundarias privadas. Menos del 2 % de los estudiantes estadounidenses asisten a escuelas secundarias privadas, pero el 25 % de la clase de Princeton de 2024 se graduó de escuelas secundarias privadas, el 24 % de Yale y el 29 % de Brown. Dos tercios de los Rhodes Scholars de Princeton provenían de escuelas secundarias privadas. Lo mismo hicieron más de la mitad de los ganadores de la prestigiosa Beca Sachs de Princeton, y casi la mitad de los ganadores de los «premios al mejor estudiante de la clase», otro premio importante. «Esta es la razón por la que los padres ricos piensan que es una cuestión de vida o muerte llevar a sus hijos al instituto correcto —escribió Flanagan—, porque saben que los ganadores siguen ganando».[18]

Flanagan enseñó en una escuela secundaria privada durante siete años y describió su frustración con los estudiantes exigentes y sus padres, con la intención de crear expedientes académicos que aseguren asientos en universidades prestigiosas. Contó la historia de haberle dado un sobresaliente justo en una tarea a un estudiante que era brillante, pero también agresivo y desagradable. Poco después, su madre, enfadada, lo llamó para discutirle la nota. Sin embargo, Flanagan podía ver los beneficios de las escuelas secundarias privadas y estaba decidida a obtener ese tipo de educación para sus propios hijos, sin importar el coste.

Los padres de la élite esperan que sus hijos se gradúen en prestigiosas universidades y continúen en carreras cualificadas. Poseen el capital cultural, social y financiero necesario para guiar a sus hijos a universidades prestigiosas y apoyarlos durante sus años universitarios, ya sean prestigiosos, como esperan, o menos prestigiosos, si es necesario. Asumen los costes utilitarios de los gastos universitarios, pero su bienestar se ve reforzado por los beneficios expresivos y emocionales de un alto estatus social y el orgullo al ver a sus hijos graduarse de las universidades y avanzar hacia carreras de prestigio.

Ditra y Paavan Chopra, descritos por la socióloga Marianne Cooper, son los típicos padres de la élite. Ditra tiene un máster en Administración de Empresas y Paavan tiene un doctorado en Ingeniería, y sus altos ingresos les permiten acumular ahorros sustanciales y dedicar gran parte de ellos a mantener a sus hijos durante la universidad e incluso el posgrado. Lila, su hija de trece años, adoptó las expectativas de sus padres.

Ella ya ha elegido las clases que tomará en su próximo año, el primero, de secundaria. «Si quieres acceder a una [universidad] muy distinguida, estas son las clases que debes coger cada año… Me gusta obtener calificaciones sobresalientes. Por ejemplo, si me dan la opción, haré más en lugar de menos».[19]

Los padres de la élite, ya sean gerentes, ingenieros, médicos o abogados, ponen sus ojos en universidades prestigiosas para sus hijos porque perciben su propia prosperidad como frágil y temen que la prosperidad de sus hijos sea aún más frágil. A diferencia de los prósperos propietarios de negocios familiares, que pueden dejarlos a sus hijos, no pueden dejar sus títulos de doctorado, MBA, Medicina o Derecho a sus hijos.[20]

Estos profesionales de la élite ven a las personas como si estuvieran en una escala económica con un solo peldaño inferior, un solo peldaño superior y ningún peldaño intermedio. Presionan a sus hijos para que hagan lo que sea necesario para asegurar plazas en universidades prestigiosas porque temen que la graduación de universidades de menor rango los condene al peldaño más bajo. Esto hace que la competencia por las plazas en las escuelas prestigiosas hasta los preescolares sea tan estresante para los padres de la élite y sus hijos.

Un profesional de la élite le dijo a la socióloga Marianne Cooper: «Creo que los ricos se están volviendo más ricos y creo que los pobres se están volviendo más pobres, y la clase media está siendo exprimida...».[21] Otro se refirió a los desafíos de la competencia mundial y a la necesidad de superarlos graduándose en esas universidades. Los empleos eran abundantes para su generación, dijo, pero le preocupa que los empleos no sean abundantes para sus hijos porque cada vez se trabaja más en China e India.

Un niño estadounidense, dijo ese padre, tendrá que competir con un niño en China «que es igual de inteligente, que está dispuesto a hacer todo lo que un empleador está pidiendo por una décima parte del precio. No sé si [los niños estadounidenses] saben lo que les espera». Le preocupa que sus hijos no sean lo suficientemente agresivos para la competencia global a la que se enfrentarán. «Siempre han sido un poco más pasivos, y me preocupa si podrán competir a medida que las cosas avancen».[22]

Los temores de los padres estadounidenses de la élite de que sus hijos están condenados a estar en el peldaño más bajo de la escala económica a menos que se gradúen de una universidad prestigiosa son exagerados. En realidad, la escala económica tiene muchos peldaños intermedios entre los inferiores y los superiores, y muchos de los que se gradúan de universidades menos prestigiosas e incluso muchos que no se gradúan de la universidad se encuentran en ellos. En respuesta al artículo sobre la carga de los costes universitarios, un padre señaló que una universidad estatal no es tan llamativa como una universidad privada costosa y prestigiosa, ni tiene el mismo prestigio entre amigos, pero le brindó a su hija sólidas oportunidades educativas, incluida la entrada para una escuela estatal de posgrado y una carrera exitosa.[23]

Además, la competencia global amenaza las posiciones económicas de los miembros de la clase trabajadora y las clases desfavorecidas más que las de la élite. Sin embargo, muchos miembros de la élite parecen más preocupados por las amenazas de la competencia global que los miembros de la clase trabajadora y las clases desfavorecidas, y luchan más ferozmente por la admisión en universidades prestigiosas.

La necesidad de obtener los beneficios utilitarios de los altos ingresos es uno de los motivadores de la feroz competencia entre las familias de la élite por las plazas. Sin embargo, en uno de los primeros estudios, los economistas Stacy Berg Dale y Alan Krueger descubrieron que, en promedio, los estudiantes que se graduaban de universidades prestigiosas, aparte de los estudiantes de familias pobres, ganaban posteriormente poco más de lo que habrían ganado si se hubieran graduado de una universidad de menor rango.[24] Krueger describió sus hallazgos en una entrevista con el escritor Malcolm Gladwell, colocando a la Universidad de Pensilvania, una universidad Ivy,* al lado de la Universidad Estatal de Pensilvania (Penn State).

Considere dos estudiantes que fueron aceptados en ambas escuelas, pero uno eligió Penn y el otro eligió Penn State. Dale y Krueger descubrieron que es probable que los dos estudiantes obtengan ingresos similares en los años posteriores a la graduación. Los estudiantes que

* N del T.: Las Ivy League conforman un conjunto de las ocho universidades de la excelencia situadas en el noreste de EE. UU.

probablemente obtengan mayores ingresos al graduarse de una universidad de la Ivy League son aquellos de familias con pocos recursos.[25]

Al interpretar estos hallazgos, el escritor Derek Thompson señaló que los padres de las familias de la élite proporcionan a sus hijos contactos útiles para obtener las prácticas deseadas y trabajos de nivel inicial bien remunerados. Los niños de familias pobres obtienen beneficios similares de los contactos con estudiantes de familias de élite en universidades prestigiosas.[26]

Los hallazgos de un estudio más reciente, realizado por la economista Sandra Black y sus coautores, son consistentes con los de Berg Dale y Krueger. La regla del diez por ciento superior en Texas otorga a los estudiantes que se encuentran en el 10 % superior de cada escuela secundaria de Texas acceso a la prestigiosa Universidad de Texas. Esta regla desplaza a los estudiantes que están clasificados por debajo del 10 % superior en escuelas secundarias relativamente privilegiadas, a favor de los estudiantes que están clasificados en el 10 % superior en escuelas secundarias menos favorecidas. Como resultado, la matrícula universitaria y la tasa de graduación aumentaron entre los estudiantes mejor clasificados en las escuelas menos favorecidas. Los estudiantes clasificados por debajo del 10 % superior en las escuelas más privilegiadas se inscribieron en universidades menos selectivas, pero no experimentaron disminuciones en la inscripción universitaria, la graduación o los ingresos.[27]

Aun así, graduarse de una universidad prestigiosa seguida de una prestigiosa escuela de posgrado, especialmente en la Facultad de Derecho proporciona beneficios utilitarios sustanciales. En respuesta a un artículo sobre las universidades, un lector escribió:[28] «Tengo un amigo que es abogado en un importante bufete de abogados que, cuando se le preguntó, admitió que rara vez considera a alguien para el empleo cuyo título universitario sea de una escuela de segundo nivel, incluso si su título de abogado es de una Ivy».

Sin embargo, otro lector no estuvo de acuerdo: «Soy graduado en Derecho de Harvard. Lo cierto es lo contrario; las empresas quieren graduados competentes y diversidad. En mi experiencia, una Ivy universitaria es una marca negra, no una ventaja. Sin embargo, un título de Derecho de primer nivel es esencial».

La evidencia es más consistente con la opinión del primer lector que con la del segundo. Los resultados de un estudio realizado por la profesora de Derecho Joni Hersch contradicen la percepción de que un prestigioso título de posgrado en negocios, Derecho, Medicina y doctorado puede anular un título de grado menos prestigioso. Pocos graduados de universidades menos prestigiosas obtienen títulos de posgrado de universidades prestigiosas, e incluso cuando lo hacen, el menor prestigio de su universidad de grado continúa perjudicando sus ingresos. La ventaja de tener tanto un grado como un posgrado de universidades prestigiosas supera con creces cualquier ventaja de coste probable de asistir a una universidad de grado menos prestigiosa.[29]

Un estudio reciente realizado por el economista Raj Chetty y sus coautores reveló nuevos hallazgos sobre los beneficios utilitarios de graduarse de universidades prestigiosas. Los ingresos de los mejores estudiantes que se graduaron de universidades similares a las Ivy los colocaron en el percentil 81 cuando se clasifican por ingresos. Los ingresos de los mejores estudiantes que se graduaron de otras universidades los colocaron solo marginalmente más abajo, en el percentil 79.

Sin embargo, el 19 % de los estudiantes que se graduaron de escuelas similares a las Ivy ascendieron al 1 % más rico de la distribución de ingresos, mientras que solo el 12 % de los mejores estudiantes que se graduaron de otras universidades ascendieron al 1 % más rico. «¿Quieres convertirte en un profesional bien remunerado en una muy buena empresa? Para ese tipo de resultados, la escuela a la que vas importa un poco, pero no mucho», dijo Chetty. «Lo que importa enormemente es alcanzar la parte más alta, el camino para convertirse en director ejecutivo, científico líder en una escuela de posgrado superior, líder político... Estos resultados de la parte más alta, que son raros en términos porcentuales, pero increíblemente importantes en la sociedad».[30]

Gran parte de la ventaja de los graduados de prestigiosas universidades en los principales bancos de inversión, consultoras estratégicas y bufetes de abogados proviene de sus procesos de contratación. Estas empresas reclutan solo en las universidades *core* (centrales) y universidades *target* (objetivo), escribió la socióloga Lauren Rivera. Las universidades centrales son las tres a cinco universidades prestigiosas de las que las empresas obtienen la mayoría de sus nuevas contrataciones. Las universidades objetivo incluyen otras cinco universidades de las que las empresas aceptan solicitudes y entrevistan a candidatos en menor escala.

Los evaluadores dan mayor peso a las experiencias que benefician a los estudiantes de familias de élite y consideran la admisión en universidades prestigiosas como un indicador de poder intelectual y formación integral. Como dijo un evaluador de candidaturas de bufetes de abogados: «Las personas número uno va a las escuelas número uno».[31] Otro evaluador señaló que los clientes pueden buscar en los sitios web de los bufetes de abogados para saber cuántos abogados se han graduado de Harvard, Yale y otras universidades prestigiosas. Los clientes podrían decir: «Genial, estamos pagando una cantidad exorbitante en honorarios legales para estas personas; es mejor que tengan la formación académica para respaldarlo».[32]

Aun así, los beneficios para los abogados que se gradúan de prestigiosas universidades y facultades de Derecho pueden ser menores de lo esperado, ya que los bufetes de abogados clasifican despiadadamente a sus socios en diferentes niveles según sus contribuciones a los ingresos del bufete. Las diferencias en la compensación entre socios pueden llegar a ser de veinte a uno.[33]

Además, como señaló el veterano abogado John Goodell, los puestos en los principales bufetes de abogados tienden a engendrar una competitividad y celos extremos porque los estudiantes de Derecho casi siempre poseen personalidades competitivas y porque la competencia dentro de los bufetes de abogados es un juego que no lleva a ningún lado. Muchos abogados pronto abandonan la vida en un bufete de abogados, agotados por las largas horas y el trabajo insatisfactorio de alta presión, y se trasladan a carreras menos estresantes de menores ingresos y mayor bienestar.

Goodell notó que pocos de sus compañeros que comenzaron en bufetes de abogados como asociados se convirtieron en socios. La mayoría se marchó para convertirse en abogados internos en corporaciones, profesores de Derecho, abogados del Estado y jueces.[34]

El deseo de los beneficios utilitarios de los altos ingresos es una de las motivaciones de la feroz competencia por la admisión a universidades prestigiosas, pero el deseo de los beneficios expresivos y emocionales de un alto estatus social y orgullo podría ser una motivación mayor. Cualquier padre con dinero puede comprar un coche Mercedes o pagar por un safari en familia, pero no todos los padres con dinero pueden comprarles a sus hijos cartas de admisión en universidades prestigiosas.

Sin embargo, algunos padres les compran a sus hijos la admisión a universidades prestigiosas con contribuciones de muchos millones y otros tratan de comprar dicha admisión mediante sobornos de cientos de miles. Los beneficios utilitarios de la educación en una universidad prestigiosa no estaban probablemente en la mente de Douglas Hodge, un exejecutivo de una gran empresa de inversiones, cuando pagó 850 000 dólares en sobornos: 325 000 dólares para que su hija y su hijo mayores fueran aceptados en la Universidad de Georgetown, y 525 000 dólares para que otra hija e hijo fueran aceptados en la Universidad del Sur de California.[35] En cambio, el señor Hodge y otros padres de la élite probablemente estaban motivados por el deseo de obtener los beneficios expresivos y emocionales de un alto estatus social y orgullo.

Los beneficios utilitarios tampoco eran probables en la mente de Blair Riley, una exabogada de una importante firma y graduada de una universidad Ivy, ansiosa por llevar a su hija a una universidad Ivy. «Estaba un poco obsesionada con el tema», dijo a las sociólogas Pamela Stone y Meg Lovejoy. Su hija era talentosa y creativa en las artes, pero sus calificaciones eran mediocres y su enfoque profesional era débil. El consejero del prestigioso internado al que asistía le aconsejó que se inscribiera en un grupo de universidades de cuyos nombres Riley nunca había oído hablar.[36]

Riley estaba lejos de estar lista para rendirse. Ella y su marido, también graduado de Ivy e hijo de un profesor de Ivy, entrenaron a su hija en el proceso de admisión a la universidad. «Tengo que confesar —dijo Riley—, que repasé una y otra vez sus ensayos con ella. No entraba nada que yo no hubiera visto y que su padre no hubiera visto, y también llamamos a todos los académicos que conocíamos». La hija fue admitida en la Ivy de sus padres y en otra Ivy a la que decidió asistir.[37]

Otras familias de la élite contratan consultores educativos para apoyar a sus hijos en la carrera de admisión a la universidad. Basándose en entrevistas con padres que trabajan con consultores, los sociólogos Ken

Chih-Yan Sun y Jill Smith informaron que los padres estadounidenses con altos ingresos utilizan consultores para establecer puentes entre su propio mundo social y el mundo académico que parece estar fuera de su control. Los padres de clase alta confían en la experiencia y el estatus de estos consultores para hacer frente a su vulnerabilidad y la de sus hijos en la carrera de admisión a la universidad, mientras preparan a sus hijos para un futuro desconocido.[38]

Los beneficios expresivos y emocionales de la admisión y los costes del rechazo son evidentes en las decisiones de los adolescentes de compartir o guardarse las admisiones y rechazos a la universidad.[39] Gael Aitor, un estudiante de último año de secundaria que copresenta el *podcast* Teenager Therapy, preguntó a sus compañeros anfitriones si estaban dispuestos a abrir sus cartas de admisión universitaria en directo para un episodio sobre el proceso de admisión. Se negaron, prefiriendo abrir sus notificaciones en privado. «Somos conscientes de que algunas personas no llegaron a donde querían, y no queríamos restregárselo en la cara —dijo Aitor—. Da un poco de vergüenza montar un gran alboroto por tu aceptación en la universidad».

Kelsey Moore abrió su notificación universitaria en línea. Moore puso su corazón en la Universidad de Georgia. Sus padres se graduaron de esa escuela y su novio había sido preadmitido en la escuela. Pero en lugar de fuegos artificiales, Moore vio las temidas palabras: «Lamentamos informarle...».

Moore decidió publicar su emotivo vídeo en TikTok de todos modos, donde se volvió viral, obteniendo más de un millón de visitas. «La mayoría de las personas solo publican las cosas buenas que suceden en su vida y quería que la gente se diera cuenta de que no siempre son buenas noticias». Los comentarios que recibió fueron alentadores, dando testimonio de la presión para ser admitida en la universidad deseada. Los espectadores le agradecieron su honestidad y compartieron sus propios rechazos universitarios.

Los beneficios expresivos y emocionales de la admisión en universidades prestigiosas también son evidentes en las respuestas de los lectores a la sugerencia de David Kirp, profesor de educación, de que Stanford, Harvard, Yale y otras universidades prestigiosas se clonen a sí mismas. ¿Qué tal Harvard-San Diego y Yale-Houston? «Si Yale puede abrir un campus en Singapur, ¿por qué no puede abrir uno en Houston?».[40]

Un lector respondió a Kirp señalando que tanto Houston como San Diego «son el hogar de instituciones de clase mundial (la Universidad de Rice y la Universidad de California en San Diego) que atraen a estudiantes brillantes y motivados de todo el mundo». Otro lector, un graduado de Harvard, dio en el clavo. «¡Tonterías…! He aquí una noción radical. Tal vez no necesitemos más escuelas de lujo... Y tal vez quitarle importancia a las marcas y observar la experiencia real de obtener una educación resolvería este "problema" de la noche a la mañana».

Observamos la ferocidad de la carrera por la admisión en universidades prestigiosas en la experiencia de Kaitlyn Younger, de dieciocho años, perfeccionista y estrella académica desde tercer grado. Realizó once cursos avanzados, obtuvo una puntuación alta en la selectividad y mantuvo un promedio de calificaciones casi perfecto. También fundó el club de contabilidad de la escuela, actuó y dirigió unas treinta obras de teatro, cantó en el coro de la escuela, ayudó a dirigir un campamento de verano y tuvo un trabajo a tiempo parcial.[41]

A Younger le dolían los rechazos de prestigiosas universidades, como Stanford, Harvard, Yale, Brown, Cornell, la Universidad de Pensilvania, la Universidad del Sur de California, la Universidad de California, Berkeley y Northwestern. «Esperaba que algunas no me aceptaran —dijo—. Pero, no esperaba que fuera tan malo».

El dolor del rechazo de las universidades prestigiosas se refleja en una carta de un estudiante de último año de secundaria a la «querida terapeuta» Lori Gottlieb.[42] «Recientemente apliqué a universidades y entre los rechazos que recibí, uno fue de la universidad de mis sueños: la Universidad de Brown. En el momento en que leí: "Lamento informarle... las lágrimas corrían por mi rostro, y todo lo que tenía planeado, una educación de la Ivy League, había desaparecido. Siento que mi identidad estaba arraigada en recibir una educación de la Ivy League, y de repente me siento perdida y desconcertada».

La periodista Pamela Paul abogó por los trabajos después de la escuela mientras estaba en la escuela secundaria, en lugar de las actividades extraescolares comunes. «Personalmente —escribió—, aprendí más trabajando fuera de la escuela, comenzando con tres tardes a la semana cuando tenía catorce años y terminando con tres trabajos haciendo malabares, siete días a la semana, en mi último año de escuela secundaria, que en el aula de clase». El horario de trabajo semanal de Paul le dejaba poco tiempo para actividades extracurriculares, sin embargo, se postuló temprano a una buena universidad y entró.

Un lector del artículo de Paul encontró en una búsqueda rápida en Internet que Paul ahora tiene poco más de cincuenta años y que la «buena universidad», como ella la llamó modestamente, es la Universidad de Brown, una universidad Ivy. «Entraste en Brown sin actividades extracurriculares —exclamó—, ¡inténtalo hoy!»[43]

Algunos estudiantes de universidades prestigiosas buscan obtener beneficios expresivos y emocionales adicionales al considerar sus propias instituciones como superiores a otras universidades de renombre. A través de entrevistas, las sociólogas Amy Binder y Andrea Abel descubrieron que los estudiantes de Harvard y Stanford perciben que sus universidades son más prestigiosas porque ofrecen una educación «completa» en artes liberales. En contraste, consideran que otras universidades prestigiosas son demasiado intelectuales, están excesivamente ligadas al sistema de estatus del viejo mundo, están demasiado asociadas con la fiesta y el atletismo, o tienen un alumnado demasiado enfocado en la preparación profesional. Binder y Abel concluyeron que, al establecer estas distinciones, los estudiantes justifican su estatus social más alto y refuerzan las diferencias de estatus existentes entre las élites.[44]

Un título de una universidad privada puede agregar mayores beneficios expresivos y emocionales en el estatus social y el orgullo que uno de una universidad pública, pero no necesariamente mejora el bienestar en más.[45] Una encuesta de la Universidad Gallup-Purdue de 30 000 graduados universitarios encontró que los graduados de universidades públicas están tan comprometidos con su trabajo como los graduados de universidades privadas, y prosperan por igual en todas las áreas de su vida. La actitud comprometida de los estudiantes durante la universidad se extiende al lugar de trabajo años más tarde, cuando los estudiantes se están adaptando a la vida después de la universidad.

El bienestar y la satisfacción laboral están estrechamente relacionados con si un graduado tuvo un mentor en la universidad o un profesor que fomentó el aprendizaje, si la universidad lo preparó bien para la vida después de la escuela y si estaba emocionalmente apegado a su universidad.[46]

Las deudas acumuladas durante la universidad restan valor al bienestar. Los graduados sin deudas tienen más probabilidades de prosperar que los graduados con deudas estudiantiles. Como dice la encuesta, «cuanto mayor sea el monto del préstamo, peor será el bienestar».

El mensaje de la encuesta a los padres que se estresan por las perspectivas universitarias de sus hijos es que el bienestar depende poco del tipo de universidad a la que asistan, privada o pública, más prestigiosa o menos prestigiosa.

Sin embargo, a menudo son los padres los que más se preocupan por la admisión universitaria y los que se sienten más angustiados por los rechazos a la universidad. Una madre le escribió a Gottlieb: «Mi hijo está en medio del proceso de solicitud de ingreso a la universidad. Tiene muy buenas calificaciones y muy buenas puntuaciones en la selectividad y en la ACT (prueba alternativa a la selectividad); es un Eagle Scout y capitán del equipo de campo a través... De acuerdo con todas las estadísticas e informes, debería ser aceptado en las escuelas de la Ivy League, pero no lo ha sido». La madre sospecha que su hijo está siendo rechazado por las escuelas Ivy porque «también es blanco, hombre y de clase media alta».[47]

A los padres de la élite les resulta difícil abandonar la carrera por las universidades prestigiosas porque gran parte de su propio estatus social depende de ello. Aquellos que abandonan la carrera universitaria pagan un precio en costes expresivos, incapaces de manifestarse como padres de niños admitidos en universidades prestigiosas.

En respuesta a un artículo sobre la culpa que sienten algunos padres si no pueden pagar los gastos universitarios de sus hijos sin sacrificar su propia seguridad financiera,[48] una lectora describió a su hijo inteligente y perspicaz al que le encantaban los coches y la construcción con Lego, pero nunca le gustó la escuela. Se sentía incómoda cuando sus amigos estaban estresados por la preocupación de que sus hijos no fueran admitidos en universidades prestigiosas y se preocupaban por pagar la matrícula de estas universidades y otros gastos si sus hijos eran admitidos.

Su hijo está ahora en su segundo año como mecánico diésel, manteniendo quitanieves y camiones volquetes, aprendiendo hidráulica y obteniendo su licencia de conducir comercial en tiempos de COVID-19, mientras que los estudiantes universitarios se sientan frente a las pantallas de los ordenadores. «Nunca imaginé que me sentiría tan aliviada de tener un hijo que no fue a la universidad. ¿Y las finanzas? Este es un trabajo sindicalizado a tiempo completo con beneficios y una pensión. El vaivén entre lo que gana y lo que muchos padres están gastando para enviar a sus hijos a la universidad es de unos buenos 10 000 dólares». Pero otro lector respondió sarcásticamente, señalando los costes expresivos de abandonar la carrera universitaria. «Es genial que realmente hayas avanzado aceptando tu destino. Me pregunto cuánto influyó su paternidad en sus decisiones. Uno siempre se lo pregunta».

Dejando a un lado los comentarios sarcásticos, elegir un oficio en lugar de la universidad puede imponer costes utilitarios además de expresivos y emocionales. En respuesta a un artículo sobre los hombres que se retrasan en la matrícula universitaria,[49] uno señaló que trabajar en oficios, como la climatización, es menospreciado por muchos. Sin embargo, un buen trabajo sindical asegura una pensión completa, una buena atención médica, un camión, uniformes y ninguna deuda estudiantil. «También puedes estar al aire libre parte del tiempo en lugar de quedarte atrapado en una oficina frente a un ordenador todo el día». Pero otro señaló que los empleos sindicalizados están desapareciendo rápidamente y que los salarios no son muy buenos. Los miembros del sindicato de HVAC (que cubre calefacción, ventilación y aire acondicionado), ganan un promedio de 53 000 dólares por año. «Estos trabajos también son extremadamente duros para el cuerpo, no es casualidad que los trabajadores estadounidenses en este tipo de oficios tengan niveles más altos de adicción que otros trabajadores».

Obtenemos una visión de las prestigiosas universidades estadounidenses como emblemas de alto estatus social, que producen beneficios expresivos y emocionales, a medida que comparamos los paisajes universitarios en los Estados Unidos y Canadá. Los sociólogos Scott Davies y Floyd Hammack señalaron que los dos países son similares en el sentido de que más del 60 % de los graduados de la escuela secundaria pasan a la educación postsecundaria. Ambas cuentan con sistemas universitarios de gobernanza descentralizados, y experimentaron un aumento de la matrícula universitaria. Sin embargo, mientras que el sistema universitario canadiense consiste en una pirámide de prestigio bastante plana, el sistema universitario estadounidense se distingue por una pirámide de prestigio empinada, lo que conduce a formas distintivas de competencia. Como escribieron Davies y Hammack: «El lugar donde se estudia se considera más importante en los Estados Unidos, mientras que lo que se estudia domina en Canadá».[50]

La socióloga Janice Aurini y sus coautores exploraron las actitudes de los padres de la élite en Toronto, Canadá, sobre las actividades de sus hijos y las opciones educativas postsecundarias.[51] Descubrieron que los canadienses de altos ingresos inscriben a sus hijos en múltiples actividades y cultivan sus habilidades. Sin embargo, su enfoque de crianza, a diferencia de la de sus homólogos estadounidenses, no está guiada por el deseo de obtener plazas en universidades prestigiosas. Por el contrario, se guía por los intereses de sus hijos, la proximidad a sus hogares y las contribuciones a la salud de sus hijos.

Una madre canadiense dijo: «Les dejamos elegir lo que quieran elegir. No queríamos forzarlos a hacer cosas. Nuestro sueño tiene que ver con el sueño de ellos». Otra madre describió la angustiosa experiencia de su hija de seis años en una clase de música, antes de renunciar. La maestra gritaba: «¡Si sostenido! ¡Si sostenido! ¡Si sostenido!». La hija dijo: «Mami, el único afilado que conozco es cuando afilo mi lápiz».*

Compárese esta historia con la de unos padres estadounidenses con muchos recursos, descrita por la socióloga Marianne Cooper, que se preparan para enviar una grabación de una interpretación de violín de Alec, su hijo, mientras compiten por un asiento en una escuela secundaria privada. Al escuchar a su hijo tocar, la madre exclamó: «¿Qué está haciendo?... Alec tiene que ser perfecto... Perfecto».[52]

* N. del T.: *B-sharp*, además de la nota musical, significa «afilado», por lo que la niña habría entendido «sé afilado», de ahí su comparación con el lápiz.

Los padres canadienses de la élite esperan que sus hijos adquieran una educación postsecundaria, y muchos consideran que esa educación es una necesidad. Pero expresaron poca preocupación por el tipo de educación postsecundaria, «la universidad, o un colegio, o un aprendizaje para ponerlos en el camino que quieren tomar».

Una madre canadiense cuyo hijo quería asistir a la escuela de medicina señaló que tener un título de médico es más importante que la escuela de medicina en particular. «Para ser médico, no conozco a nadie que vaya a la cita del médico y vea de qué escuela se graduó y qué calificaciones obtuvo, ¿verdad?».

Además, los padres canadienses prefieren la educación postsecundaria cerca de casa, en parte, porque vivir en casa es menos caro. Un padre dijo: «A mí me hubiera gustado que ambos fueran a la [Universidad] de Toronto... porque puedo ayudarlos más de esa manera». Callum, su hijo mayor, fue a esa universidad y pudo vivir en casa durante los primeros tres años, con pocos gastos y pocas deudas. Su hijo menor va a la Universidad de Concordia porque es uno de los pocos lugares que ofrece títulos en escritura creativa. «Así que eso va a ser un gran desafío desde el punto de vista financiero». El hecho de que la Universidad de Toronto clasifique mucho más alto en general que la Universidad de Concordia importó poco. Lo que importaba era la preferencia por un programa en particular, «la sustancia sobre la marca».

La pirámide de prestigio de las universidades americanas se remonta a los orígenes de las universidades americanas más prestigiosas como escuelas de perfeccionamiento para las élites americanas, donde las cualificaciones académicas importaban relativamente poco. Un cambio de énfasis en las calificaciones académicas en 1905 metió a Harvard en problemas, ya que le restó valor a su papel como escuela de perfeccionamiento.

Como señaló Malcolm Gladwell,[53] citando al sociólogo Jerome Karabel, en 1922 los judíos constituían más de una quinta parte de la clase de primer año de Harvard.[54] La solución de Harvard fue centrarse en el «carácter» de los solicitantes. A partir del otoño de 1922, los solicitantes debían responder preguntas sobre raza y color, preferencia religiosa, apellido de soltera de la madre, lugar de nacimiento del padre y «¿qué cambio, si lo hubiera, se ha hecho desde el nacimiento en su propio nombre o en el de su padre? (explique con detalle)». A finales de 1933, el porcentaje de judíos en Harvard había vuelto a bajar al 15 %. «Harvard, Yale y Princeton no dejaron de enfocarse en la formación del carácter una vez que pasó la crisis judía. Lo institucionalizaron». La capacidad atlética aumentó su importancia como criterio de selección, lo que se refleja en el hecho de que incluso ahora los atletas son aceptados en universidades prestigiosas con el doble de tasa que otros estudiantes, a pesar de las puntuaciones SAT significativamente más bajas.

La diferencia en las tasas de admisión entre las universidades más prestigiosas y las menos prestigiosas es ahora más amplia que nunca. Solo el 10 % de las mejores universidades, incluidos los miembros de la Ivy League, Stanford, Duke y similares, son sustancialmente más selectivos ahora que en 1962. Las universidades menos prestigiosas se han vuelto menos selectivas. La economista Caroline Hoxby atribuyó las crecientes brechas a una transformación del mercado universitario de regional a nacional, facilitada por la disminución de los costes de los viajes y las comunicaciones.[55]

La introducción en 1983 de las clasificaciones de *U.S. News & World Report* amplió aún más la brecha. Los economistas James Monks y Ronald Ehrenberg encontraron que los rangos más bajos en el informe impulsan a las universidades a aceptar porcentajes más altos de solicitantes y aceptan solicitantes con puntuaciones promedio SAT más bajas.[56]

El aumento en el número de estudiantes que van a la universidad desde mediados de la década de los noventa amplió la brecha aún más, en lo que los economistas Garey Ramey y Valerie Ramey llamaron la «carrera de ratitas». Señalaron que el «hacinamiento de cohortes» resultante ha llevado a los padres a competir más ferozmente por los asientos en universidades prestigiosas al gastar cantidades cada vez mayores de tiempo y dinero en la preparación universitaria de sus hijos.[57]

Es probable que parte de ese aumento se deba a la afluencia de inmigrantes altamente cualificados de Asia, especialmente de China e India, tras la ley de inmigración estadounidense de 1965 que dio preferencia a los inmigrantes altamente cualificados, reemplazando la preferencia anterior por el país de origen que limitaba la inmigración desde Asia.

La socióloga Natasha Warikoo describió la competencia por la admisión a prestigiosas universidades en la escuela secundaria pública de Woodcrest. Woodcrest, el nombre de un suburbio rico de la costa este, siempre ha sido el hogar de familias blancas de la élite, pero ahora también es el hogar de un número cada vez mayor de familias asiático-estadounidenses con altos ingresos. La competencia entre los hijos de familias blancas y las familias asiático-estadounidenses tensa las relaciones entre los niños, y especialmente las relaciones entre los padres. Las familias estadounidenses blancas con más recursos siempre han estado en la cima de la pirámide de estatus con las mejores posibilidades de colocar a sus hijos en universidades prestigiosas, pero ahora se enfrentan a una gran competencia de las familias asiático-estadounidenses de la élite.

Warikoo le preguntó a Shannon, una madre blanca, cómo había afectado a sus hijos el creciente número de niños asiático-estadounidenses en la escuela secundaria pública de Woodcrest. Shannon comenzó con lo positivo. «Tenían grandes amigos que se preocupaban por la educación», antes de pasar a lo negativo: «Mis hijos, y especialmente mi hija mayor, que era muy brillante y estaba motivada, se sentían como unos estudiantes promedio porque había muchos genios, superestrellas y niños fuera de serie».[58]

Rory, otra madre blanca, culpó a la crianza de los hijos en las familias asiático-estadounidenses por la reducción del estatus de su hijo y su incapacidad para obtener un sitio en la carrera de matemáticas con honores que ella creía que merecía. Aun así, la hija mayor de Rory asistía a una universidad Ivy, lo que indica que a su familia todavía le iba bien en la competencia por plazas en universidades prestigiosas.[59]

«La ironía de que el hijo de Rory asistiera a una universidad de la élite cara no se me escapó», escribió Warikoo. Al igual que las familias asiático-estadounidenses que ella criticaba, Rory hizo todo lo que pudo cuando se trataba del proceso de solicitud de ingreso a la universidad de sus hijos. «La única diferencia fueron las estrategias en las que se involucraron».

Rory apoyó a su hijo en matemáticas, accediendo a un equipo de matemáticas en la escuela primaria, pero no en la Escuela Rusa de Matemáticas favorecida por las familias asiático-estadounidenses de altos ingresos.

Su hija se benefició de un impulso de formar parte del legado familiar en la admisión a la universidad de Rory. Las familias asiático-estadounidenses tienen menos probabilidades de disfrutar de ese impulso heredado porque la mayoría de los padres asiático-estadounidenses obtuvieron títulos universitarios en Asia.

Algunas familias estadounidenses blancas con ingresos altos responden a la competencia educativa de los estudiantes asiático-estadounidenses mudándose. El ratio de estudiantes blancos disminuye en los suburbios de mayores ingresos a medida que llegan los estudiantes asiáticos, un patrón que no puede explicarse completamente por la animadversión racial, los precios de la vivienda o las correlaciones con las llegadas de negros o hispanos. Es probable que los temores de los padres a la competencia académica expliquen este patrón.[60]

La afirmación de que la ventaja académica de los asiático-estadounidenses sobre los blancos proviene de un mayor esfuerzo académico en lugar de mejores habilidades cognitivas es confirmada en un estudio realizado por los sociólogos Amy Hsin y Yu Xie.[61] En particular, encontraron que la ventaja proviene de creencias más fuertes entre los asiático-estadounidenses sobre la conexión entre el esfuerzo y el logro, así como del estatus migratorio de muchos de ellos.

Las presiones académicas que sienten los niños de la élite, tanto blancos como asiático-estadounidenses, disminuyen el bienestar y dañan la salud emocional de algunos estudiantes, induciendo depresión y ansiedad. Sin embargo, estas presiones parecen disminuir el bienestar entre los niños asiático-estadounidenses más que entre los niños blancos.

Hsin y Xie sugirieron dos posibles mecanismos que podrían explicar el menor bienestar de los estadounidenses de origen asiático. Uno de ellos son las expectativas educativas inmensamente altas de los padres, los niños y la sociedad asiático-estadounidense. Estas altas expectativas hacen que aquellos que no las cumplen se sientan fracasados. Además, aquellos que alcanzan grandes logros académicos pueden considerarlos como asumidos, o creer que se espera que logren aún más. El otro mecanismo que subyace al menor bienestar de los estadounidenses de origen asiático es su complicada posición en la sociedad estadounidense racialmente estratificada. Los asiático-estadounidenses son reconocidos por su ética de trabajo e inteligencia, pero son marginados por un estatus de forastero que impide su plena integración en la sociedad estadounidense.[62]

El deseo de los padres blancos de reducir la presión académica sobre los estudiantes de la escuela secundaria pública de Woodcrest y otras similares, como, por ejemplo, a través de la reducción de los deberes, podría estar motivada por el deseo de mitigar los problemas de salud emocional. Sin embargo, Warikoo anotó que muchos padres blancos de Woodcrest que expresaron una gran preocupación por la salud emocional también apoyaron a sus hijos en equipos deportivos competitivos, clases de honores y AP, y más. Sugirió que el impulso para reducir la competencia académica y el trabajo escolar también está motivado por el deseo de los estadounidenses blancos de preservar su estatus al perjudicar a los estadounidenses de origen asiático en la carrera hacia las universidades prestigiosas.[63]

«La práctica de la esgrima puede costar seis cifras caras, pero gana en las admisiones universitarias», fue el título de un artículo de la periodista Stephanie Saul. Describió el Centro de Esgrima de Manhattan, donde cuelgan del techo banderas de Duke, Harvard, Nueva York, Johns Hopkins, Notre Dame, Princeton y Columbia, colegios y universidades con equipos de esgrima. La esgrima, junto con el remo, el golf, la vela, el esquí y el squash se denominan «deportes de club de campo», que se practican principalmente en los suburbios blancos.

«Los padres se dan cuenta de que la esgrima es uno de los mejores deportes para colocar a sus hijos en una buena universidad», dijo Yury Gelman, fundador del Centro. Los atletas reclutados tuvieron una tasa de aceptación del 83 % en Harvard, en comparación con el 16 % de otros estudiantes con puntuaciones similares.

Algunos lectores estuvieron de acuerdo con el mensaje del artículo de Saul. Uno escribió: «Es difícil quejarse del elitismo cuando el objetivo de asistir a una Ivy es convertirse en la élite. Este es un pequeño secreto sucio... El objetivo es conocer a los hijos de senadores, estrellas de cine y directores ejecutivos, personas que vuelan en jets privados e influyen en la política monetaria en Davos». La marca es lo que venden las Ivies, agregó, y «si se convirtieran en meritocracias puramente académicas, perderían mucho de lo que hace que los estudiantes quieran asistir en primer lugar». Sin embargo, la mayoría de los lectores que reaccionaron al artículo no estuvieron de acuerdo, muchos de ellos de forma vehemente.

Uno escribió: «¿Qué porcentaje de jugadores de fútbol americano de la Universidad de Michigan y jugadores de baloncesto de Duke serían admitidos si no fueran atletas de élite? Probablemente cerca de cero. Pero, por supuesto, como eso no promueve la narrativa de la justicia social, simplemente se ignora».[64]

Algunos padres responden a la feroz competencia en las escuelas secundarias públicas de la élite transfiriendo a sus hijos a escuelas secundarias privadas con buenos antecedentes de colocación de graduados en universidades prestigiosas. Sophie Callcott, una estudiante de tercer año de la Universidad de Stanford que creció en Silicon Valley describió las ventajas conferidas por las escuelas secundarias privadas. «Todos los estudiantes de secundaria estadounidenses conocen el supuesto secreto de una vida de éxito: la admisión a una universidad de élite. La competencia por los codiciados lugares es tan feroz que, si bien no se puede garantizar una victoria con una admisión, se puede jugar, si sabes cómo jugar». Callcott jugó el juego y ganó. Los consejeros de las escuelas secundarias privadas de élite tienen acceso entre bastidores a los funcionarios de admisión. Cuando Callcott fue puesta en lista de espera en una escuela a la que solicitó admisión anticipada, el consejero llamó al oficial de admisión y le dijeron que Callcott debería mantener su A en cálculo del programa honores, lo que implica que si lo hacía, entraría durante el proceso de admisión ordinario.[65]

Otros padres se mudan con sus familias, como de Silicon Valley a New Hampshire. Una mujer describió a un amigo muy exitoso que decidió mudarse a New Hampshire, donde creció. «Porque, ¿sabes lo que dice? En New Hampshire puedes tener niños promedio y pueden sentir que son exitosos. Aquí, si tienes un niño promedio, se siente como un fracaso».[66]

Las vidas de padres e hijos en familias estadounidenses con altos ingresos son estresantes, pero las vidas de padres e hijos en familias chinas de la élite y aquellos que aspiran a unirse a ellas son aún más estresantes, regidas por la «paternidad gallina» de «bebés pollo».[67] El investigador Han Chang señaló que solo unas pocas escuelas en las áreas urbanas chinas se consideran prestigiosas, y para ingresar a ellas se requiere un comienzo temprano. «Mucha gente no se da cuenta de que, si no vas a una buena escuela secundaria o instituto, básicamente te has despedido de la [prestigiosa] Universidad de Tsinghua y Pekín», dijo una madre cuyo hijo está inscrito en una prestigiosa escuela secundaria.

Los «padres gallina» envían a sus hijos a escuelas de refuerzo donde reciben clases particulares de inglés, matemáticas, chino y otras materias. «Lo triste es que una vez que comienzas a acobardar a tus hijos, casi no es posible parar», explicó un profesor de secundaria, señalando que las actividades extraescolares de los niños ya no sirven para cultivar pasatiempos o generar diversión. «Hoy en día, los bebés pollo juegan al ajedrez para mejorar las habilidades cognitivas, participan en Olimpiadas de Matemáticas para el razonamiento lógico, deportes para prevenir la miopía. Todo es para servir al mismo propósito: ser bueno en la escuela».

«Las actividades extraescolares son la norma», dijo una madre. Su hija, una estudiante de cuarto grado, fue elegida presidenta de la clase, toca en la orquesta de la escuela y toma clases de piano, artes marciales, chino y matemáticas. «Cuántas actividades extraescolares tienen los niños, y cuánto tiempo y dinero están dispuestos a gastar los padres en ellas... eso es lo que marca la diferencia real aquí».

El gobierno chino intenta reducir la competencia académica, motivado por el deseo de alentar a los padres a tener más hijos. Sin embargo, estas restricciones también sirven a las familias chinas de la élite en sus esfuerzos por preservar su estatus perjudicando a aquellos que se esfuerzan por unirse a ellos.[68] Scott Yang, un padre que se esfuerza por ver a su hijo unirse a la élite, se preocupa de que la prohibición de las clases extraescolares dé una ventaja adicional a las familias de la élite que pueden permitirse tutores privados.

Los costes emocionales de la carrera hacia universidades prestigiosas llevan a algunos jóvenes chinos a ver la hipercompetencia en la educación y el trabajo como una rueda de hámster sin sentido, señaló el escritor Jianan Qian. «El término *tangping* o «tumbado» se hizo viral en las redes sociales chinas. Fue la versión china de la gran renuncia que comenzó en Estados Unidos más o menos al mismo tiempo».[69]

Una madre de California estaba «destrozada por la reciente tragedia» de un estudiante de una escuela secundaria altamente competitiva que se suicidó. Escribió en Next Door, una red social, sobre un grupo de apoyo para padres que quieren familias e hijos emocionalmente sanos. «Para ser honesta, espero que esta sea una reunión con muchos padres estadounidenses del este y sur de Asia, pero todos los padres son bienvenidos». La madre recuerda el momento desgarrador en el que le preguntó a su primogénita por qué sentía tanta presión en el instituto. «Ella respondió lo siguiente: "Tanto tú como papá fuisteis a Stanford. Siento que tengo que haceros sentir orgullosos". No recuerdo haber expresado que quería que postulara a Stanford, pero por otra parte, admito que no lo veo todo como madre».

Los costes emocionales de la carrera hacia universidades prestigiosas llevaron a Kaitlyn Younger a cambiar sus perspectivas. Younger, la perfeccionista mencionada anteriormente que fue rechazada por todas las universidades prestigiosas a las que se postuló, dijo: «Solía ser el tipo de persona que, si obtenía una A baja, cualquier cosa inferior a un 95, estaría molesta conmigo misma porque pensaba que ese era el estándar para los tipos de instituciones a las que quería asistir —dijo—.Todo ese estrés no valía la pena. Quiero hacerlo lo mejor que pueda, pero de una manera que no deteriore mi salud mental si tengo problemas».[70]

Un lector de la historia de Younger escribió: «Al final, lo que importa es que uno termine la universidad, sin importar a qué escuela vaya. Lo que importa es que el proceso te deja más capaz en lugar de menos, y con una estructura social suficiente construida para entrar en la edad adulta comprometida en lugar de alienada». Otro escribió: «Después de tu primer trabajo, a nadie le importa dónde fuiste a la escuela. Después de los cuarenta, a nadie le importa si fuiste a la universidad. Como ingeniero experimentado, puedo asegurar a todos los aspirantes a ingenieros que no importa dónde hayan estudiado si no han aprendido la materia y cómo resolver los problemas».

La educación entre la clase trabajadora y las clases desfavorecidas

La noción de la élite de que el preescolar es mejor para los niños cuando se centra en lo académico ahora se aplica a los hijos de la clase trabajadora y de la clase más desfavorecida. La educadora de infantil Erika

Christakis notó un cambio cultural, a partir de principios de la década del 2000, de una infancia «protegida» a una «preparada», lo que empujó las preferencias de los padres cada vez más en la dirección de la preparación para las metas académicas.[71] Sin embargo, los programas preescolares basados en esa noción no ayudan a los niños desfavorecidos y de clase trabajadora más de lo que ayudan a los niños de la élite. Disminuyen las habilidades adquiridas por los niños pequeños, incluidas las habilidades académicas, en lugar de mejorarlas.

El programa de *pre-kindergarten** de Tennessee se centra en lo académico, mediante la cual grandes grupos pasivos de niños aprenden lengua, matemáticas y habilidades de funcionamiento ejecutivo de los maestros. Un estudio del programa reveló que disminuye la iniciativa de los niños y reduce los resultados educativos. De hecho, a los niños que asistieron al programa les fue peor posteriormente en los resultados académicos y conductuales que a los que no asistieron al programa.[72]

Los niños pequeños aprenden mejor cuando su aprendizaje es lúdico, activo, atractivo, significativo, iterativo, socialmente interactivo y alegre, centrado en leer, contar historias, resolver acertijos y jugar con bloques, facilitando el desarrollo de la atención, el desarrollo social, la memoria de trabajo y la persistencia.[73]

Los programas preescolares centrados en el juego proporcionan beneficios sustanciales de bienestar para toda la vida, especialmente a los niños de familias desfavorecidas. Un estudio realizado por la economista Martha Bailey y coautores de Children of Poor Family en el preescolar de Head Start encontró que, en comparación con los niños que tenían seis años de edad y, por lo tanto, más allá de la edad de elegibilidad para el preescolar de Head Start, los niños de tres a cinco años de edad en el preescolar de Head Start obtuvieron beneficios sustanciales. Esto es especialmente cierto entre los niños que asistieron al preescolar Head Start durante más años y se beneficiaron de su mejora gradual.[74]

Los estudiantes que asistieron a un programa preescolar Head Start completamente implementado durante tres años tenían un 3 % más de

* N. del T.: En España corresponde al primer ciclo de educación infantil.

probabilidades de terminar la escuela secundaria, un 8,5 % más de probabilidades de asistir a la universidad y un 39 % más de probabilidades de completar la universidad. Además, los estudiantes preescolares de Head Start tenían más probabilidades de trabajar en empleos profesionales, las estudiantes tenían un 32 % menos de probabilidades de vivir en la pobreza cuando fueran adultas y los estudiantes varones tenían un 42 % menos de probabilidades de recibir ayudas públicas.

Los estudios de la eficacia de otros programas preescolares revelan una alta eficacia similar. David Kirp, profesor de educación, describió el programa preescolar Perry que comenzó hace medio siglo, inscribiendo a niños de tres y cuatro años de familias desfavorecidas. El programa produjo beneficios sustanciales para toda la vida de los niños, incluidos mayores logros académicos, mayores ingresos y mejor salud.[75]

Además, un estudio del programa preescolar Perry realizado por el economista Jorge Luis García y sus coautores encontró que sus efectos beneficiosos se extienden a las generaciones futuras. Los beneficios del programa preescolar Perry para la primera generación de estudiantes incluyen un mejor ambiente familiar para una segunda generación. Los niños de segunda generación de Perry Preschool tienen niveles más altos de educación y empleo, niveles más bajos de actividad delictiva y mejor salud que otros niños.[76]

Otro estudio, realizado por el economista John List y sus coautores, reveló grandes beneficios similares en un programa intensivo dirigido a los padres con menos recursos y a sus hijos pequeños. El programa, que combina visitas domiciliarias y retroalimentación, e interacciones enriquecidas entre padres e hijos, mejoró el vocabulario, las matemáticas y las habilidades socioemocionales de los niños.[77]

Los beneficios de Head Start y otros centros preescolares financiados con fondos públicos son mayores cuando los padres participan en eventos escolares. Un estudio realizado en seis centros preescolares de Chicago ofreció a los padres un incentivo de veinticinco dólares por evento y recordatorios por mensaje de texto. Esto aumentó la probabilidad de asistir a eventos en un 28 %. Además, la costumbre de asistir a eventos escolares persistió cuando ya no se ofreció el incentivo.[78] Los beneficios de la educación adicional se extienden a los adolescentes de noveno y décimo grado de las escuelas públicas que se encuentran rezagados. La tutoría intensiva e individualizada en la escuela aumentó sustancialmente sus calificaciones en los cursos de matemáticas y otros, y estos efectos persistieron en su futuro.[79]

Muchos padres con menos ingresos y de clase trabajadora se preocupan tanto por la educación de sus hijos como los padres de la élite, y pueden tener el capital cultural para hacerlo. Sin embargo, a menudo luchan por acumular el capital social necesario, y especialmente financiero.

SNAP, también conocido como cupones de alimentos, es un programa de asistencia nutricional que proporciona beneficios mensuales a las personas pobres elegibles. El dinero de SNAP disminuye durante el mes a medida que se gasta, y el hambre aumenta. Los estudiantes que hacen exámenes de alto riesgo durante las últimas dos semanas de los ciclos de beneficios de SNAP obtienen puntuaciones más bajas en los exámenes y tienen menos probabilidades de asistir a una universidad de cuatro años.[80]

Los padres de familia de clase trabajadora y con menos ingresos a menudo ahorran dinero para la educación de sus hijos y los ayudan a estudiar, con la esperanza de obtener becas universitarias y, si es necesario, dispuestos a asumir deudas. Carly, una mujer británica de 55 años entrevistada por BlackRock, dijo: «En este momento me estoy concentrando en los *A-levels* de mi hija. A veces siento que soy yo la que se va a examinar».[81] Los *A-levels*, abreviatura *de Advanced Level Exams*, son reconocidos por muchas universidades de Inglaterra, Gales e Irlanda del Norte como el estándar para evaluar la idoneidad de los solicitantes de admisión.

Bill, el hombre estadounidense de 52 años ya mencionado, está ahorrando para la educación universitaria de sus hijos. «En este momento, estamos enfocados en poder pagar la educación universitaria de nuestros hijos —dijo—. Mi hija está en el tercer año de la escuela secundaria y está buscando universidades. Tenemos un plan 529 [de ahorro para la educación] que hemos utilizado para ahorrar para la universidad y creo que deberíamos estar en camino de alcanzar esta meta». Bill está equilibrando los beneficios de la educación en una universidad privada con sus costes. Su conversación más significativa sobre el dinero con su hija fue sobre la universidad. «Le dije que habíamos ahorrado suficiente dinero para que ella y su hermano asistieran a cualquier escuela estatal en [su estado natal]. Sin embargo, estaba muy interesada en ir a una escuela privada en el noreste».

Bill señaló que la mayoría de las universidades privadas en las que su hija está interesada no ofrecen ninguna beca por mérito, y su familia no califica para la ayuda basada en la necesidad. «Esta fue una discusión difícil que nos hizo pensar en lo que se necesitaría para ir más allá de nuestro plan y cuánto está dispuesta a endeudarse mi hija por la educación que quiere».

Los padres de la élite y sus hijos suelen preferir las universidades de cuatro años que ofrecen títulos de licenciatura, pero los niños más desfavorecidos y de clase trabajadora suelen empezar en los colegios comunitarios, ya sea con un título de asociado como destino final, o como estación de paso hacia una universidad de cuatro años y un título de bachillerato. Los colegios comunitarios inscriben al 45 % de todos los estudiantes de grado de EE. UU., y el 80 % de ellos se esfuerzan por ser transferidos a universidades de cuatro años y obtener una licenciatura.[82]

Los beneficios utilitarios de la educación universitaria son enormes. Los estudiantes universitarios comunitarios que completan uno o dos años de créditos ganan un 25 % más que los graduados de la escuela secundaria, incluso si no han obtenido un título de asociado. Sin embargo, mientras que un colegio comunitario aumenta los ingresos de los estudiantes que de otro modo no habrían ido a la universidad, resta valor a los ingresos potenciales de los estudiantes desviados de asistir a una universidad de cuatro años.[83] Los estudiantes universitarios que obtienen una beca de cuatro años ganan un 21,7 % más que los graduados de los colegios comunitarios.[84]

Hay muchas historias de mayor bienestar entre los que se graduaron de los colegios comunitarios y los que se trasladaron a universidades de cuatro años. Un estudiante escribió que odiaba la escuela secundaria y que apenas se graduó. Trabajó en empleos de mala calidad hasta los veinticinco años y se dio cuenta de que seguiría trabajando en ese tipo de empleos a menos que adquiriera más educación. Se matriculó en un colegio comunitario, se trasladó a una universidad de cuatro años y se graduó con un título en química. Trabajó como químico durante muchos años, luego regresó a la escuela para obtener un título de posgrado y una carrera en la enseñanza. «Nada mal para un chico que odiaba la escuela. A menudo les cuento esta historia a mis alumnos. Nunca se es demasiado viejo para aprender. Y sin educación, tus opciones son limitadas».[85]

Otra escribió que siempre estará agradecida por lo que el colegio comunitario hizo por ella. «Por mucho más adulta que creas que serás en comparación con otros estudiantes, no lo serás. Por muy difícil que creas que será, tus profesores serán un gran recurso». Señaló además que muchos colegios comunitarios tienen excelentes relaciones con las universidades de cuatro años, por lo que las transferencias son posibles y los estudiantes transferidos no se enfrentan a ningún estigma.[86]

Sin embargo, pocos logran graduarse de los colegios comunitarios. La escritora Ann Hulbert señaló que la tasa nacional de graduación después de tres años es solo del 16 %, y menos de un tercio se gradúa después de seis años.[87] Las fortalezas de los colegios comunitarios en cuanto a fácil acceso, flexibilidad y un amplio menú de programas y especializaciones son también sus debilidades. Los estudiantes universitarios comunitarios cuyas desventajas en la vida exigen una orientación clara y una estructura sólida, reciben poco de cualquiera de las dos, mientras que los estudiantes de prestigiosas universidades de cuatro años que han recibido orientación y estructura de padres y maestros desde el preescolar reciben más de ella.

Los estudiantes de primer año en Harvard son supervisados por un asesor de primer año, un decano residente de estudiantes de primer año, un supervisor y un compañero de asesoría entre estudiantes. Más tarde, los tutores de la residencia y los asesores de la facultad prestan apoyo. Por el contrario, los estudiantes del cercano Bunker Hill Community College están en gran medida solos, con proporciones de estudiantes por asesor que pueden llegar a 1500 a uno, eligiendo entre más de setenta programas de título asociado o certificado, en más de sesenta especializaciones, luego averiguando la carga óptima de cursos y cómo combinar mejor las clases en línea y en persona. No es de extrañar que la mayoría fracase.

Además, graduarse de una universidad de cuatro años o incluso de un colegio comunitario parece un objetivo distante para las personas con poco dinero, mientras que el dinero ganado hoy, incluso con un salario mínimo, parece una necesidad urgente. De hecho, la incertidumbre sobre los beneficios futuros de los títulos de cuatro años, combinados con la necesidad de ganar dinero hoy en día, disuaden a muchos estudiantes de alto rendimiento, pero pobres de postularse a universidades de cuatro años. La economista Susan Dynarski y sus colegas examinaron los efectos de un compromiso temprano de ayuda financiera en una universidad emblemática, garantizada antes de la solicitud, igual a lo que los estudiantes tendrían derecho si fueran admitidos. El compromiso redujo la incertidumbre a la que se enfrentan los estudiantes, aumentando las solicitudes y las tasas de matriculación.[88]

Más típica, sin embargo, es Angie, descrita por la socióloga Ranita Ray. Angie se inscribió en clases en el Port City Rivers Community College, persiguiendo su sueño de obtener un título universitario.[89] Pero cuando se inscribió, ya había perdido algunas semanas de clases, y se enteró de las oportunidades de trabajo de amigos que trabajaban en el centro comercial, panaderías locales y peluquerías. Decidió retirarse por el semestre y aceptar tres trabajos.

Al semestre siguiente, Angie se volvió a inscribir en el colegio comunitario justo a tiempo, pero abandonó para completar un curso de conducción de coches de ocho horas. El tercer semestre de Angie en el colegio comunitario parecía prometedor, pero a mitad del semestre su coche se descompuso, y pedir que la llevaran o usar el transporte público a sus tres trabajos y a la universidad era agotador. Optó por mantener los trabajos.

Grupos universitarios y no universitarios entre la clase trabajadora y clase desfavorecida

Podemos dividir a los padres de clase trabajadora y clase desfavorecida en dos grupos, el grupo universitario y el grupo no universitario. Los padres del grupo universitario, muchos de los cuales son inmigrantes, poseen el capital cultural necesario para la admisión universitaria y están dispuestos a sacrificar mucho para adquirir el capital social y, especialmente, financiero necesario. Ellos, al igual que los padres de la élite, obtienen un alto bienestar en beneficios expresivos y emocionales en un alto estatus social y orgullo al ver a sus hijos graduarse de la universidad, incluso si no es de una de las prestigiosas, y proceder a carreras cualificadas.

Hasiba Haq y sus padres están en el grupo de la universidad. Sus padres emigraron de Bangladesh y su padre trabajaba como taxista. «Me di cuenta de la vergüenza internalizada que existe por no ser blanca y rica», dijo Haq.[90]

Cuando Haq cumplió once años, sus padres se enteraron de los exámenes por los que se selecciona a los estudiantes en escuelas públicas especializadas, y la inscribieron en un riguroso centro para recibir tutorías. El precio de entrada era de 4000 dólares y sus padres pagaron una parte sustancial de ella, incluso trás un descuento. «Era todos los fines de semana y las clases durante el verano —dijo Haq—. Todos en la comunidad sabían que era el turno de examinarse de la prueba». El periódico local bengalí publicó los nombres y fotografías de los adolescentes bengalíes que fueron admitidos en escuelas secundarias especializadas. «El honor de la familia está ligado a eso —dijo—. Es un poco vergonzoso». Se graduó de Brooklyn Tech, una escuela secundaria pública especializada.

Los padres de clases desfavorecidas y de clase trabajadora en el grupo universitario luchan por ayudar a sus hijos a ingresar en la universidad y que desarrollen carreras cualificadas, con la esperanza de que sus hijos no tengan que luchar tanto. Tom Sit es uno de esos padres, dueño de un restaurante chino donde cocinaba siete días a la semana, doce horas al día, en una cocina donde trabajó como joven inmigrante de China. Sit tiene ahora 76 años y trabajar ochenta horas a la semana es difícil. Sus hijas adultas tienen títulos universitarios y carreras bien remuneradas. No tienen intención de quedarse el restaurante.[91]

Los lectores compartieron historias similares. Uno escribió: «Soy el primero de mi familia en ir a la universidad, y ahora soy profesor en una institución de la Ivy League. Mis padres están muy orgullosos de que su viaje y sus dificultades hayan valido la pena, pero a menudo yo me siento orgulloso de que hayan tenido el coraje de dejarlo todo atrás y arriesgarse en un nuevo país».

Otro, también hijo de inmigrantes, que eran propietarios de restaurantes chinos, escribió que él y sus hermanos obtuvieron cinco títulos universitarios, un máster, tres doctorados y un doctorado en jurisprudencia. «Sin embargo, esta historia de inmigrantes de primera generación que trabajan duro en cualquier sitio para mejorar la suerte de sus descendientes, es la historia del sueño americano».

Muchos padres indios de clases desfavorecidas y de clase trabajadora y sus hijos ven la admisión a las universidades de élite como la única forma de ascender en la vida. «En Kota, los estudiantes de todo el país pagan altas tarifas para recibir tutorías para los exámenes de admisión a universidades de élite, que la mayoría de ellos suspenderán —escribió la periodista Mansi Choksi—.[92] En total, aproximadamente 150 000 estudiantes llegan cada año, algunos de ellos hijos de vendedores de frutas, peones agrícolas, soldadores, conductores de camiones de carga, trabajadores de la construcción, barrenderos y conductores de *rickshaws* de los rincones más pobres del país, con la esperanza de mejorar sus oportunidades en los exámenes de ingreso a la universidad más competitiva de la nación».

Los miembros de clases desfavorecidas y de clase trabajadora del grupo universitario que ascienden a la élite disfrutan de beneficios expresivos y emocionales adicionales, sabiendo que ascendieron por sus propios méritos, no por la pertenencia a la élite, y seguramente no por el estatus de «legado», aceptado en la universidad por la asistencia universitaria de sus padres.

La socióloga Rachel Sherman citó a Warren, un empresario de Capital Riesgo de lo que él llamó un entorno de «clase media/clase trabajadora», que se sentía diferente en su universidad Ivy. Pero «la diferencia fue empoderadora» porque estaba claro que él estaba allí por su inteligencia, no por su historia familiar o sus conexiones. «La gente que me rodeaba reconocía el hecho de que no haber ido a Andover me hace un poco especial. Porque no era algo así como "me lo regalaron"...». El hecho de que su padre no fuera a la universidad era una insignia de honor o talento. «Es como, "Oh, no soy parte de un legado familiar... No fui a una escuela privada. Simplemente, ya sabes, soy realmente inteligente"».[93]

La clase trabajadora y las clases desfavorecidas del grupo de los que no van a la universidad se contentan con ver a sus hijos ascender a la clase trabajadora o permanecer allí, o no ven forma de ascender a la élite. No preparan a sus hijos para la universidad, en parte, porque carecen del capital cultural, social o financiero necesario, y en parte, porque no obtienen muchos beneficios expresivos y emocionales al ver a sus hijos graduarse de la universidad.

El economista George Bulman y sus coautores[94] examinaron la trayectoria de los niños cuyos padres ganaron premios en la lotería. Encontraron que los efectos de los premios en la asistencia a la universidad eran significativos entre la élite, promoviendo la asistencia a la universidad, pero no entre la clase trabajadora y desfavorecida. Bulman y sus coautores anotaron que los padres de clases desfavorecidas y de clase trabajadora podrían tener demandas más apremiantes para los premios de la lotería, como pagar préstamos con intereses altos, comprar un coche o una casa, renunciar a sus trabajos o ayudar a sus allegados. O tal vez, estos padres e hijos de clases desfavorecidas y de clase trabajadora le dan menos valor a la educación universitaria en relación con otras opciones.

Otros padres de clases desfavorecidas y de clase trabajadora carecen del capital social disponible para los padres de la élite en conversaciones informales en las que intercambian información escolar con padres como ellos. Sin embargo, otras personas de clase trabajadora en el grupo de los no universitarios rechazan el capital cultural y social de la élite, gran parte de él basado en un título universitario. Como señaló la profesora de derecho Joan Williams, consideran a los directivos con educación universitaria como niños «que no tienen idea sobre cómo hacer nada, pero están llenos de ideas sobre cómo tengo que hacer mi trabajo». Además, sufren enfrentamientos todos los días por parte de los miembros de la élite, el médico que sin pensarlo es condescendiente con el técnico médico, el oficinista agobiado que trata al guardia de seguridad como si fuera invisible, el hombre de negocios estresado que le grita al agente de seguridad en el aeropuerto.[95]

Algunas personas blancas de bajos ingresos se muestran escépticas con respecto a la educación superior, en parte porque no era necesaria para obtener trabajos estables industriales y un buen estilo de vida en el pasado. Por el contrario, muchas personas negras de bajos ingresos siguen creyendo en la educación superior como un camino hacia empleos estables y mejores estilos de vida. La economista Carol Graham descubrió que los adolescentes jóvenes en vecindarios minoritarios de bajos ingresos que se gradúan de la escuela secundaria tienen más probabilidades de continuar en la universidad que sus contrapartes blancas.[96]

Las fábricas de Bethlehem Steel han estado cerradas durante mucho tiempo, y el sociólogo Andrew Cherlin examinó los caminos de los hijos de los trabajadores de Bethlehem Steel en Baltimore. Los trabajadores negros vivían en viviendas segregadas y sufrían discriminación en el lugar de trabajo. Sin embargo, la mayoría de sus hijos asistieron a la universidad y se mudaron a mejores vecindarios. En contraste, la mayoría de los hijos de los trabajadores blancos no asistieron a la universidad, permanecieron en los vecindarios de sus padres y trabajaron en la economía *gig*.[97]

Muchos en el grupo de la clase trabajadora que no estudian admiran a los ricos, especialmente a aquellos que mantienen el capital cultural y social de la clase trabajadora, a pesar de poseer un capital financiero que puede colocarlos en lo más alto de la élite. Williams citó a un operador de máquina que dijo: «Lo principal es ser independiente, dar tus propias órdenes y no tener que recibirlas de nadie más».[98]

De hecho, la universidad y las posteriores carreras de prestigio no son la única ruta hacia la riqueza, ni siquiera la ruta principal hacia ella. Una posible mejor ruta hacia la riqueza es ser propietario de un negocio próspero. La socióloga Michele Lamont describe a Larry Relles, un oficial de policía que se esfuerza por obtener un capital financiero sustancial comprando casas y alquilándolas. «Soy dueño de tres casas. Viviré en una casa de 300 000 dólares. Solo tengo 34 años, tengo un barco, una moto acuática, una moto... Puedo hacer, más o menos, lo que me da la gana».[99]

Además, algunos miembros de la clase trabajadora se sitúan a sí mismos en un estatus social más alto que la élite al situar la moral por encima de los ingresos y la educación como sus indicadores. Lamont señaló que los miembros blancos de la clase trabajadora identifican la moralidad como «yo disciplinado», su capacidad para aceptar la disciplina y comportarse de manera responsable, colocándolos por encima de la élite que perciben como carente de moralidad. Y los miembros negros de la clase trabajadora identifican la moralidad como «el autocuidado», reflejado en su solidaridad y calidez, colocándose por encima de los blancos.

Algunos de los ricos en el grupo que no va a la universidad son «vecinos anónimos», como un millonario texano de 35 años, propietario de un floreciente negocio que reconstruye grandes motores diésel. Él se refiere a los profesionales con educación universitaria, como las personas de confianza del banco que lo atiende, como «Big Hat, No Cattle», mucha apariencia, pero pocos ingresos.

El hombre mantuvo su capital cultural y social de clase trabajadora, conduciendo un coche de diez años de antigüedad, vistiendo vaqueros y camisas de piel de ante, y viviendo en una zona de clase trabajadora, junto a vecinos que son empleados de correos, bomberos y mecánicos. «Mi negocio no parece atractivo», dijo. Cuando sus socios británicos lo conocieron, pensaron que era uno de los camioneros. «Miraron por toda mi oficina, miraron a todos menos a mí. Entonces el hombre mayor del grupo dijo: "¡Oh, nos olvidamos de que estábamos en Texas!". No tengo sombreros grandes, pero sí mucho ganado».[100]

Este «millonario anónimo» es miembro de lo que el escritor Patrick Wyman llamó la «alta burguesía americana». Son propietarios de empresas agrícolas que cultivan manzanas, melocotones, lúpulo y uvas de vino, franquicias de McDonald's, plantas de procesamiento de carne, empresas de construcción o concesionarios de coches. O no tienen educación universitaria o no se definen a sí mismos por ella. La mayoría nacen en el seno de la alta burguesía, heredan negocios y tienen éxito en mantenerlos.[101]

Wyman vivía en Yakima, Washington, hogar de algunos granjeros, pero se fue a la universidad y nunca volvió a vivir allí. Lo mismo es cierto para muchos de sus compañeros de clase de la escuela secundaria, que ahora trabajan en empleos de élite en consultoría corporativa o estratégica, en organizaciones sin ánimo de lucro, medios de comunicación y finanzas, trabajos que son desconocidos en Yakima.

Aun así, muchos de «millonario anónimo» y de la alta burguesía sufren costes expresivos y emocionales, agraviados por la sensación de que las élites de los trabajadores de oficina con grados universitarios menos ricos los desprecian. Y las personas de clase trabajadora con ingresos más bajos se ven agraviadas no solo por la creciente brecha entre sus ingresos y estatus social y los de la élite, sino también por la brecha cada vez menor entre sus ingresos y estatus social y los de las clases más desfavorecidas.

13

Religión

Respondiendo a una pregunta de una encuesta de Pew Research sobre lo que hace que la vida tenga sentido, sea satisfactoria o gratificante, uno contestó: «Lo más importante es mi relación con Dios a través de Jesucristo, gracias a la fe». Otro escribió: «Una vida plena es una vida con Alá, leyendo la Biblia, el Corán y rezando».[1]

Los valores y las prácticas religiosas son eficaces para mejorar el bienestar.[2] Las religiones establecen valores morales, principios éticos y prácticas como la «regla de oro», que mejora el bienestar al fomentar las conexiones con los demás. Guían a los creyentes a poner la virtud por delante de la riqueza. El Islam enseña que las verdaderas riquezas provienen del alma, no del dinero; el cristianismo considera el dinero como la raíz de todos los males, y se advierte a los budistas contra el uso del dinero para fines dañinos.

Las religiones fomentan la satisfacción con lo que tenemos, comparándonos con aquellos que tienen menos y no con los que tienen más, y fomentando las expresiones de gratitud. Buda animaba a sus seguidores a expresar gratitud, y el Corán señala que la gratitud beneficia al alma. De hecho, sentir gratitud y expresarla mejora el bienestar. Las religiones aumentan el bienestar instando al perdón de las malas acciones. Pertenecer a un grupo religioso aumenta la probabilidad de perdonar, y las personas que perdonan disfrutan de un mayor bienestar en forma de mayor autoestima y menor dolor, ira, ansiedad y depresión.

El sufrimiento no es una enfermedad que tenga cura, escribió el autor Michael Ignatieff en *En busca de consuelo*. La esencia de los Salmos, escribió, no está en la convicción de que el Mesías vendrá, sino en la descripción del sufrimiento como una experiencia humana común, aliviada por el bálsamo del consuelo.[3] Las transiciones económicas, como las de Europa del Este y Rusia, redujeron el bienestar de la mayoría de los residentes, pero la participación religiosa palió algunos de los efectos negativos de la transición en el bienestar.[4,5] En los países desarrollados, los alemanes que se volvieron más religiosos ganaron bienestar, mientras que los que se volvieron menos religiosos lo perdieron.[6]

Los rituales religiosos mejoran el bienestar. En las tradiciones cristianas, los adeptos se reúnen para adorar en las iglesias, escuchando los sermones de los pastores o sacerdotes. Se cantan canciones y se leen pasajes de las Escrituras en voz alta. Los musulmanes se reúnen en mezquitas, los judíos en sinagogas y los hindúes y budistas en templos. Reunirse para celebrar el culto proporciona un sentido de unidad, mejorando el bienestar al unir a las personas.

Además, las reuniones religiosas, la oración, los sermones y la lectura de textos religiosos desencadenan emociones positivas, como el asombro, la gratitud, el amor, la paz y el optimismo, que mejoran el bienestar. Las religiones también enseñan a los fieles a evaluar sus emociones, mejorando su bienestar al hacerlos mejores para regularlas.[7]

El apoyo social es un amortiguador contra los acontecimientos adversos de la vida, y las religiones mejoran el bienestar mediante el apoyo social. De hecho, un fuerte apoyo social es uno de los predictores más importantes del bienestar. La religiosidad, medida por la frecuencia de asistencia a reuniones religiosas, mejora el bienestar en mayor grado que la religiosidad medida por actos y creencias religiosas privadas, como la oración. Cuando ocurre una tragedia, como la muerte repentina de un bebé, los padres que asisten a las reuniones religiosas reciben un gran apoyo social de los demás asistentes, y ese apoyo restaura el bienestar.

Los sociólogos Christopher Ellison y Gabriel Acevedo destacan que el riesgo de muerte es aproximadamente un 20 % menor entre las personas que asisten a servicios religiosos más de una vez por semana que entre aquellos que no asisten a los servicios en absoluto. En promedio, se puede esperar que los asistentes religiosos frecuentes vivan aproximadamente siete años más que los que no asisten, y el aumento de la esperanza de vida entre las personas de raza negra es el doble. Ellison y Acevedo señalan que los beneficios para la salud se asocian con la práctica religiosa pública más que con la religiosidad privada, lo que sugiere que el vínculo entre la religión y la salud está asociado con la naturaleza colectiva del culto público más que con sus elementos religiosos.[8]

Las comunidades religiosas también protegen a sus miembros contra la falta de alimentos y otras necesidades vitales cuando los ingresos disminuyen, y contra la pérdida de bienestar.[9] La socióloga Marianne Cooper ilustró esa protección con la historia de una mujer de poco más de treinta años, miembro de la iglesia mormona. «A la mujer le tiembla la voz y le tiemblan las manos, pero las emociones que quiere transmitir se perciben con claridad» cuando habla de su difícil transición de vivir con sus padres en Utah a casarse, mudarse a California y formar una familia. La cálida bienvenida de la gente del barrio mormón alivió sus ansiedades. La ayudaron a ella y a su marido de muchas maneras, cuidando a sus hijos, enseñándoles sobre su crianza, invitándoles a cenar y asesorando a su marido en sus estudios profesionales.[10]

La religión mormona, la religión de la mujer descrita por Cooper, es una religión estricta, como el judaísmo ortodoxo y los testigos de Jehová. Las religiones estrictas proporcionan mucho a sus fieles, como ayuda cuando lo necesitan, pero también esperan mucho de sus miembros, como el diezmo y ayuda a los otros. Las menos estrictas incluyen el judaísmo reformista, episcopal, unitario y presbiteriano. Piden poco a su comunidad, pero no les proporcionan mucho más que una red social favorecida por fieles bien educados.[11]

Las religiones estrictas ponen a sus miembros en un aprieto cuando piden más de lo que estos están dispuestos a proporcionar. Este vínculo se ilustra en la historia de Cooper sobre Peter Faleau, quien expresó su interés en ir a una misión cuando estaba en su adolescencia. Los jóvenes mormones en misión pasan dos años lejos de sus familias, difundiendo el evangelio y participando en el trabajo comunitario, a menudo en un país extranjero.[12]

Faleau recibió una beca de la iglesia mormona para sus estudios universitarios por parte de Eric, el anciano mormón a cargo de coordinar las becas y misiones en el barrio de Faleau. Al principio, a Faleau no se le pidió que fuera a una misión porque no era ciudadano estadounidense. Unos años más tarde, el Congreso aprobó un proyecto de ley que legalizaba que los no ciudadanos fueran a misiones dentro de los Estados Unidos. Sin embargo, Faleau se negó a ir a una, y Eric suspendió su beca. «Es el dinero de la iglesia el que dio la beca», dijo Eric. Quería asegurarse de que Faleau entendiera que debía honrar esa ayuda.

Las religiones estrictas también ponen a sus miembros en un aprieto cuando les piden más de lo que estos pueden dar. Ese vínculo es ilustrado por los sociólogos Jonathan Morduch y Rachel Schneider en la historia de Janice Evans, una empleada de un casino de 55 años. Janice trabaja en el turno de noche en el Pearl River Resort, repartiendo cartas. Sus bajos ingresos varían mucho según las propinas aportadas por los clientes en su mesa, más altos en el verano, cuando los clientes se sienten atraídos por el aire acondicionado del casino, y más bajos en el otoño. La iglesia es una constante en la vida de Janice, junto con el trabajo y la familia, y contribuir a la iglesia es importante para ella. Sin embargo, al igual que el resto de sus finanzas, su capacidad para dar el diezmo (dar el 10 % de sus ingresos a la iglesia) depende de cuántas personas acudan al casino y cuánto dejen en propinas. El padre de Janice, el predicador de la iglesia a la que asiste, siente el estrés de Janice en los meses en que su nómina es escasa. «Él sabe que estoy sola sin marido. Se acercó a mí y me dijo: "Es bueno que pagues el diezmo. Pero se supone que no debes perder cosas porque lo pagues. Paga primero la factura de tu coche"».[13]

La diferencia entre iglesias más o menos estrictas también proporciona la solución a un enigma sobre el vínculo entre la asistencia religiosa y la educación. La asistencia religiosa aumenta con la educación de los individuos, pero disminuye con la educación entre las denominaciones religiosas. El rompecabezas se resuelve si la educación aumenta los beneficios de una red social más grande y también reduce las creencias religiosas. El efecto positivo de la educación sobre la sociabilidad explica la asociación positiva entre educación y religión. El efecto negativo de la educación sobre las creencias religiosas lleva a las personas más educadas a evitar las religiones estrictas en favor de las más indulgentes.[14]

Diferentes grupos de estadounidenses encuentran diferentes significados en la religión y diferentes significados de bienestar. La encuesta de Pew encontró que los protestantes evangélicos son más propensos que otros cristianos a decir que encuentran un gran significado en la religión. Los conservadores son más propensos que los liberales a mencionar la fe como algo que añade sentido a sus vidas. Y los afroamericanos encuentran más significado en la religión que los blancos y los hispanos. Tres de cada diez afroamericanos mencionan que la espiritualidad y la fe dan sentido a sus vidas, más que uno de cada cinco blancos y uno de cada siete hispanos.

Los estadounidenses más jóvenes son menos propensos a mencionar la religión que los estadounidenses mayores. Solo uno de cada diez adultos estadounidenses menores de treinta años mencionaron la espiritualidad, la fe o Dios al describir lo que hace que su vida tenga sentido, menos que los tres de cada diez adultos mayores de 65 años que los mencionan.[15] Además, el panorama religioso sigue cambiando a un ritmo acelerado. Una encuesta de Gallup de 2022 encontró que el 81 % de los estadounidenses expresaron su creencia cuando se les preguntó «¿crees en Dios?», mucho menos que el 98 % en las décadas de los cincuenta y sesenta.[16] Una encuesta de Pew de 2019 encontró que la proporción de estadounidenses que se identificaron como cristianos fue del 65 %, un 12 % menos que durante la década anterior, mientras que la proporción de estadounidenses que se identificaron como ateos, agnósticos o nada en particular, fue del 26 %, un 9 % más que durante esa década.[17]

La asistencia a la iglesia también está disminuyendo. «Aparte de las bodas y los funerales, ¿con qué frecuencia asiste a los servicios religiosos?». La proporción de estadounidenses que asisten a servicios religiosos al menos una o dos veces al mes se redujo en un 7 % durante la década que finalizó en 2019, mientras que la proporción de aquellos que asisten a servicios religiosos con menos frecuencia, si es que lo hacen, ha aumentado en el mismo grado.

Estos cambios en el panorama religioso estadounidense son evidentes en muchos grupos demográficos: blancos, negros e hispanos; hombres y mujeres; en todas las regiones del país, y entre los graduados universitarios y aquellos con niveles educativos más bajos. Los «nones»* religiosos ahora representan un tercio de los demócratas, aunque representan una proporción menor de los republicanos.

Mientras tanto, la proporción de estadounidenses que se identifican con religiones no cristianas ha aumentado ligeramente, del 5 % en 2009 al 7 % en 2019. Esto incluye un 2 % que son judíos; el 1 % que son musulmanes, budistas o hindúes, y el 3 % que se adhiere a sus propias creencias religiosas personales o se describe a sí mismo como espiritual.

Sin embargo, otra encuesta de Pew Research en diecisiete economías avanzadas encontró que una mayor proporción de estadounidenses encuentra significado en las religiones frente a las personas en otros países desarrollados.[18] Entre los estadounidenses, el 15 % encuentra significado en la religión. Los neozelandeses ocupan el segundo lugar, con un 5 %. Y no más del 1 % en Francia, Suecia, Bélgica, Corea del Sur o Japón.

La religión como unificadora y divisora

La religión puede unificar a las personas, mejorando su bienestar al ayudarlas a vivir en grandes grupos y cooperar mediante la aplicación de normas éticas y culturales. Joseph Henrich, un estudioso de la biología evolutiva humana, señaló que las pequeñas sociedades de cazadores y recolectores utilizaban la danza y el movimiento en sincronía para unir a las personas. Las comunidades más grandes hacen lo mismo con creencias compartidas en dioses poderosos y rituales como el servicio dominical. Las comunidades unidas son capaces de superar a sus vecinos y mejorar el bienestar compartiendo recursos, atrayendo conversos y desplegando ejércitos más grandes, una prueba más de los poderes de sus dioses.[19] El papel de la religión como unificador, escribió Henrich, está siendo gradualmente asumido por las instituciones seculares, y la tarea de hacer cumplir el comportamiento ético está ahora en el ámbito del

* N. del T. Los nones son un grupo no uniforme de no afiliados a ninguna religión o incluso que no quieren ser definidos, ni siquiera como ateos o agnósticos. Suelen declarar que son «nada en particular». Serían más bien unos «ningunos».

sistema de justicia, donde los crímenes se castigan con penas de prisión en este mundo en lugar de la condenación en el más allá.

Sin embargo, mientras que la religión puede unificar a las personas mejorando el bienestar, también puede dividirlas, disminuyéndolo. El politólogo Alan Wolfe señaló que ha pasado mucho tiempo desde que la religión sirvió como una fuerza unificadora, tal vez desde el siglo XIV o XV, cuando el catolicismo podía reclamar algo así como un estatus universal. «Cualquiera que sea el potencial unificador que alguna vez poseyó el catolicismo, el ascenso del protestantismo fue sinónimo del incremento del sectarismo».[20]

Wolfe señaló que el conflicto entre religión y no religión en Estados Unidos puede ser más divisivo que cualquier conflicto entre religiones. «Los conservadores católicos, protestantes y judíos tienen más probabilidades de encontrar un enemigo común en el humanismo secular que de luchar entre sí sobre los puntos finos de la teología».

La idea de que Estados Unidos siempre ha sido un bastión de la libertad religiosa es tranquilizadora, señaló el escritor Kenneth Davis, pero siempre ha sido un mito. En ese mito, los peregrinos y los puritanos acudieron a Estados Unidos en busca de libertad religiosa, y desde entonces, millones de personas llegaron a un Estados Unidos acogedor donde todos son libres de practicar su propia fe. En verdad, la religión en los Estados Unidos a menudo ha sido un garrote, «utilizado para discriminar, reprimir e incluso matar a los extranjeros, los "herejes" y los "incrédulos", incluidos los nativos "paganos" que ya estaban aquí».[21]

El mito de la India como bastión de la libertad religiosa puede ser más profundo que el estadounidense. Un informe de Pew Research encontró que los indios ven la tolerancia religiosa como una parte central de su nación, y consideran que el respeto a otras religiones es fundamental para ser miembros de su propia comunidad religiosa. Sin embargo, los indios muestran preferencias consistentes por mantener sus comunidades religiosas en esferas segregadas.[22]

La mayoría de los miembros de las principales comunidades religiosas de la India tienen poco en común entre sí. La mayoría de los hindúes se ven a sí mismos como muy diferentes de los musulmanes, y la mayoría de los musulmanes dicen que son muy diferentes de los hindúes. Los matrimonios entre personas de distintas religiones son extremadamente raros, al igual que las conversiones religiosas. Y los círculos de amigos de los indios tienden a limitarse a personas de su propia religión. Esto es cierto incluso entre los sijs y los jainistas, cada uno de los cuales forma una pequeña porción de la población nacional.

La periodista Jessica Grose comenzó a escribir una serie sobre la religión porque sentía que el aumento de los «no» religiosos es incomprendido, debatido principalmente entre los ateos que lo aplauden y los observantes religiosos que lo condenan. Señaló que entre seis mil y diez mil iglesias cierran cada año, ya sea para convertirlas en apartamentos, lavanderías, estadios de láser tag o parques de patinaje, o para ser demolidas. Su propio apartamento fue una vez la rectoría de una iglesia, construida en el siglo XIX y transformada, hace un par de décadas, en «apartamentos para *yuppies* con ventanas espectaculares y un toque de sabor eclesiástico».[23] Grose señaló su propia ambivalencia acerca de la religión. Es judía, con una fuerte identidad cultural, pero no practicante. No tiene ningún deseo de volver a una sinagoga, pero quiere transmitir los rituales judíos a sus hijos.

Preguntó a los lectores por sus experiencias y respondieron 7000 personas. «Comunidad», escribió Grose, fue mencionada por más de 2300 personas. Una de ellas, una mujer de cincuenta años, contestó: «Fui criada como pentecostal e iba a la iglesia tres o más veces a la semana, así que echo desesperadamente de menos a la comunidad. De ahí venían mis amistades. Ahora tengo muy pocos amigos». Ya no forma parte de una iglesia porque no ha encontrado una que reconozca a los homosexuales o apoye la separación de la iglesia y el Estado. Se ha unido a grupos que luchan por estas cosas, como Cristianos contra el Nacionalismo Cristiano, pero no proporcionan el tipo de comunidad que ofrece una iglesia.

Los prejuicios religiosos disminuyen el bienestar. De hecho, el prejuicio atenúa el bienestar incluso cuando las personas no lo experimentan directamente. Ver prejuicios hacia otras personas, o simplemente conocerlos, puede ser suficiente para aumentar la ansiedad y llevar a las personas a evitar situaciones en las que es probable que haya prejuicios.[24]

Los musulmanes y judíos estadounidenses perciben más amenazas religiosas que los cristianos. Más de la mitad de los musulmanes encuestados dijeron que era «algo cierto» o «muy cierto» que se sentían atacados por su religión. Los judíos reportaron el segundo nivel más alto de amenazas religiosas. Las amenazas religiosas disminuyen el bienestar por una menor salud mental y física, y una menor motivación y éxito.

Las personas muy religiosas sufren niveles más altos de amenazas religiosas. De hecho, los protestantes estadounidenses altamente religiosos informaron de niveles de amenazas tan altos como los reportados por las minorías religiosas. Este hallazgo puede reflejar la sensación de que el cristianismo está siendo atacado en los Estados Unidos.[25]

Las personas que perciben más amenazas religiosas a menudo se las arreglan ocultando su religión a los demás en el trabajo o la escuela. Pero ocultar esta parte importante de la identidad es estresante, ya que impide que las personas establezcan relaciones de confianza con otras personas fuera de su grupo.

«A medida que la fe religiosa ha disminuido —señaló el escritor Shadi Hamid—, la intensidad ideológica ha aumentado». La fe estadounidense es tan ferviente como siempre, ya que las creencias religiosas se han convertido en creencias políticas.

Los conservadores creen que defienden la idea estadounidense y que los liberales la han abandonado, y los liberales creen que son fieles a la idea estadounidense y que los conservadores la están traicionando. La izquierda reutiliza nociones religiosas como el pecado original, la expiación, el ritual y la excomunión para fines seculares. Y la extrema derecha encuentra consuelo en conspiraciones, como QAnon, que cuentan historias religiosas de corrupción terrenal redimida por fuerzas divinas.[26]

La lucha entre la religión y la no religión era evidente en Israel en tiempos de COVID-19. El profesor de Derecho Shai Stern señaló que la pandemia intensificó las tensiones existentes en Israel entre el Estado liberal y comunidades religiosas iliberales. Estas comunidades se resistieron a cumplir con las normas de salud pública COVID-19 emitidas por las autoridades estatales y, por lo tanto, sufrieron altas tasas de morbilidad y mortalidad.

Stern argumentó que la resistencia de las comunidades religiosas israelíes a las regulaciones de COVID-19 se derivaba de sus características únicas y normas profundamente arraigadas. Entre ellas figuran una toma de decisiones jerárquica, en virtud de la cual dichas decisiones son tomadas por los líderes religiosos, las características sociales y espaciales de las comunidades que viven en grupos segregados, la lucha de las comunidades religiosas por controlar y limitar la información disponible para sus miembros, el choque entre el distanciamiento social y las normas comunitarias de contacto cercano, como en las sinagogas, y los efectos de las tensiones y la desconfianza existente entre el Estado y estas comunidades.[27]

Sin embargo, las divisiones por religión pueden reducirse. Una planta de fabricación en Bengala Occidental repartió a los trabajadores en equipos religiosamente mixtos u homogéneos. Algunas tareas de producción eran de alta dependencia, requiriendo mucha coordinación entre los trabajadores, y otras tareas eran de baja dependencia. Al principio, los equipos mixtos eran menos productivos que los homogéneos en tareas de alta dependencia, pero la menor productividad desapareció por completo después de cuatro meses. La mezcla mejoró las actitudes de los trabajadores hindúes hacia los musulmanes. Las mejoras en la producción y las actitudes en las tareas de alta dependencia fueron creadas en su mayoría por trabajadores musulmanes que iniciaron y llevaron la carga de la integración.[28]

Las divisiones por religión en el Líbano son tan amplias como en la India. Pero también se pueden reducir. Una universidad libanesa organiza a los estudiantes de primer año en grupos de dos, que mezclan graduados de escuelas secundarias cristianas, islámicas y laicas. La exposición a compañeros de diferentes orígenes religiosos disminuyó la matrícula de graduados de escuelas secundarias islámicas en cursos impartidos por instructores con nombres claramente musulmanes, lo que indica que el contacto redujo las divisiones y mejoró la confianza entre cristianos y musulmanes.[29]

14
Sociedad

El Informe Mundial de la Felicidad 2022 clasificó a Finlandia en el primer lugar en bienestar entre 146 naciones, seguida de Dinamarca e Islandia. Nueva Zelanda se ubicó en el décimo lugar; Estados Unidos, en el puesto 16, y Reino Unido, en el 17. En el otro extremo, Afganistán se ubicó en el último lugar, precedido por Líbano y Zimbabue.[1]

El Informe Mundial de la Felicidad y gran parte del creciente interés en el bienestar nacional proviene de Bután, que popularizó la noción de felicidad nacional bruta, aumentando o reemplazando el producto nacional bruto. Bután impulsó una resolución, adoptada por las Naciones Unidas en 2011, que alentaba a los gobiernos nacionales a «dar más importancia a la felicidad y el bienestar a la hora de determinar cómo lograr y medir el desarrollo social y económico».[2]

El bienestar nacional es el objetivo del gobierno de Nueva Zelanda, descrito en su Declaración de Política Presupuestaria de 2019. Mejorar el bienestar de los ciudadanos neozelandeses implica la transición a una economía sostenible y de bajas emisiones, apoyar a una nación próspera en la era digital, elevar los ingresos, las habilidades y las oportunidades de los ciudadanos maoríes y del Pacífico, reducir la pobreza infantil y mejorar el bienestar infantil, y apoyar el bienestar mental de todos los neozelandeses.[3]

Las sociedades varían en cuanto al bienestar y los gobiernos varían en cuanto a su potenciación. El objetivo de aumentar la felicidad nacional bruta subyace a la decisión del gobierno de Nueva Zelanda de imponer uno de los confinamientos más estrictos del mundo en tiempos de COVID-19, priorizando la salud y el bienestar de los ciudadanos sobre el producto nacional bruto.[4] Los gobiernos pueden hacer mucho para mejorar el bienestar invirtiendo en salud y educación, y mediante subvenciones y servicios como electricidad, agua corriente y sistemas de alcantarillado.[5] Una comparación del bienestar en los países donde los servicios gubernamentales mejoraron en mayor medida con los diez países en los que se deterioraron más muestra una diferencia de 0,4 puntos en la escala de bienestar evaluativo de Cantril medida de 0 a 10.[6] Sin embargo, las acciones gubernamentales implican concesiones de bienestar entre los ciudadanos.

Algunas compensaciones se centran en los beneficios y costes utilitarios que reflejan el interés propio. Los impuestos disminuyen el bienestar de los ciudadanos ricos que se preocupan por pagar más impuestos de los que reciben en servicios gubernamentales. Pero los subsidios mejoran el bienestar de los ciudadanos pobres que reciben más que los impuestos que pagan.

Otras compensaciones se centran en los beneficios y costes expresivos y emocionales que reflejan los valores sociales, como los que diferencian a la derecha política de la izquierda. En la derecha, millones de miembros de la clase trabajadora blanca estadounidense han cambiado su enfoque de los beneficios utilitarios de la redistribución del ingreso que los favorecen, tradicionalmente promovidos por los demócratas, a los beneficios expresivos y emocionales de adherirse a los valores sociales conservadores, tradicionalmente promovidos por los republicanos.

En la izquierda, millones de miembros de la élite blanca estadounidense dejaron de centrarse en los beneficios utilitarios de los bajos impuestos que los favorecen, tradicionalmente promovidos por los republicanos, para centrarse en los beneficios expresivos y emocionales de adherirse a los valores sociales liberales, tradicionalmente promovidos por los demócratas.[7] Los miembros de cada grupo, izquierda y derecha, élite y clase trabajadora, demócratas y republicanos, se ven afectados por las circunstancias de la vida y luchan por los valores sociales y las acciones del gobierno, disfrutando de un alto bienestar cuando las circunstancias les favorecen y los valores y las acciones van a su favor, y sufriendo un bajo bienestar cuando las circunstancias les desfavorecen, y los valores y las acciones van en la dirección opuesta.

Las circunstancias cambiaron en las últimas décadas, favoreciendo a los miembros de la élite y desfavoreciendo a los miembros de la clase trabajadora blanca, afectando el bienestar junto con los valores sociales y las preferencias por las acciones gubernamentales. Estos cambios condujeron a gran parte de la clase trabajadora blanca hacia una política en pro de los nativos, aumentando su vulnerabilidad a las noticias falsas, los mensajes populistas y el escepticismo sobre la ciencia.[8]

Partidismo

¿Gozan los liberales de mayor bienestar que los conservadores? ¿Y qué valores subyacen a las diferencias de bienestar?[9] Los psicólogos Jaime Napier y John Jost concluyeron que los conservadores disfrutan de un mayor bienestar que los liberales porque sus valores justifican la desigualdad de ingresos y riqueza. De hecho, encontraron que el aumento de la desigualdad a lo largo de los años aumentó la brecha entre el bienestar de los conservadores y los liberales.[10]

El psicólogo Barry Schlenker y sus coautores estuvieron de acuerdo en que los conservadores disfrutan de un mayor bienestar que los liberales, pero no lo estuvieron respecto de los valores subyacentes.[11] Concluyeron, en cambio, que los conservadores disfrutan de un mayor bienestar porque mantienen un buen autocontrol y se adhieren a la ética de trabajo protestante, centrada en la importancia del trabajo y una fuerte creencia de que los logros provienen del esfuerzo, promoviendo ese esfuerzo y sus logros.

Los efectos del partidismo sobre el bienestar son especialmente evidentes en los períodos que rodean a las elecciones presidenciales. Las encuestas previas a las elecciones presidenciales de 2020 revelaron que los demócratas confiaban en que Joe Biden ganaría, y los republicanos estaban igualmente seguros de que Donald Trump haría lo propio. Tanto los demócratas como los republicanos esperaban beneficios en una economía fuerte si su candidato ganaba y costes en una economía débil si su candidato perdía.[12]

En las semanas posteriores a la derrota de Trump en las elecciones de 2020, los demócratas y los republicanos intercambiaron posiciones en sus puntos de vista sobre la dirección de la economía.[13] Un abogado ambiental y demócrata que dijo que la economía era débil antes de que Biden ganara, ahora esperaba una economía fuerte: «La perspectiva con la administración Biden entrando para reemplazar a la administración Trump es lo que mejorará las cosas». Y una republicana casada con un trabajador de un campo petrolero se preocupó por los efectos de las probables regulaciones energéticas de Biden en sus ingresos: «Estoy 100 % segura de que si Biden termina en la Casa Blanca, no será bueno para mi familia».

El partidismo persistió en 2022, evidente en las actitudes hacia las acciones estadounidenses en la guerra entre Rusia y Ucrania. Mientras que el 61 % de los republicanos favorecía las alertas tempranas sobre los planes de guerra de Rusia cuando se enmarcaban como alertas de Estados Unidos, solo el 28 % las apoyaba cuando se enmarcaban como iniciadas por la administración Biden. Y mientras que el 58 % de los republicanos estaba a favor de movilizar el apoyo de la OTAN cuando se enmarcaba como iniciado por Estados Unidos, solo el 38 % estaba a favor cuando se enmarcaba como iniciado por la administración Biden.[14]

El partidismo afecta el bienestar mediante beneficios y costes expresivos y emocionales más allá de los utilitarios. Los partidarios de Donald Trump disfrutaron de beneficios expresivos y emocionales y de un mayor bienestar tras su victoria en 2016, mientras que los partidarios de Hillary Clinton sufrieron costes expresivos y emocionales y un menor bienestar. El bienestar de los partidarios de Trump volvió a los niveles preelectorales seis meses después de las elecciones, pero el bienestar de los partidarios de Clinton se mantuvo por debajo de los niveles preelectorales.[15]

Los del partido perdedor sufrieron una disminución sustancial en el bienestar después de la elección de Barack Obama en 2012. El efecto de la pérdida sobre el bienestar experimentado se disipó rápidamente, pero sus efectos sobre el bienestar evaluativo persistieron.

La derrota electoral disminuyó el bienestar evaluativo de los del partido perdedor más de lo que los tiroteos de Newtown disminuyeron el bienestar de los miembros y más de lo que los atentados de la maratón de Boston disminuyeron el bienestar de los residentes de Boston.[16]

La disminución del bienestar entre los que se identificaron con el partido perdedor en 2016 triplicó el de 2012. En cambio, los resultados de las elecciones locales y legislativas tuvieron poco efecto en el bienestar. En ambas elecciones, las brechas de bienestar experimentado entre las afiliaciones partidistas se disiparon en dos semanas, pero las brechas de bienestar evaluativo persistieron después de las elecciones de 2016.[17]

El partidismo desempeña un papel en las finanzas de las personas, afectando la resolución de las quejas sobre las empresas de servicios financieros presentadas ante la Oficina para la Protección Financiera del Consumidor (CFPB, por sus siglas en inglés). Bajo la administración Trump, las quejas de los consumidores que residen en códigos postales donde predominan las personas de raza negra y de bajos ingresos tenían un 30 % menos de probabilidades de resolverse a su favor que las quejas de los consumidores que residen en otros códigos postales. Esa brecha en la restitución financiera apenas estuvo presente bajo la administración de Obama. Es probable que la diferencia en la restitución financiera entre las administraciones de Obama y Trump se deba a una CFPB más amigable con la industria en la administración Trump.[18]

El partidismo afecta las tasas de evasión de impuestos sobre la renta personal, ya que las elecciones presidenciales hacen que los votantes de los condados partidistas se alineen y se desalineen con el partido del presidente. En ausencia de alineación, los contribuyentes declaran menos ingresos que se evaden fácilmente, aumentan las reclamaciones sospechosas de crédito tributario por ingreso del trabajo (EITC, por sus siglas en inglés), y también lo hacen las auditorías que resultan en impuestos adicionales.[19]

Y el partidismo afecta los sesgos en los pronósticos de ingresos de los directores ejecutivos. Las empresas con directores ejecutivos cuyo partidismo se alinea con el del presidente de los EE. UU. emiten pronósticos de ingresos más optimistas que otros directores ejecutivos. Esto es cierto incluso cuando los directores ejecutivos tienen fuertes incentivos para proporcionar pronósticos precisos.[20] Durante el período comprendido entre 2008 y 2020, los ejecutivos de las empresas se han vuelto cada vez más participativos. La proporción de republicanos entre los ejecutivos aumentó, al igual que la homogeneidad por afiliación política. Los ejecutivos cuyas afiliaciones políticas difieren abandonan la empresa, y las salidas reducen el valor de las empresas para los accionistas.[21]

El partidismo influye en los flujos de capital internacional. La alineación partidista impacta las decisiones de asignación de capital de los inversores institucionales estadounidenses en préstamos corporativos sindicados a entidades extranjeras y en la inversión en fondos de acciones.[22]

El partidismo afecta a las elecciones de cartera de los inversores ordinarios. Los republicanos aumentaron la proporción de acciones en sus carteras después de las elecciones presidenciales de 2016, mientras que los demócratas redujeron la suya. El comportamiento tanto de los republicanos como de los demócratas fue impulsado por actitudes partidistas más que por la cobertura de necesidades, preferencias o exposiciones económicas locales.[23]

También afecta al empleo. Los empleados hacen bien en ocultar los puntos de vista políticos que entran en conflicto con los de sus jefes, y los solicitantes de empleo hacen bien en destacar los puntos de vista políticos que concuerdan con los de sus posibles jefes.[24] Es mucho más probable que los propietarios de pequeñas y medianas empresas contraten empleados que compartan su afiliación política. Los empleados que no comparten la afiliación política de sus jefes reciben un salario más bajo, obtienen menos ascensos y tienen permanencias más cortas en sus empresas.

El partidismo puede impulsar la elección de productos, como el café, por los beneficios y costes expresivos y emocionales. Black Rifle Coffee vende cafés con temática de armas, como el AK-47 Espresso Blend que «conquistará tus papilas gustativas», y el tueste extra oscuro Murdered Out que «te dará energía para tus tareas de medianoche o para tu trayecto matutino».[25] Evan Hafer, fundador y director ejecutivo de la compañía, dijo: «Sé quién es mi cliente. Sé a quién le estoy tratando de servir café. Sé quién no es mi cliente. No necesito ser todo para todas las personas». Justin Cheung, un cliente conservador de Black Rifle Coffee, dijo: «Me siento mejor con mi compra sabiendo que representan cosas en las que creo».

El partidismo de Black Rifle Coffee y sus clientes está lejos de ser inusual. De hecho, las marcas comerciales se asocian comúnmente con valores políticos. La polarización de las marcas aumentó desde 2016, cuando Donald Trump asumió la presidencia.[26] Las principales marcas entre los partidarios de Trump son las de golf Titleist, Masters Tournament y Callaway Golf; las de bebidas alcohólicas Miller Lite, Coors Light y Maker's Mark, y las de servicios financieros SmartyPig y PIMCO. Los liberales también tienen un universo de marcas diverso, que incluye las de entretenimiento de Hulu, Showtime y Syfy; la marca de tecnología de Lyft, y las marcas minoristas de Barnes & Noble y Pier 1 Imports.

Es más probable que los conservadores se relacionen con la Asociación Nacional del Rifle (NRA, por sus siglas en inglés), organizaciones de veteranos como Disabled American Veterans and Wounded Warrior Project, una organización cristiana sin ánimo de lucro, la Asociación Evangelística Billy Graham y la organización de conservación del hábitat y caza Ducks Unlimited. Los liberales son más propensos a asociarse con causas relacionadas con la salud reproductiva como Planned Parenthood, organizaciones de inmigración y derechos civiles como la Unión Americana de Libertades Civiles (ACLU, por sus siglas en inglés) y organizaciones ambientales como el Fondo de Defensa Ambiental y el Sierra Club.[27]

Los sentimientos sobre los roles de género se asocian con el partidismo. Las políticas conservadoras tienden a alinearse con los roles tradicionales o estereotipados de las mujeres y los hombres. Mientras que la política demócrata tiende a alinearse con roles más igualitarios.[28] La desigualdad de género se asocia con un bajo bienestar entre los hombres y especialmente entre las mujeres en los países liberales, pero no en los países conservadores.[29]

El percance de IKEA en Arabia Saudita ilustra la dificultad de atender a grupos de clientes que se adhieren a diferentes puntos de vista de género. IKEA es una empresa sueca de muebles y artículos para el hogar que se expandió a escala mundial, pero se adhiere a los valores de la sociedad sueca en el diseño de muebles, el estilo de vida e incluso la comida. Su logotipo, en amarillo y azul, recuerda a la bandera nacional sueca. Durante muchas décadas, IKEA ha promocionado abiertamente valores liberales como la igualdad de género, la diversidad racial y las familias del mismo sexo. Sin embargo, en 2013, un periódico sueco informó de dos versiones del catálogo de IKEA, una para Suecia y otra para Arabia Saudí. Una imagen promocional en el catálogo sueco mostraba a una mujer en pijama y un niño en su baño, rodeados de muebles y artículos de IKEA. Pero la mujer ha sido eliminada en el catálogo de Arabia Saudita. IKEA sufrió una reacción violenta cuando la información sobre las dos versiones del catálogo se difundió en Europa y América del Norte.[30]

La gente intuye un sentido de pertenencia a los barrios y comunidades por indicios, algunos obvios, como las características demográficas, y otros sutiles, como los indicados por la proporción de coches eléctricos con respecto a los vehículos utilitarios deportivos propulsados por gasolina. Las personas tienden a emigrar a comunidades en las que intuyen un mayor sentido de pertenencia.[31] Republicanos y demócratas viven ahora en dos mundos diferentes, casi literalmente.[32,33] Los demócratas están segregados políticamente en las grandes ciudades y los republicanos están igualmente segregados políticamente en las zonas rurales. La vida en comunidades que encajan políticamente mejora el bienestar mediante el capital social, la integración social y la cooperación dentro del grupo. Sin embargo, disminuye el bienestar por las interacciones hostiles entre grupos que viven en comunidades políticas diferentes.

El partidismo afecta las actitudes sobre los cónyuges. Una encuesta de 2020 preguntó a demócratas y republicanos cómo se sentirían si su hijo se casara con una persona del otro partido.[34] Entre los republicanos, el 13 % se sentirían muy molestos si su hijo se casara con un demócrata, y otra cuarta parte estaría algo molesta. Entre los demócratas, el 16 % estaría muy molesto si su hijo se casara con un republicano, y otro 22 % estaría algo molesto.

Un lector de un artículo sobre la creciente reticencia a que un hijo se case con una persona del otro partido, escribió: «Nuestra alineación política refleja quizás más que cualquier otra cosa nuestra filosofía básica de la vida o incluso nuestro carácter. Las diferencias religiosas son poca cosa comparadas con las diferencias políticas».[35] Otro escribió: «Hasta el año pasado estaba abierto a salir con un republicano. ¡Ahora ya no! Salgo con alguien para casarme, no puedo imaginarme unida a alguien que no valora la decencia, la dignidad, la fidelidad, la verdad y la bondad. Lo primero que solía querer saber sobre un hombre era su afiliación religiosa, ahora solo quiero saber si votó por Trump».

El partidismo afecta incluso a las decisiones sobre tener hijos. La fertilidad aumentó en los condados de tendencia republicana, en relación con los condados demócratas, tras la elección de Donald Trump en 2016.[36]

Distribución de la renta y la riqueza

¿Deberían distribuirse los ingresos y la riqueza de manera más equitativa o es justa la desigualdad existente entre los ingresos y la riqueza, aunque sea grande? El análisis de los datos de la Encuesta Mundial de Valores muestra que el bienestar es alto en los países donde la distribución de los ingresos y la riqueza se percibe como justa, y la demanda de redistribución es pronunciada en los países donde se percibe como injusta.[37]

Tanto los liberales* como los conservadores se preocupan por la equidad en la distribución de los ingresos y la riqueza, pero sus valores son diferentes, lo que se refleja en sus diferentes definiciones de justicia. Los liberales tienden a definir la justicia en términos de igualdad, abogando por la ayuda del gobierno a los más necesitados y favoreciendo políticas que redistribuyan los ingresos y la riqueza de los ricos a los pobres, como mayores beneficios de atención médica y condonación de préstamos estudiantiles. Los conservadores, sin embargo, tienden a definir la justicia en términos de equidad, dando derecho a las personas a ingresos y riqueza proporcionales a sus contribuciones, y prefieren que los individuos y las organizaciones privadas ayuden a los necesitados.

El psicólogo Job Krijnen y sus coautores describieron tres percepciones de justicia en la distribución de los ingresos y la riqueza. La desigualdad es justa por la percepción «gratificante» de que se debe a factores que están bajo el control de las personas, como el trabajo duro y el ahorro consciente. La desigualdad es injusta por la percepción «amañada» de que se debe a factores ajenos al control de las personas, como el favoritismo y la discriminación, y por la percepción «aleatoria» de que se debe a la riqueza familiar o a la suerte.

* N. del T.: En EE. UU. el término «liberal» se asocia a la ideología de partidos no conservadores o que son progresistas.

Los conservadores perciben la desigualdad como gratificante, mientras que los liberales la perciben como amañada o aleatoria. De acuerdo con sus percepciones de justicia, los liberales apoyan las políticas de bienestar social que redistribuyen el ingreso y la riqueza, mientras que los conservadores se oponen a ellas.[38]

En general, la desigualdad se percibe como justa en los países con una alta movilidad intergeneracional, lo que aumenta el bienestar, ya que las personas pueden esperar razonablemente ascender en ingresos y riqueza. Sin embargo, la desigualdad se percibe como injusta en los países con baja movilidad social, lo que disminuye el bienestar, ya que las personas se sienten decepcionadas por su incapacidad para ascender.[39] Liberales y conservadores difieren en su percepción de la movilidad intergeneracional. Los liberales son más pesimistas sobre la movilidad que los conservadores, y apoyan una mayor redistribución. Los conservadores se oponen a la redistribución no solo porque definen la justicia en términos de equidad, sino también porque son más optimistas sobre la movilidad y ven al gobierno como un problema, no como una solución.[40]

La desigualdad es mayor en América Latina, donde los muy ricos poseen una ventaja persistente y los pobres ven pocas oportunidades de ascender. La desigualdad aumenta el bienestar de los que se encuentran en el quintil más alto en términos de ingresos y resta al bienestar de los que se encuentran en el quintil inferior.[41] Además, la pobreza es un mal público, que disminuye el bienestar de pobres y ricos por igual. El bienestar medio es menor en los países donde la proporción de pobres es mayor.[42]

En colaboración con Gallup, el economista Bertil Tungodden y sus coautores encuestaron a 65 000 personas en sesenta países sobre la equidad de las diferencias en los ingresos y la riqueza entre ricos y pobres.[43] A escala mundial, el 69 % de los encuestados dijo que las diferencias en su país son injustas. Aún más, el 79 % dijo que su gobierno debería trabajar para reducir estas diferencias.

Los liberales estadounidenses perciben la justicia en las diferencias entre ricos y pobres de manera similar al promedio mundial. Pero las percepciones de equidad de los conservadores estadounidenses difieren no solo de las de los liberales estadounidenses, sino también de las de los conservadores de otros países. Solo el 26 % de los conservadores estadounidenses dijo que las diferencias entre ricos y pobres son injustas, y solo el 26 % de ellos dijo que el gobierno debería trabajar para reducir estas diferencias. Por el contrario, la mayoría de los partidarios de los gobiernos conservadores de países como Israel, India y Gran Bretaña dijeron que las diferencias entre ricos y pobres son injustas.

A los conservadores estadounidenses les molestan las afirmaciones de que sus ingresos y riqueza provienen de un sistema amañado o aleatorio. Este resentimiento revela la interacción entre los beneficios y costes utilitarios, expresivos y emocionales, y sus efectos en el bienestar. El bienestar de los ricos se ve reforzado por los beneficios utilitarios de sus ingresos y riqueza, pero disminuido por los costes expresivos y emocionales de las afirmaciones de los demás de que no lo merecen.

La socióloga Rachel Sherman describió esa interacción y sus efectos en el bienestar en una entrevista con Paul, un ejecutivo de unos cuarenta años que gana 500 000 dólares anuales, con dos hijos pequeños y su mujer que es ama de casa. Cuando se le preguntó si sentía que merecía sus ingresos y riqueza, Paul respondió sin dudarlo. «Absolutamente. Maldita sea, me lo merezco. Donde estoy hoy, me he ganado cada céntimo por mi cuenta. Nadie me lo ha dado hecho, quiero decir, mis suegros me han ayudado, pero lo he hecho yo». Cuando se le preguntó si las personas que tienen menos merecen menos, Paul dijo: «Occupy Wall Street [un movimiento que protesta contra la desigualdad de ingresos y riqueza], ¿qué ha hecho? Se sentaron en un parque sin hacer nada. ¿Sabes?». Insiste en que sus hijos tengan trabajos remunerados cuando estén en la escuela secundaria para asegurarse de que sepan que los ingresos y la riqueza provienen del trabajo duro.[44] La insistencia de Paul en que merece sus ingresos y riquezas, por grandes que sean, porque los ganó por su cuenta, es común entre los ricos, y también lo es la minimización de la ayuda que reciben, como la de los suegros de Paul. Esto también es evidente en la carta de renuncia de 2009 enviada al *New York Times* por Jake DeSantis, vicepresidente ejecutivo de la Unidad de Productos Financieros del Grupo Internacional (AIG, por sus siglas en inglés).

«Después de doce meses de arduo trabajo —escribió—, durante los cuales AIG nos aseguró muchas veces que seríamos recompensados en marzo de 2009, hemos sido traicionados por AIG y estamos siendo perseguidos injustamente por los funcionarios electos».[45] Se le prometió un pago de 742 000 dólares después de impuestos, pero ese pago había sido bloqueado por el gobierno debido al papel de AIG en la crisis financiera.

Al igual que Paul, DeSantis atribuyó sus ingresos y riqueza a su arduo trabajo y minimizó la ayuda que recibió. «Mi arduo trabajo me ayudó a ser aceptado en el MIT, y la generosa ayuda financiera de la universidad me permitió asistir». Sin embargo, parece ciego al hecho de que la «generosa ayuda financiera» del MIT debe haber venido de alguna parte, tal vez de donantes privados o del dinero de los contribuyentes canalizado al MIT a través de subvenciones del gobierno.

Las reacciones de los lectores a la carta de DeSantis revelan las perspectivas de los menos ricos. Uno escribió: «Lamento mucho la pérdida del Sr. DeSantis. Tan lamentable como puede ser una madre soltera con un salario de menos de cincuenta mil dólares que se declaró en bancarrota hace tres meses...». Otro escribió: «Está bien, Jake, voy a decirlo de nuevo: NADIE merece que le paguen 700 000 dólares por un año de trabajo. Es una cantidad obscenamente enorme de dinero que no puede tener relación con el trabajo realmente realizado». Y otro argumentó que el sistema está amañado a favor de DeSantis y los suyos, que son lo suficientemente inteligentes como para elegir a sus secuaces para cargos políticos, «mientras engañan a un público inocente para que crea que ellos también se beneficiarían del juego».

Algunas diferencias en las actitudes acerca de la redistribución se derivan de experiencias que se incrustan en la cultura. Los inmigrantes europeos en los Estados Unidos traen consigo preferencias de redistribución, comunes en sus países de origen, y estas preferencias afectan no solo a sus propias preferencias, sino también a las de sus hijos nacidos en Estados Unidos.[46]

Otras diferencias se derivan de la composición de la población. El economista Alberto Alesina y sus coautores atribuyeron gran parte de la diferencia entre las actitudes en Estados Unidos y Europa a la heterogeneidad racial de Estados Unidos. La animosidad racial en los Estados Unidos hace que la redistribución de los ingresos y la riqueza a los pobres, que son en su mayoría negros, sea desagradable para muchos votantes blancos. Además, las instituciones políticas estadounidenses inhiben el crecimiento de un partido socialista y limitan el poder político de los pobres.[47]

La psicóloga Jennifer Richeson descubrió que los estadounidenses blancos responden con actitudes negativas hacia otros grupos raciales cuando ven proyecciones de que los blancos están a punto de convertirse en una minoría. Estas proyecciones aumentan el apoyo a los candidatos y las políticas políticamente conservadoras, incluidos aquellos que se oponen a la diversidad.

En el corazón de la paradoja de la diversidad, dijo Richeson, está la amenaza de estatus, una sensación de que un aumento en el estatus social de un grupo externo, como los afroamericanos, disminuye el del grupo interno blanco estadounidense. También existe la sensación entre muchos estadounidenses blancos de que una mayor diversidad erosiona la «blancura» que significa ser estadounidense.[48]

De hecho, la preocupación por el estatus social es evidente en las encuestas que encontraron que los partidarios de Trump eran más propensos que los votantes de Clinton a sentir que los grupos de alto estatus, como los hombres, los cristianos y los blancos, son discriminados.[49]

Inmigración

Los inmigrantes añaden beneficios utilitarios a los ciudadanos de Europa y América del Norte, ya que compensan las bajas tasas de fertilidad.[50] Los beneficios utilitarios de la inmigración son evidentes en una reforma que garantizó a los trabajadores europeos libre acceso al mercado laboral suizo, aumentando el número de trabajadores extranjeros, especialmente en lugares cercanos a la frontera. Muchos trabajadores extranjeros tenían un alto grado educativo, pero los salarios de los nativos altamente educados aumentaron. La reforma aumentó el tamaño, la productividad y la innovación de las empresas suizas intensivas en cualificación y atrajo a nuevas empresas, creando oportunidades para que los nativos buscaran puestos directivos.[51]

Sin embargo, para algunos, los costes expresivos y emocionales de la inmigración, que alcanzan su punto máximo en la «ansiedad por la extinción de los blancos», disminuyen el bienestar más de lo que los beneficios utilitarios lo mejoran.[52] Una encuesta del Pew Research Center en el segundo año de la presidencia de Donald Trump pidió a las personas que evaluaran su bienestar.[53] La presidencia de Trump mejoró el bienestar de aquellos que acogieron con beneplácito sus políticas antiinmigración.[54] Uno escribió: «Lo que estaba ocurriendo en nuestro país era una espiral descendente de estupidez idiota políticamente correcta. ¡Los contribuyentes se ven obligados a pagar el seguro médico y la educación de los ilegales! Nuestro presidente Trump está enderezando esto. Está ocurriendo, gracias a nuestro presidente».[55]

El bienestar de esta persona se ve reforzado por los beneficios expresivos y emocionales ahora que las políticas migratorias del gobierno están alineadas con sus preferencias, ahora que sabe que muchos ciudadanos comparten sus preferencias, y ahora que puede hablar de «ilegales», ya no teme la censura o el estigma por no llamarlos «inmigrantes indocumentados». Algunas de las preferencias actuales en materia de inmigración se asemejan a las de hace un siglo. El aumento de la inmigración europea a las ciudades americanas después de la Primera Guerra Mundial incrementó los beneficios utilitarios de los ciudadanos por un mayor empleo y una mayor producción industrial, y no redujo los ingresos, ni siquiera entre los ciudadanos que trabajaban en sectores muy expuestos a la inmigración. Sin embargo, la inmigración disminuyó el bienestar de algunos ciudadanos por los costes expresivos y emocionales del ajuste cultural más de lo que mejoró su bienestar por los beneficios utilitarios. Esa disminución del bienestar se hizo evidente en las reacciones políticas hostiles a la inmigración, incluida la elección de legisladores más conservadores y el aumento del apoyo a legislación contra la inmigración.[56]

La inmigración cambia las actitudes hacia la redistribución del ingreso. Un estudio realizado en veintiocho países europeos encontró que los trabajadores nativos reducen su apoyo a la redistribución si la proporción de inmigrantes en su país es mayor. Este efecto es mayor entre los trabajadores nativos que tienen opiniones negativas sobre la inmigración, pero es menor cuando los inmigrantes están culturalmente más cerca de los nativos y provienen de países de origen más ricos.[57]

Las circunstancias, como los ataques terroristas, afectan a las actitudes hacia los inmigrantes y la inmigración. Un atentado con bomba el 7 de julio de 2005 en Londres mató a 52 personas e hirió a 770.[58] Los participantes en una encuesta posterior al atentado calificaron su desacuerdo con declaraciones sobre las actitudes hacia los musulmanes, como «Gran Bretaña perdería su identidad si más musulmanes vinieran a vivir a Gran Bretaña», e inmigrantes, como «el gobierno gasta demasiado dinero ayudando a los inmigrantes». Las actitudes hacia los musulmanes y los inmigrantes se volvieron más negativas después de los ataques, pero solo entre los liberales. Las actitudes negativas de los conservadores se mantuvieron relativamente constantes.

La preocupación pública por la inmigración influye en el número de quejas presentadas contra asesores financieros que pertenecen a minorías. Es más probable que los asesores pertenecientes a minorías reciban más quejas durante períodos de alta preocupación pública por la inmigración, en comparación con sus colegas blancos en la misma oficina y al mismo tiempo. Esto es cierto tanto para las quejas con mérito como para las desestimadas, y es más pronunciado en los condados donde las personas tienen puntos de vista más radicales contra la inmigración.[59]

Las preferencias sobre la inmigración están influenciadas por percepciones erróneas en relación con el número de inmigrantes y sus características. Encuestas y experimentos realizados en seis países muestran que la gente sobreestima en gran medida el número de inmigrantes, exagera sus diferencias culturales y religiosas, y cree que los inmigrantes tienen menos estudios, están más desempleados y dependen más de las ayudas del gobierno de lo que realmente ocurre. De hecho, el simple hecho de hacer que la gente pensara en la inmigración redujo su apoyo a la redistribución del ingreso.

Sin embargo, la información sobre el número real de inmigrantes y sus verdaderas características no aumentó el apoyo a la redistribución del ingreso. Una anécdota sobre un inmigrante «trabajador» aumentó un poco el apoyo a la redistribución, pero no lo suficiente como para contrarrestar la disminución del apoyo causada por hacer pensar a la gente en la inmigración. Evidentemente, las narrativas moldean las opiniones de las personas sobre la inmigración más profundamente que los hechos.[60] La globalización aumenta el bienestar al hacer que todas las personas, en todas partes, sean más pacíficas e impulsadas a satisfacer el deseo común de establecerse, en lugar de las ideologías extremistas y el hambre de conquista.[61] De hecho, la globalización proporciona beneficios utilitarios al aumentar el comercio, suministrar a los estadounidenses y a otros productos baratos fabricados en China y facilitar la reubicación de los trabajadores dentro de la Unión Europea. Sin embargo, la globalización sigue siendo contrarrestada por los sentimientos de antiglobalización, incluidos los que llevaron a los británicos a salir de la Unión Europea y a los estadounidenses a elegir a Donald Trump como presidente.

El Brexit y la elección de Trump dejaron en evidencia que el bienestar requiere de algo más que de productos chinos baratos y otros beneficios utilitarios; también exige beneficios expresivos y emocionales en la satisfacción de los deseos de ser vistos y respetados. La globalización mejoró el bienestar entre la élite, pero no entre la clase trabajadora, que recurrió a líderes populistas para recuperar el bienestar que habían perdido.

Las personas son susceptibles al odio si proporciona beneficios expresivos y emocionales, como explicar su propio fracaso pasado. La demanda de odio disminuye y el bienestar aumenta cuando interactúan personas de diferentes grupos.[62] Un experimento de campo asignó aleatoriamente a estudiantes holandeses de secundaria del grupo étnico mayoritario a realizar tareas cooperativas en equipos étnicamente homogéneos o mixtos. La participación en el equipo mixto redujo la discriminación entre los estudiantes del grupo étnico mayoritario que no tenían compañeros de un grupo minoritario en sus clases regulares.[63] Y los ciudadanos holandeses que vivían cerca de los centros de refugiados desarrollaron una actitud más positiva hacia las minorías étnicas y se volvieron menos inclinados a apoyar a los partidos antiinmigración.[64]

Los servicios de transporte compartido, como Uber, conectan a personas de diferentes grupos en cada viaje, lo que ofrece oportunidades para la interacción intergrupal. Estas interacciones producen un mejor entendimiento mutuo, disminuyen los prejuicios y los delitos de odio, y mejoran el bienestar.[65]

Una mayor exposición a largo plazo a los árabes-musulmanes en los Estados Unidos dio lugar a una disminución de los prejuicios explícitos e implícitos contra los árabes-musulmanes, una disminución del apoyo a las políticas hostiles a los árabes-musulmanes y un mayor conocimiento de los árabes-musulmanes y del Islam en general.[66]

A veces, acciones como ayudar a los evacuados afganos tras la retirada estadounidense, alinean a las personas más allá del partidismo, incluso si están motivadas por valores diferentes. Un pastor de una iglesia evangélica dijo: «Incluso los aislacionistas más derechistas están dando un paso al frente para ayudar a los que huyen de Afganistán».[67] Los feligreses de su iglesia no estaban de acuerdo sobre los mandatos de uso de mascarillas, la validez de las elecciones presidenciales y qué hacer con los migrantes en la frontera. Pero coincidieron en la necesidad de acoger a los evacuados afganos y estaban recaudando contribuciones para ayudarlos.

Una feligresa dijo que durante el último año había tratado de persuadir a los líderes de la iglesia para que se preocuparan por los inmigrantes, sin éxito. «Con Afganistán, algo cambió por completo», dijo. Otro feligrés dijo: «Este es un tema en el que se encuentran los provacunas y los antivacunas».

Vacunación y antivacunación

Los valores subyacen a las actitudes hacia las vacunas, evidentes incluso antes de la pandemia de COVID-19, y afectan al bienestar. Un estudio de 2018 señaló que muchos programas que contrarrestan las actitudes antivacunas se basan en la suposición errónea de que los escépticos de la vacunación carecen de conocimiento de la evidencia científica que insta a la vacunación. Sin embargo, los programas que contrarrestan las actitudes antivacunas con evidencia científica demostraron ser improductivos, si no contraproducentes.

El estudio de 2018 encontró que las actitudes antivacunas son prominentes entre las personas que creen en teorías de conspiración, son reacias a las injerencias en la libertad personal y son propensas a disgustarse con la sangre y las agujas.[68]

Del mismo modo, un estudio de 2017 encontró que los escépticos de las vacunas se adhieren a los fundamentos de los valores de pureza y libertad, pero no a los fundamentos del daño y la justicia. Es más probable que los padres que dudan en vacunar a sus hijos hagan hincapié en la pureza, desaprobando las cosas que consideran repugnantes, ya sea por religión, como los alimentos no halal o no kosher, o por seguridad, como las toxinas de los alimentos o el medio ambiente. Además, estos padres se adhieren a la libertad, protegiendo su derecho a elegir y exhibiendo menos deferencia ante los que están en el poder.[69]

Kasheem Delesbore, trabajador de almacén y escéptico de las vacunas, ilustró los hallazgos de estos estudios en tiempos de COVID-19. Para ilustrar los hallazgos del segundo estudio, Delesbore valora la pureza, influenciado por la información en línea de que la vacuna contra el COVID-19 es mala para su cuerpo. Y valora la libertad, insistiendo en su derecho a elegir si vacunarse o no. «Tengo la opción de decidir si me pongo algo en mi propio cuerpo», dijo. Para ilustrar los hallazgos del primer estudio, Delesbore expresó un pensamiento conspirativo. «Hay todo un mundo de secretos y cosas que no vemos en nuestra vida cotidiana —dijo—. Todo es una fachada».

La adhesión a la pureza y a la libertad se ve reforzada por la profundización de la polarización política. Branden Mirro, un republicano, se ha mostrado escéptico ante todas las afirmaciones sobre la pandemia. No planea vacunarse y cree que los requisitos de uso de mascarillas afectan su libertad. «Todo esto fue una farsa —dijo—. Lo planearon para causar pánico masivo y sacar a Trump del cargo».[70] El autoritarismo y el libertarismo, dos valores prevalentes entre los derechistas, se asocian con el rechazo de la COVID-19 y la resistencia a las medidas gubernamentales para mitigarla.[71]

Los valores y actitudes de la gente de la antigua Alemania Oriental se inclinan más hacia el pro-Estado y el procolectivismo que los de la gente de la antigua Alemania Occidental, y menos hacia la libertad. Los antiguos alemanes orientales se beneficiaron de sus valores y actitudes en tiempos de COVID-19, ya que cumplieron más fácilmente con las medidas que mitigaron las infecciones.[72]

Las normas sociales también forman parte de los valores, lo que se evidencia en el estudio de la eficacia de los letreros que piden a los huéspedes del hotel que participen en un programa de conservación del medio ambiente. Los letreros que señalan normas, como «la mayoría de los huéspedes reutilizan sus toallas» resultaron ser más persuasivos que las apelaciones generales a la conservación del medio ambiente. Además, las apelaciones a las normas sociales fueron más efectivas cuando se describió el comportamiento grupal en entornos que coinciden con las circunstancias inmediatas de las personas, como «la mayoría de los huéspedes en esta habitación reutilizan sus toallas».[73]

Los efectos de estas normas fueron evidentes en tiempos de COVID-19, ya que la naturaleza de la pandemia y su magnitud hicieron imposible obligar a las personas a cumplir con las medidas de mitigación de contagios, como la distancia social, el uso de mascarillas y el confinamiento. Las normas, reflejadas en lo que otros practican y aprueban, fueron efectivas para persuadir a las personas a cumplir con estas medidas.[74]

Los efectos de las normas sociales durante el COVID-19 fueron evidentes en la decisión de los japoneses de usar mascarillas. Las expectativas sobre la reducción del riesgo no influyeron tanto en su uso como lo hizo la conformidad con las normas sociales. Las personas que usaban mascarillas experimentaron un alivio de la ansiedad al hacerlo.[75]

El partidismo juega un papel particularmente importante en los períodos de crítica en los que los políticos manipulan la información, por ejemplo, insistiendo en «hechos alternativos». El uso de mascarillas en Estados Unidos está fuertemente asociado con el partidismo, mucho más frecuente entre los demócratas que entre los republicanos, y el partidismo es el predictor más importante del uso local de mascarillas, no la gravedad de la COVID-19 ni las políticas locales.[76] Un aumento del 10 % en la audiencia de Fox News por cable condujo a una reducción del 1,3 % en la propensión a quedarse en casa durante la época de crisis de COVID-19.[77]

Impuestos y subvenciones

Los gobiernos pueden aumentar el bienestar de sus ciudadanos mediante impuestos y subsidios. Sus efectos sobre el bienestar dependen de las preferencias de las personas por los beneficios y costes utilitarios, expresivos y emocionales, y del equilibrio entre ellos, preferencias que varían de persona a persona.

Las diferentes preferencias por las políticas tributarias y de subsidios pueden provenir de distintas percepciones de sus efectos sobre el comportamiento y la eficiencia económica, reflejadas en la respuesta a la pregunta: «¿la gente dejará de trabajar si los impuestos y los subsidios son más altos?»; de las percepciones de sus efectos sobre la distribución del ingreso y la riqueza: «¿quién se beneficia si se reducen los impuestos y aumentan los subsidios?», y de las percepciones de su justicia: «¿qué tan justo es que los niños nacidos en familias ricas hereden más?».

Las diferentes preferencias por las políticas fiscales y de subsidios también pueden provenir de las percepciones de la confianza y la eficiencia del gobierno: «¿desperdiciará el gobierno gran parte de los ingresos fiscales?»; cómo se gastarán los ingresos fiscales: «¿financiarán los ingresos inversiones en infraestructura o defensa, o un aumento de los subsidios a las personas pobres?», o de percepciones y percepciones erróneas del sistema tributario actual.

La economista Stefanie Stantcheva identificó diferencias entre los demócratas y los republicanos en el razonamiento sobre los impuestos más allá de las diferencias en las preferencias por las políticas fiscales. Los demócratas tienden a pensar que los impuestos reales son más bajos y menos progresivos que los republicanos. Tanto los demócratas como los republicanos tienden a pensar que las personas de altos ingresos son más receptivas a los impuestos que las de clase media, y que las principales formas de respuesta de las personas de altos ingresos son el incremento de la evasión fiscal, el aumento de la probabilidad de mudarse a un estado diferente y la disminución del espíritu empresarial y la voluntad de trabajar. Pero los republicanos creen que los impuestos ejercen grandes efectos sobre el comportamiento, especialmente en la reducción del espíritu empresarial y la disposición a trabajar, mientras que los demócratas piensan que los impuestos ejercen poco efecto.[78]

Tanto los demócratas como los republicanos creen que los ricos son muy sensibles a los impuestos sobre el patrimonio. Sin embargo, los republicanos perciben que estos impuestos tienen un mayor impacto en el comportamiento de los contribuyentes y, en particular, en sus efectos generales sobre la economía. Demócratas y republicanos discrepan notablemente sobre si los recortes en los impuestos sobre la renta y el patrimonio benefician a todos, y si estos recortes aumentan los ingresos fiscales al estimular el espíritu empresarial y la disposición a trabajar.

Además, los demócratas y los republicanos difieren mucho en la percepción de la justicia, si la desigualdad de ingresos es justa, si las personas que ganan altos ingresos tienen derecho a conservar una gran parte de ellos, o si es justo que los padres ricos puedan transmitir su riqueza a sus hijos. Los demócratas también tienen opiniones más positivas que los republicanos sobre la confianza del gobierno y su alcance.

Las percepciones sobre la equidad de los impuestos y los subsidios son más importantes en los juicios de la gente que las percepciones sobre el efecto de los impuestos y los subsidios en la economía. Las personas que piensan que la desigualdad en el ingreso y la riqueza son un problema importante apoyan políticas fiscales más progresivas, al igual que las personas que confían en el gobierno, incluso si piensan que las políticas fiscales más progresivas tendrían efectos negativos en la economía.

Un punto de vista prominente en las discusiones sobre impuestos subraya el papel del interés propio en las preferencias de las personas. Según este enfoque, las preferencias de las personas dependen de si se ven directamente afectadas por estas políticas. Sin embargo, este punto de vista no concuerda con la evidencia. Aunque el interés propio tiene cierto efecto en las preferencias de las personas sobre las políticas fiscales, su impacto es limitado. Informar a las personas si se verían directamente afectadas por un recorte en la tasa máxima del impuesto federal sobre la renta tiene poco efecto en sus preferencias.

En cambio, las preferencias por las políticas fiscales están determinadas principalmente por las nociones de equidad. Proporcionar a las personas información sobre el nivel de riqueza heredada entre los ricos los induce a creer que las políticas fiscales son injustas y disminuye su apoyo a la reducción de las tasas máximas del impuesto sobre la renta.[79]

El importante papel de la equidad en las preferencias de las políticas fiscales se pone de manifiesto en la propensión de los estadounidenses a presentar apelaciones para reducir sus impuestos de propiedad. Es más probable que las personas presenten apelaciones si perciben que sus impuestos son injustos o creen que pagan de más en relación con los demás. Cuando a las personas se les muestra que la tasa impositiva promedio es más alta de lo que pensaban originalmente, perciben sus propios impuestos como justos y es menos probable que presenten apelaciones.[80]

Los efectos de los subsidios sobre el bienestar son incluso mayores que los de los impuestos. Los subsidios constituyen una gran parte de la red de seguridad.[81] Incluyen el Seguro Social, el seguro de desempleo, la Seguridad de Ingreso Suplementario (SSI, por sus siglas en inglés), el programa nutricional para Mujeres, Bebés y Niños (WIC, por sus siglas en inglés), el Medicaid, el Crédito Tributario por Ingreso del Trabajo (EITC, por sus siglas en inglés), los cupones de alimentos (SNAP, por sus siglas en inglés), la asistencia para la vivienda, la asistencia energética para el hogar, los almuerzos escolares gratuitos o con descuento y la asistencia en efectivo.

La pobreza infantil en Estados Unidos disminuyó un 59 % entre 1993 y 2019. Se redujo en todos los estados, por igual entre los niños blancos, negros, hispanos y asiáticos; entre los niños que viven con uno o dos padres y en hogares autóctonos o inmigrantes. En 1993, casi el 28 % de los niños eran pobres y carecían de ingresos para cubrir sus necesidades básicas. En 2019, la pobreza infantil se redujo a alrededor del 11 %.

Muchas fuerzas redujeron la pobreza infantil, incluyendo la reducción del desempleo, el aumento de la participación en la fuerza laboral entre las madres solteras y el aumento de los salarios mínimos. Pero una fuerza dominante fue el aumento de la ayuda gubernamental, ya que la disminución de la pobreza infantil coincidió con cambios importantes en la red de seguridad social. Las estrictas leyes de asistencia social en la década de los noventa redujeron la asistencia en efectivo a los padres sin trabajo. Pero otros subsidios aumentaron, especialmente para las familias trabajadoras, y el gasto federal total en niños de bajos ingresos casi se duplicó.

El conjunto de programas que redujeron la pobreza infantil fue moldeado por el conflicto y el compromiso entre los republicanos que quieren menos gasto, más control local y más reglas de trabajo, y los demócratas que quieren mayores beneficios para más personas y mayores garantías de ingresos.

Stacy Tallman, madre de tres hijos, trabajaba como camarera cuando Jakob, su hijo adolescente, sufrió heridas graves en un accidente automovilístico. Tanto Tallman como su pareja faltaron al trabajo para cuidar a Jakob, y sus ingresos se redujeron en aproximadamente una cuarta parte, a 36 000 dólares.

Pero la red de seguridad social entregó más de 16 000 dólares, incluidos 8000 dólares en créditos tributarios por ingreso del trabajo y 6500 dólares de cupones de alimentos. Medicaid pagó por la atención de Jakob y salvó a la familia de las facturas médicas que hubieran supuesto la bancarrota. «No sé dónde estaría ahora mismo si no tuviera esa ayuda», dijo Tallman. La red de seguridad social proporcionó beneficios emocionales además de beneficios utilitarios, aliviando la ansiedad de la señora Tallman. Un año después del accidente, Jakob se convirtió en el primero de la familia en obtener un título de enseñanza secundaria.

Un programa de lucha contra la pobreza en Colombia, Familias en Acción Urbana, mejoró no solo el bienestar financiero, sino también el bienestar vital. A los tres años del inicio del programa, los beneficiarios reportaron un bienestar que mejoró por mayores ingresos, mayor consumo y mayor participación en el empleo formal. Los subsidios gubernamentales en el programa fueron más que compensados por el aumento de los ingresos fiscales del gobierno, generando beneficios sustantivos para las familias pobres a un menor coste para los contribuyentes.[82] De manera similar, un programa de pensiones no contributivas en Paraguay, Pensiones Alimentarias, mejoró el bienestar de los adultos mayores al aumentar el consumo casi a la mitad.[83] Y el aumento de las prestaciones por hijos a cargo en Canadá mejora la salud mental y el bienestar de los niños y las madres. Los beneficios tuvieron efectos más fuertes en los resultados educativos y la salud física de los niños, y en la salud mental de las niñas.[84]

Nada demuestra más los beneficios de la red de seguridad social para el bienestar que los resultados de la expansión del Crédito Tributario por Ingreso del Trabajo en la década de los noventa. Estos créditos a menudo aumentan con la retención de impuestos adicionales, lo que resulta en reembolsos de impuestos sustanciales.

Estos reembolsos permiten a las personas de clase trabajadora comprar neveras, lavadoras o secadoras nuevas, o reparar coches usados. Una mujer describió los beneficios para el bienestar de los reembolsos a la socióloga Halpern-Meekin y a sus coautores, señalando que gastar durante el año es demasiado tentador si se paga dinero poco a poco. «Me encanta la suma global porque siempre pasa algo. Siempre necesitas tu declaración de impuestos».[85]

Las devoluciones de impuestos mejoran el bienestar por sus beneficios expresivos y emocionales, además de sus beneficios utilitarios. Las mujeres que reciben estos reembolsos experimentan una menor depresión y una mayor autoeficacia.[86] Además, la presentación de declaraciones de impuestos en empresas comerciales de preparación de impuestos como H&R Block agrega beneficios expresivos y emocionales y bienestar por el respeto otorgado a los contribuyentes allí, respeto ausente cuando se hace fila en las oficinas del gobierno.

En H&R Block, Cassandra Jackson, una madre soltera negra de veintitrés años, es recibida por una recepcionista sonriente que se dirige a ella por su nombre y le da una hoja de trabajo para completar antes de conocer a Joe, el especialista en tributación, un hombre negro de mediana edad vestido con una camisa azul abotonada, corbata a rayas y pantalones caqui. Joe llama a Cassandra por su nombre, le da la mano y le pregunta cómo está. Él la guía a través de una serie de indicaciones en la pantalla de su ordenador, recopilando información y finalmente anuncia el gran total de su reembolso: ¡5900 dólares![87]

Sin embargo, los subsidios, como los cupones de alimentos, que mejoran el bienestar mediante beneficios utilitarios, a menudo lo disminuyen por costes expresivos y emocionales, descritos por la escritora Bobbi Dempsey. «Te miran con malos ojos por parecer pobre, pero también te juzgan si pareces "demasiado rico", por llevar algo que alguien considera demasiado lujoso para alquien que recibe asistencia pública».[88]

Una lectora del artículo de Dempsey describió su experiencia en una tienda de comestibles que tenía equipos para cargar los cupones de alimentos en solo unas pocas cajas registradoras, por lo que pudo experimentar cómo el cajero encendía su luz intermitente para llamar a un gerente que luego la llevaría a otra caja registradora para ejecutar su tarjeta de cupones de alimentos por la cantidad cubierta por ese programa. Luego volvía a la primera caja registradora para pagar en efectivo los artículos no alimenticios, como el papel higiénico, que no estaban cubiertos por cupones de alimentos. «No hay nada como tener cajeros gritando tu información unos a otros a través de varios carriles mientras esperas tu fila».

Incentivos, prohibiciones y mandatos

Los incentivos* del gobierno, tanto informativos como en la arquitectura para decidir, pueden mejorar el bienestar. La información calórica en los menús puede mejorar el bienestar de las personas con sobrepeso al disminuir las calorías que consumen. La información calórica en los menús de Starbucks disminuyó el promedio de calorías por comida en un 6 %.[89] Sin embargo, esa información puede disminuir el bienestar por los costes emocionales de abstenerse de comer grandes cantidades de alimentos apetitosos.

Además, los incentivos para consumir pequeñas cantidades de alimentos saludables no siempre tienen éxito. De hecho, a menudo son contraproducentes. La información que presenta los alimentos como saludables lleva a la gente a deducir que no son sabrosos.[90] Las personas son más propensas a subestimar el contenido calórico de los platos principales y elegir guarniciones, bebidas o postres con alto contenido calórico cuando los restaurantes de comida rápida afirman servir comida saludable que cuando no hacen tal afirmación.[91]

El consumo de carne procedente de la ganadería intensiva disminuye el bienestar animal. Las personas que se dejan llevar por la información sobre las condiciones de vida de los animales en la ganadería intensiva reducen su propensión a consumir carne en aproximadamente un 12 % en el laboratorio y entre un 6 % y un 9 % en los comedores universitarios. Sin embargo, aproximadamente un tercio de las personas evitan dicha información, y aquellos que evitan esa información son los que responden particularmente a ella.[92]

La inscripción automática en planes de ahorro para la jubilación de contribución definida ha demostrado ser un incentivo eficaz, ya que aumenta la proporción de empleados que se inscriben. Otros incen-

* N. del T.: El término original es *nudges*, el cual se ha popularizado bastante en español, como un «empujoncito» que conduce a mejores tomas de decisiones. No obstante, en la traducción se ha considerado, para facilitar la comprensión general, llamarlo «incentivos».

tivos, como inducir a las personas pobres a mayores ahorros, son menos eficaces porque estos tienen poco disponible para ahorrar, y poco tiempo y energía para alcanzar metas de ahorro. Las llamadas telefónicas que alientan el ahorro «pueden ser abrumadoras cuando estás ocupado, casi como un cobrador de facturas», dijo uno. «Eran como llamadas de *telemarketing* —dijo otro—. Sabía que tenía que ahorrar, así que colgué las llamadas».[93]

Los gobiernos van más allá de los incentivos para establecer mandatos y prohibiciones que afectan el bienestar. Ejemplos de mandatos incluyen impuestos, licencias de conducir para quienes conducen y, en algunos estados, la divulgación por parte de los propietarios de defectos en las casas que venden. Algunos ejemplos de prohibiciones son la venta de cigarrillos y alcohol a menores de edad, y la prohibición de la posesión de determinadas drogas, como la heroína, a escala general.

Algunos mandatos y prohibiciones se basan en el objetivo de mejorar el bienestar protegiendo a las personas de sí mismas. La venta de cigarrillos a menores de edad está prohibida porque fumar es adictivo y perjudicial para la salud, y la adicción establecida a una edad temprana puede ser difícil de superar en la edad adulta. Otros mandatos y prohibiciones se basan en los objetivos de proteger a las personas de los demás, como proteger a las personas de lesiones o muerte por conductores sin carnet, o beneficiar a otros, como los impuestos que pagan la defensa nacional o las escuelas locales.

La pandemia de COVID-19 ha provocado escasez de suministros y aumentos de precios que han renovado el debate sobre la regulación de la «especulación de precios».

La economía del *laissez-faire* se ubica en un extremo, defendiendo el aumento de los precios como medio para asignar bienes escasos. Las normas percibidas de equidad están en el otro extremo, abogando por límites a los aumentos de precios en situaciones de escasez.

Las leyes contra el aumento abusivo de precios varían entre los estados. Nueve estados y el Distrito de Columbia prohíben el aumento abusivo de precios de todos los productos. Otros estados lo prohíben para bienes que son vitales para la salud, la seguridad y el bienestar.[94] Las actitudes de la gente hacia el aumento abusivo de precios y su prohibición se muestran en las reacciones de los lectores a la historia de los hermanos Matt y Noah Colvin. En los tres días posteriores al 1º de marzo de 2020, cuando se anunció la primera muerte por coronavirus en los Estados Unidos, acumularon 17 700 botellas de desinfectante para manos y miles de paquetes de toallitas antibacterianas, compradas en un viaje por carretera de 2900 kilómetros alrededor de Chattanooga, Tennessee, en su mayoría de «pequeñas tiendas e todo a un dólar en zonas rurales apartadas».[95] Inmediatamente vendieron trescientas botellas de desinfectante para manos en Amazon a precios de entre ocho y setenta dólares cada una, muchas veces más de lo que pagaron por ellas. Para los hermanos, se trataba de un «acuerdo comercial» *laissez-faire*. De hecho, percibieron sus acciones como un servicio público, enviando suministros a donde más se necesitan.

Para muchos otros, se trataba de un aumento abusivo de precios injusto. Mikeala Kozlowski, una enfermera que ha estado buscando desinfectante para manos desde antes de dar a luz a su primer hijo el 5 de marzo, describió a los vendedores como egoístas y acaparadores de recursos para su propio beneficio. Al día siguiente, Amazon eliminó miles de listados de desinfectante, toallitas húmedas y mascarillas, suspendió a sus vendedores y advirtió a los potenciales. Los hermanos se vieron obligados a donar su enorme alijo.

Algunos lectores estaban del lado del *laissez-faire*. Uno escribió: «Sinceramente, no veo el problema. Si la gente está dispuesta a pagar esa cantidad, ¿a quién le importa? Si realmente quisiera algo, preferiría tener la opción de comprarlo en lugar de que se me negara esa oportunidad». Otros, sin embargo, estaban del lado de las normas de equidad contra la especulación de precios. Uno escribió: «Tengo un amigo con insuficiencia cardíaca que no puede conseguir desinfectante de manos y mascarillas... Y este tipo, el nuevo ejemplo de la banalidad del mal, ha dejado vacíos todos los estantes de las tiendas desde allí hasta la frontera».

Libertad, democracia y corrupción

El análisis de 86 países indica que los ciudadanos de países con una gran libertad económica, incluida la seguridad jurídica y los derechos de propiedad, gozan de un alto nivel de bienestar. Los beneficios de la libertad económica para el bienestar son especialmente pronunciados en los países en desarrollo.[96] También la libertad económica mejora el bienestar al aumentar la probabilidad de reconocimiento legal de los matrimonios entre personas del mismo sexo y la tolerancia hacia las personas homosexuales.[97] Y la libertad económica se ve reforzada sobre todo en las sociedades tolerantes con actitudes positivas hacia una economía de mercado.[98]

La democracia también mejora el bienestar. Un estudio de veintiocho países indicó que el bienestar es mayor en las democracias.[99] La democracia incluso aumenta el bienestar al hacer a los hombres más altos. Experimentar la democracia en la primera infancia aumenta la estatura promedio de los hombres en 1,33 a 2,4 cm. Sin embargo, no se observa tal efecto entre las mujeres.[100]

La educación y la democracia están altamente correlacionadas. Las escuelas enseñan a las personas a interactuar con los demás y a aumentar los beneficios de la participación cívica, incluida la organización y el voto.

La democracia, sin embargo, es frágil. Tiene una amplia base potencial de defensores, pero sólo les ofrece incentivos débiles en la batalla contra la dictadura, lo que proporciona incentivos más fuertes a una base más estrecha. A medida que la educación aumenta los beneficios de la participación cívica, aumenta el apoyo a regímenes más democráticos en relación con las dictaduras. Esto aumenta la probabilidad de revoluciones democráticas contra dictaduras y reduce la de golpes antidemocráticos exitosos.[101]

La corrupción involucra a funcionarios del gobierno o representantes de empresas que exigen sobornos, regalos o favores por servicios que las personas tienen derecho a recibir de forma gratuita. Disminuye el bienestar tanto de las víctimas como de los receptores de la corrupción.[102] El grado de corrupción en un país suele medirse mediante las respuestas a las preguntas: «¿está la corrupción generalizada en todo el gobierno de este país o no?» y «¿está la corrupción generalizada dentro de las empresas de este país o no?».

Dinamarca, Finlandia y Nueva Zelanda ocuparon el primer lugar en lucha contra la corrupción entre 180 países en la encuesta de 2021 de Transparencia Internacional.[103] Estados Unidos se ubicó en el puesto 27; China, 66; Ucrania, 122; y Afganistán, 174.

La corrupción puede ser transparente o encubierta. Una forma encubierta de corrupción en China fue descubierta en un estudio de las líneas de tarjetas de crédito extendidas por los bancos. Los funcionarios del gobierno recibieron líneas de crédito un 15 % más altas que otros con ingresos y demografía similares, sin embargo, la tasa de morosidad entre los funcionarios del gobierno fue más alta que entre otros, y la probabilidad de que los bancos perdonaran la deuda de los funcionarios del gobierno y la cancelaran también era mayor. Estos patrones de corrupción eran especialmente frecuentes entre los funcionarios gubernamentales con mayor poder, que trabajaban en regiones conocidas por ser más corruptas.

Las sucursales bancarias que ofrecen líneas de crédito más altas a los funcionarios del gobierno reciben más depósitos de los gobiernos locales, lo que indica un acuerdo de *quid-pro-quo*. Además, en las regiones donde los funcionarios públicos reciben líneas de crédito más altas, otras reciben líneas de crédito más bajas.

Una ofensiva contra la corrupción en China eliminó el trato preferencial de los bancos a los funcionarios del gobierno. Las nuevas líneas de crédito concedidas a los funcionarios del gobierno dejaron de ser más elevadas que las concedidas a otros, y las tasas de morosidad, condonación de deudas y cancelaciones entre los funcionarios del gobierno dejaron de ser más elevadas que entre otros.[104]

Las actitudes de los ciudadanos ante la corrupción dependen de su percepción de poder para movilizarse contra la corrupción y de la voluntad del gobierno de luchar contra esta. La campaña del gobierno chino contra la corrupción debe haber alentado a los que no están involucrados en ella y haber mejorado su bienestar, sabiendo que el gobierno está luchando contra la corrupción en su nombre.

Sin embargo, este estímulo y la mejora del bienestar estaban ausentes en Afganistán, lo que se hizo evidente en la reacción de los afganos a la corrupción revelada en la crisis del Banco de Kabul de 2010. La crisis aumentó la percepción de los afganos de que los funcionarios del gobierno son corruptos, pero no los movilizó para luchar contra la corrupción porque percibían la corrupción como endémica y se percibían a sí mismos como carentes de poder para contrarrestarla.[105]

La historia de la corrupción en Ucrania se hace eco de la de Afganistán. La socióloga Sofiya Lutsiv describió la corrupción en Ucrania como un «cáncer» del sistema gubernamental.[106] Al encuestar a los ucranianos, Lutsiv encontró que casi tres cuartas partes de los encuestados experimentaron corrupción en sus propias vidas, y aún más creen que la corrupción es endémica, parte de la vida cotidiana. Y mientras que nueve de cada diez creen que la lucha contra la corrupción es un deber de los ciudadanos, pocos creen que tienen el poder para hacerlo. La preocupación por la corrupción en Ucrania se vio aumentada por el alto coste de apoyarla en la guerra con Rusia. Alexandra Gillies, directora del consorcio global anticorrupción de Brookings Institution, y sus coautores argumentaron que apoyar a Ucrania y reconstruirla ofrece oportunidades para construir mecanismos anticorrupción, más allá de ayudar al país a recuperarse de una guerra devastadora.[107]

Erradicar la corrupción requiere esfuerzo y tiempo, ya que la cultura de la corrupción cambia lentamente, pero se puede hacer. Los inmigrantes de primera generación procedentes de países altamente corruptos tienen una moral fiscal más baja en sus países de destino. Pero el efecto de la cultura de la corrupción disminuye entre los inmigrantes de segunda generación a medida que se integran en la cultura local.[108]

Confianza

Los gobiernos tienen mucho control sobre los servicios, aumentando el bienestar de los ciudadanos mejorándolos, pero tienen menos control sobre las características culturales de su sociedad, como la confianza.

La confianza es un pegamento que mantiene unidas a las sociedades, mejorando nuestro bienestar incluso cuando nos hace vulnerables. Cuando confiamos en personas, grupos o instituciones, nos hacemos vulnerables, asumiendo que aquellos en quienes confiamos actuarán de manera que mejoren nuestro bienestar. Al confiar, aceptamos el riesgo de que aquellos en quienes confiamos traicionen nuestra confianza y disminuyan nuestro bienestar. Un finlandés reaccionó a la clasificación de Finlandia en cuanto a bienestar señalando los beneficios para el bienestar de la confianza, comunes en Finlandia, incluida la confianza en el gobierno. «Confío en nuestro gobierno tanto para las cosas más grandes como para los detalles más pequeños, también. De hecho, es natural que los niños de siete años en adelante caminen solos a la escuela, a sus actividades extraescolares y a los parques. Les he dicho que si alguna vez necesitan ayuda, pueden recurrir a cualquier adulto y la recibirán».[109]

Piense en su respuesta a la pregunta estándar sobre la confianza de la Encuesta Mundial de Valores: «En términos generales, ¿diría usted que se puede confiar en la mayoría de las personas o que hay que tener mucho cuidado al tratar con las personas?».[110] Las respuestas varían. Por un lado, en países como Noruega, Suecia y Finlandia, más del 60 % de las personas dicen que se puede confiar en la mayoría. En el otro extremo, en países como Colombia, Brasil y Perú, menos del 10 % lo hace.

En un experimento, las carteras que contenían aproximadamente cincuenta dólares en moneda local, junto con fotografías, nombres y números de teléfono, fueron «dejadas caer» en las calles de varios países. La proporción de carteras devueltas en cada país estuvo altamente correlacionada con su grado de confianza.[111]

Hay mucha evidencia de que la confianza mejora el bienestar. De hecho, vivir en una sociedad de alta confianza aumenta el bienestar tanto como el doble de los ingresos familiares. La resiliencia inducida por la confianza disminuye el efecto negativo de las adversidades en el bienestar, ya sea la discriminación, la mala salud, el desempleo o los desastres.[112] Esa resiliencia fue evidente en el gran terremoto del este de Japón de 2011, ya que la confianza amortiguó los efectos del desastre en el bienestar.[113] La resiliencia inducida por la confianza es especialmente eficaz para mejorar el bienestar de las personas que se encuentran en el extremo inferior de la distribución social del bienestar.[114]

La confianza mejora el bienestar. A su vez, el bienestar mejora la confianza. Las personas que disfrutan de un alto bienestar confían más en los demás y ayudan a crear más capital social. Es más probable que voten, brinden ayuda a los demás, realicen trabajo voluntario y participen en actividades públicas. También es probable que estén más apegados a sus vecindarios y sean miembros de asociaciones.[115]

La confianza está arraigada en la cultura y cambia con ella. Los efectos de la cultura sobre la confianza son evidentes en la menor confianza entre los residentes de Quebec que entre sus compatriotas canadienses. Los sociólogos Cary Wu y Andrew Dawson atribuyeron la menor confianza entre los quebequenses a la herencia cultural católica de la provincia, y atribuyeron el aumento de la confianza entre estos a la abrupta modernización de la provincia. Las cohortes más jóvenes socializadas después de la modernización son mucho más confiadas, lo que es más evidente entre los católicos.[116]

«En términos generales, ¿estaría de acuerdo en que se puede confiar en la mayoría de las personas?» es una pregunta sobre la confianza generalizada. La confianza categórica tiene que ver con la confianza en categorías particulares, como la familia, los compañeros de trabajo, las razas, las nacionalidades, las religiones o la ciencia.[117]

La confianza categórica es el término medio más realista en las decisiones de confianza cotidianas, donde la confianza no se personaliza para cada caso específico ni se generaliza en todas las situaciones posibles.[118] La confianza categórica, al igual que la confianza genérica, puede mejorar el bienestar.

Los beneficios para el bienestar de la confianza categórica son evidentes en las decisiones de los mayoristas de extender el crédito comercial a los minoristas dentro de su comunidad particular. Las instituciones formales de mercado, como los sistemas de información financiera, la auditoría y los tribunales, funcionan mal o son inexistentes en lugares como el noreste de la India. Allí, los mayoristas conceden créditos comerciales e imponen condiciones de crédito moderadas a los minoristas de su comunidad. Experimentan pocos incumplimientos entre los minoristas, y son indulgentes cuando los minoristas incumplen.[119]

La confianza en las instituciones financieras es otro tipo de confianza categórica. Las tarjetas de débito no solo facilitan el acceso al ahorro, sino que también son un mecanismo para generar confianza en las instituciones financieras. Las tarjetas de débito fueron entregadas a los beneficiarios de un programa mexicano de transferencias monetarias cuyos beneficios fueron depositados en una cuenta de ahorros. Los beneficiarios ahorraron poco en estas cuentas antes de recibir sus tarjetas de débito, pero aumentaron sustancialmente sus ahorros después.

Durante este período inicial, los beneficiarios usaron sus tarjetas con frecuencia para consultar sus saldos, pero redujeron esa frecuencia con el tiempo a medida que aumentaba su confianza en el banco. Después de uno a dos años, las tarjetas de débito condujeron a aumentos en la tasa de ahorro del 3 % al 5 % de los ingresos.[120]

Un estudio de diez economías de mercados emergentes de Europa central, oriental y sudoriental reveló que la confianza en las instituciones financieras aumenta la probabilidad de mantener ahorros formales y la diversificación entre los tipos de ahorro formal. La confianza en la seguridad de los depósitos tiene el mayor efecto positivo en el ahorro bancario.[121]

Los costes para el bienestar de la desconfianza categórica tanto en la ciencia como en el gobierno fueron evidentes en la época de COVID-19, ya que afectaron la disposición a aceptar las vacunas. En sus muchos años de práctica, el pediatra Robert Froehlke había visto a padres rechazar las vacunas porque preferían estilos de vida naturales o pedían que las vacunas se administraran en diferentes horarios, pero antes de la COVID-19, rara vez había visto a padres de niños vacunados rechazar vacunas adicionales. Froehlke citó la respuesta de una madre cuando sugirió que era hora de vacunar a sus cuatro hijos, incluso con la vacuna contra el COVID-19. «No voy a matar a mis hijos», dijo, temblando y llorando.

Froehlke sospecha que el rechazo de las vacunas se debe a la desinformación sobre la vacuna contra la COVID-19, magnificada por la erosión de la confianza categórica en los médicos y en la ciencia en general, y por la desconfianza en el gobierno, asociada a la afiliación política.[122] Las personas que no confían en la ciencia o en el gobierno para guiarlos correctamente pueden confiar en otros mensajeros, como líderes religiosos locales, celebridades o atletas, en función de las características de las poblaciones y comunidades.[123]

A veces, la confianza se encuentra disparada, lo que lleva a pérdidas por fraude y estafas financieras. La confianza aumenta la tasa de adopción de las criptomonedas, pero los emisores de criptomonedas explotan esa confianza, identificando a los inversores ingenuos y tergiversando sus ofertas. Las ofertas de criptomonedas tergiversadas tienen un alto riesgo de estafa.[124,125]

Los esquemas Ponzi son más probables en los Estados Unidos, donde el ciudadano es más confiado. La mayoría de los esquemas Ponzi procesados por la SEC involucran sumas mucho más bajas que los famosos perpetrados por Bernard Madoff y Allen Stanford. La inversión media por inversor es de unos 431 700 dólares y la mediana de 87 800 dólares. El éxito de un esquema Ponzi, medido por la duración, la cantidad total invertida y el porcentaje de recorte a los perpetradores, tiende a ser mayor cuando existe un vínculo de afinidad, lo que indica una alta confianza.[126]

La confianza de las personas en las instituciones financieras disminuye tras la revelación de un fraude. Además, los precios de las acciones caen tras las revelaciones de fraude corporativo y también lo hace la participación en el mercado de valores, ya que las personas reducen sus tenencias de acciones de empresas fraudulentas y no fraudulentas. Además, las personas con mayor experiencia de por vida en fraude corporativo tienen proporciones más pequeñas de sus carteras en acciones.[127]

Los tiroteos masivos en Estados Unidos devastan a las víctimas y a sus familias. Indican baja confianza y la disminuyen aún más. Los tiroteos masivos se asociaron con una disminución del 27 % en la probabilidad de un excelente bienestar de la comunidad y una disminución del 13 % en la probabilidad de una excelente salud emocional. Los efectos son más fuertes y duraderos entre las personas expuestas a tiroteos masivos más mortíferos. Y las reducciones en el bienestar son mayores para los padres con hijos menores de dieciocho años.[128]

Generosidad

La generosidad, al igual que la confianza, es una característica de la sociedad, que mejora el bienestar. La generosidad consiste en dar cosas buenas a los demás de forma libre y abundante, poniendo las necesidades de los demás por delante de las nuestras, en donaciones caritativas , como voluntario o ayudando a desconocidos. Aumenta el bienestar de los que aportan mediante beneficios expresivos y emocionales que exceden sus costes utilitarios, aumenta el bienestar de los receptores mediante beneficios utilitarios, expresivos y emocionales, y mejora el bienestar de todos los que los observan mediante beneficios expresivos y emocionales.

La generosidad de las donaciones caritativas es ejemplificada por Genevieve Via Cava, una maestra que dejó un regalo de un millón de dólares para becas a estudiantes con necesidades especiales. «Era un tipo de persona que aparentaba rudeza. Pero podía iluminar una habitación», dijo un amigo.[129]

La generosidad del voluntariado se ejemplifica en un hombre que describe su vida en San Francisco; un lugar de fantasía para los amantes de la comida en un extremo y un lugar de gente hambrienta en el otro. Se ofreció como voluntario en un refugio local, ayudando a preparar la comida, sirviendo comidas y limpiando la cocina y el comedor después. «El simple hecho de servir una comida se sentía minúsculo en comparación con lo mucho que había que hacer —dijo—. Si podíamos hacer que la noche de una sola persona fuera más luminosa, entonces estábamos trabajando hacia algo mejor».[130]

La generosidad es ejemplificada por una joven en un vuelo de Alaska Airlines que habló con un pasajero ciego y sordo en lenguaje de señas estadounidense, escribiendo palabras en sus manos. Un pasajero describió a la niña arrodillada frente al hombre y deletreando: «¿Cómo estás? ¿Estás bien?». La niña le contó al hombre sobre su escuela y su abuela, y el hombre le contó sobre su infancia y su hermana. «Parece una vida tan solitaria ser sordo y ciego —dijo la niña—, no poder ver ni oír». La generosidad de la niña hacia el hombre mejoró no solo el bienestar de los dos, sino también el de todos los pasajeros a su alrededor. «Todos los que estábamos en las filas inmediatas sonreíamos y disfrutábamos de su evidente deleite por tener a alguien con quien hablar».[131]

Unas encuestas realizadas en 136 países muestran que la generosidad no solo se asocia con un alto bienestar, sino que lo causa. Los experimentos realizados en dos países muy diferentes, Canadá y Uganda, muestran que el aumento del bienestar aumenta el gasto de dinero en los demás. Esto sugiere que el bienestar ayudando a los demás está profundamente arraigado en la naturaleza humana, evidente en diversos entornos culturales y económicos.[132] Los actos de generosidad estimulan una mayor generosidad. Pedir a las personas que donen tiempo a una organización benéfica también aumenta la cantidad de dinero que finalmente donan a la organización benéfica.[133]

Las dificultades llevaron a los padres a establecer una fundación benéfica en nombre de Jonathan Rizzo, su hijo asesinado. La fundación ayuda a las personas enfermas con el alquiler y la comida, y ayuda a los niños con ropa de abrigo en invierno y comida en verano. La fundación ayudó a una madre de dos hijos y a su marido de 45 años, enfermo de cáncer, que se atrasó en el pago de las facturas y el alquiler durante más de un año de cirugías, quimioterapia y radiación. «El propietario ha sido bastante paciente hasta ahora, pero me llamaron y me dieron hasta el lunes para conseguir algo de dinero. Realmente no sé qué hacer, así que me estoy comunicando con su fundación para obtener ayuda». La fundación proporcionó dos meses de alquiler y agregó cheques de regalo para alimentos y otras necesidades.[134]

La generosidad también fluyó en trece millones de dólares donados a las familias de los niños y maestros de Uvalde asesinados en la Escuela Primaria Robb.[135] Mickey Gerdes, un graduado de Robb que dirige el fondo de caridad, dijo: «Casi inmediatamente después del evento, personas maravillosamente generosas de todo el mundo comenzaron a invertir dinero en la comunidad». Un grupo de jóvenes en Pittsburgh creó una empresa de lavado de coches, un residente de Oregón ha estado vendiendo camisetas y un festival de cine de Florida donó sus ingresos.

La gente es más generosa con las personas como ellos. El periodista Eduardo Porter señaló que la resistencia de los estadounidenses al gasto público en programas sociales se debe en gran medida a la diversidad racial y étnica de la nación. Los estadounidenses no son egoístas. De hecho, contribuyen a la caridad mucho más que los europeos, pero tienden a contribuir a personas como ellos, lo que refleja las divisiones raciales y étnicas.[136]

Sin embargo, no todas las donaciones están motivadas por la generosidad. Algunas donaciones lo están por la presión social, lo que probablemente reduce el bienestar por los costes utilitarios sin aumentarlo por los beneficios expresivos y emocionales. En un experimento de recaudación de fondos puerta a puerta, determinadas personas fueron informadas sobre la hora exacta de la solicitud mediante un volante colocado en los pomos de sus puertas, dejándolos libres para buscar o evitar la recaudación de fondos. El volante redujo la proporción de personas que abrían la puerta entre un 10 % y un 25 %, y si el volante permitía marcar una casilla de «No molestar», redujo las donaciones en un 30 %.[137]

15

Conclusión

«¿Qué cosas de tu vida te hacen sentir bien o te parecen importantes?» preguntó una encuesta de Pew Research—. «¿Qué te hace seguir adelante y por qué?».[1]

«Quiero llegar a un punto en mi vida no en el que sea rico —dijo uno—, sino en el que pueda ir al supermercado, a la gasolinera, al cine o irme de vacaciones sin preocuparme por la cantidad de dinero en mi cuenta bancaria. Quiero que sea una ocurrencia tardía». Otro dijo: «Es muy satisfactorio ver a mis hijos ser independientes y responsables. Personalmente, creo que criar a dos personas para que se conviertan en ciudadanos decentes, trabajadores y responsables es muy importante».

El bienestar financiero se produce cuando podemos hacer frente a las obligaciones económicas actuales y futuras, absorber los contratiempos económicos y seguir avanzando hacia las metas financieras. Se produce cuando las finanzas son «un pensamiento secundario». El bienestar vital se produce cuando disfrutamos del bienestar en el ámbito de las finanzas, pero también en el de la familia, los amigos, la salud, el trabajo, la educación, la religión y la sociedad. Llega cuando estamos satisfechos de ver a los hijos crecer para «ser independientes y responsables». El bienestar vital es el tema central de este libro.

El ámbito de las finanzas es solo uno de los del bienestar de la vida; sin embargo, tiene un lugar especial en él porque es la base del bienestar vital en todos los demás ámbitos. Necesitamos las finanzas para mantenernos a nosotros mismos y a nuestras familias, pagar la comida y el alojamiento. Necesitamos las finanzas para mantener nuestra propia salud y la de nuestras familias, pagando los servicios de médicos y hospitales. Las necesitamos para pagar la educación que nos prepare para trabajos, carreras y vocaciones que paguen bien y sean satisfactorias..

Una mujer entrevistada por Pew resaltó la importancia de las finanzas en el bienestar vital dentro del ámbito familiar. «Para mí, lo único bueno y sorprendente de mi vida son mis hijos y mi marido. Cada día es una lucha solo para conseguir un salario. El dinero viene y se va, pero nunca es suficiente para vivir». En cambio, un hombre señaló el valor de la salud en su bienestar vital «Como de los altos costes médicos para mi esposa, nuestro mayor gasto individual cada mes no son los pagos de la hipoteca o los pagos del préstamo para el coche, sino las facturas médicas». Y otro destacó el trabajo en su bienestar. «Soy profesor. No nos pagan lo suficiente y los recursos para nuestros estudiantes son limitados. Pero disfruto ayudándolos a aprender y hay una cierta satisfacción en ayudarlos a tener éxito».

Este libro asigna al ámbito de las finanzas el lugar especial que merece entre las distintas esferas del bienestar vital, pero no pasa por alto los otros ámbitos.

Percepciones de bienestar, limitaciones, lesiones y medicamentos

Las personas varían en sus percepciones del bienestar vital y la importancia relativa de sus ámbitos. La religión es un ámbito importante para el bienestar vital de algunas personas, mientras que otras son ateas. El trabajo es un ámbito de bienestar primordial para algunas personas, mientras que otras cuentan los días hasta la jubilación. Algunos sacrifican el bienestar en el ámbito de las finanzas por el bienestar familiar, eligiendo horarios de trabajo flexibles que se adapten a la familia. Otros optan por lo contrario, sacrificando el bienestar en el ámbito familiar por el del ámbito de las finanzas, trabajando largas horas que los mantienen alejados de la familia.

El bienestar vital está limitado por las circunstancias, ya sea la pobreza, la enfermedad, un hijo con discapacidad o una muerte prematura. La periodista Sarah Wildman describió el dolor de perder a Orli, su primera hija. «He luchado, desde que escribí un panegírico para mi hija de catorce años, por usar el tiempo verbal pasado —escribió—. ¿Cómo puedo hablar en pasado de alguien que siento tan presente? ¿Tan completamente ella misma, tan completamente desarrollada, tan rotundamente viva?». Describió la pérdida de su hija como un miembro fantasma que la despierta en la noche o, a veces, permanece latente con ella durante horas.[2]

Sin embargo, sabe que debe encontrar el bienestar vital mientras vive con su dolor. Hana, la hermana de nueve años de Orli, «todavía necesita que vayamos con ella al parque, para seguir descubriendo el mundo de nuevo. No podemos hundirnos. Debemos mantenernos a flote todos juntos».

Pocos tienen la suerte de disfrutar del bienestar en todos sus ámbitos. El bienestar vital requiere que apliquemos remedios para sanar heridas en una parte y para mejorar el bienestar en otra. Esto es lo que hace Wildman, aplicando la medicina del bienestar en una parte de su familia, fomentando la vida de Hana para sanar la herida emocional causada por el fallecimiento de Orli. Sin embargo, un daño al bienestar en una parte de un ámbito puede dañar fácilmente a otra parte en lugar de curarla, multiplicando las lesiones y disminuyendo el bienestar. El daño al bienestar de la muerte prematura de un hijo puede perjudicar fácilmente un matrimonio, especialmente si uno de los padres culpa al otro.

El bienestar vital también requiere curar las heridas del bienestar en un ámbito con la medicina del bienestar de otro. La medicina del bienestar desde el ámbito económico puede curar las heridas del bienestar de un niño discapacitado en el ámbito familiar. Y las contribuciones voluntarias en el ámbito laboral, ayudando a las familias con niños con discapacidad, pueden curar aún más las heridas de bienestar.

Aspiraciones y situaciones entre jóvenes y ancianos

Las altas aspiraciones, como los altos ingresos en carreras satisfactorias, nos motivan a aspirar a un alto bienestar vital futuro a costa de un bajo bienestar en la vida presente. El bienestar mejora cuando las situaciones avanzan manteniendo todo lo demás igual, o cuando las aspiraciones se reducen en las mismas circunstancias.

Las brechas entre las aspiraciones y nuestra realidad explican la curva en U del bienestar por edad, disminuyendo desde la edad adulta temprana hasta la mediana edad, y aumentando después hasta la vejez.[3] Tener altas aspiraciones en comparación con las circunstancias reales durante la juventud puede disminuir el bienestar vital, pero también motiva a mejorar las situaciones futuras y el bienestar general. Por ejemplo, esto puede llevar a adquirir educación, cambiar de trabajo, iniciar un negocio o emigrar dentro de un país o a otro país.

Las brechas entre las aspiraciones y nuestra realidad se amplían en la mediana edad, cuando las personas descubren que no han avanzado tanto en sus profesiones como habían aspirado, que sus planes de negocios no tuvieron éxito o que sus cuadros quedan mejor junto a sus sofás que en las paredes de los museos.

El envejecimiento trae fragilidad, disminución de la independencia, pérdida de seres queridos y la proximidad de la muerte. De hecho, las personas tienden a predecir un alto bienestar en la vida a una edad temprana y uno bajo en la vejez. Sin embargo, las personas retrasan sus aspiraciones después de la mediana edad, a medida que se vuelven cada vez más conscientes de que su horizonte temporal se está estrechando. Se inclinan hacia actividades que son más agradables que la superación personal, y gradualmente se aceptan a sí mismos por lo que son, en lugar de como se suponía que debían ser.[4]

«Que envejecer puede hacernos mejores que nunca puede ser el pequeño secreto más sucio de todos los tiempos», escribió el consultor y ensayista Bob Brody. Señaló que ocho de cada diez muertes por COVID-19 en Estados Unidos han ocurrido a adultos de 65 años o más, pero a los 68 años, para su sorpresa, encuentra que su vida es decididamente maravillosa.

Ahora tiene la edad suficiente para saber que las vidas humanas, como la naturaleza, van en ciclos. Cuando tiene un mal día, sabe lo que nunca reconoció cuando era joven, que mañana es probable que sea mejor. Y cuanto más viejo se hace, más cómodo se siente en su propia piel, aceptándose tal y como es. Las muchas incertidumbres que lo afligieron cuando era joven, sobre su identidad, su papel en la comunidad y su filosofía de vida se han evaporado en gran medida.[5]

Los asesores financieros y sus clientes, y los profesores de finanzas y sus estudiantes

La tercera generación de las finanzas conductuales también es un tema central en este libro, y sus implicaciones se extienden especialmente a los asesores financieros y sus clientes, y a los profesores de finanzas y sus estudiantes. La tercera generación amplía su enfoque más allá de las finanzas estándar y la primera y segunda generación de finanzas conductuales para ver a las personas como seres completos y mostrarlos en los ámbitos del bienestar de la vida más allá de las finanzas.

Los asesores financieros que trabajan dentro de la tercera generación de finanzas conductuales son asesores de bienestar. Mejoran el bienestar de sus clientes y, en el proceso, mejoran el suyo propio. Un asesor financiero habló de una clienta de 93 años, una mujer que vivía en una excelente residencia de mayores. Se mantuvo firme en gastar solo dividendos e intereses de su cartera de 2,5 millones de dólares y los ingresos de una propiedad de alquiler. Al hablar con su cliente, el asesor descubrió que ella se abstenía de visitar a sus amigos porque le preocupaban los precios de los taxis, descuidaba su amor por el arte porque le preocupaban las entradas a los museos y rechazaba la idea de un nuevo abrigo de invierno. El asesor finalmente la persuadió para que gastara dinero adicional de su cartera. La mujer dijo que podría hacerse la manicura, algo que no había hecho desde los treinta años. Ese asesor aumentó el bienestar de la vida de su cliente, mejorando su estilo de vida y disminuyendo su miedo, al tiempo que aumentaba su propio bienestar, sabiendo que había servido a su cliente como asesor de bienestar.

Los asesores a menudo se ven obligados a hacer concesiones entre la necesidad de obtener beneficios utilitarios de los ingresos que provienen de atender a los clientes y el deseo de evitar los costes emocionales y expresivos de tratar con clientes que les resultan desagradables y que afectan su bienestar. Elliot Dole es un asesor que ahora es capaz de rechazar a los clientes potenciales que le resultan desagradables. Pasaron muchos años antes de que se sintiera lo suficientemente seguro, profesional y financieramente, para hacerlo. «Es muy difícil alejarse de esos objetos brillantes y esos compromisos de alto valor», dijo.[6]

Además, los asesores financieros deben evolucionar hacia asesores de bienestar si quieren competir por los clientes actuales y futuros, ya que muchos de sus servicios tradicionales son ahora comunes y generalizados. Los asesores financieros asignan los activos a las carteras, pero también lo hacen los asesores robóticos a un coste menor. Los asesores financieros reequilibran las carteras, pero también lo hacen los asesores robóticos a un coste menor. Sin embargo, los robóticos no pueden servir como asesores de bienestar.

Pocos de los profesores de finanzas de hoy trabajan en el marco de la tercera generación de finanzas conductuales, donde todos los inversores son «normales». De hecho, casi todos los profesores de finanzas todavía trabajan dentro del marco de las finanzas estándar, donde los inversores son «racionales», o dentro de la primera generación de finanzas conductuales, donde los inversores son «irracionales». Los profesores de finanzas pueden mejorar su cultura y aumentar sus contribuciones a sus estudiantes trabajando dentro de la tercera generación de finanzas conductuales. Además, al hacerlo, es probable que mejoren el bienestar de sus estudiantes y el suyo propio.

La gente a menudo me pregunta: «¿Qué hay en la frontera de las finanzas?» ¿Están las neurofinanzas en la frontera, los criterios de sostenibilidad (ESG), la IA? Yo digo que deberíamos pensar en las finanzas como un círculo en expansión en lugar de buscar su único nivel. Las neurofinanzas están en ese círculo, al igual que los criterios ESG y la IA. Las finanzas estándar están en ese círculo, con sus fórmulas de fijación de precios de opciones; la primera generación de las finanzas conductuales está ahí, con su énfasis en el exceso de confianza, el miedo excesivo y otros errores cognitivos y emocionales, y la segunda generación de las finanzas conductuales está ahí, con sus distinciones entre beneficios utilitarios, expresivos y emocionales. Sin embargo, la tercera generación de finanzas conductuales también está ahí, con sus lecciones sobre cómo convertir el bienestar financiero en bienestar vital. Ese círculo de finanzas seguramente se ampliará aún más.

Bienestar de la vida

No todos se contentan con envejecer con gracia, como lo hace Bob Brody, de 68 años, sabiendo que las vidas humanas, como la naturaleza misma, son cíclicas. Bryan Johnson, un millonario de 46 años, busca la inmortalidad. Cree que la muerte es opcional.

Johnson sabe que su búsqueda de la inmortalidad se produce a costa de todo lo que nos hace humanos, la alegría de ver jugar a nuestros hijos pequeños, la tristeza de perder a nuestros padres. Esa búsqueda también pone obstáculos al matrimonio y sus beneficios para el bienestar, como cenar antes del mediodía, acostarse antes de las nueve, no tener conversaciones banales y dormir siempre solo. Sin embargo, Johnson está dispuesto a sacrificarlo todo por la inmortalidad, «toda la filosofía, toda la ética, toda la moral, toda la felicidad».[7] La búsqueda de la inmortalidad de Johnson recuerda a la del rey Gilgamesh de Mesopotamia, cuatro milenios atrás, y sus reflexiones sobre el bienestar en una vida larga y plena:

> Los humanos nacen, viven y luego mueren; ese es el orden que los dioses han establecido. Pero hasta que llegue ese final, disfruta de tu vida, vívela con felicidad, no con desesperación.
> ...Ama al niño que te toma de la mano y haz feliz a tu esposa en tus brazos.
> Esa es la mejor forma de vivir para un hombre.[8]

Notas bibliográficas

Introducción

1. Steptoe, A., Deaton, A., y Stone, A. A. (2015). *Subjective well-being, health, and aging.* Lancet 385: 640–648. doi:10.1016/S0140-6736(13)61489-0
2. Gross, J., y Lemola, J. (20 de abril de 2021). *Finland is again the world's happiest country, report finds.* New York Times. https://www.nytimes.com/2021/04/20/world/europe/world-happiness-report-ranking.html.
3. Lemola, J. (18 de agosto de 2022). *Party videos of Sanna Marin, Finland's prime minister, draw criticism.* New York Times. https://www.nytimes.com/2022/08/18/world/europe/finland-prime-minister-sanna-marin-parties.html.
4. Colston, P., y Michaels, J. (9 de abril de 2023). *Why is Finland the happiest country on Earth? The answer is complicated.* New York Times. https://www.nytimes.com/2023/04/01/world/europe/finland-happiness-optimism.html.
5. Loewenstein, G. (1999). *Because it is there: The challenge of mountaineering for utility theory.* Kyklos 52: 315–344, 332.
6. Lamont, M. (1992). *Money, morals, and manners: The culture of French and American upper-middle class.* Chicago: Chicago University Press, pp. 62–63.
7. Leland, J. (2018). *Happiness is a choice you make: Lessons from a year among the oldest old.* New York: Farrar, Straus and Giroux, pp. 29–30.
8. Bartholomew, J. (1 de febrero de 2021). *After the Covid vaccine, people find joy in little things.* Wall Street Journal. https://www.wsj.com/articles/after-the-covid-vaccine-people-find-joy-in-little-things-11612198522?mod=article_inline
9. Lynam, D. (noviembre de 2020). *The love of money.* Greenmoney. https://greenmoney.com/the-love-of-money/
10. Statman, Meir. (invierno de 2020). *Well-being advisers.* The Journal of Wealth Management 23(Supplement 1), 2–44: 2. doi: https://doi.org/10.3905/jwm.23.s1.002
11. Easterlin, Richard A., y Sawangfa, Onnicha. (2009). *Happiness and domain satisfaction: New directions for the economics of happiness.* Chapters, en: Amitava. Krishna Dutt & Benjamin Radcliff, (eds.), Happiness, Economics, and Politics, capítulo 4, Edward Elgar Publishing.
12. Ditlev-Simonsen, Caroline Dale. (30 de octubre de 2020). *What is happiness to Norwegians—And how happy are they?* Working Paper 1/2020—BI Forum for Stiftelser (Forum for Foundations). Disponible en SSRN: https://ssrn.com/abstract=3721884 o http://dx.doi.org/10.2139/ssrn.3721884

13. Kapteyn, A., Smith, J. P., y Van Soest, A. (2012). *Are Americans really less happy with their incomes?* Review of Income and Wealth 58: 1475–1499.

14. Statman, Meir. (invierno de 2020). *Well-being advisers*. The Journal of Wealth Management 23 (Supplement 1): 2–44, p. 2. doi: https://doi.org/10.3905/jwm.23.s1.002

15. Netemeyer, Richard G., Warmath, Dee, Fernandes, Daniel, y Lynch, John Jr. (junio de 2018). *How am I doing? Perceived financial well-being, its potential antecedents, and its relation to overall well-being*. Journal of Consumer Research 45(1): 68–89. https://doi.org/10.1093/jcr/ucx109

Capítulo 1: Capital financiero, social, cultural y personal

1. Williams, Joan C. *White working class*, con un nuevo prólogo de Mark Cuban y un nuevo prefacio de la autora. Harvard Business Review Press. Edición Kindle, p. 9.

2. Cohen, P. (2015). *Middle class, but feeling economically insecure*. The New York Times (11 de abril de 2015). https://www.nytimes.com/2015/04/11/business/economy/middle-class-but--feeling-economically-insecure.html.

3. Twenge, Jean M., y Cooper, A. Bell. (2022). *The expanding class divide in happiness in the United States, 1972–2016*. Affiliations expand. PMID: 32567878. doi:10.1037/emo0000774

4. Sawhill, I., y Reeves, R. (17 de junio de 2023). *A new contract with the middle class—Introduction | Brookings*. https://www.brookings.edu/essay/a-new-contract-with-the-middle-class-introduction/

5. Van Kessel, P., Hughes, A., y Walker, K. (20 de noviembre de 2023). *The meaning of life: 100 quotes from Americans on what keeps them going*. Pew Research Center. https://www.pewresearch.org/religion/interactives/what-keeps-us-going/

6. Land, Stephanie. (2019). *Maid: Hard work, low pay, and a mother's will to survive*. Nueva York: Hachette Books, p. xii en el prólogo de Barbara Ehrenreich.

7. Bradford, H. (5 de febrero de 2014). *Billionaire defends fellow billionaire: "The 1 percent work harder."* HuffPost. https://www.huffpost.com/entry/sam-zell-1-percent_n_4733196

8. Anderson, Cameron, Kraus, Michael W., Galinsky, Adam D., y Keltner, Dacher. (2012). *The local-ladder effect: Social status and subjective well-being*. Psychological Science 23(7): 764–771. https://greatergood.berkeley.edu/article/item/happiness_is_about_respect_not_riches

9. Ehrenreich, Barbara. *Fear of falling: The inner life of the middle class*. (1989). Nueva York: Harper/Collins, p. 137.

10. Statman, Meir. (invierno de 2020). *Well-being advisers*, The Journal of Wealth Management Winter 23 (Supplemento 1): 2–44, p. 2. doi: https://doi.org/10.3905/jwm.23.s1.002

11. Killingsworth, Matthew A. (enero de 2021). *Experienced well-being rises with income, even above $75,000 per year*. Proceedings of the National Academy of Sciences 18(4): e2016976118. doi:10.1073/pnas.2016976118

12. Kahneman, Daniel, y Angus Deaton. (2010). *High income improves evaluation of life but not emotional well-being.* PNAS 107: 16489–16493.

13. Castriota, Stefano, Rondinella, Sandro, y Tonin, Mirco. (19 de mayo de 2022). *Does social capital matter? A study of hit-and-run in U.S. counties.* IZA Discussion Paper No. 15212. Disponible en SSRN: https://ssrn.com/abstract=4114787 o http://dx.doi.org/10.2139/ssrn.4114787

14. Singer, N. (24 de septiembre de 2022). *LinkedIn ran social experiments on 20 million users over five years.* New York Times. https://www.nytimes.com/2022/09/24/business/linkedin-social-experiments.html

15. Morduch, J., y Schneider, R. (2017). *The financial diaries: How American families cope in a world of uncertainty.* Princeton, NJ: Princeton University Press, pp. 133–134.

16. Keltner, D. (8 de agosto de 2011). *Social class as culture.* Association for Psychological Science. https://www.psychologicalscience.org/news/releases/social-class-as-culture.html

17. McCaulley, E. (11 de agosto de 2023). *A hidden currency of incalculable worth.* New York Times. https://www.nytimes.com/2023/08/11/opinion/time-poverty-money.html

18. Lareau, A. (2011). *Unequal childhoods: Class, race, and family life.* Berkeley y Los Ángeles: University of California Press, p. 204.

19. Ibid., p. 57.

20. Lamont, M. (1992) *Money, morals, and manners: The culture of French and American upper-middle class.* Chicago: Chicago University Press, p. 10.

21. Pinsker, J. (26 de febrero de 2019). *The "hidden mechanisms" that help those born rich to excel in elite jobs.* The Atlantic. https://www.theatlantic.com/entertainment/archive/2019/02/class-ceiling-laurison-friedman-elite-jobs/582175/

22. Wang, Jinhua. (8 de marzo de 2022). *Survival of the fittest? Managerial Cultural Fit and Tenure.* Disponible en SSRN: https://ssrn.com/abstract=4001438 o http://dx.doi.org/10.2139/ssrn.

23. Currid-Halkett, E. (2017). *The sum of small things: A theory of the aspirational class.* Princeton, NJ: Princeton University Press, p. 79.

24. Hitt, R. (20 de febrero de 2020). *The case against breastfeeding.* The Consciously Parenting Project. https://consciouslyparenting.com/blog/the-case-against-breastfeeding/

25. Currid-Halkett, E. (2017). *The sum of small things: A theory of the aspirational class.* Princeton, NJ: Princeton University Press, p. 91.

26. Zhai, Shengying, Chen, Qihui, y Zhao, Qiran. (2020). *Beauty and popularity in friendship networks—Evidence from migrant schools in China.* Disponible en SSRN: https://ssrn.com/abstract=4015048 o http://dx.doi.org/10.2139/ssrn.4015048

27. Palmer, Carl. L., y Peterson, R. D. (2021). *Physical attractiveness, halo effects, and social joining.* Social Science Quarterly 102(1): 552–566. https://doi.org/10.1111/ssqu.12892

28. Ravina, Enrichetta. (15 de febrero de 2019). *Love & loans: The effect of beauty and personal characteristics in credit markets.* Disponible en SSRN: https://ssrn.com/abstract=1101647 o http://dx.doi.org/10.2139/ssrn.1101647

29. Bai, Chengyu, y Tian, Shiwen. (11 de enero de 2023). *What beauty brings? Managers' attractiveness and fund performance.* Disponible en SSRN: https://ssrn.com/abstract=4322134 o http://dx.doi.org/10.2139/ssrn.4322134

30. Deaton, Angus, y Arora, Raksha. (junio de 2009). *Life at the top: The benefits of height.* NBER Working Paper No. w15090. Disponible en SSRN: https://ssrn.com/abstract=1422968

31. David, Susan. *Oxford Handbook of Happiness.* Oxford Library of Psychology. OUP Oxford. Edición Kindle, p. 177.

32. Ryff, CD. *Psychological well-being revisited: advances in the science of practice of eudaimonia.* Psychother Psychosom. 2014;83(1):10-28. doi: 10.1159/000353263. Epub 19 de noviembre de 2013. PMID: 24281296; PMCID: PMC4241300.

33. Statman, Meir. (invierno de 2020). *Well-being advisers,* The Journal of Wealth Management Winter 23 (Supplemento 1): 2–44, p. 2. doi: https://doi.org/10.3905/jwm.23.s1.002

34. Association for Psychological Science (2019). *Cheer up! Optimists live longer.* https://www.psychologicalscience.org/news/cheer-up-optimists-live-longer.html (accedido el 15 de octubre de 2023).

35. Costello, N. L., Bragdon, E. E., Light, K. C., Sigurdsson, A., Bunting, S., Grewen, K., y Maixner, W. (2002). *Temporomandibular disorder and optimism: Relationships to ischemic pain sensitivity and interleukin-6.* Pain, 100: 99–110.

36. Diener, Ed, y Ryan, Katherine. *Subjective well-being: A general overview.* South African Journal of Psychology 39(4): 391–406. https://doi.org/10.1177/008124630903900402

37. Li, C., Zuckerman, M., y Diener, E. (2021). *Culture moderates the relation between gender inequality and well-being.* Psychological Science 32(6): 823–835. https://doi.org/10.1177/0956797620972492

38. Kirchick, J. (10 de noviembre de 2022). *Norah Vincent's gender Trouble.* Tablet. https://www.tabletmag.com/sections/news/articles/norah-vincent-gender-trouble-jamie-kirchick

39. NeJaime, Douglas. (1 de mayo de 2012). *Marriage inequality: Same-sex relationships, religious exemptions, and the production of sexual orientation discrimination.* 100 California Law Review 1169. Loyola-LA Legal Studies Paper No. 2011-46. Disponible en SSRN: https://ssrn.com/abstract=1969560

40. Langowski, Jamie, Berman, William, Holloway, Regina, y McGinn, Cameron. (2017). *Transcending prejudice: Gender identity and expression-based discrimination in the metro Boston rental housing market.* Yale Journal of Law and Feminism 29: 321. Suffolk University Law School Research Paper No. 17-9. Disponible en SSRN: https://ssrn.com/abstract=2941810

41. Tweedy, Ann E., y Yescavage, Karen. (24 de julio de 2013). *Employment discrimination against bisexuals: An empirical study.* William & Mary Journal of

Women and the Law 21: 699. Disponible en SSRN: https://ssrn.com/abstract=2297924 o http://dx.doi.org/10.2139/ssrn.2297924

42. Furth-Matzkin, M. (14 de febrero de 2022). *Meirav Furth-Matzkin: Racial bias in retail stores is real.* Chicago Tribune. https://www.chicagotribune.com/opinion/commentary/ct-opinion-discrimination-racial-shopping-while-black-20220214-xuja2qx4dbgxheyot3ytgciacq-story.html
43. Regev, Tali, y Kricheli Katz, Tamar. (2020). *Biased reputations: Using cross-listed properties to identify the negative effects of race on users' reputations on Airbnb.* Disponible en SSRN: https://ssrn.com/abstract=4278441 o http://dx.doi.org/10.2139/ssrn.4278441
44. Luca, Michael, Pronkina, Elizaveta, y Rossi, Michelangelo. (4 de marzo de 2023). *Scapegoating and discrimination in times of crisis: Evidence from Airbnb.* Harvard Business School NOM Unit Working Paper No. 23-012, Université Paris-Dauphine Research Paper No. 4187181. Disponible en SSRN: https://ssrn.com/abstract=4187181 o http://dx.doi.org/10.2139/ssrn.4187181
45. Van Kessel, P., Hughes, A., y Walker, K. (20 de noviembre de 2018). *The meaning of life: 100 quotes from Americans on what keeps them going.* Pew Research Center's Religion & Public Life Project. https://www.pewresearch.org/religion/interactives/what-keeps-us-going/
46. Harpaz, Y. (2021). *Conspicuous mobility: The status dimensions of the global passport hierarchy.* Annals of the American Academy of Political and Social Science 697(1): 32–48. https://doi.org/10.1177/00027162211052859
47. Toft, M., y Friedman, S. (2021). *Family wealth and the class ceiling: The propulsive power of the bank of Mum and Dad.* Sociology 55(1): 90–109. https://doi.org/10.1177/0038038520922537
48. Freeland, Chrystia. (8 de octubre de 2012), *Super-rich irony: Why do billionaires feel victimized by Obama?* The New Yorker. https://www.newyorker.com/magazine/2012/10/08/super-rich-irony
49. Cohen, Patricia. (10 de abril de 2015). *A shifting middle class, but feeling economically insecure.* New York Times. https://www.nytimes.com/2015/04/11/business/economy/middle-class-but-feeling-economically-insecure.html
50. Le Van, G. (abril de 2011). *Wealth: Its joys and its discontents—The Boston College Survey.* Upchurch Watson White and Max. https://www.uww-adr.com/blog/wealth-its-joys-and-its-discontents-the-boston-college-survey
51. Ibid.

Capítulo 2: Capital financiero

1. Halpern-Meekin, S., Edin, K., Tach, L., et al. (2015). *It's not like I'm poor: How working families make ends meet in a post-welfare world.* Berkeley y Los Ángeles: University of California Press, p. 48.
2. Giovanis, Eleftherios, y Ozdamar, Oznur. (1 de agosto de 2020). *Income losses and subjective well-being: Gender and ethnic inequalities during the COVID lockdown*

period in the UK. Disponible en SSRN: https://ssrn.com/abstract=3752239 o http://dx.doi.org/10.2139/ssrn.3752239

3. Disney, A. (17 de junio de 2021). *I was taught from a young age to protect my dynastic wealth.* The Atlantic. https://www.theatlantic.com/ideas/archive/2021/06/abigail-disney-rich-protect-dynastic-wealth-propublica-tax/619212/

4. Cattaneo, Matias D., Galiani, Sebastian, Gertler, Paul J., Martinez, Sebastian, y Titiunik, Rocio. (febrero de 2009). *Housing, health, and happiness.* American Economic Journal: Economic Policy 1(1): 75–105.

5. Agarwal, Sumit, Chia, Liu Ee, y Sing, Tien Foo. (8 de septiembre de 2020). *Straw purchase or safe haven? The hidden perils of illicit wealth in property markets.* Disponible en SSRN: https://ssrn.com/abstract=3688752 o http://dx.doi.org/10.2139/ssrn.3688752

6. Barcelona, William, Converse, Nathan, y Wong, Anna. (noviembre de 2021). *U.S. housing as a global safe asset: Evidence from China shocks.* Disponible en SSRN: https://ssrn.com/abstract=3965183 o http://dx.doi.org/10.17016/IFDP.2021.1332

7. Goodell, J. (18 de febrero de 2022). *Saving their souls.* HumbleDollar. https://humbledollar.com/2022/02/saving-their-souls/

8. Odermatt, Reto, y Stutzer, Alois. (2020). *Does the dream of home ownership rest upon biased beliefs? A test based on predicted and realized life satisfaction.* IZA Discussion Paper No. 13510. Disponible en SSRN: https://ssrn.com/abstract=3660256

9. Bucchianeri, Grace Wong. (1 de abril de 2011). *The American dream or the American delusion? The private and external benefits of homeownership for women.* Disponible en SSRN: https://ssrn.com/abstract=1877163 o http://dx.doi.org/10.2139/ssrn.1877163

10. Bhattacharya, Utpal, Huang, Daisy J., y Nielsen, Kasper Meisner. (24 de agosto de 2020). *Spillovers in prices: The curious case of haunted houses.* Review of Finance. Disponible en SSRN: https://ssrn.com/abstract=3679828 o http://dx.doi.org/10.2139/ssrn.3679828

11. He, Jia, Liu, Haoming, Sin, Tien Foo, Song, Changcheng, y Wong, Wei-Kang. (2019). *Superstition, conspicuous spending, and housing market: Evidence from Singapore.* Management Science 66(2): 783–804. https://doi.org/10.1287/mnsc.2018.3198 o http://dx.doi.org/10.2139/ssrn.2769207

12. Van der Post, Lucia. (30 de agosto de 1999). *Little time for the second-rate.* Financial Times, 6.

13. Hakim, Danny. (21 de noviembre de 2002). *BMW design chief sees art on wheels; some just see ugly.* New York Times, A1. https://www.nytimes.com/2002/11/21/business/bmw-design-chief-sees-art-on-wheels-some-just-see-ugly.html

14. Di, Wenhua, y Su, Yichen. (31 de mayo de 2021). *Conspicuous consumption: Vehicle purchases by non-prime consumers.* Disponible en SSRN: https://ssrn.com/abstract=3857387

15. Kurysheva, Anna, y Vernikov, Andrei V. (1 de junio de 2021). *Veblen was right: Conspicuous consumption and car loans in Russia.* Disponible en SSRN: https://ssrn.com/abstract=3857764

16. Currid-Halkett, E. (2017). *The sum of small things: A theory of the aspirational class.* Princeton, NJ: Princeton University Press, p. 95.

17. Berger, Jonah, y Ward, Morgan. (4 de diciembre de 2010). *Subtle signals of inconspicuous consumption.* Journal of Consumer Research 37(4): 555–569. https://doi.org/10.1086/655445

18. Goor, Dafna, Ordabayeva, Nailya, Keinan, Anat, y Crener, Sandrine. (6 de abril de 2020). *The impostor syndrome from luxury consumption.* Journal of Consumer Research 46(6): 1031–1051. https://doi.org/10.1093/jcr/ucz044

19. Easterlin, Richard A. (1973). *Does money buy happiness?* The Public Interest 30: 3–10.

20. Tugend, A. (6 de noviembre de 2019). *Wait a minute. How can they afford that when I can't?* New York Times. https://www.nytimes.com/2019/11/06/your-money/financial-security-envy.html

21. Luttmer, Enzo F. P. (3 de agosto de 2005). *Neighbors as negatives: Relative earnings and well-being.* Quarterly Journal of Economics 120(3): 963–1002.

22. Leites, Martin, Paleo, Camila, Ramos, Xavier, y Salas, Gonzalo. (2022). *Choosing or inheriting the Joneses: The origins of reference groups.* IZA Discussion Paper No. 15584. Disponible en SSRN: https://ssrn.com/abstract=4232713 o http://dx.doi.org/10.2139/ssrn.4232713

23. Goerke, Laszlo, y Pannenberg, Markus. (13 de octubre de 2015). *Direct evidence for income comparisons and subjective well-being across reference groups.* CESifo Working Paper Series No. 5546. Disponible en SSRN: https://ssrn.com/abstract=2686491

24. Andersson, Matthew A. (2022). *Modern social hierarchies and the spaces between: How are subjective status inconsistencies linked to mental well-being?* Social Psychology Quarterly 81: 48–70. 81(1https://doi.org/10.1177/0190272517753687

25. Banuri, Sheheryar, y Nguyen, Ha. (30 de septiembre de 2020). *Borrowing to keep up (with the Joneses): Inequality, debt, and conspicuous consumption.* Disponible en SSRN: https://ssrn.com/abstract=3721084 o http://dx.doi.org/10.2139/ssrn.3721084

26. Chen, Xiaofen, y Zhang, Lin. (1 de junio de 2017). *Will high household saving in China persist? An application of the conspicuous consumption theory.* International Journal of Economic Behavior 7(1): 3–24. Disponible en SSRN: https://ssrn.com/abstract=2995004

27. Agarwal, Sumit, Mikhed, Vyacheslav, y Scholnick, Barry. (enero de 2020). *Peers' income and financial distress: Evidence from lottery winners and neighboring bankruptcies.* The Review of Financial Studies 33(1): 433–472. https://doi.org/10.1093/rfs/hhz047

28. Agarwal, Sumit, Qian, Wenlan, y Zou, Xin. (mayo de 2021). *Thy neighbor's misfortune: Peer effect on consumption.* American Economic Journal: Economic Policy 13(2): 1–25.

29. Killingsworth, Matthew A. (enero de 2021). *Experienced well-being rises with income, even above $75,000 per year.* Proceedings of the National Academy of Sciences 118(4): e2016976118. doi:10.1073/pnas.2016976118

30. Frey, Bruno S., y Stutzer, Alois. (diciembre de 2004). *Economic consequences of mispredicting utility.* IEW Working Paper No. 218. Disponible en SSRN: https://ssrn.com/abstract=639025 o http://dx.doi.org/10.2139/ssrn.639025

31. Kasser, Tim. (2018). *Materialism and living well.* In: E. Diener, S. Oishi, y L. Tay (eds.), Handbook of well-being. Salt Lake City, UT: DEF Publishers.doi: nobascholar.com

32. Hsee, Christopher K., Yang, Yang, Li, Naihe, y Shen, Luxi. (30 de octubre de 2009). *Wealth, warmth and wellbeing: Whether happiness is relative or absolute depends on whether it is about money acquisition or consumption.* Journal of Marketing Research. Disponible en SSRN: https://ssrn.com/abstract=1292175 o http://dx.doi.org/10.2139/ssrn.1292175

33. Parker, J. (15 de febrero de 2021). *An ode to low expectations.* The Atlantic. https://www.theatlantic.com/magazine/archive/2021/03/an-ode-to-low-expectations/617801/

34. Perez-Truglia, Ricardo. (4 de abril de 2020). *The effects of income transparency on well-being: Evidence from a natural experiment.* American Economic Review 110(4): 1019–1054.

35. Card, David, Alexandre Mas, Enrico Moretti, y Emmanuel Saez. (2012). *Inequality at work: The effect of peer salaries on job satisfaction.* American Economic Review 102(6): 2981–3003.

36. Narula, S. (3 de mayo de 2021). *How much money do Millennials make? It's no longer a taboo question.* Wall Street Journal. https://www.wsj.com/articles/how-money-much-do-millennials-make-theyre-more-than-happy-to-tell-you-11620061103

37. Baker, Michael, Halberstam, Yosh, Kroft, Kory, Mas, Alexandre, y Messacar, Derek. (2023). *Pay transparency and the gender gap.* American Economic Journal: Applied Economics 15(2): 157–183.

38. Chen, Xinghui, Talukdar, Debabrata, y Goswami, Indranil. (31 de mayo de 2022). *To be or not to be like the Joneses: Effects of "income transparency" on consumption attitude and behavior among low–income consumers.* Disponible en SSRN: https://ssrn.com/abstract=4131802 o http://dx.doi.org/10.2139/ssrn.4131802

39. Harrington, B. (5 de marzo de 2022). *The Russian elite can't stand the sanctions.* The Atlantic. https://www.theatlantic.com/ideas/archive/2022/03/russian-sanctions-oligarchs-offshore-wealth/623886/

40. Wood, G. (24 de febrero de 2011). *Secret fears of the super-rich.* The Atlantic. https://www.theatlantic.com/magazine/archive/2011/04/secret-fears-of-the-super-rich/308419/

41. Frank, R. (15 de noviembre de 2013). *China has a word for its crass new rich.* Consumer News and Business Channel. CNBC. https://www.cnbc.com/2013/11/15/china-has-a-word-for-its-crass-new-rich.html

42. Bellafante, G. (13 de abril de 2018). *Facebook, generator of envy and dread.* New York Times. https://www.nytimes.com/2018/04/13/nyregion/facebook-generator-of-envy-and-dread.html

43. Mujcic, Redzo, y Oswald, Andrew J. (febrero de 2018). *Is envy harmful to a society's psychological health and wellbeing? A longitudinal study of 18,000 adults.* Social Science & Medicine 2018 198: 103-111. doi:10.1016/j.socscimed.2017.12.030. Epub 2017 Dec 27. PMID: 29316510.

44. Givi, Julian, y Galak, Jeff. (29 de abril de 2019). *Keeping the Joneses from getting ahead in the first place: Envy's influence on gift giving behavior.* Disponible en SSRN: https://ssrn.com/abstract=3379405 o http://dx.doi.org/10.2139/ssrn.3379405

45. Hornik, Jacob, Rachamim, Matti, y Grossman, Ori. (2021). *Ripples of contempt: Aversive responses to others (mis)fortunes.* Motivation and Emotion 45. 10.1007/s11031-021-09905-2.

46. Bonior, A. (17 de octubre de 2023). *Ask Dr. Andrea: I think I'm a good person, but I'm so jealous of others. What Can I Do?* The Lily. https://www.thelily.com/ask-dr-andrea-i-think-im-a-good-person-but-im-so-jealous-of-others-what-can-i-do/

47. Hornik, Jacob, Rachamim, Matti, y Grossman, Ori. (2021). *Ripples of contempt aversive responses to others (mis)fortunes.* Motivation and Emotion 45. 10.1007/s11031-021-09905-2. http://dx.doi.org/10.2139/ssrn.4000371

48. Smith, Tiffany Watt. (2018). *Schadenfreude: The Joy of Another's Misfortune.* Welcome Publisher.

49. Fraga, J. (25 de noviembre de 2022). *The opposite of Schadenfreude is Freudenfreude. Here's how to cultivate it.* New York Times. https://www.nytimes.com/2022/11/25/well/mind/schadenfreude-freudenfreude.html

50. Parker, Paul, Albuquerque, Paulo, y Bart, Yakov. (25 de junio de 2020). *Impact of lottery play decisions on consumer and retailer earnings.* Disponible en SSRN: https://ssrn.com/abstract=3660130 o http://dx.doi.org/10.2139/ssrn.3660130

51. Maryland Lottery (2022). *Baltimore man plays mother's birth date, wins $50,000 Pick 5 Prize.* https://www.mdlottery.com/baltimore-man-plays-mothers-birth-date-wins-50000-pick-5-prize/ (accedido el 16 de octubre de 2023).

52. Eligon, J., y Silva, J. (4 de julio de 2021). *A diamond rush in South Africa, born of desperation and distrust.* New York Times. https://www.nytimes.com/2021/07/04/world/africa/south-africa-diamond-rush.html

53. Berger, Lawrence M., Collins, J. Michael, y Cuesta, Laura. (15 de enero de 2013). *Household debt and adult depressive symptoms.* Disponible en SSRN: https://ssrn.com/abstract=2200927 o http://dx.doi.org/10.2139/ssrn.2200927

54. Carpenter, J. (30 de enero de 2021). *Some GameStop investors got in with one goal—to pay off debt.* Wall Street Journal. https://www.wsj.com/articles/some-gamestop-investors-got-in-with-one-goal-to-pay-off-debt-11612008000

55. Cooper, M. (2014). *Cut adrift: Families in insecure times.* Berkeley y Los Ángeles: University of California Press, p. 123.

56. Wood, G. (24 de febrero de 2011). *Secret fears of the super-rich.* The Atlantic. https://www.theatlantic.com/magazine/archive/2011/04/secret-fears-of-the-super-rich/308419/

57. Sherman, R. (2017). *Uneasy street: The anxieties of affluence.* Princeton, NJ: Princeton University Press, p. 33.

58. van Landeghem, Bert, y Vandeplas, Anneleen. (2017). *The relationship between status and happiness: Evidence from the caste system in rural India.* IZA Discussion Papers 11099, Institute of Labor Economics (IZA).

59. Guvenen, Fatih, Kaplan, Greg, Song, Jae, y Weidner, Justin. (25 de mayo de 2021). *Lifetime earnings in the United States over six decades.* University of Chicago, Becker Friedman Institute for Economics Working Paper No. 2021-60, Disponible en SSRN: https://ssrn.com/abstract=3853355 o http://dx.doi.org/10.2139/ssrn.3853355

60. Cohen, Patricia. (10 de abril de 2015). *Middle class, but feeling economically insecure.* New York Times. https://www.nytimes.com/2015/04/11/business/economy/middle-class-but-feeling-economically-insecure.html

61. Brockmann, Hilke, Delhey, Jan, Welzel, Christian, y Yuan, Hao. (6 de febrero de 2008). *The China puzzle: Falling happiness in a rising economy.* Journal of Happiness Studies 10: 387–405. Disponible en SSRN: https://ssrn.com/abstract=2391703

62. Zhang, Xinyu, y Pak, Tae-Young. (23 de enero de 2022). *Keeping up with the Wangs: Relative deprivation and conspicuous consumption among Chinese consumers.* Disponible en SSRN: https://ssrn.com/abstract=4015833 o http://dx.doi.org/10.2139/ssrn.4015833

63. Galiani, Sebastian, Gertler, Paul J., y Undurraga, Raimundo. (28 de febrero de 2016). *The half-life of happiness: Hedonic adaptation in the subjective well-being of poor slum dwellers to the satisfaction of basic housing needs.* Disponible en SSRN: https://ssrn.com/abstract=2592256 o http://dx.doi.org/10.2139/ssrn.2592256

64. Di Tella, Rafael, Haisken-DeNew, John P., y MacCulloch, Robert. (2004). *Happiness adaptation to income and to status in an individual panel.* Disponible en SSRN: https://ssrn.com/abstract=760368 o http://dx.doi.org/10.2139/ssrn.76036

Capítulo 3: Ahorro y gasto

1. Guven, Cahit. (agosto de 2009). *Reversing the question: Does happiness affect consumption and savings behavior?* SOEP paper No. 219. Disponible en SSRN: https://ssrn.com/abstract=1476886 o http://dx.doi.org/10.2139/ssrn.1476886

2. Sharma, Eesha, Wang, Xiang, y Tully, Stephanie. (1 de septiembre de 2002). *Scarcity and intertemporal choice.* FRB of Philadelphia Working Paper No. 22-27. Disponible en SSRN: https://ssrn.com/abstract=4207232 o http://dx.doi.org/10.21799/frbp.wp.2022.27

3. Mullainathan, Sendhil, y Shafir, Eldar. (3 de septiembre de 2013). *Scarcity: Why having too little means so much.* New York Times Books.

4. Dahan, Momi, y Nisan, Udi. (2020). *Late payments, liquidity constraints and the mismatch between due dates and paydays.* CESifo Working Paper No. 8733. Disponible en SSRN: https://ssrn.com/abstract=3744596
5. Collinson, Robert, Humphries, John Eric, Mader, Nicholas, Reed, Davin, Tannenbaum, Daniel I., y van Dijk, Winnie. (agosto de 2022). *Eviction and poverty in American cities.* NBER Working Paper No. w30382. Disponible en SSRN: https://ssrn.com/abstract=4196326
6. Lee, Jacob C., Hall, Deborah L., y Wood, Wendy. (1 de julio de 2018). *Experiential or material purchases? Social class determines purchase happiness.* Psychological Science 29(7): 1031–1039.
7. Sherman, R. (2017). *Uneasy street: The anxieties of affluence.* Princeton, NJ: Princeton University Press, p. 33.
8. Stanley, Thomas J., y Danko, William D. (1996). *The millionaire next door: The surprising secrets of America's wealthy.* Atlanta: Longstreet Press.
9. Kreiner, Claus Thustrup, Leth-Petersen, Søren, y Willerslev-Olsen, Louise Charlotte. (enero de 2020). *Financial trouble across generations: Evidence from the universe of personal loans in Denmark.* The Economic Journal 130(6): 233–262. https://doi.org/10.1093/ej/uez046
10. McCartney, W. Ben, y Shah, Avni. (1 de abril de 2021). *Household mortgage refinancing decisions are neighbor influenced.* FRB of Philadelphia Working Paper No. 21-16. Disponible en SSRN: https://ssrn.com/abstract=3843821 o http://dx.doi.org/10.21799/frbp.wp.2021.16
11. Loibl, Cäzilia, Letkiewicz, Jodi, McNair, Simon, Summers, Barbara, y Bruine de Bruin, Wändi. (septiembre de 2021). *On the association of debt attitudes with socioeconomic characteristics and financial behaviors.* Journal of Consumer Affairs 55(3): 939–966.
12. Almenberg, Johan, Lusardi, Annamaria, Säve-Söderbergh, Jenny, y Vestman, Roine. (mayo de 2020). *Attitudes toward debt and debt behavior.* CEPR Discussion Paper No. DP14801. Disponible en SSRN: https://ssrn.com/abstract=3612870
13. Xiao, Jing Jian, Zhang, Shu, y Li, Feng. (15 de septiembre de 2019). *Debt holding and subjective wellbeing: Borrowing source and income as moderators.* Disponible en SSRN: https://ssrn.com/abstract=3454133 o http://dx.doi.org/10.2139/ssrn.3454133
14. Cookson, J. Anthony, Gilje, Erik, y Heimer, Rawley. (26 de agosto de 2020). *Shale shocked: Cash windfalls and household debt repayment.* Disponible en SSRN: https://ssrn.com/abstract=3682223 o http://dx.doi.org/10.2139/ssrn.3682223
15. Herskowitz, Sylvan Rene, Kleemans, Marieke, y Pulido, Cristhian. (31 de diciembre de 2021). *Kin transfers as safety nets in response to idiosyncratic and correlated shocks.* IFPRI Discussion Paper 2097. Disponible en SSRN: https://ssrn.com/abstract=4017833
16. Pugliese, M., Le Bourdais, C., y Clark, S. (2021). *Credit card debt and the provision of financial support to kin in the US.* Journal of Family and Economic Issues 42(4): 616–632. https://doi.org/10.1007/s10834-020-09731-7

17. Bahrami-Rad, Duman, Beauchamp, Jonathan, Henrich, Joseph, y Schulz, Jonathan. (25 de agosto de 2022). *Kin-based institutions and economic development.* GMU Working Paper in Economics No. 22-41. Disponible en SSRN: https://ssrn.com/abstract=4200629 o http://dx.doi.org/10.2139/ssrn.4200629

18. Carranza, Eliana, Donald, Aletheia Amalia, Grosset, Florian, y Kaur, Supreet. (septiembre de 2022). *The social tax: Redistributive pressure and labor supply.* NBER Working Paper No. w30438. Disponible en SSRN: https://ssrn.com/abstract=4216224

19. Engelbrecht, Rolf. (2005). *The hernia–amusing anecdotes and cultural insights from missionary life in Guinea, West Africa.* Auto-publicado.

20. McCarthy, Yvonne. (14 de febrero de 2011). *Behavioural characteristics and financial distress.* ECB Working Paper No. 1303. Disponible en SSRN: http://ssrn.com/abstract=1761570

21. Morduch, J., y Schneider, R. (2017). *The financial diaries: How American families cope in a world of uncertainty.* Princeton, NJ: Princeton University Press, pp. 5–6.

22. Ibid., p. 66.

23. Halpern-Meekin, S., Edin, K., Tach, L. et al. (2015). *It's not like I'm Poor: How working families make ends meet in a post-welfare world.* Berkeley y Los Ángeles: University of California Press, p. 30.

24. Wang, Hongchang, y Overby, Eric M. (2021). *How does online lending influence bankruptcy filings?* 68(5): 3309–3329. https://doi.org/10.1287/mnsc.2021.4045

25. deHaan, Ed, Kim, Jungbae, Lourie, Ben, y Zhu, Chenqi. (27 de septiembre de 2022). *Buy now pay (pain?) later.* Disponible en SSRN: https://ssrn.com/abstract=4230633 o http://dx.doi.org/10.2139/ssrn.4230633

26. Morduch, J., y Schneider, R. (2017). *The financial diaries: How American families cope in a world of uncertainty.* Princeton, NJ: Princeton University Press, p. 25.

27. Ibid., p. 82.

28. Bernstein, Asaf, y Koudijs, Peter. (julio de 2020). *Mortgage amortization and wealth accumulation.* Stanford University Graduate School of Business Research Paper No. 3569252. Disponible en SSRN: https://ssrn.com/abstract=3569252 o http://dx.doi.org/10.2139/ssrn.3569252

29. Morduch, J., y Schneider, R. (2017). *The financial diaries: How American families cope in a world of uncertainty.* Princeton, NJ: Princeton University Press, p. 103.

30. https://www.nytimes.com/2019/10/04/your-money/weekly-allowance-average.html?smid=nytcore-ios-share

31. Beshears, J., Choi, J., Laibson, D., Madrian, B. C., y Skimmyhorn, W. L. (2022). *Borrowing to save? The impact of automatic enrollment on debt.* Journal of Finance 77(1): 403–447.

32. Cuffe, Harold E., y Gibbs, Christopher G. (26 de agosto de 2015). *The effect of payday lending restrictions on liquor sales.* Disponible en SSRN: http://ssrn.com/abstract=2652018 o http://dx.doi.org/10.2139/ssrn.2652018

33. Ben-David, Itzhak, y Bos, Marieke. (marzo de 2017). *Impulsive consumption and financial wellbeing: Evidence from an increase in the availability of alcohol.* NBER Working Paper No. w23211. Disponible en SSRN: https://ssrn.com/abstract=2938755

34. Banerjee, Abhijit, Hanna, Rema, Olken, Benjamin A., Satriawan, Elan, y Sumarto, Sudarno. (febrero de 2023). *Electronic food vouchers: Evidence from an at-scale experiment in Indonesia.* American Economic Review 113(2): 514–547.

35. Halpern-Meekin, Sarah. *It's not like I'm poor.* University of California Press. Kindle Edition, pp. 193–194.

36. Sherman, R. (2017). *Uneasy street: The anxieties of affluence.* Princeton, NJ: Princeton University Press, p. 61.

37. Giuliano, Paola, y Paola Sapienza. (2020). *The cost of being too patient.* AEA Papers and Proceedings, 110: 314–318.

38. Sherman, R. (2017). *Uneasy street: The anxieties of affluence.* Princeton, NJ: Princeton University Press p. 123.

39. Sela, Aner, Berger, Jonah, y Kim, Joshua. (2017). *How self-control shapes the meaning of choice.* Journal of Consumer Research 44(4): 724–737. doi:10.1093/jcr/ucx069

40. Sussman, Abigail B., y Rourke L. O'Brien. (2015). *Knowing when to spend: Unintended financial consequences of earmarking to encourage savings.* Journal of Marketing Research.

41. Statman, Meir. (invierno de 2020). *Well-being advisers.* The Journal of Wealth Management Winter 23 (Supplement 1): 2–44, p. 2. doi: https://doi.org/10.3905/jwm.23.s1.002

42. Malmendier, Ulrike, y Shen, Leslie Sheng. *Scarred consumption.* American Economic Journal: Macroeconomics (próximamente).

43. Span, P. (2 de octubre de 2021). *Tallying the cost of growing older.* New York Times. https://www.nytimes.com/2021/10/02/health/elderly-health-care-finances.html

44. Andriotis, A. (20 de septiembre de 2020). *No job, loads of debt: Covid upends middle-class family finances.* Wall Street Journal. https://www.wsj.com/articles/covid-unemployment-debt-middle-class-family-finances-11600122791

45. De Nardi, Mariacristina, French, Eric, Bailey Jones, John, y McGee, Rory. (mayo de 2021). *Why do couples and singles save during retirement?* NBER Working Paper No. 28828.

46. Vettese, Fred M. (16 de junio de 2016). *How spending declines with age, and the implications for workplace pension plans.* C.D. Howe Institute e-brief 238. Disponible en SSRN: http://ssrn.com/abstract=2799376

47. Baek, Ingul, y Noh, Sanha. (11 de marzo de 2021). *Does home equity liquidation reduce the poverty rate of older adults? Evidence from South Korea.* Disponible en SSRN: https://ssrn.com/abstract=3802230 o http://dx.doi.org/10.2139/ssrn.3802230

48. Moulton, Stephanie, Haurin, Donald, y Loibl, Caezilia. Project of Center for Financial Security WI20-11: *Housing Wealth and Economic Security in Retirement.*

49. Blanton, K. (14 de abril de 2022). *Her home purchase builds children's wealth—Center for Retirement Research.* Center for Retirement Research at Boston College. https://crr.bc.edu/her-home-purchase-builds-childrens-wealth/
50. Berger, C. (25 de junio de 2023). *A couple who retired early with $4.3 Million says the FIRE lifestyle is wearing thin: "We don't want to just keep throwing money on the pile and keep being cheap."* Yahoo Finance. https://finance.yahoo.com/news/couple-retired-early-4-3-130000806.html
51. Keinan, A., y Kivetz, R. (2008). *Remedying hyperopia: The effects of self-control regret on consumer behavior.* Journal of Marketing Research 45(6): 676–689. https://doi.org/10.1509/jmkr.45.6.676
52. Cowles, C. (14 de julio de 2021). *The pandemic forged new FIRE followers, with a difference.* New York Times. https://www.nytimes.com/2021/07/14/business/financial-independence-retire-early-fire-retirement-savings.html
53. Statman, M. (19 de octubre de 2017). *How financially literate are you really? Let's find out.* Wall Street Journal. https://www.wsj.com/articles/how-financially-literate-are-you-really-lets-find-out-1508421702
54. Simonetti, I. (20 de enero de 2023). *In their 20s, struggling to save and tired of being lectured about it.* New York Times. https://www.nytimes.com/2023/01/20/business/saving-money-inflation-economy.html

Capítulo 4: Inversión

1. Das, Sreyoshi, Kuhnen, Camelia M., y Nagel, Stefan. (enero de 2020). Socioeconomic status and macroeconomic expectations, The Review of Financial Studies 33(1): 395–432. https://doi.org/10.1093/rfs/hhz041
2. Galil, Koresh, Spivak, Avia, y Tur-Sinai, Aviad. (2022). Lemons for the poor, lemonade for the rich: Individual investors' behavior in response to a financial crisis. Disponible en SSRN: https://ssrn.com/abstract=4257305
3. Statman, M. (8 de agosto de 2020). 5 myths about stock diversification. Wall Street Journal. https://www.wsj.com/articles/5-myths-about-stock-diversification-11596896778
4. Ibid.
5. Ibid.
6. Sui, Pengfei, y Wang, Baolian. (12 de abril de 2022). Social transmission bias: Evidence from an online investor platform. Disponible en SSRN: https://ssrn.com/abstract=4081644 o http://dx.doi.org/10.2139/ssrn.4081644
7. Goetzmann, William, y Peles, Nadav. (1997). Cognitive dissonance and mutual fund investors. Journal of Financial Research 20: 145–158.
8. Liu, Chang, y Fan, Maoyong. (2022). Stock market declines and the psychological health of investors. Disponible en SSRN: https://ssrn.com/abstract=4101078 o http://dx.doi.org/10.2139/ssrn.4101078
9. Statman, M. (24 de abril de 2017). The mental mistakes we make with retirement spending. Wall Street Journal. https://www.wsj.com/articles/the-mental-mistakes-we-make-with-retirement-spending-1492999921

10. Hoffmann, Arvid O. I. (2007). Individual investors' needs and the investment professional: Lessons from marketing. The Journal of Investment Consulting 8(2): 80–91.

11. Dorn, Daniel, y Snegmueller, Paul. (2009). Trading as entertainment? Management Science 55(4): 591–603.

12. Dhar, Ravi, y Goetzmann, William N. (2005). Bubble investors: What were they thinking? Yale ICF Working Paper No. 06-22.

13. Lee, Steven, Cummings, Benjamin F., y Martin, Jason. (31 de enero de 2019). Victim characteristics of investment fraud. 2019 Academic Research Colloquium for Financial Planning and Related Disciplines. Disponible en SSRN: https://ssrn.com/abstract=3258084 o http://dx.doi.org/10.2139/ssrn.3258084

14. Phillips, M. (18 de marzo de 2021). Penny stocks are booming, which is good news for swindlers. New York Times. https://www.nytimes.com/2021/03/18/business/penny-stocks-trading.html

15. Agarwal S., Driscoll, J. C., Gabaix, X., y Laibson, D. (2009). The age of reason: Financial decisions over the life-cycle with implications for regulation. Brookings Papers on Economic Activity (2): 51–117.

16. Smith, R. (6 de junio de 2021). Baby Boomers' biggest financial risk: Cognitive decline. Wall Street Journal. https://www.wsj.com/articles/baby-boomers-biggest-financial-risk-cognitive-decline-11622942343

17. Livni, E. (1 de septiembre de 2022). Abortion rights loom larger in investment decisions. New York Times. https://www.nytimes.com/2022/09/01/business/abortion-rights-investing.html

18. Statman, Meir. (febrero de 2008). Quiet conversations: The expressive nature of socially responsible investors. Journal of Financial Planning 21(2): 40–46.

19. Hirst, Scott, Kastiel, Kobi, y Kricheli Katz, Tamar. (9 de agosto de 2021). How much do investors care about social responsibility? Disponible en SSRN: https://ssrn.com/abstract=4115854 o http://dx.doi.org/10.2139/ssrn.4115854

20. Statman, Meir. (otoño de 2008). Socially Responsible Investors and Their Advisors. Journal of Investment Consulting, Vol. 9, No. 1, pp. 15-26.

Capítulo 5: Noviazgo y matrimonio

1. Cosaert, Sam, Theloudis, Alexandros, y Verheyden, Bertrand. (2023). Togetherness in the household. American Economic Journal: Microeconomics 15(1): 529–579.

2. Stutzer, Eloise, y Frey, Bruno. (2006). Does marriage make people happy, or do happy people get married? The Journal of Socio-Economics 35: 326–347; Grover, Shawn, y Helliwell, John F. (2019). How's life at home? New evidence on marriage and the set point for happiness. Journal of Happiness Studies 20: 373–390. https://link.springer.com/article/10.1007/s10902-017-9941-3

3. Harker, L., y Keltner, D. (2001). Expressions of positive emotion in women's college yearbook pictures and their relationship to personality and life outcomes across adulthood. Journal of Personality and Social Psychology 80: 112–124. doi:10.1037/0022-3514.80.1.112

4. Stutzer, Eloise, y Frey, Bruno. (2006). Does marriage make people happy, or do happy people get married? The Journal of Socio-Economics 35: 326–347; Grover, Shawn, y Helliwell, John F. (2019). How's life at home? New evidence on marriage and the set point for happiness. Journal of Happiness Studies 20: 373–390. https://link.springer.com/article/10.1007/s10902-017-9941-3

5. Wilson, Chris M., y Oswald, Andrew J. (junio de 2005). How does marriage affect physical and psychological health? A survey of the longitudinal evidence. IZA Discussion Paper No. 1619. Available at SSRN: https://ssrn.com/abstract=735205

6. Williams, K. (2003). Has the future of marriage arrived? A contemporary examination of gender, marriage, and psychological well-being. Journal of Health and Social Behavior 44: 470–487. doi:10.2307/1519794

7. Powdthavee, Nattavudh. (14 de agosto de 2009). I can't smile without you: Spousal correlation in life satisfaction. Journal of Economic Psychology 30(4): 675–689. Available at SSRN: https://ssrn.com/abstract=1452651

8. Ugur, Erol. (2016). Marital attitudes as a mediator on the relationship between respect toward partner and subjective happiness. Journal of Family Counseling and Education 1: 25–30.

9. Barnes, Z. (15 de octubre de 2015). Under 30 and divorced: 5 women share what it's like. Women's Health. https://www.womenshealthmag.com/relationships/a19918885/under-30-divorced/

10. Chen, Shuai, y van Ours, Jan. (21 de septiembre de 2017). Subjective well-being and partnership dynamics: Are same-sex relationships different? Center Discussion Paper Series No. 2017-041. Available at SSRN: https://ssrn.com/abstract=3040596 or http://dx.doi.org/10.2139/ssrn.3040596

11. Grillo, E. (1 de julio de 2022). Falling fast, then fiancés for seven years. New York Times. https://www.nytimes.com/2022/07/01/style/luke-kalat-justin-conner-wedding.html

12. Carmel, J. (1 de julio de 2022). On their first date, plunging into a relationship. New York Times. https://www.nytimes.com/2022/07/01/style/stephanie-schulter-halle-bauer-wedding.html

13. Haring-Hidore, M., Stock, W. A., Okun, M. A., y Witter, R. A. (1985). Marital status and subjective well-being: A research synthesis. Journal of Marriage and the Family 47, 947–953.

14. Coombs, R. H. (1991). Marital status and personal well-being: A literature review. Family Relations 40: 97–102. doi:10.2307/585665

15. Antonucci, T. C., y Akiyama, H. (1987). An examination of sex differences in social support among older men and women. Sex Roles 17: 737–749. doi:10.1007/BF00287685

16. Gurung, R. A. R., Taylor, S. E., y Seeman, T. E. (2003). Accounting for changes in social support among married older adults: Insights from the MacArthur Studies of Successful Aging. Psychology and Aging 18: 487–496. doi:10.1037/0882-7974.18.3.487

17. Proulx, C. M., Helms, H. M., y Buehler, C. (2007). Marital quality and personal well-being: A meta-analysis. Journal of Marriage and Family 69: 576–593. doi:10.1111/j.1741-3737.2007.00393.x

18. Jung, H. (27 de enero de 2023). Opinion | Women in South Korea are on strike against being "baby-making machines." New York Times. https://www.nytimes.com/2023/01/27/opinion/south-korea-fertility-rate-feminism.html

19. Nelson-Coffey, S. K. (2018). Married . . . with children: The science of well-being in marriage and family life. In: E. Diener, S. Oishi, y L. Tay (eds.), Handbook of well-being. Salt Lake City, UT: DEF Publishers. doi: nobascholar.com

20. Stavrova, Olga. (2019). Having a happy spouse is associated with lowered risk of mortality. Psychological Science 30(5): 798–803. https://www.psychologicalscience.org/news/releases/happy-spouses-longer-lives.html

21. Borau, Sylvie, Couprie, Hélène, y Hopfensitz, Astrid. (2022). The prosociality of married people: Evidence from a large multinational sample. Available at SSRN: https://ssrn.com/abstract=4041294 or http://dx.doi.org/10.2139/ssrn.4041294

22. Easterlin, Richard A. (16 de septiembre de 2003). Explaining happiness. Proceedings of the National Academy of Sciences of the United States of America. 100(19): 11176–11183. https://www.ncbi.nlm.nih.gov/pmc/articles/PMC196947/

23. Gardiner, Aidan. (5 de septiembre de 2019). I put my own life on hold: the pain and joy of caring for parents. New York Times. https://www.nytimes.com/2019/09/05/reader-center/taking-care-of-elderly-relatives.html?smid=nytcore-ios-share

24. Cohen, R. (20 de octubre de 2020). What if friendship, not marriage, was at the center of life? The Atlantic. https://www.theatlantic.com/family/archive/2020/10/people-who-prioritize-friendship-over-romance/616779/

25. Patton, S. (29 de marzo de 2013). Letter to the Editor: Advice for the young women of Princeton: The daughters I never had. Daily Princetonian. http://dailyprincetonian.com/opinion/2013/03/letter-to-the-editor-advice-for-the-young-women-of-princeton-the-daughters-i-never-had/

26. Stone, P. (2007). Opting out? Why women really quit careers and head home. Berkeley and Los Angeles: University of California Press, p. 61.

27. Hitsch, Guenter J., Hortacsu, Ali, y Ariely, Dan. (1 de marzo de 2008). Matching and sorting in online dating. Available at SSRN: https://ssrn.com/abstract=1113243 or http://dx.doi.org/10.2139/ssrn.1113243

28. Bursztyn, Leonardo, Fujiwara, Thomas, y Pallais, Amanda. (2017). "Acting wife": Marriage market incentives and labor market investments. American Economic Review 107(11): 3288–3319.

29. Dhar, Diva. (2023). Indian matchmaking: Are working women penalized in the marriage market? 1. Available at SSRN: https://ssrn.com/abstract=4479657 or http://dx.doi.org/10.2139/ssrn.4479657

30. Hitsch, Guenter J., Hortacsu, Ali, y Ariely, Dan. (1 de marzo de 2008). Matching and sorting in online dating. Available at SSRN: https://ssrn.com/abstract=1113243 or http://dx.doi.org/10.2139/ssrn.1113243

31. Lippmann, Quentin, y Surana, Khushboo. (noviembre de 2022). The hierarchy of partner preferences. Available at SSRN: https://ssrn.com/abstract=4272900 or http://dx.doi.org/10.2139/ssrn.4272900

32. Klasne, Catherine. (abril de 2011). Wealth: Its joys and its discontents—The Boston College Survey. TheAtlantic. Secret fears of the super-rich. https://www.uww-adr.com/blog/wealth-its-joys-and-its-discontents-the-boston-college-survey

33. Murphy, C. (2 de junio de 2015). Interfaith marriage is common in U.S., particularly among the recently wed. Pew Research Center. https://www.pewresearch.org/short-reads/2015/06/02/interfaith-marriage/

34. Farooqi, M. (16 de abril de 2021). I tried to filter him out. New York Times. https://www.nytimes.com/2021/04/16/style/modern-love-muslim-hindu-dating.html

35. Hirschel, Linda. (4 de abril de 2019). Arranged my kids' Jewish marriages: Here's what happened. Kveller. https://www.kveller.com/i-arranged-my-kids-jewish-marriages-heres-what-.happened/

36. Reyes, N. (27 de mayo de 2022). Her mother (and his father) knew best. New York Times. https://www.nytimes.com/2022/05/27/style/mina-shankar-aditya-radhakrishnan-wedding.html

37. Cable News Network (2012). Arranged marriage, American-style. https://www.cnn.com/2012/05/16/living/arranged-marriage/index.html (accessed 22 October 2023).

38. Gui, Tianhan. (14 de octubre de 2021). Coping with parental pressure to get married: Perspective from Chinese "leftover women." Available at SSRN: https://ssrn.com/abstract=3954642 or http://dx.doi.org/10.2139/ssrn.3954642

39. Vogl, Tom. (agosto de 2012). Marriage institutions and sibling competition: Evidence from South Asia. NBER Working Paper No. w18319. Available at SSRN: https://ssrn.com/abstract=2131689

40. Mathur, Divya. (7 de noviembre de 2007). What's love got to do with it? Parental involvement and spouse choice in urban India. Available at SSRN: https://ssrn.com/abstract=1655998 or http://dx.doi.org/10.2139/ssrn.1655998

41. Huang, Fali, Jin, Ginger Zhe, y Xu, Lixin Colin. (22 de febrero de 2015). Love, money, and old age support: Does parental matchmaking matter? Available at SSRN: https://ssrn.com/abstract=2568471 or http://dx.doi.org/10.2139/ssrn.2568471

42. Wilson, Nicholas. (2022). Child marriage bans and female schooling and labor market outcomes: Evidence from natural experiments in 17 low- and middle-income countries. American Economic Journal: Economic Policy 14(3): 449–477. doi:10.1257/pol.20200008

43. Becker, Charles Maxwell, y Steiner, Susan. (29 de junio de 2018). How forced marriages differ: Evidence on assortative mating in Kyrgyzstani marriages. University of Central Asia—Institute of Public Policy and Administration (IPPA) Working Paper No. 45. Available at SSRN: https://ssrn.com/abstract=3807822 or http://dx.doi.org/10.2139/ssrn.3807822

44. Tierce, M. (2 de diciembre de 2021). The abortion I didn't have. New York Times. https://www.nytimes.com/2021/12/02/magazine/abortion-parent-mother-child.html

45. Abramitzky, Ran, Delavande, Adeline, y Vasconcelos, Luis. (julio de 2011). Marrying up: The role of sex ratio in assortative matching. American Economic Journal: Applied Economics 3(3): 124–157.

46. Hardin, William G., Hu, Mingzhi, y Lin, Zhenguo. (24 de noviembre de 2020). It's a boy! Culture, wealth, real estate and consumption in China. Available at SSRN: https://ssrn.com/abstract=3746080 or http://dx.doi.org/10.2139/ssrn.3746080

47. Autor, David, Dorn, David, y Hanson, Gordon. (2019). When work disappears: Manufacturing decline and the falling marriage market value of young men. American Economic Review: Insights 1(2): 161–178.

48. Weaver, Jeffrey, y Chiplunkar, Gaurav. (2022). Marriage markets and the rise of dowry in India. Available at SSRN: https://ssrn.com/abstract=4092332 or http://dx.doi.org/10.2139/ssrn.4092332

49. Bhat, Bilal, y Thakur, Sounak. (9 de septiembre de 2022). The intergenerational effects of marital transfers: Evidence from India. Available at SSRN: https://ssrn.com/abstract=4217995 or http://dx.doi.org/10.2139/ssrn.4217995

50. Edin, K., y Kefalas, M. (2005). Promises I can keep: Why poor women put motherhood before marriage. Berkeley and Los Angeles: University of California Press, p. 203.

51. Chen, V. (20 de agosto de 2017). America, home of the transactional marriage. The Atlantic. https://www.theatlantic.com/business/archive/2017/08/marriage-rates-education/536913/

52. Butler, Alexander W., Spyridopoulos, Ioannis, Tellez, Yessenia, y Xu, Billy. (1 de julio de 2023). Financial breakups. Available at SSRN: https://ssrn.com/abstract=4497450 or http://dx.doi.org/10.2139/ssrn.4497450

53. Cesarini, David, Lindqvist, Erik, Ostling, Robert, y Terskaya, Anastasia. (marzo de 2023). Fortunate families? The effects of wealth on marriage and

fertility. NBER Working Paper No. w31039. Available at SSRN: https://ssrn.com/abstract=4393380 or http://dx.doi.org/10.2139/ssrn.4393380

54. Edin, K., y Nelson, T. (2013). Doing the best I can: Fatherhood in the inner city. Berkeley and Los Angeles: University of California Press, p. 205.

55. Melissa S. Kearney, y Riley Wilson. (2018). Male earnings, marriageable men, and nonmarital fertility: Evidence from the fracking boom. The Review of Economics and Statistics 100(4): 678–690.

56. Finkel, E. (8 de enero de 2019). Educated Americans paved the way for divorce—Then embraced marriage. The Atlantic. https://www.theatlantic.com/family/archive/2019/01/education-divide-marriage/579688/

57. Edin, K., y Nelson, T. (2013). Doing the best I can: Fatherhood in the inner city. Berkeley and Los Angeles: University of California Press. pp. 222–223.

58. Goldin, Claudia, y Katz, Lawrence F. (2002). The power of the pill: Oral contraceptives and women's career and marriage decisions. Journal of Political Economy 110(4): 730–770.

59. Gershoni, Naomi, y Low, Corinne. (2021). Older yet fairer: How extended reproductive time horizons reshaped marriage patterns in Israel. American Economic Journal: Applied Economics 13(1): 198–234. doi:10.1257/app.20180780

60. Grover, Shawn, y Helliwell, John F. (diciembre de 2014). How's life at home? New evidence on marriage and the set point for happiness. NBER Working Paper No. w20794. Available at SSRN: https://ssrn.com/abstract=2545179

61. Tierney, J., y Baumeister, R. (9 de enero de 2020). How negativity can kill a relationship. The Atlantic. https://www.theatlantic.com/family/archive/2020/01/negativity-can-ruin-relationships/604597/

62. Smith, E. (12 de junio de 2014). The secret to love is just kindness. The Atlantic. https://www.theatlantic.com/health/archive/2014/06/happily-ever-after/372573/

63. Cohen, R. (13 de septiembre de 2021). The secret to a fight-free relationship. The Atlantic. https://www.theatlantic.com/family/archive/2021/09/delaying-conflict-better-venting-relationships-scheduled-disagreement/620057/

64. Nicolaus, P. (21 de junio de 2021). The most effective way to thank your significant other. The Atlantic. https://www.theatlantic.com/family/archive/2021/06/thank-your-partner-gratitude-more/619233/

65. Cohen, R. (13 de septiembre de 2021). The secret to a fight-free relationship. The Atlantic. https://www.theatlantic.com/family/archive/2021/09/delaying-conflict-better-venting-relationships-scheduled-disagreement/620057/

66. Wasik, J. (15 de abril de 2022). Their cheating heart, your damaged retirement plan. New York Times. https://www.nytimes.com/2022/04/15/business/money-secrets-cheating-retirement.html

67. Garbinsky, Emily N., y Gladstone, Joe J. (12 de diciembre de 2018). The consumption consequences of couples pooling finances. https://doi.org/10.1002/jcpy.1083 Journal of Consumer Psychology

68. Carpenter, J. (5 de diciembre de 2022). Couples who combine finances are happier. So why don't more do it? Wall Street Journal. https://www.wsj.com/articles/couples-who-combine-finances-are-happier-so-why-dont-more-do-it-11670174525

69. Sherman, R. (2017). Uneasy street: The anxieties of affluence. Princeton, NJ: Princeton University Press, pp. 155–156.

70. Jackson, N. (10 de agosto de 2022). Opinion | What does "vex money" do to love? New York Times. https://www.nytimes.com/2022/08/10/opinion/vex-money-afro-caribbean-women.html

71. Dokko, Jane, Geng Li, y Jessica Hayes. (29 de abril de 2015). Credit scores and committed relationships. FEDS Working Paper No. 2015-081. Available at SSRN: http://ssrn.com/abstract=2667158 or http://dx.doi.org/10.2139/ssrn.2667158.

72. Plantinga, Auke, y DeBondt, Werner F.M. (30 de septiembre de 2018). Growing apart in marriage, or coming together? The structure and dynamics of differences in risk aversion between partners. 2019 Academic Research Colloquium for Financial Planning and Related Disciplines. Available at SSRN: https://ssrn.com/abstract=3257948

73. Hsee, Christopher K., y Hastie, Reid. (2006). Decision and experience: Why don't we choose what makes us happy? Trends in Cognitive Sciences. Available at SSRN: https://ssrn.com/abstract=929914

74. Saxey, Matthew T. LeBaron-Black, Ashley B., y Curran, Melissa A. (2022). The sooner, the better? Couples' first financial discussion, relationship quality, and financial conflict in emerging adulthood. Journal of Financial Therapy 13(1), 1–19. https://doi.org/10.4148/1944-9771.1299

75. Ahn, So Yoon, y Koh, Yu Kyung. (1 de marzo de 2022). Spousal bargaining power and consumption of married couples in the US: Evidence from scanner data. Available at SSRN: https://ssrn.com/abstract=4073740 or http://dx.doi.org/10.2139/ssrn.4073740

76. Sherman, Rachel. Uneasy street: The anxieties of affluence. Princeton, NJ: Princeton University Press. Kindle Edition, pp. 84–85.

77. White, G. (16 de junio de 2015). Millennials: Let's make marriage less oppressive. The Atlantic. https://www.theatlantic.com/business/archive/2015/06/millennials-delaying-marriage-money-weddings/395870/

78. Kitchener, C. (23 de marzo de 2018). Marriage proposals are stupid. The Atlantic. https://www.theatlantic.com/family/archive/2018/03/marriage-proposals-are-stupid/556403/

79. Hennecke, Juliane, y Pape, Astrid. (2020). Suddenly a stay-at-home dad? Short- and long-term consequences of fathers' job loss on time investment in the household. IZA Discussion Paper No. 13866, Available at SSRN: https://ssrn.com/abstract=3730464

80. Sherman, R. (2017). Uneasy street: The anxieties of affluence. Princeton, NJ: Princeton University Press, pp. 65–66.

81. Pierce, Lamar, Dahl, Michael S., y Nielsen, Jimmi. (15 de noviembre de 2012). In sickness and in wealth: Psychological and sexual costs of income comparison in marriage. Available at SSRN: https://ssrn.com/abstract=2185944 or http://dx.doi.org/10.2139/ssrn.2185944

82. Bertrand, Marianne, Pan, Jessica, y Kamenica, Emir. (mayo de 2013). Gender identity and relative income within households. TwitterLinkedIn. Email Working Paper 19023. doi:10.3386/w19023

83. Miller, C. (17 de julio de 2018). When wives earn more than husbands, neither partner likes to admit it. New York Times. https://www.nytimes.com/2018/07/17/upshot/when-wives-earn-more-than-husbands-neither-like-to-admit-it.html

84. Ibid.

85. Sherman, R. (2017). Uneasy street: The anxieties of affluence. Princeton, NJ: Princeton University Press, p. 192.

86. Cooper, M. (2014). Cut adrift: Families in insecure times. Berkeley y Los Ángeles: University of California Press, p. 74.

87. Ke, Da. (4 de agosto de 2018). Who wears the pants? Gender identity norms and intra-household financial decision making. Available at SSRN: https://ssrn.com/abstract=2909720 or http://dx.doi.org/10.2139/ssrn.2909720.

88. Sherman, R. (2017). Uneasy street: The anxieties of affluence. Princeton, NJ: Princeton University Press, p. 193.

89. https://www.nytimes.com/2020/10/24/business/millennial-personal-finance.html?searchResultPosition=24

90. Cooper, M. (2014). Cut adrift: Families in insecure times. Berkeley y Los Ángeles: University of California Press, p. 12.

91. Lee, K. S., y Ono, H. (2012). Marriage, cohabitation, and happiness: A cross-national analysis of 27 countries. Journal of Marriage and Family 74, 953–972. doi:10.1111/j.1741-3737.2012.01001.x

92. Balsam, K. F., Beauchaine, T. P., Rothblum, E. D., y Solomon, S. E. (2008). Three-year follow-up of same-sex couples who had civil unions in Vermont, same-sex couples not in civil unions, y heterosexual married couples. Developmental Psychology 44: 102–116. doi:10.1037/0012-1649.44.1.102

93. Catron, M. (2 de julio de 2019). What you lose when you gain a spouse. The Atlantic. https://www.theatlantic.com/family/archive/2019/07/case-against-marriage/591973/

94. Chen, Shuai, y van Ours, Jan. (21 de septiembre de 2017). Subjective well-being and partnership dynamics: Are same-sex relationships different? CentER Discussion Paper Series No. 2017-041. Available at SSRN: https://ssrn.com/abstract=3040596 or http://dx.doi.org/10.2139/ssrn.3040596

95. Wilcox, W., y DeRose, L. (27 de marzo de 2017). In Europe, cohabitation is stable . . . right? Brookings. https://www.brookings.edu/articles/in-europe-cohabitation-is-stable-right/

96. Stanley, Scott, y Rhoades, Galena. (26 de abril de 2023). What's the plan? Cohabitation, engagement, and divorce. Institute for Family Studies. https://ifstudies.org/blog/whats-the-plan-cohabitation-engagement-and-divorce

Capítulo 6: Viudedad y divorcio

1. Rollin, B. (27 de noviembre de 2022). Opinion | How to talk to a widow. New York Times. https://www.nytimes.com/2022/11/27/opinion/widows-mental-health.html
2. Bosman, Julie. (2021). "The other half of my soul": Widows of Covid-19 bond over sudden loss. New York Times. Men have died of the coronavirus in larger numbers than women, leaving untold thousands of spouses suddenly alone. Some have turned to bereavement groups on Facebook. https://www.nytimes.com/2020/12/31/us/covid-widows-deaths.html?action=click&module=Top%20Stories&pgtype=Homepage
3. Lee, Gary R., DeMaris, Alfred, Bavin, Stefoni, y Sullivan, Rachel. (1 de enero de 2001). Gender differences in the depressive effect of widowhood in later life. The Journals of Gerontology: Series B 56(1): S56–S61. https://doi.org/10.1093/geronb/56.1.S56
4. Elwert, Felix, y Christakis, Nicholas A. (noviembre de 2008). The effect of widowhood on mortality by the causes of death of both spouses. American Journal of Public Health 98(11): 2092–2098. doi:10.2105/AJPH.2007.114348. PMC 2636447. PMID 18511733.
5. Bilanow, T. (14 de junio de 2010). Life as a widow or widower. New York Times. https://archive.nytimes.com/well.blogs.nytimes.com/2010/06/14/life-as-a-widow-or-widower/
6. Roark, A. (13 de julio de 2009). With friends aplenty, many widows choose singlehood. New York Times. https://archive.nytimes.com/newoldage.blogs.nytimes.com/2009/07/13/with-friends-aplenty-many-widows-choose-singlehood/
7. Elwert, Felix, y Christakis, Nicholas A. (noviembre de 2008). The effect of widowhood on mortality by the causes of death of both spouses. American Journal of Public Health 98(11): 2092–2098. doi:10.2105/AJPH.2007.114348. PMC 2636447. PMID 18511733.
8. Hurd, Michael D., y Wise, David A. (julio de 1987). The wealth and poverty of widows: Assets before and after the husband's death. NBER Working Paper No. w2325. Available at SSRN: https://ssrn.com/abstract=227279
9. LaGorce, T. (17 de noviembre de 2018). Widows are faring better financially. Here's why. New York Times. https://www.nytimes.com/2018/11/17/business/widows-financial-independence.html
10. Munnell, Alicia Haydock, Sanzenbacher, Geoffrey T., y Zulkarnain, Alice. (mayo de 2018). What factors explain the decline in widows' poverty? CRR WP 2018-4. file:///C:/Users/Meir%20Downloads/PDF%20datastream.pdf

11. Shahar, D., R., Schultz, R., Shahar, A., y Wing, R. R. (mayo de 2001). The effect of widowhood on weight change, dietary intake, and eating behavior in the elderly population. Journal of Aging and Health 13(2): 189–199. https://doi.org/10.1177/089826430101300202

12. Nierenberg, A. (28 de octubre de 2019). For many widows, the hardest part is mealtime. New York Times. https://www.nytimes.com/2019/10/28/dining/widows-cooking-grief.html

13. Adena, Maja, Hamermesh, Daniel, Myck, Michal, y Oczkowska, Monika. (2023). Home alone: Widows' well-being and time. IZA Discussion Paper No. 14881. Available at SSRN: https://ssrn.com/abstract=4326605 or http://dx.doi.org/10.2139/ssrn.4326605

14. Hahn, Elizabeth A., Cichy, Kelly E., Almeida, David M., y Haley, William E. (2011). Time use and well-being in older widows: Adaptation and resilience. Journal of Women Aging 23(2): 149–159. doi:10.1080/08952841.2011.561139 PMCID: PMC3485066 NIHMSID: NIHMS370126 PMID: 21534105

15. Bilanow, T. (14 de junio de 2010). Life as a widow or widower. New York Times. https://archive.nytimes.com/well.blogs.nytimes.com/2010/06/14/life-as-a-widow-or-widower/

16. Jones, Honor. (28 de diciembre de 2021). How I demolished my life: A home-improvement story. The Atlantic. https://www.theatlantic.com/family/archive/2021/12/divorce-parenting/621054/

17. Davis, Alyssa, y Jones, M. Jefferey. (20 de abril de 2012). Separation, Divorce Linked to Sharply Lower Well-Being. Married American have highest well-being. https://news.gallup.com/poll/154001separationdivorce-linked-sharply-lower-wellbeing.aspx

18. Gardner, Jonathan, y Oswald, Andrew J. (septiembre de 2005). Do divorcing couples become happier by breaking up? IZA Discussion Paper No. 1788. Available at SSRN: https://ssrn.com/abstract=826447

19. Cavapozzi, Danilo, Fiore, Simona, Pasini, Giacomo. (2020). Divorce and well-being. Disentangling the role of stress and socio economic status, volume 16, 2020, 100212, ISSN 2212-828x, https://doi.org/10.1016/j.jeoa.2019.100212.

20. Warren, T. (5 de junio de 2022). Opinion | I married the wrong person, and I'm so glad I did. New York Times. https://www.nytimes.com/2022/06/05/opinion/marriage-satisfaction-love.html hl

21. Butcher, Amy. (30 de septiembre de 2021). I know all too well how a lovely relationship can descend into abuse. New York Times. https://www.nytimes.com/2021/09/30/opinion/gabby-petito-domestic-abuse.html

22. Camp, Anna Rachel. (diciembre de 2022). From experiencing abuse to seeking protection: Examining the shame of intimate partner violence. 13 UC Irvine L. Rev. 103. Available at SSRN: https://ssrn.com/abstract=4323805

23. Arenas-Arroyo, Esther, Fernández-Kranz, Daniel, y Nollenberger, Natalia. (2023). Can't leave you now! Intimate partner violence under forced

coexistence and economic uncertainty. IZA Discussion Paper No. 13570. Available at SSRN: https://ssrn.com/abstract=3669499

24. Folke, Olle, y Rickne, Johanna. (2020). All the single ladies: Job promotions and the durability of marriage. American Economic Journal: Applied Economics 12(1): 260–287. https://doi.org/10.1257/app.20180435 260
25. Dunn, J. (18 de mayo de 2020). The man who coaches husbands on how to avoid divorce. New York Times. https://www.nytimes.com/2020/05/18/parenting/marriage-invisible-labor-coach.html
26. Whitesides, J. (7 de febrero de 2017). From disputes to a breakup: Wounds still raw after U.S. election. Reuters. https://www.reuters.com/article/us-usa-trump-relationships-insight-idUSKBN15M13L
27. Guven, Cahit, Senik, Claudia, y Stichnoth, Holger. (2010). You can't be happier than your wife: Happiness gaps and divorce. ZEW—Centre for European Economic Research Discussion Paper No. 10-007. Available at SSRN: https://ssrn.com/abstract=1554352 or http://dx.doi.org/10.2139/ssrn.1554352
28. Copaken, D. (12 de febrero de 2019). The DIY divorce. The Atlantic. https://www.theatlantic.com/family/archive/2019/02/how-i-got-divorced-without-hiring-lawyer/582508/
29. Wakabayashi, D. (20 de agosto de 2021). Who gets the L.L.C.? Inside a Silicon Valley billionaire's divorce. New York Times. https://www.nytimes.com/2021/08/20/technology/Scott-Hassan-Allison-Huynh-divorce.html
30. Cunha, D. (28 de abril de 2016). The divorce gap. The Atlantic. https://www.theatlantic.com/business/archive/2016/04/the-divorce-gap/480333/
31. Span, Paula. (26 de diciembre de 2021). Why older women face greater financial hardship than older men. In a troubling picture, American women are looking at a rockier road to secure retirement than their male counterparts. New York Times. https://www.nytimes.com/2021/12/26/health/older-women-financial-hardship-retirement.html?campaign_id=12&emc=edit_my_20211227&instance_id=48810&nl=your-money&regi_id=39889985&segment_id=78036&te=1&user_id=b3f8e7355159ac19efea070b3d343015
32. Statman, Meir. (invierno de 2020). Well-being advisers, The Journal of Wealth Management Winter 23 (Supplement 1): 2–44, p. 2. doi: https://doi.org/10.3905/jwm.23.s1.002
33. Muñoz, N. (5 de marzo de 2021). My two-house, duffel-bag life. New York Times. https://www.nytimes.com/2021/03/05/style/modern-love-my-two-house-duffle-bag-life.html
34. Lilienfeld, H. A., y Scott, O. (2023). Is divorce bad for children? Scientific American. doi:10.1038/scientificamericanmind0313-68
35. Ibid.
36. Maynard, Joyce. (5 de julio de 2021). A "broken home" didn't break me, or my kids. New York Times. Ms. Maynard's newest novel, Count the Ways—the story of a marriage and a divorce, and the children who survived it—will

be published this month. https://www.nytimes.com/2021/07/05/opinion/divorce-children.html?smid=em-share

Capítulo 7: Padres e hijos

1. Smith, Z. (10 de enero de 2013). *Joy*. The New York Review. https://www.nybooks.com/articles/2013/01/10/joy/#:~=Occasionally%20percent20the%20percent20child%20percent2C%20percent20too%20percent2C%20percent20is,way%20percent20to%20percent20live%20percent20with%20daily
2. Yoon, J. (30 de octubre de 2022). "How can I explain it in words?": A mother mourns the loss of her daughter. *New York Times*. https://www.nytimes.com/2022/10/30/world/asia/victim-mother-mourns-daughter.html
3. Myrskylä, M., and Margolis, R. (octubre de 2014). Happiness: Before and after the kids. *Demography* 51(5): 1843–1966. doi: 10.1007/s13524-014-0321-x
4. Stanford, J. (14 de agosto de 2016). Parenting study misses the point. *HuffPost*. https://www.huffpost.com/entry/parenting-study-misses-th_b_7988462
5. Statman, M. (invierno de 2020). Well-being advisers. *The Journal of Wealth Management* Winter 23 (Supplement 1): 2–44, p. 2. doi: https://doi.org/10.3905/jwm.23.s1.002
6. Grose, J. (30 de diciembre de 2020). Alone in a fancy hotel bathroom. *New York Times*. https://www.nytimes.com/2020/12/30/parenting/parents-fantasy-vacations.html
7. Herbst, C. M., and Ifcher, J. (2016). The increasing happiness of US parents. *Review of Economics of the Household* 14: 529–551.
8. Basu, T. (8 de mayo de 2014). Does having kids make parents happy after all? New research overturns the decades-old belief that having children is a downer. *Business*. *The Atlantic*. https://www.theatlantic.com/business/archive/2014/05/do-kids-make-parents-happy-after-all/361894/
9. Nelson, S. K., Kushlev, K., English, T., Dunn, E. W., and Lyubomirsky, S. (1 de enero de 2013). In defense of parenthood: Children are associated with more joy than misery. *PubMed* 24(1): 3–19. doi: https://doi.org/10.1177/0956797612447798
10. Sawhill, I., Welch, M., and Miller, C. (30 de agosto de 2022). It's getting more expensive to raise children. And government isn't doing much to help. *Brookings*. https://www.brookings.edu/articles/its-getting-more-expensive-to-raise-children-and-government-isnt-doing-much-to-help/
11. Ibid.
12. Timsit, A. (24 de noviembre de 2021). More Americans say they're not planning to have a child, new poll says, as U.S. birthrate declines. *Washington Post*. https://www.washingtonpost.com/nation/2021/11/21/americans-childless-pew-us-population/

13. Fokkema, T., and Esveldt, I. (2008). Motivation to have children in Europe. In: C. Höhn, D. Avramov, and I. E. Kotowska (eds). *People, population change and policies: European studies of population* 16(1). Springer, Dordrecht. doi: 10.1007/978-1-4020-6609-2_7

14. Koropeckyj-Cox, T., and Pendell, G. (2007). The gender gap in attitudes about childlessness in the United States. *Journal of Marriage and Family* 69(4), 899–915. doi: 10.1111/j.1741-3737.2007.00420.x

15. Zoepf, Katherine (27 de agosto de 2019). The unspeakable cost of parenthood: Money struggles are often kept quiet, but many American families are living on the edge. *New York Times*. Updated 5 de septiembre de 2019. https://www.nytimes.com/2019/08/27/parenting/parents-money-stress.html

16. Wakabayashi, D., and Frenkel, S. (5 de septiembre de 2020). Parents got more time off. Then the backlash started. *New York Times*. https://www.nytimes.com/2020/09/05/technology/parents-time-off-backlash.html

17. Casali, M. (10 de diciembre de 2022). The connection between puberty and mental health. *Turnbridge*. https://www.turnbridge.com/news-events/uncategorized/puberty-and-mental-health/

18. Sommer, C. (6 de mayo de 2021). Tiffany Lee and her son, Bo Deal, a high school freshman in Metter, Ga., had conflicts over her house rules in the pandemic. *New York Times*. https://www.nytimes.com/2021/05/06/well/family/parents-teenagers-staying-at-home-coronavirus-pandemic.html

19. Banerjee, S. (1 de junio de 2015). Intra-family cash transfers in older American households. *EBRI Issue Brief, Number 415* (June 2015). Disponible en SSRN: http://ssrn.com/abstract=2620835

20. The Economist (2023). The bank of mum and dad as young adults' social insurance. https://www.economist.com/graphic-detail/2020/07/13/the-bank-of-mum-and-dad-as-young-adults-social-insurance

21. Eisenberg, R. (2 de octubre de 2018). Parents support to adult kids: A stunning $500 billion a year—Are Boomers and Gen Xers harming their retirement due to their generosity? *Next Avenue*. https://www.nextavenue.org/parents-support-adult-kids/

22. Statman, M. (invierno de 2020). Well-being advisers. *The Journal of Wealth Management* Winter 23 (Supplement 1): 2–44, p. 2. doi: https://doi.org/10.3905/jwm.23.s1.002

23. Schwarze, J., and Winkelmann, R. (febrero de 2005). What can happiness research tell us about altruism? Evidence from the German Socio-Economic Panel. *IZA Discussion Paper No. 1487*. Disponible en SSRN: https://ssrn.com/abstract=670165

24. Murphy, S. (2 de septiembre de 2023). When financial independence isn't always the goal. *New York Times*. https://www.nytimes.com/2023/09/02/business/iranian-americans-education-money.html

25. Calarco, J. M. (1 de junio de 2018). Why rich kids are so good at the Marshmallow Test. *The Atlantic*. https://www.theatlantic.com/family/archive/2018/06/marshmallow-test/561779/

26. Fingerman, K. L., Cheng, Y.-P., Wesselmann, E. D., Zarit, S., Furstenberg, F., and Birditt, K. S. (agosto de 2012). Helicopter parents and landing pad kids: Intense parental support of grown children. *Journal of Marriage and Family* 74(4): 880–896. https://www.ncbi.nlm.nih.gov/pmc/articles/PMC4553417/

27. Eisen, B., and Tergesen, A. (2 de julio de 2021). Older Americans stockpiled a record $35 trillion. The time has come to give it away. *Wall Street Journal*. https://www.wsj.com/articles/older-americans-35-trillion-wealth-giving-away-heirs-philanthropy-11625234216

28. Corrigan, K. (5 de septiembre de 2021). Opinion | How to let go of your irreplaceable, unstoppable daughter. *New York Times*. https://www.nytimes.com/2021/09/05/opinion/parenting-college-empty-nest-pandemic.html

29. Fingerman, K. L., Cheng, Y.-P., Wesselmann, E. D., Zarit, S., Furstenberg, F., and Birditt, K. S. (agosto de 2012). Helicopter parents and landing pad kids: Intense parental support of grown children. *Journal of Marriage and Family* 74(4): 880–896. https://www.ncbi.nlm.nih.gov/pmc/articles/PMC4553417/

30. Gottlieb, L. (7 de diciembre de 2020). Dear therapist: Should I give my adult children more money? They're both angry at me, and I want to mend our relationship. *The Atlantic*. https://www.theatlantic.com/family/archive/2020/12/dear-therapist-should-i-financially-support-my-struggling-children/617296/

31. Lee, Samuel y Persson, P. (septiembre de 2016). Financing from family and friends. *The Review of Financial Studies* 29(9): 2341–2386. doi: 10.1093/rfs/hhw031 https://www.economist.com/graphic-detail/2020/07/13/the-bank-of-mum-and-dad-as-young-adults-social-insurance

32. Jennie Green, Jennie. (20 de julio de 2003). Leaning on their parents, again. *New York Times, Business Day*. http://www.nytimes.com/2003/07/20/business/leaning-on-their-parents-again.html?pagewanted=all

33. Michael Luo, Michael (30 de enero de 2010). Jobless turn to family for help. *New York Times, US section*. http://www.nytimes.com/2010/01/30/us/30borrow.html

34. Blanchflower, D. G., y Clark, A. E. (febrero de 2019). Children, unhappiness and family finances: Evidence from one million Europeans. *NBER Working Paper No. w25597*. Disponible en SSRN: https://ssrn.com/abstract=3341258

35. Cetre, Sophie, Clark, A., y Senik, C. (agosto de 2016). Happy people have children: Choice and self-selection into parenthood. *European Journal of Population* 32(3): 445–473. doi: 10.1007/s10680-016-9389-x. Epub 2016 Aug 22. PMID: 28713186; PMCID: PMC5505668.

36. Mr. Money Mustache. (2016). The "everybody seems wealthy" illusion—Is it really just all fueled by debt? https://forum.mrmoneymustache.com/welcome-to-the-forum/the-'everybody-seems-wealthy'-illusion-is-it-really-just-all-fueled-by-debt/

37. Myerson, A. R. (18 de mayo de 1997). Daughters do battle with a corporate King Lear. *New York Times*. https://www.nytimes.com/1997/05/18/business/daughters-do-battle-with-a-corporate-king-lear.html

38. Wood, G. (abril de 2011). Secret fears of the super-rich. *The Atlantic*. https://www.theatlantic.com/magazine/archive/2011/04/secret-fears-of-the-super-rich/308419/

39. Wood, Graeme (24 de febrero de 2011). Secret fears of the super-rich. *The Atlantic*. https://www.theatlantic.com/magazine/archive/2011/04/secret-fears-of-the-super-rich/308419/

40. Nelson-Coffey, S. Katherine, Killingsworth, M., Layous, K., Cole, S. W., and Lyubomirsky, S. (septiembre de 2019). Parenthood is associated with greater well-being for fathers than mothers. *Personality and Social Psychology Bulletin* 45(9): 1378–1390. doi:10.1177/0146167219829174

41. Van Kessel, P., Hughes, A., y Walker, K. (20 de noviembre de 2023). The meaning of life: 100 quotes from Americans on what keeps them going. *Pew Research Center*. https://www.pewresearch.org/religion/interactives/what-keeps-us-going/

42. Machin, A. (15 de abril de 2020). How men's bodies change when they become fathers. *New York Times*. https://www.nytimes.com/2020/04/15/parenting/baby/fatherhood-mens-bodies.html

43. Massenkoff, Maxim y Rose, E. K. (22 de agosto de 2022). Family formation and crime. *University of Chicago, Becker Friedman Institute for Economics Working Paper No. 110, 2022*. Disponible en SSRN: https://ssrn.com/abstract=4198344 or http://dx.doi.org/10.2139/ssrn.4198344

44. Zimmer, C. (8 de abril de 2016). Fathered by the mailman? It's mostly an urban legend. *New York Times*. https://www.nytimes.com/2016/04/12/science/extra-marital-paternity-less-common-than-assumed-scientists-find.html

45. Padawer, R. (17 de noviembre de 2009). Who knew I was not the father? *New York Times*. https://www.nytimes.com/2009/11/22/magazine/22Paternity-t.html

46. Ibid.

47. Statman, M. (invierno de 2020). Well-being advisers. *The Journal of Wealth Management* Winter 23 (Supplement 1): 2–44, p. 2. doi: https://doi.org/10.3905/jwm.23.s1.002

48. Peterson, R. (25 de agosto de 2017). "I'm proud of my child because. . . ." *One Good Thing*. https://onegoodthingteach.wordpress.com/2017/08/24/im-proud-of-my-child-because/

49. Chaplin, L. N. (8 de abril de 2022). What I wish I had known about my mother. *Harvard Business Review*. https://hbr.org/2022/04/what-i-wish-i-had-known-about-my-mother

50. Parent, J. (2 de marzo de 2017). It's college acceptance season: Watch out for bragging parents! *Your Teen Magazine*. https://yourteenmag.com/teens-college/bragging-parents

51. Lerner, H. (7 de agosto de 2011). Are you secretly ashamed of your kid? *Psychology Today*. https://www.psychologytoday.com/us/blog/the-dance-connection/201108/are-you-secrectly-ashamed-your-kid

52. Smith, C. S. (14 de abril de 2004). World Briefing | Europe: France: American facing extradition commits suicide. *New York Times*. https://www.nytimes.com/2004/04/14/world/world-briefing-europe-france-american-facing-extradition-commits-suicide.html

53. Brody, J. E. (7 de diciembre de 2020). When a family is fractured. *New York Times*. https://www.nytimes.com/2020/12/07/well/family/when-a-family-is-fractured.html

54. Ibid.

55. Ibid.

56. Knowles, H., and Villegas, P. (16 de enero de 2021). Pushed to the edge by the Capitol riot, people are reporting their family and friends to the FBI. *Washington Post*. https://www.washingtonpost.com/nation/2021/01/16/capitol-riot-family-fbi/

57. Klemko, R. (17 de enero de 2021). Perspective | My family, like the country, split over race. Like the country, we can heal. *Washington Post*. https://www.washingtonpost.com/outlook/my-family-like-the-country-split-over-race-like-the-country-we-can-heal/2021/01/15/bfbac002-567a-11eb-a08b-f1381ef3d207_story.html

58. Marcano, Tony (14 de mayo de 1997). Toddler, left outside restaurant, is returned to her mother. *New York Times*. https://www.nytimes.com/1997/05/14/nyregion/toddler-left-outside-restaurant-is-returned-to-her-mother.html

59. Zelizer, V. (2011). *Economic lives*. Princeton, NJ: Princeton University Press.

60. Ibid., p. 50.

61. Quirke, L. (julio de 2016). "Fat-proof your child": Parenting advice and "child obesity." *Fat Studies* 5(2): 137–155.

62. Hart, R. (1979). *Children's experience of place*. New York. Irvington Publisher, Inc. http://cergnyc.org/files/2013/12/Hart_Childrens-Experience-of-Place.pdf

63. Murray, S. H. (5 de julio de 2023). The gravitational pull of supervising kids all the time. *The Atlantic*. https://www.theatlantic.com/family/archive/2023/07/helicopter-parenting-child-autonomy-standards/674618/

64. Buteau, M. (8 de diciembre de 2020). Helicopter mom vs. Jimmy Buffett dad. *New York Times*. https://www.nytimes.com/2020/12/08/parenting/michelle-buteau-twins.html

65. Ibid.

66. Calarco, J. McCrory. (2018). Family "free range" parenting's unfair double standard when poorer mothers and fathers let their children play unsupervised, they come under suspicion. *The Atlantic*. https://www.theatlantic.com/family/archive/2018/04/free-range-parenting/557051/

67. Lareau, A. (2011). *Unequal childhoods: Class, race, and family life.* Berkeley and Los Angeles: University of California Press.

68. Edin, K., y Kefalas, M. (2005). *Promises I can keep: Why poor women put motherhood before marriage.* Berkeley and Los Angeles: University of California Press.

69. Quirke, L. (noviembre de 2006). Keeping young minds sharp: Children's cognitive stimulation and the rise of parenting magazines, 1959–2000. *Canadian Review of Sociology* 43(4): 387–406.

70. Stone, P., y Lovejoy, M. (2019). *Opting back in: What really happens when mothers go back to work.* Berkeley and Los Angeles: University of California Press.

71. Ibid.

72. Ibid., p. 57.

73. Ibid., pp. 210–211.

74. Ishizuka, P. (septiembre de 2019). Social class, gender, and contemporary parenting standards in the United States: Evidence from a national survey experiment. *Social Forces* 98(1): 31–58. doi: 10.1093/sf/soy107

75. Ibid.

76. Miller, C. C. (25 de diciembre de 2018). The relentlessness of modern parenting. *New York Times.* https://www.nytimes.com/2018/12/25/upshot/the-relentlessness-of-modern-parenting.html

77. Corrigan, K. (5 de septiembre de 2021). Opinion | How to let go of your irreplaceable, unstoppable daughter. *New York Times.* https://www.nytimes.com/2021/09/05/opinion/parenting-college-empty-nest-pandemic.html https://www.nytimes.com/2021/09/05/opinion/parenting-college-empty-nest-pandemic.html

78. Lorenz, T. (1 de diciembre de 2018). The controversy over parents who eat lunch with their children at school. *The Atlantic.* https://www.theatlantic.com/education/archive/2018/12/should-parents-eat-lunch-their-children-school/577117/

79. Grose, J. (17 de noviembre de 2021). Opinion | What if your kids never let you sleep again? *New York Times.* https://www.nytimes.com/2021/11/17/opinion/what-if-your-kids-never-let-you-sleep-again.html

80. Pearson, C. (5 de mayo de 2022). New report confirms most working parents are burned out. *New York Times.* https://www.nytimes.com/2022/05/05/well/family/parental-burnout-symptoms.html

81. Shankar, S. (9 de julio de 2021). Opinion | A packed schedule doesn't really "enrich" your child. *New York Times.* https://www.nytimes.com/2021/07/09/opinion/culture/kids-schedule-parents.html

82. Miller, C. C. (5 de julio de 2018). Americans are having fewer babies. They told us why. *New York Times.* https://www.nytimes.com/2018/07/05/upshot/americans-are-having-fewer-babies-they-told-us-why.html

83. Blanchflower, D. G. y Clark, A. E. (febrero de 2019). Children, unhappiness and family finances: Evidence from one million Europeans. *NBER Working Paper No. w25597.* Disponible en SSRN: https://ssrn.com/abstract=3341258

84. Cetre, Sophie, Clark, A. y Senik, C. (agosto de 2016). Happy people have children: Choice and self-selection into parenthood. *European Journal of Population* 32(3): 445–473. doi: 10.1007/s10680-016-9389-x. Epub 2016 Aug 22. PMID: 28713186; PMCID: PMC5505668.

85. Cooper, M. (2014). *Cut Adrift: Families in insecure times*. Berkeley and Los Angeles: University of California Press.

86. Ibid., p. 78.

87. Glass, J., Simon, R. W., and Andersson, M. A. (noviembre de 2016). Parenthood and happiness: Effects of work-family reconciliation policies in 22 OECD countries. *American Journal of Sociology* 122(3): 886–929. doi: https://doi.org/10.1086/688892

88. Edin, K., y Kefalas, M. *Promises I can keep: Why poor women put motherhood before marriage*. Berkeley and Los Angeles: University of California Press, p. 48.

89. Ibid., p. 211.

90. Ibid., p. 34.

91. Barry, E. (27 de diciembre de 2022). Parents often bring children to psychiatric E.R.s to subdue them, study finds. *New York Times*. https://www.nytimes.com/2022/12/27/health/children-emergency-room-mental-health.html

92. Quillan, L. (21 de agosto de 2018). The isolating life of parenting a potential psychopath. *The Atlantic*. https://www.theatlantic.com/family/archive/2018/08/conduct-disorder-parent-support-group/567946/

93. Miller, C. C. (25 de diciembre de 2018). The relentlessness of modern parenting. *New York Times*. https://www.nytimes.com/2018/12/25/upshot/the-relentlessness-of-modern-parenting.html

94. Reichman, N. E., Corman, H., and Noonan, K. (2004). Effects of child health on parents' relationship status. *Demography* 41, 569–584. doi: https://doi.org/10.1353/dem.2004.0026

95. Novoa, C. (29 de enero de 2020). The child care crisis disproportionately affects children with disabilities. *Center for American Progress*. https://www.americanprogress.org/article/child-care-crisis-disproportionately-affects-children-disabilities/

96. Engber, D. (6 de octubre de 2021). Can robots heal an injured brain? *The Atlantic*. https://www.theatlantic.com/magazine/archive/2021/11/engineers-daughter-tbi-rehab/620172/

97. Ornstein, N. J. (7 de marzo de 2018). Opinion | How a bad law and a big mistake drove my mentally ill son away. *New York Times*. https://www.nytimes.com/2018/03/06/opinion/guns-mental-health-baker-act.html

98. Bertin, M. (13 de mayo de 2020). The extra burden for parents of children with special needs. Your child may have setbacks during the school shutdown. But remember, schools will open again at some point and help get things back on track. *New York Times*. https://www.nytimes.com/2020/05/13/well/family/coronavirus-shutdowns-children-special-needs-adhd-autism.html

99. Zhang, S. (18 de noviembre de 2020). The last children of Down Syndrome. *The Atlantic.* https://www.theatlantic.com/magazine/archive/2020/12/the-last-children-of-down-syndrome/616928/

100. Cornwall, G. (31 de agosto de 2021). The two reasons parents regret having kids. *The Atlantic.* https://www.theatlantic.com/family/archive/2021/08/why-parents-regret-children/619931/

101. Wan, W. (17 de marzo de 2022). "Is this what a good mother looks like?" *Washington Post.* https://www.washingtonpost.com/dc-md-va/2022/03/17/parental-rights-mental-illness-custody/

102. Boland, R. (16 de noviembre de 2016). Minding my disabled daughter: "I don't want to do this any more." *The Irish Times.* https://www.irishtimes.com/life-and-style/health-family/minding-my-disabled-daughter-i-don-t-want-to-do-this-any-more-1.287234

Capítulo 8: Padres ancianos, abuelos, hermanos y mascotas

1. MediaCom. (2017). *A background to Hofstede's cultural dimensions.* https://mediacomstaging.blob.core.windows.net/pdfs/mediacom-cms.azurewebsites.net/nl/pdfs/a-background-to-hofstedes-cultural-dimensions.pdf (consultado el 31 de octubre de 2023).

2. Hua, Y. (8 de julio de 2013). *Opinion | When filial piety is the law.* New York Times. https://www.nytimes.com/2013/07/08/opinion/yu-when-filial-piety-is-the-law.html

3. Fang, Hanming, Lei, Ziteng, Lin, Liguo y Zhang, Peng. (marzo de 2021). *Family companionship and elderly suicide: Evidence from the Chinese Lunar New Year.* NBER Working Paper No. w28566. Disponible en SSRN: https://ssrn.com/abstract=3809529

4. Yi, W. (30 de octubre de 2016). *Fomenting filial piety amid changing lifestyles in China.* Nippon. https://www.nippon.com/en/features/c02806/fomenting-filial-piety-amid-changing-lifestyles-in-china.html

5. Hua, Y. (8 de julio de 2013). *Opinion | When filial piety is the law.* New York Times. https://www.nytimes.com/2013/07/08/opinion/yu-when-filial-piety-is-the-law.html

6. Yi, W. (30 de octubre de 2016). *Fomenting filial piety amid changing lifestyles in China.* Nippon. https://www.nippon.com/en/features/c02806/fomenting-filial-piety-amid-changing-lifestyles-in-china.html

7. Jing-Ann Chou, R. (febrero de 2011). *Filial piety by contract? The emergence, implementation, and implications of the "Family Support Agreement in China."* The Gerontologist 51(1): 3–16. https://doi.org/10.1093/geront/gnq059

8. Yi, Zeng, George, Linda, Sereny, Melanie, Gu, Danan y Vaupel, James W. (2016). *Older parents enjoy better filial piety and care from daughters than sons in China.* American Journal of Medical Research 39(1): 75–95. https://www.ncbi.nlm.nih.gov/pmc/articles/PMC5438089/

9. Grose, J. (11 de febrero de 2020). *"It's pretty brutal": The sandwich generation pays a price.* New York Times. https://www.nytimes.com/2020/02/11/parenting/sandwich-generation-costs.html

10. Banerjee, Sudipto. (junio de 2015). *Intra-family cash transfers in older American households.* EBRI Issue Brief, Número 415. Disponible en SSRN: http://ssrn.com/abstract=2620835

11. Gardiner, A. (5 de septiembre de 2019). *"I put my own life on hold": The pain and joy of caring for parents.* New York Times. https://www.nytimes.com/2019/09/05/reader-center/taking-care-of-elderly-relatives.html

12. Next Avenue. (2018). *Parents' support to adult Kids: $500 billion a year.* https://www.nextavenue.org/parents-support-adult-kids/

13. Gardiner, A. (5 de septiembre de 2019). *"I put my own life on hold": The pain and joy of caring for parents.* New York Times. https://www.nytimes.com/2019/09/05/reader-center/taking-care-of-elderly-relatives.html

14. Span, P. (3 de diciembre de 2022). *Who will care for "kinless' seniors"?* New York Times. https://www.nytimes.com/2022/12/03/health/elderly-living-alone.html

15. Spitze, Glenna, y Gallant, Mary P. (2004). *"The bitter with the sweet": Older adults' strategies for handling ambivalence in relations with their adult children.* Research on Aging 26: 387–412. https://doi.org/10.1177/0164027504264677

16. Ibid.

17. Heid, A. R., Kim, K., Zarit, S. H., Birditt, K. S., y Fingerman, K. L. (marzo de 2018). *Relationship tensions and mood: Adult children's daily experience of aging parents' stubbornness.* Personal Relationships 25(1): 87–102. https://doi.org/10.1111/pere.12229

18. Ibid.

19. Lee, Hyo Jung, Kim, Kyungmin, Bangerter, Lauren R., Zarit, Steven H., and Fingerman, Karen L. (2020). *Parents' and middle-aged children's evaluations of parents' disability and life problems.* Journal of Adult Development 27(2): 135–146. https://doi.org/10.1007/s10804-019-09336-x

20. https://www.nytimes.com/2019/08/30/health/stubbornness-parents-elderly.html

21. Berman, Claire. (4 de marzo de 2016). *What aging parents want from their kids: There's a fine line between caring and controlling—but older adults and their grown children often disagree on where it is.* The Atlantic. https://www.theatlantic.com/health/archive/2016/03/when-youre-the-aging-parent/472290/

22. Span, P. (30 de agosto de 2019). *Think Your Aging Parents Are Stubborn? Blame 'Mismatched Goals.'* The New York Times. https://www.nytimes.com/2019/08/30/health/stubbornness-parents-elderly.html

23. Saxon, Leslie, Ebert, Rebecca, y Sobhani, Mona. (13 de agosto de 2019). *Health impacts of unlimited access to networked transportation in older adults*. The Journal of mHealth. https://thejournalofmhealth.com/health-impacts-of-unlimited-access-to-networked-transportation-in-older-adults/

24. Levenson, M. (12 de noviembre de 2021). *Husband of "Sweetheart Swindler" sentenced to 85 years for bilking older people*. New York Times. https://www.nytimes.com/2021/11/12/us/sweetheart-swindler-sentenced.html

25. Blanton, K. (27 de marzo de 2019). *Elderly report financial abuse by kids—Center for Retirement Research*. Center for Retirement Research at Boston College. https://crr.bc.edu/elderly-report-financial-abuse-by-kids/

26. Horioka, Charles Yuji. (28 de mayo de 2014). *Are Americans and Indians more altruistic than the Japanese and Chinese? Evidence from a New International Survey of Bequest Plans*. ISER Discussion Paper No. 901. Disponible en SSRN: https://ssrn.com/abstract=2441008

27. Horioka, Charles Yuji, Gahramanov, Emin, Hayat, Aziz, y Tang, Xueli. (7 de mayo de 2016). *Why do children take care of their elderly parents? Are the Japanese any different?* ISER Discussion Paper No. 970. Disponible en SSRN: https://ssrn.com/abstract=2777286 o http://dx.doi.org/10.2139/ssrn.2777286

28. Almås, Ingvild, Freddi, Eleonora, y Thogersen, Oystein. (24 de mayo de 2016). *Saving and bequest in China: An analysis of intergenerational exchange*. NHH Dept. of Economics Discussion Paper No. 10/2016. Disponible en SSRN: https://ssrn.com/abstract=2786877 o http://dx.doi.org/10.2139/ssrn.2786877

29. He, Jia, Wu, Jing, Zhang, Qi, and Zhang, Rongjie. (3 de diciembre de 2021). *Caring about bequest, so caring for parents? Evidence from China's housing sector*. Disponible en SSRN: https://ssrn.com/abstract=3976927 o http://dx.doi.org/10.2139/ssrn.3976927

30. Span, Paula. (10 de mayo de 2019). *Many Americans will need long-term care. Most won't be able to afford it. A decade from now, most middle-income seniors will not be able to pay the rising costs of independent or assisted living*. New York Times.

31. Henig, Robin Marantz. (2018). *The age of grandparents is made of many tragedies. The proportion of children living in "grandfamilies" has doubled in the United States since 1970—and the reasons are often sad ones*. The Atlantic. https://www.theatlantic.com/family/archive/2018/06/this-is-the-age-of-grandparents/561527/

32. Powdthavee, Nattavudh. (2011). *Life satisfaction and grandparenthood: Evidence from a nationwide survey*. IZA Discussion Paper No. 5869. Disponible en SSRN: https://ssrn.com/abstract=1906172

33. Yasir, S., y Ives, M. (29 de mayo de 2022). *No grandchild? Six years after son's wedding, these parents are suing*. New York Times. https://www.nytimes.com/2022/05/29/world/asia/india-couple-grandchild-suing.html

34. Blanton, K. (13 de diciembre de 2022). *Retiring to care for grandchild isn't unusual—Center for Retirement Research*. Center for Retirement Research at Boston College. https://crr.bc.edu/retiring-to-care-for-grandchild-isnt-unusual/

35. Malisa, Amedeus. (21 de septiembre de 2022). *Grandparenthood and retirement.* Disponible en SSRN: https://ssrn.com/abstract=4225814 o http://dx.doi.org/10.2139/ssrn.4225814

36. Joseph, M. (7 de abril de 2022). *The pandemic was a gift to this grandpa—Center for Retirement Research.* Center for Retirement Research at Boston College. https://crr.bc.edu/the-pandemic-was-a-gift-to-this-grandpa/

37. Hida, H., y Yoon, J. (1 de septiembre de 2022). *In a Japanese nursing home, some workers are babies.* New York Times. https://www.nytimes.com/2022/09/01/world/asia/japan-nursing-home-babies.html

38. Span, P. (23 de julio de 2019). *When grandparents help hold it all together.* New York Times. https://www.nytimes.com/2019/07/23/well/family/when-grandparents-help-hold-it-all-together.html

39. Deaton, Angus, y Stone, Arthur. (junio de 2013). *Grandpa and the snapper: The wellbeing of the elderly who live with children.* NBER Working Paper No. w19100. Disponible en SSRN: https://ssrn.com/abstract=2276364

40. Henig, Robin Marantz. (2018). *The age of grandparents is made of many tragedies. The proportion of children living in "grandfamilies" has doubled in the United States since 1970—and the reasons are often sad ones.* The Atlantic. https://www.theatlantic.com/family/archive/2018/06/this-is-the-age-of-grandparents/561527/

41. Span, Paula. (23 de julio de 2020). *Generation grandparent.* New York Times. https://www.nytimes.com/2020/07/23/well/family/estrangement-grandparents-grandchildren.html

42. Henig, Robin Marantz. (30 de abril de 2021). *The unspoken wedge between parents and grandparents. Each generation has its own norms for parenting. Arguing over the differences can be an emotional minefield.* The Atlantic. https://www.theatlantic.com/family/archive/2021/04/when-grandparenting-clashes-parenting/618758/

43. Ibid.

44. Ibid.

45. Span, Paula. (23 de julio de 2020). *Generation grandparent.* New York Times. https://www.nytimes.com/2020/07/23/well/family/estrangement-grandparents-grandchildren.html

46. Hax, C. (19 de diciembre de 2022). *Advice | Carolyn Hax: Does grandparent get second chance after nut-allergy mistake?* Washington Post. https://www.washingtonpost.com/advice/2022/12/19/carolyn-hax-grandma-nut-allergy-grandkid/

47. Hesse, M. (15 de enero de 2023). *Perspective | Prince Harry doesn't need to explain himself anymore.* Washington Post. https://www.washingtonpost.com/lifestyle/2023/01/13/prince-harry-spare-memoir/

48. Pearson, C. (5 de junio de 2023). *The lifelong gift of sibling friendship.* New York Times. https://www.nytimes.com/2023/06/05/well/family/sibling-friends-relationship.html

49. Jensen, A. C., Killoren, S. E., Campione-Barr, N., Padilla, J., and Chen, B.-B. (2023). *Sibling relationships in adolescence and young adulthood in multiple contexts: A critical review.* Journal of Social and Personal Relationships 40(2): 384–419. https://doi.org/10.1177/02654075221104188

50. Borga, Liyousew Gebremedhin, y Myroslav, Pidkuyko. (1 de febrero de 2019). *Whoever has will be given more: Child endowment and human capital investment.* CERGE-EI Working Paper Series No. 616. Disponible en SSRN: https://ssrn.com/abstract=3161182 o http://dx.doi.org/10.2139/ssrn.3161182

51. Garg, Ashish, y Morduch, Jonathan. (1998). *Sibling rivalry and the gender gap: Evidence from child health outcomes in Ghana.* Journal of Population Economics 11(4). Disponible en SSRN: https://ssrn.com/abstract=147310

52. McCarthy, C. (6 de diciembre de 2022). *Sibling rivalry is normal—but is it helpful or harmful?* Harvard Health. https://www.health.harvard.edu/blog/sibling-rivalry-is-normal-but-is-it-helpful-or-harmful-202212062861

53. Simmons-Duffin, S. (26 de noviembre de 2010). *Brotherly (and sisterly) love in the animal world.* NPR. https://www.npr.org/2010/11/24/131571394/brotherly-and-sisterly-love-in-the-animal-world

54. Lucas-Thompson, Rachel, y Goldberg, Wendy A. (2011). *Family relationships and children's stress responses.* In: Advances in Child Development and Behavior.

55. Grose, J. (13 de enero de 2021). *The psychology behind sibling rivalry.* New York Times. https://www.nytimes.com/2021/01/13/parenting/sibling-rivalry-fights-kids.html

56. Vivona, J. M. (2007). *Sibling Differentiation, Identity Development and the Lateral Dimension of Psychic Life.* Journal of the American Psychoanalytic Association, 55(4): 1191-1215. https://doi.org/10.1177/000306510705500405

57. Lu, F. (12 de enero de 2023). *Grudge diary: Chinese girl, 8, keeps secret journal of grievances against sister.* South China Morning Post. https://www.scmp.com/news/people-culture/article/3206077/grudge-diary-chinese-girl-8-keeps-bitter-secret-journal-grievances-she-holds-against-16-year-old

58. Spragins, E. (7 de septiembre de 2003). *Love & money: When a windfall frays family ties.* New York Times. https://www.nytimes.com/2003/09/07/business/love-money-when-a-windfall-frays-family-ties.html

59. Wang, Shun, y Zhou, Weina. (6 de febrero de 2016). *Do siblings make us happy?* KDI School of Pub Policy & Management Paper No. 16-04. Disponible en SSRN: https://ssrn.com/abstract=2772034

60. Galanes, P. (10 de junio de 2021). *How do I get my parents to stop bankrolling their adult son?* New York Times. https://www.nytimes.com/2021/06/10/style/parents-financial-support-social-qs.html

61. Ansberry, C. (15 de febrero de 2023). *When parents need care, sibling relationships face new challenges.* Wall Street Journal. https://www.wsj.com/articles/avoid-the-sibling-resentment-trap-in-caring-for-an-aging-parent-d79c33ec

62. Klein, M. (22 de enero de 2022). *Nasty family feud over mom's will lands two retired sisters in jail—and one may lose her home.* New York Post. https://nypost.com/2022/01/22/battle-over-estate-landed-two-sisters-on-rikers-island/

63. Jervey, G. (28 de marzo de 2004). *Personal Business: A legacy of rancor: Estate fights rising.* New York Times. https://www.nytimes.com/2004/03/28/business/personal-business-a-legacy-of-rancor-estate-fights-rising.html

64. Schmidt, G. (16 de junio de 2022). *Dog owners want more space. Here's where they're finding it.* New York Times. https://www.nytimes.com/2022/06/16/realestate/top-cities-dog-owners.html

65. Smith, Z. (10 de enero de 2013). *Joy.* The New York Review. https://www.nybooks.com/articles/2013/01/10/joy/#:~=Occasionally%20the%20child%2C%20too%2C%20is,way%20to%20live-%20with%20daily

66. Gerson, Michael. (4 de julio de 2022). *Why I will never live without a dog again.* Washington Post. https://www.washingtonpost.com/opinions/2022/07/04/why-i-will-never-live-without-dog-love-again/

67. Owens, Nicole, y Grauerholz, Liz. (2018). *Interspecies parenting: How pet parents construct their roles.* Humanity & Society 1–24.

68. *The power of pets: Health benefits of human-animal interactions.* NIH News in Health A monthly newsletter from the National Institutes of Health, part of the U.S. Department of Health and Human Services. https://newsinhealth.nih.gov/2018/02/power-pets

69. Ibid.

70. Powell, Kate M., Edwards, Paul McGreevy, Bauman, Adrian, Podberscek, Anthony, y Neilly, Brendon. (2019). *Companion dog acquisition and mental well-being: A community-based three-arm controlled study.* BMC Public Health 19, Article number: 1428. https://bmcpublichealth.biomedcentral.com/articles/10.1186/s12889-019-7770-5

71. Santos, F. (2 de febrero de 2021). *Opinion | A snake bit my cat. Clearing out my bank accounts to save him was an easy choice.* Washington Post. https://www.washingtonpost.com/opinions/2020/12/31/snake-bit-my-cat-clearing-out-my-bank-accounts-save-him-was-an-easy-choice/

72. Jordan, M. (14 de abril de 2022). *Ukrainians face new hurdle at U.S. border: No dogs.* New York Times. https://www.nytimes.com/2022/04/14/us/ukrainian-refugees-dogs-us-border.html

73. Ibid.

74. Renkl, M. (1 de febrero de 2021). *Opinion | A dog's place is at the White House.* New York Times. https://www.nytimes.com/2021/02/01/opinion/champ-major-white-house-dogs.html

75. Gurley, G. (26 de enero de 2023). *Future cringe.* New York Times. https://www.nytimes.com/interactive/2023/01/26/style/culture-regret-crocs-social-media-cringe.html

Capítulo 9: Amistad

1. Van Kessel, P., Hughes, A., y Walker, K. (20 de noviembre de 2018). The meaning of life: 100 quotes from Americans on what keeps them going. Pew Research Center's Religion & Public Life Project. https://www.pewresearch.org/religion/interactives/what-keeps-us-going/
2. Diener, E., y Biswas-Diener, R. (2008). Happiness: Unlocking the Mysteries of Psychological Wealth. Malden, MA: Blackwell.
3. 22 heartwarming stories of true friendship that will make you call your bestie. If you're lucky, you'll find one person who brightens your day, lends an ear, and inspires you. RD readers share stories of their best buds. Heartwarming-Stories-of-True-Friendship. Actualizado el 8 de mayo de 2019. https://www.rd.com/article/stories-of-friendship/
4. Young, D. (15 de diciembre de 2022). Advice | Ask Damon: I can't afford to hang out with my rich friends. Washington Post. https://www.washingtonpost.com/advice/2022/12/16/ask-damon-rich-friends-afford/
5. Singletary, M. (20 de julio de 2023). Advice | They do, but you don't. It's okay to RSVP "no" if you're broke. *Washington Post.* https://www.washingtonpost.com/business/2023/07/21/wedding-guest-money/
6. Pearson, C. (11 de julio de 2022). Text your friends. It matters more than you think. *New York Times.* https://www.nytimes.com/2022/07/11/well/family/check-in-text-friendship.html
7. Caron, C. (21 de diciembre de 2021). An overlooked cure for loneliness. *New York Times.* https://www.nytimes.com/2021/12/21/well/mind/loneliness-volunteering.html
8. Kerns, K. A. (1996). Individual differences in friendship quality: Links to child-mother attachment. En: W. M. Bukowski, A. F. Newcomb, y W. W. Hartup (eds.). *The company they keep: Friendship in Childhood and Adolescence.* New York: Cambridge University Press, pp. 137–157.
9. Glick, G. C., y Rose, A. J. (julio de 2011). Prospective associations between friendship adjustment and social strategies: friendship as a context for building social skills. *Dev Psychol,* 47(4): 1117-32. doi: 10.1037/a0023277. PMID: 21443336; PMCID: PMC3389512. https://www.ncbi.nlm.nih.gov/pmc/articles/PMC3389512/
10. Murphy, K. (23 de abril de 2021). The pandemic shrank our social circles. Let's keep it that way. *New York Times.* https://www.nytimes.com/2021/04/23/sunday-review/covid-friendship.html
11. Stulberg, B. (17 de abril de 2022). Opinion | One part of your life you shouldn't optimize. *New York Times.* https://www.nytimes.com/2022/04/17/opinion/culture/making-friends-covid.html
12. Diener, E., Suh, E. M., Lucas, E. R., y Smith, H. L. (1999). Subjective well-being: Three decades of progress. *Psychological Bulletin,* 125, 276–302.
13. Barrera, M., Jr. (1986). Distinctions between social support concepts,

measures and models. *American Journal of Community Psychology*, 14: 413–445; David, Susan, Boniwell, Ilona, y Conley Ayers, Amanda. *Oxford Handbook of Happiness*. Oxford: Oxford Library of Psychology, p. 856. OUP Oxford. Kindle Edition.

14. Helliwell, J. F., Huang, H., y Harris, A. (2009). International differences in the determinants of life satisfaction. En: B. Dutta, T. Ray, y E. Somanathan (eds.), *New and enduring themes in development economics*. World Scientific Publishing, pp. 3–40.

15. Statman, Meir. (invierno de 2020). Well-being advisers. *The Journal of Wealth Management* invierno 23 (Supplement 1): 2–44, p. 2. doi: https://doi.org/10.3905/jwm.23.s1.002

16. Saleh, Lamis. (1 de junio de 2020). A city in the Jordanian desert: Where do Syrian refugees want to live? En SSRN: https://ssrn.com/abstract=3778575 o http://dx.doi.org/10.2139/ssrn.3778575

17. Bailey, M., Cao, R., Kuchler, T., y Stroebel, J. (2018). The economic effects of social networks: Evidence from the housing market. *Journal of Political Economy*, 126: 2224–2276.

18. McCartney, W. Ben, y Shah, Avni. (2 de mayo de 2019). The economic importance of neighbors: Evidence from hyperlocal social influence effects in mortgage markets. SSRN: https://ssrn.com/abstract=2882317 o http://dx.doi.org/10.2139/ssrn.2882317

19. Banerjee, P. (8 de abril de 2019). Want to save money on your mortgage? Have drinks with your neighbours. *The Globe and Mail*. https://www.theglobeandmail.com/investing/personal-finance/household-finances/article-being-neighbourly-might-save-you-some-money-on-your-mortgage/

20. The Financial Diaries, p. 65.

21. Fishman, B. (3 de septiembre de 2022). Opinion | The post-colonoscopy male friendship test. *New York Times*. https://www.nytimes.com/2022/09/03/opinion/men-friendship-middle-age.html

22. Schmidt, S. (4 de diciembre de 2020). No game days. No bars. The pandemic is forcing some men to realize they need deeper friendships. *Washington Post*. https://www.washingtonpost.com/road-to-recovery/2020/11/30/male-bonding-covid/

23. Baker, B. (28 de enero de 2021). Why middle-aged men have trouble sustaining friendships. *Literary Hub*. https://lithub.com/why-middle-aged-men-have-trouble-sustaining-friendships/

24. Pearson, C. (28 de noviembre de 2022). Why is it so hard for men to make close friends? *New York Times*. https://www.nytimes.com/2022/11/28/well/family/male-friendship-loneliness.html

25. Hickman, Adam. (marzo de 2018). Why friendships among remote workers are crucial. *Workplace*. https://www.gallup.com/workplace/236072/why-friendships-among-remote-workers-crucial.aspx

26. https://www.theatlantic.com/family/archive/2020/07/what-pandemic-doing-work-friendships/614407/

27. Mo, Nicole. (21 de julio de 2020). The pandemic is changing work friendships. *The Atlantic.* https://www.theatlantic.com/family/archive/2020/07/what-pandemic-doing-work-friendships/614407/

28. Allcott, Hunt, Braghieri, Luca, Eichmeyer, Sarah, y Gentzkow, Matthew. (25 de marzo de 2019). The welfare effects of social media. SSRN: https://ssrn.com/abstract=3308640 o http://dx.doi.org/10.2139/ssrn.3308640

29. Allcott, Hunt, Gentzkow, Matthew, y Song, Lena. (2022). American Economic Review 112(7): 2424–2463. https://doi.org/10.1257/aer.20210867

30. Carey, B. (30 de enero de 2019). This is your brain off Facebook. *New York Times.* https://www.nytimes.com/2019/01/30/health/facebook-psychology-health.html

31. Han, S. (20 de mayo de 2021). You can only maintain so many close friendships. *The Atlantic.* https://www.theatlantic.com/family/archive/2021/05/robin-dunbar-explains-circles-friendship-dunbars-number/618931/

32. Mull, A. (27 de enero de 2021). The pandemic has erased entire categories of friendship. *The Atlantic.* https://www.theatlantic.com/health/archive/2021/01/pandemic-goodbye-casual-friends/617839/

33. Keohane, J. (4 de agosto de 2021). The surprising benefits of talking to strangers. *The Atlantic.* https://www.theatlantic.com/family/archive/2021/08/why-we-should-talk-strangers-more/619642/

34. Sax, D. (12 de junio de 2022). Opinion | Why strangers are good for us. *New York Times.* https://www.nytimes.com/2022/06/12/opinion/strangers-talking-benefits.html

35. Beck, J. (22 de octubre de 2015). How friendships change when you become an adult. *The Atlantic.* https://www.theatlantic.com/health/archive/2015/10/how-friendships-change-over-time-in-adulthood/411466/

36. Denworth, Lydia. (28 de enero de 2020). The outsize influence of your middle-school friends. *The Atlantic.* https://www.theatlantic.com/family/archive/2020/01/friendship-crucial-adolescent-brain/605638/

37. Lavy, Victor, y Sand, Edith. (octubre de 2012). The friends factor: How students' social networks affect their academic achievement and well-being. NBER Working Paper No. w18430. SSRN: https://ssrn.com/abstract=2160187; The effect of social networks on student's academic and non-cognitive behavioral outcomes: Evidence from conditional random assignment of friends in school. (enero de 2019). *The Economic Journal,* 129(617): 439–480. https://doi.org/10.1111/ecoj.12582

38. Wu, Jia, Zhang, Junsen, y Wang, Chunchao. (2023). Student performance, peer effects, and friend networks: Evidence from a randomized peer intervention. *American Economic Journal: Economic Policy,* 15(1): 510–542.

39. Chetty, R., Jackson, M.O., Kuchler, T., et al. (2022). Social capital II: Determinants of economic connectedness. *Nature,* 608: 122–134. https://doi.org/10.1038/s41586-022-04997-3

40. Offer, Shira. (2021). Negative social ties: Prevalence and consequences. *Annual Review of Sociology*, 47: 177–196. https://doi.org/10.1146/annurcv-soc-090820-025827

41. Statman, Meir. (invierno de 2020). Well-being advisers. *The Journal of Wealth Management* Winter 23 (Supplement 1): 2–44, p. 2. doi: https://doi.org/10.3905/jwm.23.s1.002

42. The myth of the BFF and the end of female friendships. *The Guardian.* https://www.theguardian.com/books/australia-culture-blog/2013/may/29/bff-female-friendships-end

43. Makhijani, Pooja. (25 de junio de 2020). How to handle a mom-friend breakup: those bonds forged when you have babies don't always last. *New York Times.* https://www.nytimes.com/2020/06/25/parenting/moms-friends-fight.html

44. Jargon, J. (20 de febrero de 2021). New mothers are lonely during coronavirus. Mom-shaming on social media is making it worse. *Wall Street Journal.* https://www.wsj.com/articles/new-mothers-are-lonely-during-coronavirus-mom-shaming-on-social-media-is-making-it-worse-11613829600

45. Bahadur, N. (11 de junio de 2013). 5 women who have "broken up" with their BFFs. *HuffPost.* https://www.huffpost.com/entry/friend-breakup-stories_n_3417347

46. Pinsker, J. (30 de marzo de 2021). Trump's presidency is over. So are many relationships. *The Atlantic.* https://www.theatlantic.com/family/archive/2021/03/trump-friend-family-relationships/618457/

47. Brandon, Emily. (20 de abril de 2009). Forget tuition: How retirees can attend college for free. A look at universities that offer free or low-cost classes. *U.S. News.* https://money.usnews.com/money/articles/2009/04/20/forget-tuition-how-retirees-can-attend-college-for-free

48. http://www.sixthtone.com/news/1840/universities-offer-lifelong-learning-to-chinas-elderly

49. Statman, Meir. (invierno de 2020). Well-being advisers. *The Journal of Wealth Management* Winter 23 (Supplement 1): 2–44, p. 2. doi: https://doi.org/10.3905/jwm.23.s1.002

50. Borgonovi, F. (2008). Doing well by doing good: The relationship between formal volunteering and self-reported health and happiness. *Social Science & Medicine*, 66(11), 2321–2334.

51. Silver, L., Van Kessel, P., Huang, C., Clancy, L., y Gubbala, S. (18 de noviembre de 2021). What makes life meaningful? Views from 17 advanced economies. *Pew Research Center.* https://www.pewresearch.org/global/2021/11/18/finding-meaning-in-others/

52. Ren, Zhiying (Bella), Dimant, Eugen, y Schweitzer, Maurice E. (8 de septiembre de 2021). Social motives for sharing conspiracy theories. SSRN: https://ssrn.com/abstract=3919364 o http://dx.doi.org/10.2139/ssrn.3919364

53. Span, Paula. (27 de septiembre de 2019). "We need each other": Seniors are drawn to new housing arrangements. *New York Times*. Actualizado el 1 de octubre de 2019. https://www.nytimes.com/2019/09/27/health/seniors-housing-sharing-villages.html

54. Yiying, F. (5 de marzo de 2018). Why China's elderly "huddle to stay warm." *SixthTone*. https://www.sixthtone.com/news/1001858

55. Njiokiktjien, I. (2 de septiembre de 2021). Where home blends with community. *New York Times*. https://www.nytimes.com/2021/09/02/style/cohousing-netherlands-belgium-community.html

56. Hypolite, L. I. (2020). People, place, and connections: Black cultural center staff as facilitators of social capital. *Journal of Black Studies*, 51(1), 37–59. https://doi.org/10.1177/0021934719892238

57. Rosa, A., y Keith, S. (8 de julio de 2020). See that fridge on the sidewalk? It's full of free food. *New York Times*. https://www.nytimes.com/2020/07/08/nyregion/free-food-fridge-nyc.html

58. Krieger, D. (16 de agosto de 2012). Cycling and socializing in Central Park. *New York Times*. https://www.nytimes.com/2012/08/17/nyregion/cycling-and-socializing-in-central-park.html

59. Buerger, Catherine. (14 de diciembre de 2020). The anti-hate brigade: How a group of thousands responds collectively to online vitriol. SSRN: https://ssrn.com/abstract=3748803 o http://dx.doi.org/10.2139/ssrn.3748803

60. Span, Paula. (8 de noviembre de 2019). A retirement community that comes to you in continuing care at-home programs. Members live in their own houses for years with regular health check-ins. *New York Times*. Actualizado el 10 de noviembre de 2019. https://www.nytimes.com/2019/11/08/health/retirement-home-ccrc.html

Capítulo 10: Salud

1. Statman, Meir. (invierno de 2020). *Well-being advisers*. The Journal of Wealth Management Winter 23 (Supplement 1): 2–44, p. 2. doi: https://doi.org/10.3905/jwm.23.s1.002

2. Oswald, Andrew J., y Powdthavee, Nattavudh (julio de 2006). *Does happiness adapt? A longitudinal study of disability with implications for economists and judges*. IZA Discussion Paper No. 2208. Disponible en SSRN: https://ssrn.com/abstract=921040

3. Bostock, S., Hamer, M., Wawrzyniak, A. J., Mitchell, E. S., y Steptoe, A. (2011). *Positive emotional style and subjective, cardiovascular and cortisol responses to acute laboratory stress*. Psychoneuroendocrinology 36: 1175–1183.

4. Giuntella, Osea, Hyde, Kelly, Saccardo, Silvia, y Sadoff, Sally. (4 de agosto de 2020). *Lifestyle and mental health disruptions during COVID-19*. Disponible en

SSRN: https://ssrn.com/abstract=3666985 o http://dx.doi.org/10.2139/ssrn.3666985

5. Duan, Hongbo, Huang, Zhilin, Jiang, Jie, y Wang, Shouyang. (19 de julio de 2020). *The COVID-19 outbreak decreases residents' self-reported happiness.* Disponible en SSRN: https://ssrn.com/abstract=3686190 o http://dx.doi.org/10.2139/ssrn.3686190

6. Krekel, Christian, Swanke, Sarah, De Neve, Jan-Emmanuel, y Fancourt, Daisy. (mayo de 2023). *Happiness predicts compliance with preventive health behaviours during Covid-19 lockdowns.* Scientific Reports 13(1): 7989. doi: 10.1038/s41598-023-33136-9. PMID: 37198247; PMCID: PMC10189679.

7. Brody, J. E. (4 de octubre de 2021). *The devastating ways depression and anxiety impact the body.* New York Times. https://www.nytimes.com/2021/10/04/well/mind/depression-anxiety-physical-health.html

8. Goodman, F. R., Doorley, J. D., y Kashdan, T. B. (2018). *Well-being and psychopathology: A deep exploration into positive emotions, meaning and purpose in life, and social relationships.* En: E. Diener, S. Oishi, y L. Tay (eds.), Handbook of well-being. Salt Lake City, UT: DEF Publishers. doi: nobascholar.com

9. Schuch, Felipe B., Vancampfort, Davy, Firth, Joseph, Rosenbaum, Simon, Ward, Philip B., Silva, Edson S., Hallgren, Mats, Ponce De Leon, Antonio, Dunn, Andrea L., Deslandes, Andrea C., Fleck, Marcelo P., Carvalho, Andre F., y Stubbs, Brendon. (Publicado Online: 25 de abril de 2018). *Physical Activity and Incident Depression: A Meta-Analysis of Prospective Cohort Studies.* https://doi.org/10.1176/appi.ajp.2018.17111194

10. Solomon, A. (10 de julio de 2020). *What happens when you're disabled but nobody can tell.* New York Times. https://www.nytimes.com/2020/07/10/style/invisible-disabilities.html

11. Casali, M. (10 de diciembre de 2022). *The connection between puberty and mental health.* Turnbridge. https://www.turnbridge.com/news-events/uncategorized/puberty-and-mental-health/

12. Richtel, M., y Flanagan, A. (24 de abril de 2022). *"It's life or death": The mental health crisis among U.S. teens.* New York Times. https://www.nytimes.com/2022/04/23/health/mental-health-crisis-teens.html

13. Arenas-Arroyo, E., Fernandez-Kranz, D., y Nollenberger, N. (mayo de 2023). *High speed internet and the widening gender gap in adolescent mental health: Evidence from hospital records.* IZA Institute of Labor Economics. https://www.iza.org/publications/dp/15728/high-speed-internet-and-the-widening-gender-gap-in-adolescent-mental-health-evidence-from-hospital-records

14. Braghieri, Luca, Levy, Ro'ee, y Makarin, Alexey. (2022). *Social media and mental health.* American Economic Review 112(11): 3660–3693. https://doi.org/10.1257/aer.20211218

15. Wang, B., Frank, R., y Glied, S. (20 de diciembre de 2022). *Lasting scars: The impact of depression in early adulthood on subsequent labor market outcomes.* Brookings. https://www.brookings.edu/articles/lasting-scars-the-impact-of-depression-in-early-adulthood-on-subsequent-labor-market-outcomes/

16. Biasi, Barbara, Dahl, Michael Slavensky, y Moser, Petr. (julio de 2021). *Career effects of mental health.* NBER Working Paper No. w29031. Disponible en SSRN: https://ssrn.com/abstract=3889138

17. Layard, Richard, Chisholm, Dan, Patel, Vikram, y Saxena, Shekhar. (2013). *Mental illness and unhappiness.* IZA Discussion Paper No. 7620. Disponible en SSRN: https://ssrn.com/abstract=2336397

18. Bergner, D. (17 de mayo de 2022). *Doctors gave her antipsychotics. She decided to live with her voices.* New York Times. https://www.nytimes.com/2022/05/17/magazine/antipsychotic-medications-mental-health.html

19. Currie, J., y Schwandt, H. (2021). *The opioid epidemic was not caused by economic distress but by factors that could be more rapidly addressed.* The ANNALS of the American Academy of Political and Social Science 695(1): 276–291. https://doi.org/10.1177/00027162211033833

20. Szalavitz, M. (3 de enero de 2023). *Opinion | "Entire body is shaking": Why Americans with chronic pain are dying.* New York Times. https://www.nytimes.com/2023/01/03/opinion/chronic-pain-suicides.html

21. Persson, Petra, y Rossin-Slater, Maya. (2018). *Family ruptures, stress, and the mental health of the next generation.* American Economic Review 108(4–5): 1214–1252. https://doi.org/10.1257/aer.20141406

22. Almond, Douglas, y Mazumder, Bhashkar. (2011). *Health capital and the prenatal environment: The effect of Ramadan observance during pregnancy.* American Economic Journal: Applied Economics 3(4): 56–85. doi:10.1257/app.3.4.56

23. Currie, Janet, y Walker, Reed. (enero de 2011). *Traffic congestion and infant health: Evidence from E-ZPass.* American Economic Journal: Applied Economics 3: 65–90. http://www.aeaweb.org/articles.php?doi=10.1257/app.3.1.65

24. Currie, Janet, Voorheis, John, y Walker, Reed. (1 de enero de 2023). *What caused racial disparities in particulate exposure to fall? New evidence from the clean air act and satellite-based measures of air quality.* American Economic Review 113(1): 71–97.

25. East, Chloe N., Miller, Marianne, Page, Marianne, y Wherry, Laura R. (2011). *Multigenerational impacts of childhood access to the safety net: Early life exposure to*

Medicaid and the next generation's health. American Economic Review 13(1): 98–135.

26. Currie, Janet. (2011). *Inequality at birth: Some causes and consequences.* American Economic Review: Papers & Proceedings 101(3): 1–22. http://www.aeaweb.org/articles.php?doi=10.1257/aer.101.3.1

27. Seid, Roberta Pollack. (1989). *Never too thin: Why women at war with their bodies.* Prentice Hall Press; Clark, Kenneth. (1956). *The nude: A study in ideal form.* Princeton, NJ: Princeton University Press, pp. 5–6.

28. Hollander, A. (23 de octubre de 1977). *When fat was in fashion.* New York Times. https://www.nytimes.com/1977/10/23/archives/when-fat-was-in-fashion-abundant-flesh-was-a-thing-of-beauty-to.html

29. Gebauer, J. E., Nehrlich, A. D., Stahlberg, D., Sedikides, C., Hackenschmidt, A., Schick, D., Stegmaier, C. A., Windfelder, C. C., Bruk, A., y Mander, J. (2018). *Mind-body practices and the self: Yoga and meditation do not quiet the ego but instead boost self-enhancement.* Psychological Science 29(8), 1299–1308. https://doi.org/10.1177/0956797618764621

30. Graham, Carol, y Felton, Andrew. (septiembre de 2005). *Variance in obesity across cohorts and countries: A norms-based explanation using happiness surveys.* CSED Working Paper No. 42. Disponible en SSRN: https://ssrn.com/abstract=1024823 o http://dx.doi.org/10.2139/ssrn.1024823

31. Gogoi, P. (29 de abril de 2023). *The weight bias against women in the workforce is real—and it's only getting worse.* NPR. https://www.npr.org/2023/04/29/1171593736/women-weight-bias-wages-workplace-wage-gap

32. Macchi, Elisa. (septiembre de 2023). *Worth your weight: Experimental evidence on the benefits of obesity in low-income countries.* American Economic Review 113(9): 2287–2322.

33. Graham, Carol, y Felton, Andrew. (septiembre de 2005). *Variance in obesity across cohorts and countries: A norms-based explanation using happiness surveys.* CSED Working Paper No. 42. Disponible en SSRN: https://ssrn.com/abstract=1024823 o http://dx.doi.org/10.2139/ssrn.1024823

34. Lee, Wang-Sheng, y Zhao, Zhong. (2015). *Height, weight and well-being for rural, urban and migrant workers in China.* IZA Discussion Paper No. 9397. Disponible en SSRN: https://ssrn.com/abstract=2672183

35. Katzmarzyk, Peter T., y Davis, Caroline. (20 de abril de 2001). *Thinness and body shape of Playboy centerfolds from 1978 to 1998.* International Journal of Obesity 25: 590–592.

36. Roberts, Alan, y Muta, Sena. (marzo de 2017). *Body image representations of female body weight in the media: An update of Playboy magazine from 2000 to 2014.*

Science Direct 20: 16–19. https://www.sciencedirect.com/science/article/pii/S1740144516303187?via%3Dihub

37. Flynn, Mark A., Park, Sung-Yeon, Morin, David T., y Stana Alexandru. (2015). *Anything but real: Body idealization and objectification of MTV docusoap characters*. Sex Roles 72: 173–182.

38. Beck, C. M. y M. Mazmanian, *Dreams of the Overworked Living, Working, and Parenting in the Digital Age*, 2020, Standard University Press, Stanford, California.

39. Ibid., p. 71.

40. Swami, V., Weis, L., Barron, D., y Furnham, A. (2018). *Positive body image is positively associated with hedonic (emotional) and eudaimonic (psychological and social) well-being in British adults*. Journal of Social Psychology 158(5): 541–552. doi:10.1080/00224545.2017.1392278. Epub 2017 Nov 21. Erratum en: Journal of Social Psychology, 2020, 160(2): 264–266. PMID: 29053404.

41. Thames, A., y Abrams, J. (10 de noviembre de 2022). *Female college athletes say pressure to cut body fat is toxic*. New York Times. https://www.nytimes.com/2022/11/10/sports/college-athletes-body-fat-women.html

42. Jargon, J. (13 de noviembre de 2021). *Boys have eating disorders, too. Doctors think social media is making it worse*. Wall Street Journal. https://www.wsj.com/articles/boys-have-eating-disorders-too-doctors-think-social-media-is-making-it-worse-11636812000

43. Davis, D. (21 de agosto de 2018). *Sex, steroids, and Arnold: The story of the gym that shaped America*. Deadspin. https://deadspin.com/sex-steroids-and-arnold-the-gym-that-shaped-america-1828228786

44. Dwyer, K. (2021). *The way we worked out*. New York Times. https://www.nytimes.com/2021/02/24/style/vertical-club.html

45. Khan, A. M. (10 de marzo de 2017). *Wellness is the new status symbol: Euromonitor*. American Marketer. https://americanmarketer.com/2017/03/10/wellness-is-the-new-luxury-status-symbol-euromonitor/

46. Khan, A. M. (10 de marzo de 2017). *Wellness is the new status symbol: Euromonitor*. American Marketer. https://americanmarketer.com/2017/03/10/wellness-is-the-new-luxury-status-symbol-euromonitor/

47. Braff, D. (25 de marzo de 2023). *Think getting into college is hard? Try applying for these gyms*. New York Times. https://www.nytimes.com/2023/03/25/style/exclusive-gym-memberships.html

48. Lieber, C. (10 de marzo de 2023). *How young women fight loneliness—Walking together in the park by the hundreds*. Wall Street Journal. https://www.wsj.com/articles/women-walking-clubs-city-fitness-13e6dfe3

49. Kasriel-Alexander, D. (13 de octubre de 2017). *Top 10 global consumer trends for 2017.* Euromonitor International. https://kupdf.net/download/top-consumer-trends-2017pdf_59e0367c08bbc5c914e65330_pdf

50. Khan, A.M. (10 de marzo de 2017). *Wellness is the new status symbol: Euromonitor.* American Marketer https://americanmarketer.com/2017/03/10/wellness-is-the-new-luxury-status-symbol-euromonitor/

51. Berlinger, M. (17 de febrero de 2021). *How Erewhon became L. A.'s hottest hangout.* New York Times. https://www.nytimes.com/2021/02/17/style/erewhon-los-angeles-health-food.html

52. Pearson, C. (20 de enero de 2023). *New guidelines underscore how complicated childhood obesity is for patients and providers.* New York Times. https://www.nytimes.com/2023/01/20/well/family/childhood-obesity-guidelines.html

53. Belluz, J. (31 de enero de 2023). *Opinion | What new weight loss drugs teach us about fat and free will.* New York Times. https://www.nytimes.com/2023/01/31/opinion/ozempic-weight-loss-drugs.html

54. Lamas, D. J. (4 de enero de 2022). *Opinion | As a doctor, I see aging differently.* New York Times. https://www.nytimes.com/2023/01/04/opinion/anti-aging-science-longevity.html

55. Pinsker, J. (7 de enero de 2022). *Some questions for a man who expects he could live to 150.* The Atlantic. https://www.theatlantic.com/family/archive/2022/01/live-to-150-life-expectancy-extension/621190/

56. Span, Paula. (31 de enero de 2020). *CPR by default when very old patients suffer cardiac arrest, doctors usually try to revive them—even if they were already near death.* New York Times. https://www.nytimes.com/2020/01/31/health/cpr-elderly.html

57. Lamas, D. J. (22 de noviembre de 2022). *Opinion | When the treatment of last resort sends a life into limbo.* New York Times. https://www.nytimes.com/2022/11/22/opinion/hospital-death-ecmo.html

58. Span, P. (9 de noviembre de 2018). *Dementia is getting some very public faces.* New York Times. https://www.nytimes.com/2018/11/09/health/alzheimers-dementia-celebrities.html

59. Egan, E. (27 de febrero de 2022). *When her husband said he wanted to die, Amy Bloom listened.* New York Times. https://www.nytimes.com/2022/02/27/books/in-love-amy-bloom.html

60. Rosengren, J. (30 de noviembre de 2023). *A son's decision to help his father die.* Washington Post. https://www.washingtonpost.com/magazine/interactive/2022/vsed-refuse-treatment-cruzan/

61. White, K. (7 de enero de 2020). *Suicide is not an act of cowardice*. The Atlantic. https://www.theatlantic.com/ideas/archive/2020/01/david-foster-wallace-was-no-coward/604501/

62. Span, P. (31 de agosto de 2018). *A debate over "rational suicide"*. New York Times. https://www.nytimes.com/2018/08/31/health/suicide-elderly.html

63. Kliff, S., y Sanger-Katz, M. (20 de julio de 2021). *Americans' medical debts are bigger than was known, totaling $140 Billion*. New York Times. https://www.nytimes.com/2021/07/20/upshot/medical-debt-americans-medicaid.html

64. Span, P. (5 de junio de 2022). *In older Americans, rising debt may adversely affect health*. New York Times. https://www.nytimes.com/2022/06/05/health/elderly-medical-health-debt.html

65. Span, P. (9 de noviembre de 2018). *Dementia is getting some very public faces*. New York Times. https://www.nytimes.com/2018/11/09/health/alzheimers-dementia-celebrities.html

66. Goodman-Bacon, Andrew. (agosto de 2021). *The long-run effects of childhood insurance coverage: Medicaid implementation, adult health, and labor market outcomes*. American Economic Review 111(8): 2550–2593.

67. Raut, Nilesh. (11 de marzo de 2018). *Universal healthcare coverage and subjective wellbeing: Evidence from Massachusetts healthcare reform*. Disponible en SSRN: https://ssrn.com/abstract=3374331 o http://dx.doi.org/10.2139/ssrn.3374331

68. Baicker, K., y Finkelstein, A. *Oregon Health Insurance Experiment*. National Bureau of Economic Research. https://www.nber.org/programs-projects/projects-and-centers/oregon-health-insurance-experiment

69. Solomon, Andrew. (2020). *What happens when you're disabled but nobody can tell*. New York Times. https://www.nytimes.com/2020/07/10/style/invisible-disabilities.html

Capítulo 11: Trabajo

1. Caza, Brianna Barker, Wrzesniewski, Amy, y David, Susan. *How work shapes well-being*. En: Oxford Handbook of Happiness (Oxford Library of Psychology), p. 693. OUP Oxford. Kindle Edition.
2. Kahneman, Daniel, y Krueger, Alan B. (2006). *Developments in the measurement of subjective well-being*. Journal of Economic Perspectives 20(1): 3–24.
3. De Neve, Jan-Emmanuel, y Ward, George. (1 de febrero de 2017). *Happiness at work*. Saïd Business School WP 2017-07. Disponible en SSRN: https://ssrn.com/abstract=2943318 o http://dx.doi.org/10.2139/ssrn.2943318

4. Bryce, Andrew. (mayo de 2018). *Finding meaning through work: Eudaimonic well-being and job type in the US and UK*. SERPS no. 2018004, Sheffield Economic Research Paper Series. https://www.sheffield.ac.uk/economics/research/serps/articles/2018004.

5. Helliwell, John F., y Wang, Shun. (julio de 2011). *Weekends and subjective well-being*. NBER Working Paper No. w17180. Disponible en SSRN: https://ssrn.com/abstract=1882157

6. Zulkarnain, A., y Rutledge, M. (11 de mayo de 2021). *Do men who work longer live longer? Evidence from the Netherlands—Center for Retirement Research*. Center for Retirement Research at Boston College. https://crr.bc.edu/do-men-who-work-longer-live-longer-evidence-from-the-netherlands/

7. Krekel, Christian, Ward, George, y De Neve, Jan-Emmanuel. (3 de marzo de 2019). *Employee well-being, productivity, and firm performance*. Saïd Business School WP 2019-04. Disponible en SSRN: https://ssrn.com/abstract=3356581 o http://dx.doi.org/10.2139/ssrn.3356581

8. Fisher, J., y Phillips, A. (2023). *For CFOs, well-being can offer healthy returns*. Wall Street Journal. https://deloitte.wsj.com/cfo/for-cfos-well-being-can-offer-healthy-returns-01627066927 h

9. Abelson, R. (16 de abril de 2019). *Employee wellness programs yield little benefit, study shows*. New York Times. https://www.nytimes.com/2019/04/16/health/employee-wellness-programs.html

10. Edelheit, E. (2023). *"I Didn't Make It."* Washington Post. https://www.washingtonpost.com/graphics/2020/national/disney-layoffs-coronavirus/

11. Silver, L., Van Kessel, P., Huang, C., Clancy, L., y Gubbala, S. (18 de noviembre de 2021). *What makes life meaningful? Views from 17 advanced economies*. Pew Research Center. https://www.pewresearch.org/global/2021/11/18/finding-meaning-in-others/

12. Werner, E. (24 de febrero de 2023). *High-skilled visa holders at risk of deportation amid tech layoffs*. Washington Post. https://www.washingtonpost.com/us-policy/2023/02/24/temporary-visa-h1b-tech-layoffs/

13. Hussam, Reshmaan, Kelley, Erin M., Lane, Gregory, y Zahra, Fatima. (2022). *The psychosocial value of employment: Evidence from a refugee camp*. American Economic Review 112(11): 3694–3724. https://doi.org/10.1257/aer.20211616

14. Harter, J. (26 de agosto de 2018). *Employee engagement on the rise in the U.S.* Gallup. https://news.gallup.com/poll/241649/employee-engagement-rise.aspx

15. Statman, Meir. (16 de diciembre de 2017). *Meet today's challenges by becoming a well-being adviser*. Journal of Financial Planning, 22–23.

16. Cooper, M. (2014). *Cut Adrift: Families in Insecure Times*. Berkeley and Los Angeles: University of California Press, p. 124

17. Johnston, David W., y Lee, Wang-Sheng. (1 de enero de 2013). *Extra status and extra stress: Are promotions good for us?* Industrial and Labor Relations Review 66(1). Disponible en SSRN: https://ssrn.com/abstract=2221555

18. Harter, J. (6 de septiembre de 2022). *Is quiet quitting real?* Gallup. https://www.gallup.com/workplace/398306/quiet-quitting-real.aspx

19. Parker, Robert, y Clark, Benjamin Y. (27 de enero de 2022). *Unraveling the Great Resignation: Impacts of the COVID-19 pandemic on Oregon workers.* Disponible en SSRN: https://ssrn.com/abstract=4019586 o http://dx.doi.org/10.2139/ssrn.4019586

20. Ember, S. (20 de junio de 2021). *How Do They Say Economic Recovery? 'I Quit.'* https://www.nytimes.com/2021/06/20/business/economy/workers-quit-jobs.html

21. Thompson, D. (25 de marzo de 2022). *The myth that most Americans hate their job.* The Atlantic. https://www.theatlantic.com/newsletters/archive/2022/03/american-great-resignation-hate-work/627761/

22. Kodé, A. (22 de agosto de 2022). *How quitting a job changed my personal finances.* New York Times. https://www.nytimes.com/2022/08/22/style/quitting-personal-finances.html

23. Frey, Bruno S. (mayo de 2008). *Being independent is a great thing: Subjective evaluations of self-employment and hierarchy.* Economica 75(298): 362–383. Disponible en SSRN: https://ssrn.com/abstract=1117050 o http://dx.doi.org/10.1111/j.1468-0335.2007.00594.x

24. Reto Odermatt, Nattavudh Powdthavee, y Alois Stutzer. (diciembre de 2021). *Are newly self-employed overly optimistic about their future well-being?* Journal of Behavioral and Experimental Economics 95.

25. Appau, Samuelson, Awaworyi Churchill, Sefa, y Farrell, Lisa. (27 de julio de 2017). *Job type, identity and subjective well-being.* Disponible en SSRN: https://ssrn.com/abstract=3012698 o http://dx.doi.org/10.2139/ssrn.3012698

26. Van Kessel, P., Hughes, A., y Walker, K. (20 de noviembre de 2018). *The meaning of life: 100 quotes from Americans on what keeps them going.* Pew Research Center's Religion & Public Life Project. https://www.pewresearch.org/religion/interactives/what-keeps-us-going/

27. Bryce, Andrew. (mayo de 2018). *Finding meaning through work: Eudaimonic well-being and job type in the US and UK.* SERPS no. 2018004, Sheffield Economic Research Paper Series. https://www.sheffield.ac.uk/economics/research/serps/articles/2018004.

28. Statman, Meir. (16 de diciembre de 2017). *Meet today's challenges by becoming a well-being adviser.* Journal of Financial Planning, 22–23.

29. Moynihan, Donald P., DeLeire, Thomas, y Enami, Kohei (mayo de 2015). *A life worth living: Evidence on the relationship between prosocial values and happiness.* The American Review of Public Administration 45(3): 311–326. doi:10.1177/0275074013493657. Disponible en SSRN: https://ssrn.com/abstract=3484604

30. Dur, Robert, y van Lent, Max. (30 de marzo de 2018). *Socially useless jobs.* Tinbergen Institute Discussion Paper 18-034/VII. Disponible en SSRN: https://ssrn.com/abstract=3162569 o http://dx.doi.org/10.2139/ssrn.3162569

31. Chandler, Dana, y Kapelner, Adam. (2013). *Breaking monotony with weaning: Motivation in crowdsourcing markets.* Journal of Economic Behavior & Organization 90: 123–133.

32. Ariely, Dan, Kamenica, Emir, y Prelec, Drazen. (2008). *Man's search for Meaning: The case of Legos.* Journal of Economic Behavior & Organization 67(3–4): 671–677.

33. Karni, A. (19 de mayo de 2023). *Why Dianne Feinstein, like many before her, refuses to let go.* New York Times. https://www.nytimes.com/2023/05/19/us/politics/dianne-feinstein-older-lawmakers-senate.html

34. Tiffany, K. (16 de junio de 2021). *The rise and fall of an American tech giant.* The Atlantic. https://www.theatlantic.com/magazine/archive/2021/07/kodak-rochester-new-york/619009/

35. Stone, P. (2007). *Opting out? Why Women Really Quit Careers and Head Home.* Berkeley and Los Angeles: University of California Press, pp. 144–145.

36. Van Kessel, P., Hughes, A., y Walker, K. (20 de noviembre de 2018). *The meaning of life: 100 quotes from Americans on what keeps them going.* Pew Research Center's Religion & Public Life Project. https://www.pewresearch.org/religion/interactives/what-keeps-us-going/

37. Kristof-Brown, Amy L., Zimmerman, Ryan D., y Johnson, Erin C. (2005). *Consequences of individual's fit at work: A meta-analysis of person-job, person-organization, person-group, and person-supervisor fit.* Personnel Psychology 58: 281–342.

38. De Neve, Jan-Emmanuel, y Ward, George. (1 de febrero de 2017). *Happiness at work.* Saïd Business School WP 2017-07. Disponible en SSRN: https://ssrn.com/abstract=2943318 o http://dx.doi.org/10.2139/ssrn.2943318

39. Blanton, K. (19 de noviembre de 2020). *Blue-collar workers often retire early—Center for Retirement Research.* Center for Retirement Research at Boston College. https://crr.bc.edu/blue-collar-workers-often-retire-early/

40. Ibid.

41. Ibid.

42. Williams, Joan C. (2020). *White working class, with a new foreword by Mark Cuban and a new preface by the author.* Harvard Business Review Press, Kindle Edition, p. 42.

43. Ibid., pp. 44-45.

44. Sandel, M. J. (2 de septiembre de 2020). *What liberals get wrong about work.* The Atlantic. https://www.theatlantic.com/ideas/archive/2020/09/contributive-justice-and-dignity-work/615919/

45. Acemoglu, Daron. (agosto de 2021). *Obedience in the labor market and social mobility: A socio-economic approach.* NBER Working Paper No. w2912. Disponible en SSRN: https://ssrn.com/abstract=3901589

46. Bartik, Alexander, Cullen, Zoe, Glaeser, Edward L., Luca, Michael, y Stanton, Christopher. (20 de junio de 2020). *What jobs are being done at home during the COVID-19 crisis? Evidence from firm-level surveys.* Harvard Business

School Entrepreneurial Management, Harvard Business School NOM Unit Working Paper No. 20-138. Disponible en SSRN: https://ssrn.com/abstract=3634983 o http://dx.doi.org/10.2139/ssrn.3634983

47. Ford, Michael, Want, Yi-Ren, y Huh, Youjeong. (2018). *Work, the work-family interface, and subjective well-being.* En: E. Diener, S. Oishi, y L. Tay (eds.), Handbook of well-being. Salt Lake City, UT: DEF Publishers. doi: nobascholar.com

48. Cooper, M. (2014). *Cut Adrift: Families in Insecure Times.* Berkeley y Los Ángeles: University of California Press. p. 124

49. Statman, Meir. (16 de diciembre de 2017). *Meet today's challenges by becoming a well-being adviser.* Journal of Financial Planning, 22–23.

50. Hannah. (4 de enero de 2016). *Work-life balance—Readers' stories: "It was hard work, now it's paying off."* The Guardian. https://www.theguardian.com/money/2016/jan/04/work-life-balance-readers-stories-it-was-hard-work-now-its-paying-off

51. Fuhrmans, V. (21 de febrero de 2023). *After testing four-day week, companies say they don't want to stop.* Wall Street Journal. https://www.wsj.com/articles/after-testing-four-day-week-companies-say-they-dont-want-to-stop-a06089cc

52. Jaga, Ameeta, y Bagraim, Jeffrey. (2011). *The relationship between work-family enrichment and work-family satisfaction outcomes.* South African Journal of Psychology 41(1): 52–62.

53. Bronnenberg, Bart, Klein, Tobias J., y Xu, Yan. (16 de septiembre de 2022). *Consumer time budgets and grocery shopping behavior.* Disponible en SSRN: https://ssrn.com/abstract=4269614 o http://dx.doi.org/10.2139/ssrn.4269614

54. Thompson, Derek. (23 de diciembre de 2019). *Three theories for why you have no time.* The Atlantic.

55. Ford, Tiffany N., Silva, Jennifer M., Welch, Morgan, y Sawhill, Isabel V. (16 de febrero de 2021). *No time to spare: Exploring the middle class time squeeze.* Brookings Institution.

56. Halpern-Meekin, S., Edin, K., Tach, L. et al. (2015). *It's Not Like I'm Poor: How Working Families Make Ends Meet in a Post-Welfare World.* Berkeley y Los Ángeles: University of California Press, p. 33.

57. Okulicz-Kozaryn, Adam. (12 de agosto de 2017). *Unhappiness is unpredictability.* Disponible en SSRN: https://ssrn.com/abstract=3044540 o http://dx.doi.org/10.2139/ssrn.3044540

58. Kesavan, Saravanan, Lambert, Susan, Williams, Joan, y Pendem, Pradeep. (13 de julio de 2020). *Doing well by doing good: Improving store performance with employee-friendly scheduling practices at the Gap, Inc.* Disponible en SSRN: https://ssrn.com/abstract=3731670 o http://dx.doi.org/10.2139/ssrn.3731670

59. Kuhn, Peter, y Lozano, Fernando (abril de 2008). *The expanding workweek? Understanding trends in long work hours among U.S. men, 1979–2006.* Journal of Labor Economics 26(2): 311–343.

60. Bazelon, L. (29 de junio de 2019). *Opinion | I've picked my job over my kids.* New York Times. https://www.nytimes.com/2019/06/29/opinion/sunday/ive-picked-my-job-over-my-kids.html
61. Thompson, Derek. (24 de febrero de 2019). *Workism is making Americans miserable.* The Atlantic.
62. Putill, Corinne. (1 de septiembre de 2020). *Ideal, perfect, ultimate: What drives parents to seek the unattainable?* The New York Times.
63. Bellezza, Silvia, Paharia, Neeru, y Keinan, Anat. (junio de 2017). *Conspicuous consumption of time: When busyness and lack of leisure time become a status symbol.* Journal of Consumer Research 44(1): 118–138.
64. Markovits, Daniel. (2019). *The meritocracy trap: How America's foundational myth feeds inequality, dismantles the middle class, and devours the elite.* New York: Penguin Press, p. 4. Kindle Edition.
65. Artz, B. M., Goodall, A. H., y Oswald, A. J. (2016). *Boss competence and worker well-being.* Industrial and Labor Relations Review, forthcoming.
66. Statman, Meir. (16 de diciembre de 2017). *Meet today's challenges by becoming a well-being adviser.* Journal of Financial Planning, 22–23.
67. Ellis, L. (20 de octubre de 2022). *Toxic workplaces are bad for mental and physical health, surgeon general says.* Wall Street Journal. https://headtopics.com/us/toxic-workplaces-are-bad-for-mental-and-physical-health-surgeon-general-says-30923830
68. Pinsker, J. (16 de febrero de 2022). *The dark side of saying work is "like a family."* The Atlantic. https://www.theatlantic.com/family/archive/2022/02/work-actually-is-like-a-family/622813/
69. Fuller, T., Browning, K., Bogel-Burroughs, N., y Mazzei, P. (28 de mayo de 2021). *San Jose gunman detested workplace long before rampage, police say.* New York Times. https://www.nytimes.com/2021/05/27/us/san-jose-shooting.html
70. Ellis, L. (20 de octubre de 2022). *Toxic workplaces are bad for mental and physical health, surgeon general says.* Wall Street Journal. https://headtopics.com/us/toxic-workplaces-are-bad-for-mental-and-physical-health-surgeon-general-says-30923830
71. Michele Lamont, Graziella Moraes Silva, Jessicac S. Welburn, Joshua Guetzkow, Nissim Mizrachi, Hanna Herzog, y Elisa Reis. (2016). *Getting respect: Responding to stigma and discrimination in the United States, Brazil, and Israel.* Princeton, NJ: Princeton University Press, p. 7.
72. Statman, Meir. (16 de diciembre de 2017). *Meet today's challenges by becoming a well-being adviser.* Journal of Financial Planning, 22–23.
73. Bach, Laurent, Baghai, Ramin, Bos, Marieke, y Silva, Rui. (18 de octubre de 2021). *How do acquisitions affect the mental health of employees?* Swedish House of Finance Research Paper No. 21-21, Disponible en SSRN: https://ssrn.com/abstract=3947957 o http://dx.doi.org/10.2139/ssrn.3947957

74. Taja, J. (25 de junio de 2013). *6 inspiring stories from people who unexpectedly lost their jobs.* Business Insider. https://www.businessinsider.com/6-stories-of-job-loss-that-will-inspire-2013-7

75. Khazan, O. (12 de marzo de 2021). *Only your boss can cure your burnout.* The Atlantic. https://www.theatlantic.com/politics/archive/2021/03/how-tell-if-you-have-burnout/618250/

76. Seppälä, Emma, y Cameron, Kim. (1 de diciembre de 2015). *Proof that positive work cultures are more productive.* Harvard Business Review. https://hbr.org/2015/12/proof-that-positive-work-cultures-are-more-productive

77. Ibid.

78. Okat, Deniz, y Vasudevan, Ellapulli. (23 de marzo de 2021). *Going the extra mile: What taxi rides tell us about the long-hour culture in finance.* Disponible en SSRN: https://ssrn.com/abstract=3810864 o http://dx.doi.org/10.2139/ssrn.3810864

79. Baer, J. (17 de abril de 2021). *Bond giant Pimco attempts to change its culture.* Wall Street Journal. https://www.wsj.com/articles/bond-giant-pimco-attempts-to-change-its-culture-11618651802

80. Ibid.

81. Korducki, K. M. (6 de junio de 2021). *Opinion | We're finally starting to revolt against the cult of ambition.* New York Times. https://www.nytimes.com/2021/06/06/opinion/Naomi-Osaka-ambition-women.html

82. Zechmann, Andrea, y Karsten Ingmar, Paul. (2019). *Why do individuals suffer during unemployment? Analyzing the role of deprived psychological needs in a six-wave longitudinal study.* Journal of Occupational Health Psychology 24(6): 641–661. https://doi.org/10.1037/ocp0000154

83. Crabtree, S. (9 de junio de 2014). *In U.S., depression rates higher for long-term unemployed.* Gallup. https://news.gallup.com/poll/171044/depression-rates-higher-among-long-term-unemployed.aspx

84. Statman, Meir. (16 de diciembre de 2017). *Meet today's challenges by becoming a well-being adviser.* Journal of Financial Planning, 22–23.

85. Knabe, Andreas, y Rätzel, Steffen. (2011). *Scarring or scaring? The psychological impact of past unemployment and future unemployment risk.* Economica 78(310): 283–293.

86. Di Tella, Rafael, MacCulloch, Robert J., y Oswald, Andrew J. (2001). *Preferences over inflation and unemployment: Evidence from surveys of happiness.* American Economic Review 91: 335–341.

87. Oesch, Daniel, y Lipps, Oliver. (21 de julio de 2011). *Does unemployment hurt less if there is more of it around? A panel analysis of life satisfaction in Germany and Switzerland.* SOEP paper No. 393. Disponible en SSRN: https://ssrn.com/abstract=1914249 o http://dx.doi.org/10.2139/ssrn.1914249

88. Clark, Andrew, Diener, Ed, Georgellis, Yannis, y Lucas, Richard E. (diciembre de 2006). *Lags and leads in life satisfaction: A test of the baseline hypothesis.* IZA Discussion Paper No. 2526. Disponible en SSRN: https://ssrn.com/abstract=956920

89. Newman, K. S. (1999). *Falling from grace: Downward mobility in the age of affluence.* Oakland: University of California Press.

90. Chen, V.T. (2015). *Cut Loose: Jobless and Hopeless in an Unfair Economy.* Berkeley and Los Angeles: University of California Press, p. 1.

91. Ibid., p. 4.

92. Lohr, S. (11 de enero de 2022). *Economists pin more blame on tech for rising inequality.* New York Times. https://www.nytimes.com/2022/01/11/technology/income-inequality-technology.html

93. Chen, Kelly, y Islam, Samia. (2023). *Declining unionization and the despair of the working class.* Journal of Law and Economics 66(2): 279–307.

94. Akay, Alpaslan, Karabulut, Gokhan, y Yilmaz, Levent. (2021). *Life satisfaction, pro-activity, and employment.* IZA Discussion Paper No. 14117. Disponible en SSRN: https://ssrn.com/abstract=3789384

95. Galama, Titus J., van de Kraats, Coen, y Lindeboom, Maarten. (29 de octubre de 2022). *Why life gets better after age 50, for some: Mental well-being and the social norm of work.* CESR-Schaeffer Working Paper No. 2022_005. Disponible en SSRN: https://ssrn.com/abstract=4267420 o http://dx.doi.org/10.2139/ssrn.4267420

96. De Neve, Jan-Emmanuel, y Ward, George. (1 de febrero de 2017). *Happiness at work.* Saïd Business School WP 2017-07. Disponible en SSRN: https://ssrn.com/abstract=2943318 o http://dx.doi.org/10.2139/ssrn.2943318

97. Van Kessel, P., Hughes, A., y Walker, K. (20 de noviembre de 2018). *The meaning of life: 100 quotes from Americans on what keeps them going.* Pew Research Center's Religion & Public Life Project. https://www.pewresearch.org/religion/interactives/what-keeps-us-going/

98. De Neve, Jan-Emmanuel, y Ward, George (1 de febrero de 2017). *Happiness at work.* Saïd Business School WP 2017-07. Disponible en SSRN: https://ssrn.com/abstract=2943318 o http://dx.doi.org/10.2139/ssrn.2943318

99. Statman, WellBeing Advisers.

100. Amer-Mestre, Josep, y Charpin, Agnès. (1 de diciembre de 2021). *Gender differences in early occupational choices: Evidence from medical specialty selection.* Disponible en SSRN: https://ssrn.com/abstract=3976273 o http://dx.doi.org/10.2139/ssrn.3976273

101. Yu, Shuye, y Postepska, Agnieszka. (2020). *Flexible jobs make parents happier: Evidence from Australia.* IZA Discussion Paper No. 13700. Disponible en SSRN: https://ssrn.com/abstract=3695401

102. Booth, Alison L., y van Ours, Jan C. (agosto de 2007). *Job satisfaction and family happiness: The part-time work puzzle.* IZA Discussion Paper No. 3020. Center Discussion Paper Series No. 2007-69. Disponible en SSRN: https://ssrn.com/abstract=1012293

103. De Neve, Jan-Emmanuel, y Ward, George. (1 de febrero de 2017). *Happiness at work.* Saïd Business School WP 2017-07. Disponible en SSRN: https://ssrn.com/abstract=2943318 o http://dx.doi.org/10.2139/ssrn.2943318

104. Van Kessel, P., Hughes, A., y Walker, K. (20 de noviembre de 2018). *The meaning of life: 100 quotes from Americans on what keeps them going.* Pew Research Center's Religion & Public Life Project. https://www.pewresearch.org/religion/interactives/what-keeps-us-going/

105. Carpenter, J. (5 de diciembre de 2022). *Couples who combine finances are happier. So why don't more do it?* Wall Street Journal. https://www.wsj.com/articles/couples-who-combine-finances-are-happier-so-why-dont-more-do-it-11670174525

106. Olien, J. (15 de noviembre de 2010). *Going Dutch.* Slate. https://slate.com/human-interest/2010/11/women-in-the-netherlands-work-less-have-lesser-titles-and-a-big-gender-pay-gap-and-they-love-it.html

107. Van Kessel, P., Hughes, A., y Walker, K. (20 de noviembre de 2018). *The meaning of life: 100 quotes from Americans on what keeps them going.* Pew Research Center's Religion & Public Life Project. https://www.pewresearch.org/religion/interactives/what-keeps-us-going/

108. Gerdeman, D. (7 de septiembre de 2018). *Welcome to retirement. Who am I now?* Harvard Business School. http://hbswk.hbs.edu/item/welcome-to-retirement-who-am-i-now

109. Blanton, K. (20 de febrero de 2020). *Mapping out a fulfilling retirement.* Center for Retirement Research at Boston College. https://crr.bc.edu/mapping-out-a-fulfilling-retirement/

110. Chuard, Patrick. (29 de octubre de 2020). *With booze, you lose: The mortality effects of early retirement.* Disponible en SSRN: https://ssrn.com/abstract=3721505 o http://dx.doi.org/10.2139/ssrn.3721505

111. Dhaval, Dave, Inas Rashad, Kelly, y Spasojevic, Jasmina. (octubre de 2007). *The effects of retirement on physical and mental health outcomes.* Andrew Young School of Policy Studies Research Paper Series No. 07-35. Disponible en SSRN: https://ssrn.com/abstract=1024475 o http://dx.doi.org/10.2139/ssrn.1024475

112. Picchio, Matteo, y van Ours, Jan (2019). *The mental health effects of retirement.* IZA Discussion Paper No. 12791. Disponible en SSRN: https://ssrn.com/abstract=3495768

113. Appau, Samuelson, Awaworyi Churchill, Sefa, y Farrell, Lisa. (27 de julio de 2017). *Job type, identity and subjective wellbeing.* Disponible en SSRN: https://ssrn.com/abstract=3012698 o http://dx.doi.org/10.2139/ssrn.3012698

114. Span, Paula. (30 de marzo de 2018). *Many Americans try retirement, then change their minds.* New York Times.

115. Sharif, Marissa, Mogilner, Cassie, y Hershfield, Hal. (15 de noviembre de 2018). *The effects of being time poor and time rich on life satisfaction.* Disponible en SSRN: https://ssrn.com/abstract=3285436 o http://dx.doi.org/10.2139/ssrn.3285436

116. Span, Paula. (30 de marzo de 2018). *Many Americans try retirement, then change their minds.* New York Times.

117. Ameriks, John, Briggs, Joseph, Caplin, Andrew, Lee, Minjoon, Shapiro, Matthew D., y Tonetti, Christopher. (1 de febrero de 2018). *Shocks and transitions from career jobs to bridge jobs and retirement: A new approach.* Michigan Retirement Research Center Research Paper No. 2018-380. Stanford University Graduate School of Business Research Paper No. 18-39. Disponible en SSRN: https://ssrn.com/abstract=3240808 o http://dx.doi.org/10.2139/ssrn.3240808

118. Calvo, Esteban, Haverstick, Kelly, y Sass, Steven A. (1 de enero de 2009). *Gradual retirement, sense of control, and retirees' happiness.* Research on Aging, SAGE Publications, Ltd. 31(1): 112–135. doi:10.1177/0164027508324704. Disponible en SSRN: https://ssrn.com/abstract=2309483

119. Schwartz, N. D., y Marcos, C. M. (2 de julio de 2021). *They didn't expect to retire early. The pandemic changed their plans.* New York Times. https://www.nytimes.com/2021/07/02/business/economy/retire-early-pandemic-social-security.html

120. Marcus, J. (10 de marzo de 2021). *Pandemic forced millions of workers to retire early.* AARP. https://www.aarp.org/work/careers/pandemic-workers-early-retirement/

121. Burn, Ian, Firoozi, Daniel, Ladd, Daniel, y Neumark, David. (julio de 2022). *Help really wanted? The impact of age stereotypes in job ads on applications from older workers.* NBER Working Paper No. w30287. Disponible en SSRN: https://ssrn.com/abstract=4177539

122. Engelman, Michal, y Joo, Won-tak. (2021). *Retirement in the context of intergenerational transfers.* WI21-02. https://cfsrdrc.wisc.edu/project/wi21-02 o https://squaredawayblog.bc.edu/squared-away/men-make-bigger-changes-after-retiring/

123. Finch, P. (27 de abril de 2018). *How to talk about moving to a retirement home: "it's a journey."* New York Times. https://www.nytimes.com/2018/04/27/business/retirement-home-move-talk.html

124. Free, C. (31 de marzo de 2020). *Newspaper deliveryman brings groceries to his older customers on morning route, no extra charge.* Washington Post. https://www.washingtonpost.com/lifestyle/2020/03/31/newspaper-delivery-man-brings-groceries-his-older-customers-morning-route-no-extra-charge/

125. Victoria H. "Inspiring young writers" in these Heartwarming Volunteer Stories Will Totally Inspire You To Give Back. Buzzfeed. (28 de agosto) https://www.buzzfeed.com/usbank/these-heartwarming-volunteer-stories-will-totally.

126. Lawton, Ricky N., Gramatki, Iulian, Watt, Will, y Fujiwara, Daniel. (2021). *Does volunteering make us happier, or are happier people more likely to volunteer? Addressing the problem of reverse causality when estimating the wellbeing impacts of volunteering.* Fujiwara Journal of Happiness Studies 22: 599–624.

127. Thoits, Peggy A., y Hewitt, Lyndi N. (junio de 2001). Journal of Health and Social Behavior 42(2): 115–131. https://doi.org/10.2307/3090173 https://www.jstor.org/stable/3090173

128. Dolan, Paul, Krekel, Christian, Shreedhar, Ganga, Lee, Helen, Marshall, Claire, y Smith, Allison. (2021). *Happy to help: The welfare effects of a nationwide micro-volunteering programme.* IZA Discussion Paper No. 14431. Disponible en SSRN: https://ssrn.com/abstract=3865456
129. Costello, John P., y Malkoc, Selin A. (diciembre de 2022). *Why are donors more generous with time than money? The role of perceived control over donations on charitable giving.* Journal of Consumer Research 49(4): 678–696. https://doi.org/10.1093/jcr/ucac011
130. Binder, M., y Freytag, A. (2013). *Volunteering, subjective well-being and public policy.* Journal of Economic Psychology, 34, 97–119. https://doi.org/10.1016/j.joep.2012.11.008
131. Moren, G. (29 de junio de 2022). *How volunteering helps your career goals and overall wellbeing.* Fast Company. https://www.fastcompany.com/90763899/how-volunteering-helps-your-career-goals-and-overall-wellbeing
132. Burt, Emily L., y Atkinson, Jacqueline. (marzo de 2012). *The relationship between quilting and wellbeing.* Journal of Public Health 34(1): 54–59, p. 56.
133. Van Kessel, P., Hughes, A., y Walker, K. (20 de noviembre de 2018). *The meaning of life: 100 quotes from Americans on what keeps them going.* Pew Research Center's Religion & Public Life Project. https://www.pewresearch.org/religion/interactives/what-keeps-us-going/
134. Statman, Meir. (16 de diciembre de 2017). *Meet today's challenges by becoming a well-being adviser.* Journal of Financial Planning, 22–23.
135. Mihaly Csikszentmihalyi. (1997). *Finding flow: The psychology of engagement.* New York: HarperCollins, pp. 28–29.
136. Statman, Meir. (16 de diciembre de 2017). *Meet today's challenges by becoming a well-being adviser.* Journal of Financial Planning, 22–23.
137. *In a stressful time, knitting for calm and connection.* The New York Times. https://www.nytimes.com/2020/11/02/well/family/pandemic-knitting-election-stress.html
138. Csikszentmihalyi, M. (octubre de 1999). *If we are so rich, why aren't we happy?* American Psychologist 54(10): 821–827.
139. Hond, P. (mayo de 2020). *The smart person's guide to aging.* Columbia Magazine. https://magazine.columbia.edu/article/smart-persons-guide-aging

Capítulo 12: Educación

1. Malesic, J. (13 de mayo de 2022). Opinion | *My college students are not OK.* New York Times. https://www.nytimes.com/2022/05/13/opinion/college-university-remote-pandemic.html
2. Bures, F. (22 de julio de 2020). *What my kids learned when they weren't in school.* The Atlantic. https://www.theatlantic.com/family/archive/2020/07/kids-time-away-school-hasnt-been-wasted/614482/

3. Knowles, M. (27 de mayo de 2020). *I never thought that I would miss school, but I do.* EdSource. https://edsource.org/2020/i-never-thought-that-i-would-miss-school-but-i-do/631970

4. https://www.j2e.com/?id=ZVVCdTU1elpjdG9GdmRpSA==&wp&blog=2&revision=3

5. Bures, F. (22 de julio de 2020). *What my kids learned when they weren't in school.* The Atlantic. https://www.theatlantic.com/family/archive/2020/07/kids-time-away-school-hasnt-been-wasted/614482/

6. García Bacete, F.J., Marande Perrin, G., Schneider, B.H., Blanchard, C. (2014). *Effects of School on the Well-Being of Children and Adolescents.* In: Ben-Arieh, A., Casas, F., Frønes, I., Korbin, J. (eds) Handbook of Child Well-Being. Springer, Dordrecht. https://doi.org/10.1007/978-90-481-9063-8_149

7. Barry, E. (31 de marzo de 2022). *Many teens report emotional and physical abuse by parents during lockdown.* New York Times. https://www.nytimes.com/2022/03/31/health/covid-mental-health-teens.html

8. García Bacete, F. J., Marande Perrin, G., Schneider, B. H., y Blanchard, C. (2014). *Effects of school on the well-being of children and adolescents.* In: A. Ben-Arieh, F. Casas, I. Frønes, and J. Korbin (eds.). Handbook of child well-being (pp. 1251–1305). Springer, Dordrecht. https://doi.org/10.1007/978-90-481-9063-8_149

9. Sang Ho, Lok, y Ip, Patrick. (Mayo de 2018). *What accounts for the decline of happiness of children as they grow into their teens: A Hong Kong case study.* Pacific Economic Review 23(29): 222–243. https://doi.org/10.1111/1468-0106.12145

10. Packer, G. (13 de septiembre de 2019). *When the culture war comes for the kids.* The Atlantic. https://www.theatlantic.com/magazine/archive/2019/10/when-the-culture-war-comes-for-the-kids/596668/

11. Christakis, E. (18 de diciembre de 2015). *How the new preschool is crushing kids.* The Atlantic. https://www.theatlantic.com/magazine/archive/2016/01/the-new-preschool-is-crushing-kids/419139/

12. Stone, P., y Lovejoy, M. (2019). *Opting Back In: What really happens when mothers go back to work.* Berkeley and Los Angeles: University of California Press, pp. 57–58.

13. Lorenz, T., y Pinsker, J. (11 de julio de 2019). *The slackification of the American home.* The Atlantic. https://www.theatlantic.com/family/archive/2019/07/families-slack-asana/593584/

14. Levine, M. (16 de febrero de 2020). *Kids don't need to stay "on track" to succeed.* The Atlantic. https://www.theatlantic.com/family/archive/2020/02/path-success-squiggly-line/606631

15. Ibid.

16. Rosenberg, A. (16 de marzo de 2021). Opinion | *What a cheerleading squad, a mom's arrest and deepfakes reveal about regulating technology.* Washington Post. https://www.washingtonpost.com/opinions/2021/03/16/what-cheerleading-squad-moms-arrest-deepfakes-reveal-about-regulating-technology/

17. Markovits, D. (19 de agosto de 2019). *How life became an endless, terrible competition.* The Atlantic. https://www.theatlantic.com/magazine/archive/2019/09/meritocracys-miserable-winners/594760/

18. Flanagan, C. (11 de marzo de 2021). *Private schools have become truly obscene.* The Atlantic. https://www.theatlantic.com/magazine/archive/2021/04/private-schools-are-indefensible/618078/

19. Cooper, M. (2014). *Cut adrift: Families in insecure times.* Berkeley and Los Angeles: University of California Press, pp. 7–9.

20. Rosen, R. J. (21 de noviembre de 2015). *Why affluent parents put so much pressure on their kids.* The Atlantic. https://www.theatlantic.com/business/archive/2015/11/pressure-affluent-parents/417045/

21. Cooper, M. (2014). *Cut adrift: Families in insecure times.* Berkeley and Los Angeles: University of California Press, p. 107.

22. Ibid., pp. 112-113

23. Lieber, R. (2021, February 3). *An invisible cost of college: Parental guilt.* New York Times. https://www.nytimes.com/2021/02/03/well/family/college-costs-guilt.html

24. Dale, Stacy Berg, and Krueger, Alan B. (Noviembre 2002). *Estimating the payoff of attending a more selective college: An application of selection on observables and unobservables.* Quarterly Journal of Economics 107(4): 1491–1527.

25. Gladwell, M. (2 de octubre de 2005). *Getting in.* The New Yorker. https://www.newyorker.com/magazine/2005/10/10/getting-in-ivy-league-college-admissions

26. Thompson, D. (11 de diciembre de 2018). *Does it matter where you go to college?* The Atlantic. https://www.theatlantic.com/ideas/archive/2018/12/does-it-matter-where-you-go-college/577816/

27. Black, Sandra E., Denning, Jeffrey T., y Rothstein, Jesse. (Enero de 2023). *Winners and losers? The effect of gaining and losing access to selective colleges on education and labor market outcomes.* American Economic Journal: Applied Economics 15(1): 26–67.

28. Lieber, R. (3 de febrero de 2021). *An invisible cost of college: Parental guilt.* New York Times. https://www.nytimes.com/2021/02/03/well/family/college-costs-guilt.html

29. Hersch, Joni. (12 de junio de 2019). *Catching up is hard to do: Undergraduate prestige, elite graduate programs, and the earnings premium.* Vanderbilt Law and Economics Research Paper No. 14-23. Vanderbilt Public Law Research Paper No. 16-17. Journal of Benefit-Cost Analysis, Forthcoming, Available at SSRN: https://ssrn.com/abstract=2473238 or http://dx.doi.org/10.2139/ssrn.2473238

30. Zumbrun, J. (28 de julio de 2023). *How Ivy League schools tilt your odds in the lottery of life.* Wall Street Journal. https://www.wsj.com/us-news/education/how-ivy-league-schools-tilt-your-odds-in-the-lottery-of-life-590f8ec1

31. Rivera, L. (2015). *Pedigree: How elite students get elite jobs.* Princeton, NJ: Princeton University Press, p. 36.

32. Ibid., pp. 37–38.

33. Markovits, Daniel. (2019). *The meritocracy trap: How America's foundational myth feeds inequality, dismantles the middle class, and devours the elite.* New York: Penguin Press, p. 4. Kindle Edition.

34. Goodell, J. (18 de febrero de 2022). *Saving their souls.* HumbleDollar. https://humbledollar.com/2022/02/saving-their-souls/

35. Taylor, K. (7 de febrero de 2020). *Former Pimco C.E.O. gets 9 months in prison in college admissions case.* New York Times. https://www.nytimes.com/2020/02/07/us/douglas-hodge-college-admissions-scandal.html

36. Stone, P., and Lovejoy, M. (2019). *Opting back in: What really happens when mothers go back to work.* Berkeley and Los Angeles: University of California Press, pp. 57–58.

37. Ibid.

38. Sun, Ken Chih-Yan, y Smith, Jill M. (3 de febrero de 2017). *Parenting, uncertainty, and expert advice: How privileged American families work with private counselors in their children's college race.* https://onlinelibrary.wiley.com/doi/abs/10.1002/symb.258 https://doi.org/10.1002/symb.258

39. Jargon, J. (1 de mayo de 2021). *Decision day 2021: How teens are sharing college acceptances (and rejections) after a rough year.* Wall Street Journal. https://www.wsj.com/articles/decision-day-2021-how-teens-are-sharing-college-acceptances-and-rejections-after-a-rough-year-11619874002

40. Kirp, D. L. (6 de abril de 2021). Opinion | *Why Stanford should clone itself.* New York Times. https://www.nytimes.com/2021/04/06/opinion/stanford-admissions-campus.html

41. Belkin, D. (21 de abril de 2022). *To get into the Ivy League, "extraordinary" isn't always enough these days.* Wall Street Journal. https://www.wsj.com/articles/to-get-into-the-ivy-league-extraordinary-isnt-always-enough-these-days-11650546000

42. Gottlieb, L. (11 de mayo de 2020). *Dear therapist: I staked my identity on attending an Ivy League school.* The Atlantic. https://www.theatlantic.com/family/archive/2020/05/dear-therapist-my-dream-college-rejected-me/611407/

43. Paul, P. (30 de julio de 2022). Opinion | The best extracurricular may be an after-school job. New York Times. https://www.nytimes.com/2022/07/30/opinion/jobs-teenagers.html

44. Binder, Amy J., y Abel, Andrea R. (23 de diciembre de 2018). *Symbolically maintained inequality: How Harvard and Stanford students construct boundaries among elite universities.* Research Article. https://doi.org/10.1177/0038040718821073

45. Phillip, A. (4 de diciembre de 2021). *An Ivy League degree doesn't make you happier at work. Here's why.* Washington Post. https://www.washingtonpost.com/blogs/local/wp/2014/05/06/an-ivy-league-degree-doesnt-make-you-happier-at-work-heres-why/

46. Bouchrika, I. (25 de julio de 2023). *Life after college: Adjusting & tips based on the Gallup-Purdue Index*. Research.com. https://research.com/careers/life-after-college

47. Gottlieb, L. (18 de febrero de 2019). *Dear therapist: I'm worried the college-admissions process is rigged against my son*. The Atlantic. https://www.theatlantic.com/family/archive/2019/02/im-worried-my-son-wont-get-good-college/582979/

48. Lieber, R. (3 de febrero de 2021). *An invisible cost of college: Parental guilt*. New York Times. https://www.nytimes.com/2021/02/03/well/family/college-costs-guilt.html

49. Carey, K. (9 de septiembre de 2021). *Men fall behind in college enrollment. Women still play catch-up at work*. New York Times. https://www.nytimes.com/2021/09/09/upshot/college-admissions-men.html

50. Davies, Scott, y Hammack, Floyd M. (2005). *The channeling of student competition in higher education: Comparing Canada and the U.S.* The Journal of Higher Education 76(1): 89–106. doi:10.1353/jhe.2005.0003. https://muse.jhu.edu/article/177630/pdf

51. Aurini, Janice, Missaghian, Rod, and Milian, Roger Pizarro. (28 de febrero de 2020). *Educational status hierarchies, after-school activities, and parenting logics: Lessons from Canada*. Research Article. https://doi.org/10.1177/0038040720908173

52. Cooper, M. (2014). *Cut adrift: Families in insecure times*. Berkeley and Los Angeles: University of California Press, p. 104.

53. Gladwell, M. (2 de octubre de 2005). *Getting in*. The New Yorker. https://www.newyorker.com/magazine/2005/10/10/getting-in-ivy-league-college-admissions

54. Karabel, Jerome. (2005). *The chosen: The hidden history of admission and exclusion at Harvard, Yale, and Princeton*. Boston: Houghton Mifflin.

55. Hoxby, Caroline M. (2009). *The changing selectivity of American colleges*. Journal of Economic Perspectives 23(4): 95–118.

56. U.S. News & World Report's *College Rankings: Why do they matter?* (Noviembre/Diciembre de 1999). Change 31(6): 42–51.

57. Ramey, Garey, y Ramey, Valerie A. (Agosto de 2009). *The Rug-Rat Race*. NBER Working Paper No. 15284.

58. Warikoo, N. (2022). *Race at the top: Pursuit of the American dream in suburban schools*. Chicago: University of Chicago Press, pp. 133–134.

59. Ibid., p. 135.

60. Boustain, Leah Platt, Cai, Christine, and Tseng, Tammy. (julio de 2023). *White flight from Asian immigration: Evidence from California public schools*. Working Paper 31434. doi:10.3386/w31434

61. Hsin A, Xie Y. *Explaining Asian Americans' academic advantage over whites*. Proc Natl Acad Sci U S A. 2014 Jun 10;111(23):8416-21. doi:10.1073/pnas.1406402111. Epub 2014 May 5. PMID: 24799702; PMCID: PMC4060715.

62. Ibid.

63. Warikoo, N. (2022). *Race at the top: Pursuit of the American dream in suburban schools*. Chicago: University of Chicago Press, p. 125.

64. Saul, S. (17 de octubre de 2022). *Fencing can be six-figure expensive, but it wins in college admissions*. New York Times. https://www.nytimes.com/2022/10/17/us/fencing-ivy-league-college-admissions.html

65. Callcott, S. (1 de octubre de 2022). Opinion | *There's still one big trick for getting into an elite college*. New York Times. https://www.nytimes.com/2022/10/01/opinion/school-private-college.html

66. Cooper, M. (2014). *Cut adrift: Families in insecure times*. Berkeley and Los Angeles: University of California Press, p. 124

67. Chang, H. (22 de junio de 2021). *Chicken parenting is China's helicopter parenting on steroids*. The China Project. https://thechinaproject.com/2021/06/22/chicken-parenting-is-chinas-helicopter-parenting-on-steroids/

68. Stevenson, A., y Li, C. (30 de julio de 2021). *China targets costly tutoring classes. Parents want to save them*. New York Times. https://www.nytimes.com/2021/07/30/business/economy/china-education-tutors.html

69. Qian, J. (26 de dciembre de 2022). Opinion | *I've had enough of my parents' "no pain, no gain"*. New York Times. https://www.nytimes.com/2022/12/26/opinion/china-society-culture-youth-covid-protests.html

70. Belkin, D. (21 de abril de 2022). *To get into the Ivy League, "extraordinary" isn't always enough these days*. Wall Street Journal. https://www.wsj.com/articles/to-get-into-the-ivy-league-extraordinary-isnt-always-enough-these-days-11650546000

71. Christakis, E. (18 de diciembre de 2015). *How the new preschool is crushing kids*. The Atlantic. https://www.theatlantic.com/magazine/archive/2016/01/the-new-preschool-is-crushing-kids/419139/

72. Hirsh-Pasek, K., Farran, D., Burchinal, M., y Nesbitt, K. (28 de febrero de 2022). *Making pre-K work: Lessons from the Tennessee study*. Brookings. https://www.brookings.edu/articles/making-pre-k-work-lessons-from-the-tennessee-study/

73. Ibid.

74. Bailey, Martha J., Sun, Shuqiao, y Timpe, Brenden. (2021). *Prep school for poor kids: The long-run impacts of head start on human capital and economic self-sufficiency*. American Economic Review 111(12): 3963–4001. https://www.brookings.edu/blog/brown-center-chalkboard/2022/02/09/is-universal-preschool-worth-it/

75. Kirp, D. L. (2 de diciembre de 2021). Opinion | *A way to break the cycle of poverty*. New York Times. https://www.nytimes.com/2021/12/02/opinion/politics/child-poverty-us.html

76. Garcia, Jorge Luis, Heckman, James J., y Ronda, Victor. (16 de julio de 2021). *The lasting effects of early childhood education on promoting the skills and social mobility of*

disadvantaged African Americans. University of Chicago, Becker Friedman Institute for Economics Working Paper No. 2021-83. Available at SSRN: https://ssrn.com/abstract=3888323 or http://dx.doi.org/10.2139/ssrn.3888323

77. List, John A., Pernaudet, Julie, y Suskind, Dana. (Octubre de 2021). *It all starts with beliefs: Addressing the roots of educational inequities by shifting parental beliefs*. NBER Working Paper No. w29394. Available at SSRN: https://ssrn.com/abstract=3949192 or http://dx.doi.org/10.2139/ssrn.3949192
78. Shah, Rohen, Kalil, Ariel, y Mayer, Susan. (28 de julio de 2022). *Engaging parents with preschools: Evidence from a field experiment*. University of Chicago, Becker Friedman Institute for Economics Working Paper No. 2022-97. Available at SSRN: https://ssrn.com/abstract=4168257 or http://dx.doi.org/10.2139/ssrn.4168257
79. Guryan, Jonathan, Ludwig, Jens, Bhatt, Monica, Cook, Philip J., Davis, Jonathan, Dodge, Kenneth, Farkas, George, Fryer, Roland G., Mayer, Susan, Pollack, Harold A., y Steinberg, Laurence. (Marzo de 2021). *Not too late: Improving academic outcomes among adolescents*. NBER Working Paper No. w28531. Available at SSRN: https://ssrn.com/abstract=3799822
80. Bond, Timothy N., Carr, Jillian B., Packham, Analisa, y Smith, Jonathan. (2022). *Hungry for success? SNAP timing, high-stakes exam performance, and college attendance*. American Economic Journal: Economic Policy 14(4): 51–79.
81. Statman, Meir. (Invierno de 2020). *Well-being advisers*. The Journal of Wealth Management Winter 23 (Supplement 1): 2–44, p. 2. doi: https://doi.org/10.3905/jwm.23.s1.002
82. Hulbert, A. (23 de diciembre de 2013). *How To Escape the Community-College Trap*. The Atlantic. https://www.theatlantic.com/magazine/archive/2014/01/how-to-escape-the-community-college-trap/355745/.
83. Mountjoy, Jack. (agosto de 2022). *Community colleges and upward mobility*. American Economic Review 112(8): pp. 2580–2630.
84. Marcotte, Dave E. (2019). *The returns to education at community colleges: New evidence from the Education Longitudinal Survey*. Education Finance and Policy 14(4): 523–547. doi: https://doi.org/10.1162/edfp_a_00267
85. Shadyvady. (2021). *Community college success stories*. Reddit Post. R/Education. www.reddit.com/r/education/comments/mz3j6f/community_college_success_stories/
86. Ibid.
87. Hulbert, A. (23 de diciembre de 2013). *How to escape the community-college trap*. The Atlantic. https://www.theatlantic.com/magazine/archive/2014/01/how-to-escape-the-community-college-trap/355745/
88. Dynarski, Susan, Libassi, C. J., Michelmore, Katherine, y Owen, Stephanie. (2021). *Closing the gap: The effect of reducing complexity and uncertainty in college pricing on the choices of low-income students*. American Economic Review 111(6): 1721–1756. doi:10.1257/aer.20200451
89. Ray, Ranita. (2018). *The making of a teenage service class: Poverty and mobility in an American city*. Oakland, CA: University of California Press, p. 3.

90. Powell, M. (25 de enero de 2022). *How it feels to be an Asian student in an elite public school.* New York Times. https://www.nytimes.com/2022/01/25/us/selective-high-schools-brooklyn-tech.html

91. Nierenberg, A., y Bui, Q. (24 de diciembre de 2019). *Chinese restaurants are closing. That's a good thing, the owners say.* New York Times. https://www.nytimes.com/2019/12/24/upshot/chinese-restaurants-closing-upward-mobility-second-generation.html

92. Latif, Z., y Choksi, M. (18 de enero de 2023). *Inside India's cram city.* New York Times. https://www.nytimes.com/2023/01/18/magazine/india-cram-schools-kota.html

93. Sherman, R. (2017). *Uneasy street: The anxieties of affluence.* Princeton, NJ: Princeton University Press, pp. 62–63.

94. Bulman, George, Fairlie, Robert, Goodman, Sarena, y Isen, Adam. (2021). *Parental resources and college attendance: Evidence from lottery wins.* American Economic Review 111(4): 1201–1240.

95. Williams, J. C. (2020). *White working class: Overcoming class cluelessness.* Boston: Harvard Business School Publishing, p. 38.

96. Graham, C. (2021). *America's Crisis of Despair: A Federal Task Force for Economic Recovery and Societal Well-Being.* Brookings. (February 10) https://www.brookings.edu/research/americas-crisis-of-despair-a-federal-task-force-for-economic-recovery-and-societal-well-being/

97. Ibid.

98. Williams, J. C. (2020). *White working class: Overcoming class cluelessness.* Boston: Harvard Business School Publishing, p. 28.

99. Lamont, M. (2002). *The dignity of working men: Morality and the boundaries of race, class, and immigration.* Cambridge: Harvard University Press, pp. 123–124.

100. Lamont, M. (1992) *Money, morals, and manners: The culture of French and American upper-middle class.* Chicago: Chicago University Press, p. 8.

101. Wyman, P. (23 de septiembre de 2021). *American gentry.* The Atlantic. https://www.theatlantic.com/ideas/archive/2021/09/trump-american-gentry-wyman-elites/620151/

Capítulo 13: Religión

1. Van Kessel, P., Hughes, A., Smith, G., y Alper, B. (20 de noviembre de 2018). *Where Americans find meaning in life.* Pew Research Center. https://www.pewresearch.org/religion/2018/11/20/where-americans-find-meaning-in-life/

2. Newman, David B., y Graham, Jesse. (2018). *Religion and well-being.* En: E. Diener, S. Oishi, y L. Tay (eds.), *Handbook of well-being.* Salt Lake City, UT: DEF Publishers. doi: nobascholar.com

3. Jacobs, A. (7 de noviembre de 2021). *'On Consolation' Searches for Solace in the Face of Grief and Misery.* The New York Times. https://www.nytimes.

com/2021/11/07/books/review-on-consolation-michael-ignatieff.html?s-mid=em-share

4. Lelkes, Orsolya. (12 de agosto de 2002). *Tasting freedom: Happiness, religion and economic transition*. LSE, Centre for Analysis of Social Exclusion, CASE Paper No. 59. Disponible en SSRN: https://ssrn.com/abstract=323140 o http://dx.doi.org/10.2139/ssrn.323140

5. Bryukhanov, Maksym, y Fedotenkov, Igor. (13 de noviembre de 2017). *Religiosity and life satisfaction in Russia: Evidence from the Russian data*. Higher School of Economics Research Paper No. WP BRP 180/EC/2017. Disponible en SSRN: https://ssrn.com/abstract=3070238 o http://dx.doi.org/10.2139/ssrn.3070238

6. Headey, Bruce, Schupp, Jürgen, Tucci, Ingrid, y Wagner, Gert G. (30 de diciembre de 2008). *Authentic happiness theory supported by impact of religion on life satisfaction—A longitudinal analysis with data for Germany*. SOEP paper No. 151. Disponible en SSRN: https://ssrn.com/abstract=1323686 o http://dx.doi.org/10.2139/ssrn.1323686

7. Vishkin, Allon, Bloom, Pazit Ben-Nun, y Tamir, Maya. (febrero de 2019). *Always look on the bright side of life: Religiosity, emotion regulation and well-being in a Jewish and Christian sample*. Journal of Happiness Studies, Springer 20(2): 427–447. doi:10.1007/s10902-017-9956-9

8. Collins, P. (octubre de 2013). *Is God good for us?* Ovations UTSA's College of Liberal and Fine Arts Magazine. https://www.utsa.edu/ovations/vol8/story/god.html

9. Dehejia, Rajeev H., DeLeire, Thomas, y Luttmer, Erzo F. P. (agosto de 2005). *Insuring consumption and happiness through religious organizations*. NBER Working Paper No. w11576. Disponible en SSRN: https://ssrn.com/abstract=788441

10. Cooper, M. (2014). *Cut adrift: Families in insecure times*. Berkeley y Los Ángeles: University of California Press, p. 159.

11. Iannaccone, Laurence. (noviembre de 1998). *Introduction to the economics of religion*. Journal of Economic Literature 36: 1465–1496; Kelley, Dean. (1986). *Why conservative churches are growing: A study in the sociology of religion*. Macon, GA: Mercer University Press.

12. Cooper, M. (2014). *Cut adrift: Families in insecure times*. Berkeley y Los Ángeles: University of California Press, p. 179.

13. Morduch, J., y Schneider, R. (2017). *The financial diaries: How American families cope in a world of uncertainty*. Princeton, Nueva Jersey: Princeton University Press, p. 45.

14. Glaeser, Edward L., y Sacerdote, Bruce I. (2008). *Education and religion*. Journal of Human Capital 2: 188–215. https://doi.org/10.1086/590413

15. Van Kessel, P., Hughes, A., Smith, G., y Alper, B. (20 de noviembre de 2018). *Where Americans find meaning in life*. Pew Research Center. https://www.pewresearch.org/religion/2018/11/20/where-americans-find-meaning-in-life/

16. Saad, L., y Hrynowski, Z. (24 de junio de 2022). *How many Americans believe in God?* Gallup. https://news.gallup.com/poll/268205/americans-believe-god.aspx

17. Pew Research Center. (17 de octubre de 2019). *In U.S., decline of Christianity continues at rapid pace.* Pew Research Center's Religion & Public Life Project. https://www.pewresearch.org/religion/2019/10/17/in-u-s-decline-of-christianity-continues-at-rapid-pace/

18. Silver, L., Van Kessel, P., Huang, C., Clancy, L., y Gubbala, S. (18 de noviembre de 2021). *Finding meaning in the bigger picture.* Pew Research Center's Global Attitudes Project. https://www.pewresearch.org/global/2021/11/18/finding-meaning-in-the-bigger-picture/

19. Reuell, P. (1 de agosto de 2016). *Belief in a deity helps humans cooperate and live in large groups, studies say.* Harvard Gazette. https://phys.org/news/2016-08-belief-deity-humans-cooperate-large.html

20. Reuell, P. (29 de julio de 2016). *Religion as social unifier.* Harvard Gazette. https://news.harvard.edu/gazette/story/2016/07/religion-as-social-unifier/

21. Davis, K. (octubre de 2012). *America's true history of religious tolerance.* Smithsonian Magazine. https://www.smithsonianmag.com/history/americas-true-history-of-religious-tolerance-61312684/

22. Corichi, M., Sahgal, N., Evans, J., Salazar, A. M., y Starr, K. (29 de junio de 2021). *Religion in India: Tolerance and segregation.* Pew Research Center's Religion & Public Life Project. https://www.pewresearch.org/religion/2021/06/29/religion-in-india-tolerance-and-segregation/

23. Grose, J. (28 de junio de 2023). *Opinion | What churches offer that "nones" still long for.* New York Times. https://www.nytimes.com/2023/06/28/opinion/religion-affiliation-community.html

24. Pasek, M. H., y Cook, J. E. (2019). *Religion from the target's perspective: A portrait of religious threat and its consequences in the United States.* Social Psychological and Personality Science 10(1): 82–93.

25. Ibid.

26. Hamid, S. (10 de marzo de 2021). *America without God.* The Atlantic. https://www.theatlantic.com/magazine/archive/2021/04/america-politics-religion/618072/

27. Stern, Shai. (28 de junio de 2020). *The dark side of communities: Illiberal religious communities' compliance with COVID-19 public health regulations.* Bar Ilan University Faculty of Law Research Paper No. 20-11. Disponible en SSRN: https://ssrn.com/abstract=3637335 o http://dx.doi.org/10.2139/ssrn.3637335

28. Ghosh, Arkadev. (12 de agosto de 2022). *Religious divisions and production technology: Experimental evidence from India.* Disponible en SSRN: https://ssrn.com/abstract=4188354 o http://dx.doi.org/10.2139/ssrn.4188354

29. Canaan, Serena, Deeb, Antoine, y Mouganie, Pierre. (2022). *Does religious diversity improve trust and performance? Evidence from Lebanon.* IZA Discussion Paper No. 15206. Disponible en SSRN: https://ssrn.com/abstract=4114779 o http://dx.doi.org/10.2139/ssrn.4114779

Capítulo 14: Sociedad

1. Helliwell, J. F., Layard, R., Sachs, J. D., Emmanuel De Neve, J., Aknin, L. B., y Wang, S. (18 de marzo de 2022). *World Happiness Report 2022*. https://worldhappiness.report/ed/2022/
2. Ibid., *Foreword*.
3. Huang, Chye-Ching. (1 de enero de 2020). *New Zealand's "Wellbeing Budget" approach*. Disponible en SSRN: https://ssrn.com/abstract=3606841 o http://dx.doi.org/10.2139/ssrn.3606841
4. El-Jahel, Lina, y MacCulloch, Robert. (2020). *It's (not) the economy, stupid: New Zealand's targeting of Gross National Happiness during the coronavirus crisis*. The University of Auckland Business School Research Paper, Forthcoming. Capítulo de libro "Management Perspectives on the Covid-19 Crisis: Lessons from New Zealand," Forthcoming, editado por Kenneth Husted y Rudolf Sinkovics. Disponible en SSRN: https://ssrn.com/abstract=3787171 o http://dx.doi.org/10.2139/ssrn.3787171
5. Gandelman, Nestor, Piani, Giorgina, y Ferre, Zuleika. (2012). *Neighborhood determinants of quality of life*. Journal of Happiness Studies 13(3): 547–563. doi:10.1007/s10902-011-9278-2. Disponible en SSRN: https://ssrn.com/abstract=2296920
6. Helliwell, John F., Huang, Haifang, Grover, Shawn, y Wang, Shun. (2018). *Empirical linkages between good governance and national well-being*. Journal of Comparative Economics, Elsevier 46(4): 1332–1346.
7. Edsall, T. B. (14 de septiembre de 2022). *Opinion | Why aren't you voting in your financial self-interest?* New York Times. https://www.nytimes.com/2022/09/14/opinion/elites-populists-political-beliefs.html
8. Graham, C. (10 de febrero de 2021). *America's crisis of despair: A federal task force for economic recovery and societal well-being*. Brookings. https://www.brookings.edu/articles/americas-crisis-of-despair-a-federal-task-force-for-economic-recovery-and-societal-well-being/
9. Edsall, T. B. (20 de octubre de 2021). *Opinion | Conservatives are happier than liberals. Discuss*. New York Times. https://www.nytimes.com/2021/10/20/opinion/conservatives-liberals-happiness.html
10. Napier, J. L., y Jost, J. T. (2008). *Why are conservatives happier than liberals?* Psychological Science 19(6): 565–572. doi:10.1111/j.1467-9280.2008.02124.x
11. Schlenker, Barry, Chambers, John R., y Le, Bonnie. (2012). *Conservatives are happier than liberals, but why? Political ideology, personality, and life satisfaction*. Journal of Research in Personality 46: 127–146. Disponible en SSRN: https://ssrn.com/abstract=2239819
12. Coibion, Olivier, Gorodnichenko, Yuriy, y Weber, Michael. (19 de marzo de 2021). *Political polarization and expected economic outcomes*. Chicago Booth Research Paper No. 20-45. Fama-Miller Working Paper. Disponible en SSRN: https://ssrn.com/abstract=3720029 o http://dx.doi.org/10.2139/ssrn.3720029

13. Lynch, D. J. (28 de diciembre de 2020). *Democrats and Republicans have traded places in their views of the economy's direction.* Washington Post. https://www.washingtonpost.com/business/2020/12/28/biden-trump-economy-confidence/

14. Telhami, S., y Rouse, S. (24 de mayo de 2022). *Measuring the impact of partisanship on attitudes toward the US response to the Russia-Ukraine War.* Brookings. https://www.brookings.edu/articles/measuring-the-impact-of-partisanship-on-attitudes-toward-the-us-response-to-the-russia-ukraine-war/

15. Lench, H. C., Levine, L. J., Perez, K. A., Carpenter, Z. K., Carlson, S. J., y Tibbett, T. (2019). *Changes in subjective well-being following the U.S. presidential election of 2016.* Emotion 19(1): 1–9. https://doi.org/10.1037/emo0000411

16. Pierce, Lamar, Rogers, Todd, y Snyder, Jaso. (5 de marzo de 2015). *Losing hurts: The happiness impact of partisan electoral loss.* HKS Working Paper No. RWP14-051. Disponible en SSRN: https://ssrn.com/abstract=2528709 o http://dx.doi.org/10.2139/ssrn.2528709

17. Pinto, Sergio, Bencsik, Panka, Chuluun, Tuugi, y Graham, Carol. (14 de febrero de 2020). *Presidential elections, divided politics, and happiness in the U.S.* Disponible en SSRN: https://ssrn.com/abstract=3586049 o http://dx.doi.org/10.2139/ssrn.3586049

18. Haendler, Charlotte, y Heimer, Rawley. (14 de enero de 2021). *The financial restitution gap in consumer finance: Insights from complaints filed with the CFPB.* Disponible en SSRN: https://ssrn.com/abstract=3766485 o http://dx.doi.org/10.2139/ssrn.3766485

19. Cullen, Julie Berry, Turner, Nicholas, y Washington, Ebonya. (agosto de 2021). *Political alignment, attitudes toward government, and tax evasion.* American Economic Journal: Economic Policy 13(3): 135–166.

20. Stuart, Michael D., Wang, Jing, y Willis, Richard H. (1 de octubre de 2021). *CEO partisan bias and management earnings forecast bias.* Vanderbilt Owen Graduate School of Management Research Paper. Disponible en SSRN: https://ssrn.com/abstract=3946547 o http://dx.doi.org/10.2139/ssrn.3946547

21. Fos, Vyacheslav, Kempf, Elisabeth, y Tsoutsoura, Margarita. (29 de junio de 2022). *The political polarization of corporate America.* University of Chicago, Becker Friedman Institute for Economics Working Paper No. 2022-77. Disponible en SSRN: https://ssrn.com/abstract=4142685 o http://dx.doi.org/10.2139/ssrn.4142685

22. Kempf, Elisabeth, Luo, Mancy, Schäfer, Larissa, y Tsoutsoura, Margarita. (12 de agosto de 2021). *Does political partisanship cross borders? Evidence from international capital flows.* Disponible en SSRN: https://ssrn.com/abstract=3904077 o http://dx.doi.org/10.2139/ssrn.3904077

23. Meeuwis, Maarten, Parker, Jonathan A., Schoar, Antoinette, y Simester, Duncan. (30 de septiembre de 2021). *Belief disagreement and portfolio choice.* Journal of Finance, Forthcoming. Disponible en SSRN: https://ssrn.com/abstract=3934061

24. Bomgardner, M. (1 de septiembre de 2022). *Could your political views stymie your career?* Kellogg Insight. https://insight.kellogg.northwestern.edu/article/could-your-political-views-stymie-your-career

25. Elinson, Zusha. (12 de marzo de 2021). *Black Rifle Coffee seeks like-minded aficonados.* Wall Street Journal. https://www.wsj.com/articles/black-rifle-coffee-seeks-like-minded-aficionados-11615550401?st=b6nf92jshzfhcm0&reflink=article_email_share

26. Schoenmueller, Verena, Netzer, Oded, y Stahl, Florian. (17 de octubre de 2019). *Polarized America: From political partisanship to preference partisanship.* Columbia Business School Research Paper, Forthcoming. Disponible en SSRN: https://ssrn.com/abstract=3471477 o http://dx.doi.org/10.2139/ssrn.3471477

27. Ibid.

28. Edsall, T. B. (20 de julio de 2022). *Opinion | How you feel about gender roles can tell us how you'll vote.* New York Times. https://www.nytimes.com/2022/07/20/opinion/gender-gap-partisanship-politics.html

29. Li, C., Zuckerman, M., y Diener, E. (2021). *Culture moderates the relation between gender inequality and well-being.* Psychological Science 32(6): 823–835. doi:10.1177/0956797620972492

30. Dumetz, Jérôme, Zanolini, Valentina, y Morgan, Caitlin. (2021). *Too much culturally aware? When intercultural reconciliation fails in business: The case of IKEA in Saudi Arabia (September 2020).* WIBF (Würzburg International Business Forum) International Business Conference 2020, Disponible en SSRN: https://ssrn.com/abstract=3843618

31. Motyl, Matt. (11 de noviembre de 2014). *Liberals and conservatives are (geographically) dividing.* In: P. Valdesolo and J. Graham (eds.), Bridging ideological divides: The Claremont Symposium for Applied Social Psychology. Sage Press, Forthcoming. Disponible en SSRN: https://ssrn.com/abstract=2522999

32. Pazzanese, C. (16 de marzo de 2021). *Democrats and Republicans live in partisan bubbles, study finds.* Harvard Gazette. https://news.harvard.edu/gazette/story/2021/03/democrats-and-republicans-live-in-partisan-bubbles-study-finds/

33. Badger, E., Quealy, K., y Katz, J. (17 de marzo de 2021). *A close-up picture of partisan segregation, among 180 million voters.* New York Times. https://www.nytimes.com/interactive/2021/03/17/upshot/partisan-segregation-maps.html

34. Ballard, J. (17 de septiembre de 2020). *How Republicans and Democrats would feel if their child married across the political aisle.* YouGov. [https://today.yougov.com/politics/articles/32041-republicans-democrats-marriage-poll?redirect_from=%2Ftopics%2Fpolitics%2Farticles-reports%2F2020%2F09%2F17%2Frepublicans-democrats-marriage-poll: https://today.yougov.com/topics/politics/articles-reports/2020/09/17/republicans-democrats-marriage-poll](https://today.yougov.com/politics/arti-

cles/32041-republicans-democrats-marriage-poll?redirect_from=%2Ftopics%2Fpolitics%2Farticles-reports%2F2020%2F09%2F17%2Frepublicans-democrats-marriage-poll: https://today.yougov.com/topics/politics/articles-reports/2020/09/17/republicans-democrats-marriage-poll)

35. Vavreck, L. (31 de enero de 2017). *A measure of identity: Are you wedded to your party?* New York Times https://www.nytimes.com/2017/01/31/upshot/are-you-married-to-your-party.html

36. Dahl, Gordon B., Lu, Runjing, y Mullins, William. (diciembre de 2021). *Partisan fertility and presidential elections.* CEPR Discussion Paper No. DP16821. Disponible en SSRN: https://ssrn.com/abstract=4026689

37. Bjørnskov, Christian, Dreher, Axel, Fischer, Justina A. V., y Schnellenbach, Jan. (diciembre de 2009). *On the relation between income inequality and happiness: Do fairness perceptions matter.* KOF Working Paper No. 245, KOF Swiss Economic Institute, ETH Zurich. Disponible en SSRN: https://ssrn.com/abstract=1527356 o http://dx.doi.org/10.2139/ssrn.1527356

38. Krijnen, Job, Ulkumen, Gulden, Bogard, Jonathan, y Fox, Craig R. (18 de septiembre de 2020). *Lay beliefs about changes in financial well-being predict political and policy message preferences.* Disponible en SRN: https://ssrn.com/abstract=3695322 o http://dx.doi.org/10.2139/ssrn.3695322; Krijnen, J. M. T., Ülkümen, G., Bogard, J. E., Fox, C. R. (2022). *Lay theories of financial well-being predict political and policy message preferences.* Journal of Personality and Social Psychology.

39. Bjørnskov, Christian, Dreher, Axel, Fischer, Justina A. V., y Schnellenbach, Jan. (diciembre de 2009). *On the relation between income inequality and happiness: Do fairness perceptions matter.* KOF Working Paper No. 245, KOF Swiss Economic Institute, ETH Zurich. Disponible en SSRN: https://ssrn.com/abstract=1527356 o http://dx.doi.org/10.2139/ssrn.1527356

40. Alesina, Alberto, Stantcheva, Stefanie, y Teso, Edoardo. (febrero de 2018). *Intergenerational mobility and preferences for redistribution.* American Economic Review 108(2): 521–554.

41. Graham, Carol, y Felton, Andrew. (enero de 2005). *Does inequality matter to individual welfare? An initial exploration based on happiness surveys from Latin America.* Center on Social and Economic Dynamics Working Paper Number 38. Disponible en SSRN: https://ssrn.com/abstract=1028066 o http://dx.doi.org/10.2139/ssrn.1028066

42. Welsch, Heinz, y Biermann, Philipp. (diciembre de 2016). *Poverty is a public bad: Panel evidence from subjective well-being data.* SOEP paper No. 885. Disponible en SSRN: https://ssrn.com/abstract=2920612

43. Rothwell, J. (13 de febrero de 2020). *Experiment shows conservatives more willing to share wealth than they say.* New York Times. https://www.nytimes.com/2020/02/13/upshot/trump-supporters-experiment-inequality.html

44. Sherman, R. (2017). *Uneasy street: The anxieties of affluence.* Princeton, NJ: Princeton University Press, pp. 58–59.

45. DeSantis, Jake. (24 de marzo de 2009). *Dear A.I.G., I quit.* New York Times, Opinion. http://www.nytimes.com/2009/03/25/opinion/25desantis.html?pagewanted=all

46. Giuliano, Paola, y Tabellini, Marco. (9 de noviembre de 2020). *The seeds of ideology: Historical immigration and political preferences in the United States.* Harvard Business School BGIE Unit Working Paper No. 20-118. Disponible en SSRN: https://ssrn.com/abstract=3606506 o http://dx.doi.org/10.2139/ssrn.3606506

47. Alesina, Alberto F., Glaeser, Edward L., y Sacerdote, Bruce. (octubre de 2001). *Why doesn't the US have a European-style welfare state?* Disponible en SSRN: https://ssrn.com/abstract=290047 o http://dx.doi.org/10.2139/ssrn.290047

48. Michel, A. (31 de julio de 2018). *The paradox of diversity.* Association for Psychological Science. https://www.psychologicalscience.org/observer/the-paradox-of-diversity

49. Khazan, O. (23 de abril de 2018). *People voted for Trump because they were anxious, not poor.* The Atlantic. https://www.theatlantic.com/science/archive/2018/04/existential-anxiety-not-poverty-motivates-trump-support/558674/

50. Edsall, T. B. (27 de abril de 2022). *Opinion | Where does all that hate we feel come from?* New York Times. https://www.nytimes.com/2022/04/27/opinion/rich-poor-immigration-fear.html

51. Beerli, Andreas, Ruffner, Jan, Siegenthaler, Michael, y Peri, Giovanni. (marzo de 2021).

52. Edsall, T. B. (27 de abril de 2022). *Opinion | Where does all that hate we feel come from?* New York Times. https://www.nytimes.com/2022/04/27/opinion/rich-poor-immigration-fear.html

53. Van Kessel, P., Hughes, A., Smith, G., y Alper, B. (20 de noviembre de 2018). *Where Americans find meaning in life.* Pew Research Center. https://www.pewresearch.org/religion/2018/11/20/where-americans-find-meaning-in-life/

54. Bursztyn, Leonardo, Egorov, Georgy, y Fiorin, Stefano. (2020). *From extreme to mainstream: The erosion of social norms.* American Economic Review 110(11): 3522–3548.

55. Van Kessel, P., Hughes, A., y Walker, K. (20 de noviembre de 2018). *The meaning of life: 100 quotes from Americans on what keeps them going.* Pew Research Center's Religion & Public Life Project. https://www.pewresearch.org/religion/interactives/what-keeps-us-going/

56. Tabellini, Marco. (2 de abril de 2019). *Gifts of the immigrants, woes of the natives: Lessons from the age of mass migration.* Harvard Business School BGIE Unit Working Paper No. 19-005. Disponible en SSRN: https://ssrn.com/abstract=3220430 o http://dx.doi.org/10.2139/ssrn.3220430

57. Alesina, A., Harnoss, J., y Rapoport, H. (2021). *Immigration and the future of the welfare state in Europe.* The ANNALS of the American Academy of Political and Social Science, 697(1): 120–147. https://doi.org/10.1177/00027162211055409

58. Van de Vyver, J., Houston, D., y Abrams, D. (17 de diciembre de 2015). *Terrorism may make liberals think more like conservatives.* Association for Psychological Science. https://www.psychologicalscience.org/news/releases/terrorism-may-make-liberals-think-like-conservatives.html

59. Law, Kelvin, y Zuo, Luo. (6 de septiembre de 2021). *Public concern about immigration and customer complaints against minority financial advisors.* Management Science, Forthcoming. Nanyang Business School Research Paper No. 21-33. Disponible en SSRN: https://ssrn.com/abstract=3918663 o http://dx.doi.org/10.2139/ssrn.3918663

60. Alesina, Alberto F., Miano, Armando, y Stantcheva, Stefanie. (junio de 2018). *Immigration and redistribution.* NBER Working Paper No. w24733. Disponible en SSRN: https://ssrn.com/abstract=3206414

61. Brooks, D. (8 de abril de 2022). *Opinion | Globalization is over. The global culture wars have begun.* New York Times. https://www.nytimes.com/2022/04/08/opinion/globalization-global-culture-war.html

62. Glaeser, Edward L. (septiembre de 2002). *The political economy of hatred.* NBER Working Paper No. w9171. Disponible en SSRN: https://ssrn.com/abstract=330310

63. Freddi, Eleonora, Potters, Johannes (Jan) J. M., y Suetens, S. (1 de marzo de 2022). *Brief cooperative contact with ethnic minorities reduces discrimination.* CEPR Discussion Paper No. DP17098. Disponible en SSRN: https://ssrn.com/abstract=4069906

64. Achard, Pascal, Albrecht, Sabina, Cettolin, Elena, Ghidoni, Riccardo, y Suetens, S. (mayo de 2022). *The effect of exposure to ethnic minorities on ethnic preferences.* CEPR Discussion Paper No. DP17294. Disponible en SSRN: https://ssrn.com/abstract=4121479

65. Qiu, Lin, Qiao, Dandan, Tan, Bernard, y Whinston, Andrew B. (17 de marzo de 2022). *Connected in the ride: An empirical investigation into ride-hailing services and hate crimes.* Disponible en SSRN: https://ssrn.com/abstract=4059664 o http://dx.doi.org/10.2139/ssrn.4059664

66. Bursztyn, Leonardo, Chaney, Thomas, Hassan, Tarek Alexander, y Rao, Aakash. (8 de febrero de 2021). *The immigrant next door: Exposure, prejudice, and altruism.* University of Chicago, Becker Friedman Institute for Economics Working Paper No. 2021-16. Disponible en SSRN: https://ssrn.com/abstract=3781974 o http://dx.doi.org/10.2139/ssrn.3781974

67. Jordan, M. y Steinhauer, J. (6 de septiembre de 2021). *Americans Stretch Across Political Divides to Welcome Afghan Refugees.* The New York Times. https://www.nytimes.com/2021/09/06/us/afghan-refugees-volunteers.html

68. Hornsey, M. J., Harris, E. A., y Fielding, K. S. (2018). *The psychological roots of anti-vaccination attitudes: A 24-nation investigation.* Health Psychology 37(4), 307–315. https://doi.org/10.1037/hea0000586

69. Amin, A. B., Bednarczyk, R. A., Ray, C. E. et al. (2017). *Association of moral values with vaccine hesitancy.* Nature Human Behavior: 873–880. https://doi.org/10.1038/s41562-017-0256-5

70. https://www.nytimes.com/2021/04/29/us/vaccine-skepticism-beliefs.html?action=click&module=Top%20Stories&pgtype=Homepage https://moralfoundations.org/

71. Peng, Yilang. (9 de enero de 2022). *Give me liberty or give me COVID-19: How social dominance orientation, right-wing authoritarianism, and libertarianism explain Americans' reactions to COVID-19.* Risk Analysis, Forthcoming. Disponible en SSRN: https://ssrn.com/abstract=4004357 o http://dx.doi.org/10.2139/ssrn.4004357

72. Huang, Li, Li, Oliver Zhen, Wang, Baiqiang, y Zhang, Zilong. (8 de diciembre de 2020). *Individualism and the fight against COVID-19.* Disponible en SSRN: https://ssrn.com/abstract=3665493 o http://dx.doi.org/10.2139/ssrn.3665493

73. Goldstein, Noah J., Cialdini, Robert B., y Griskevicius, Vladas. (octubre de 2008). *A room with a viewpoint: Using social norms to motivate environmental conservation in hotels.* Journal of Consumer Research 35(3): 472–482. https://doi.org/10.1086/586910

74. Bicchieri, Cristina, Fatas, Enrique, Aldama, Abraham, Casas, Andrés, Casas, Deshpande, Ishwari, Lauro, Mariagiulia, Parilli, Cristina, Spohn, Max, Pereira, Paula, Wen, Ruiling. (4 de junio de 2021). *In science we (should) trust: Expectations and compliance across nine countries during the COVID-19 pandemic.* https://doi.org/10.1371/journal.pone.0252892

75. Nakayachi, Kazuya, Ozaki, Taku, Shibata, Yukihide, y Yokoi, Ryosuke. (2020). *Why do Japanese people use masks against COVID-19, even though masks are unlikely to offer protection against infection.* Frontiers in Psychology 11: 1918. doi:10.3389/fpsyg.2020.01918 PMCID: PMC7417658 PMID: 32849127.

76. Milosh, Maria, Painter, Marcus, Van Dijcke, David, y Wright, Austin L. (31 de julio de 2020). *Unmasking partisanship: How polarization influences public responses to collective risk.* University of Chicago, Becker Friedman Institute for Economics Working Paper No. 2020-102. Disponible en SSRN: https://ssrn.com/abstract=3664779 o http://dx.doi.org/10.2139/ssrn.3664779

77. Simonov, Andrey, Sacher, Szymon, Dube, Jean-Pierre H., y Biswas, Shirsho. (28 de julio de 2020). *The persuasive effect of Fox News: Noncompliance with social distancing during the COVID-19 pandemic.* Columbia Business School Research Paper, Forthcoming. Disponible en SSRN: https://ssrn.com/abstract=3600088 o http://dx.doi.org/10.2139/ssrn.3600088

78. Stantcheva, Stefanie. (2021). *Understanding tax policy: How do people reason?* The Quarterly Journal of Economics 136(4): 2309–2369.

79. Hope, David, Limberg, Julian, y Weber, Nina. (17 de agosto de 2021). *Why do (some) ordinary Americans support tax cuts for the rich? Evidence from a randomized survey experiment.* Disponible en SSRN: https://ssrn.com/abstract=3906631 o http://dx.doi.org/10.2139/ssrn.3906631

80. Nathan, Brad, Perez-Truglia, Ricardo, y Zentner, Alejandro. (12 de septiembre de 2020). *My taxes are too darn high: Tax protests as revealed preferences for ta-*

xation. Disponible en SSRN: https://ssrn.com/abstract=3691361 o http://dx.doi.org/10.2139/ssrn.3691361

81. DeParle, Jason. (11 de septiembre de 2022). *Expanded safety net drives sharp drop in child poverty. For this article, the reporter worked closely for five months with researchers from a nonpartisan group to document the decline in child poverty and the forces pushing it lower.* New York Times. https://www.nytimes.com/2022/09/11/us/politics/child-poverty-analysis-safety-net.html

82. Galama, Titus J., Morgan, Robson, y Saavedra, Juan. (noviembre de 2017). *Wealthier, happier and more self-sufficient: When anti-poverty programs improve economic and subjective wellbeing at a reduced cost to taxpayers.* NBER Working Paper No. w24090. Disponible en SSRN: https://ssrn.com/abstract=3082273

83. Bando, Rosangela, Galiani, Sebastian, y Gertler, Paul J. (29 de diciembre de 2020). *Another brick on the wall: On the effects of noncontributory pensions on material and subjective well-being.* Disponible en SSRN: https://ssrn.com/abstract=3756906 o http://dx.doi.org/10.2139/ssrn.3756906

84. Milligan, Kevin S., y Stabile, Mark. (diciembre de 2008). *Do child tax benefits affect the wellbeing of children? Evidence from Canadian child benefit expansions.* NBER Working Paper No. w14624. Disponible en SSRN: https://ssrn.com/abstract=1327246

85. Halpern-Meekin, S., Edin, K., Tach, L., et al. (2015). *It's not like I'm poor: How working families make ends meet in a post-welfare world.* Berkeley and Los Angeles: University of California Press, p. 71.

86. Boyd-Swan, Casey, Herbst, Chris M., Ifcher, John, y Zarghamee, Homa. (2016). *The Earned Income Tax Credit, health, and happiness.* Journal of Economic Behavior & Organization 126, Part A: 18–38. ISSN 0167-2681. https://doi.org/10.1016/j.jebo.2015.11.004

87. Halpern-Meekin, S., Edin, K., Tach, L., et al. (2015). *It's not like I'm poor: How working families make ends meet in a post-welfare world.* Berkeley and Los Angeles: University of California Press, pp. 76–77.

88. Dempsey, B. (20 de junio de 2019). *Parenting in poverty.* New York Times. https://www.nytimes.com/2019/06/20/well/family/parenting-in-poverty.html

89. Bollinger, Bryan, Leslie, Philip, y Sorensen, Alan. (2011). *Calorie posting in chain restaurants.* American Economic Journal: Economic Policy 3(1): 91–128.

90. Wansink, Brian, y Chandon, Pierre. (noviembre de 2006). *Can "low-fat" nutrition labels lead to obesity?* Journal of Marketing Research 43(4): 605–617.

91. Chandon, Pierre, y Wansink, Brian. (2007). *The biasing health halos of fast food restaurant health claims: Lower calorie estimates and higher side–dish consumption intentions.* Journal of Consumer Research 34(3): 301–314.

92. Epperson, Raphael, y Gerster, Andreas. (8 de octubre de 2021). *Information avoidance and moral behavior: Experimental evidence from food choices.* Disponible en SSRN: https://ssrn.com/abstract=3938994 o http://dx.doi.org/10.2139/ssrn.3938994

93. Loibl, Cäzilia, Jones, Lauren Eden, Haisley, Emily, y Loewenstein, George F. (20 de febrero de 2016). *Testing strategies to increase saving and retention in individual development account programs.* Disponible en SSRN: https://ssrn.com/abstract=2735625 o http://dx.doi.org/10.2139/ssrn.2735625

94. Buccafusco, Christopher J., Hemel, Daniel J., y Talley, Eric L. (1 de enero de 2021). *Price gouging in a pandemic.* University of Chicago Coase-Sandor Institute for Law & Economics Research Paper No. 921, Cardozo Legal Studies Research Paper No. 626, University of Chicago, Public Law Working Paper No. 762, Columbia Law and Economics Working Paper No. 652. Disponible en SSRN: https://ssrn.com/abstract=3758620 o http://dx.doi.org/10.2139/ssrn.3758620

95. Nicas, J. (14 de marzo de 2020). *He has 17,700 bottles of hand sanitizer and nowhere to sell them.* New York Times. https://www.nytimes.com/2020/03/14/technology/coronavirus-purell-wipes-amazon-sellers.html

96. Spruk, Rok, y Keseljevic, Aleksandar (1 de abril de 2016). *Institutional origins of subjective well-being: Estimating the effects of economic freedom on national happiness.* Journal of Happiness Studies 17(2): 659–712. Disponible en SSRN: https://ssrn.com/abstract=2901872

97. Berggren, Niclas, Bjørnskov, Christian, y Nilsson, Therese. (8 de marzo de 2017). *Do equal rights for a minority affect general life satisfaction?* IFN Working Paper No. 1156. Disponible en SSRN: https://ssrn.com/abstract=2929337

98. Gehring, Kai. (21 de diciembre de 2013). *Who benefits from economic freedom? Unraveling the effect of economic freedom on subjective well-being.* University of Heidelberg Department of Economics Discussion Paper No. 531. Disponible en SSRN: https://ssrn.com/abstract=2370856

99. Dorn, David, Fischer, Justina A. V., Kirchgässner, Gebhard, y Sousa-Poza, Alfonso. (junio de 2005). *Is it culture or democracy? The impact of democracy, income, and culture on happiness.* University of St. Gallen Economics Working Paper No. 2005-12. Disponible en SSRN: https://ssrn.com/abstract=757629 o http://dx.doi.org/10.2139/ssrn.757629

100. Batinti, Alberto, y Costa-Font, Joan. (2021). *Does democracy make taller men? Cross-country European evidence.* Disponible en SSRN: https://ssrn.com/abstract=3985780 o http://dx.doi.org/10.2139/ssrn.3985780

101. Glaeser, Edward L., Ponzetto, Giacomo A. M., y Shleifer, Andrei. (abril de 2006). *Why does democracy need education?* NBER Working Paper No. w12128. Disponible en SSRN: https://ssrn.com/abstract=896068

102. Sulemana, Iddisah, Iddrisu, Abdul Malik, y Kyoore, Jude A. (9 de diciembre de 2015). *Micro-level study of the relationship between experienced corruption and subjective well-being in Africa.* The Journal of Development Studies, Forthcoming. Disponible en SSRN: https://ssrn.com/abstract=2836948

103. Eriksson, D. (25 de enero de 2022). *2021 Corruption Perceptions Index—Explore the results.* Transparency International. https://www.transparency.org/en/cpi/2021

104. Sumit Agarwal, Qian, Wenlan, Seru, Amit, y Zhang, Jian. (2020). *Disguised corruption: Evidence from consumer credit in China.* Journal of Financial Economics 137(2): 430–450.

105. Condra, Luke, y Wright, Austin L. (14 de mayo de 2021). *Corruption and political mobilization: Evidence from a natural experiment.* University of Chicago, Becker Friedman Institute for Economics Working Paper No. 2021-59. Disponible en SSRN: https://ssrn.com/abstract=3846431 o http://dx.doi.org/10.2139/ssrn.3846431

106. Lutsiv, Sofiya. (28 de junio de 2021). *Corruption as a social phenomenon: Case of Ukraine.* Disponible en SSRN: https://ssrn.com/abstract=3875709 o http://dx.doi.org/10.2139/ssrn.3875709

107. Patrucic, M., Gillies, A., Eisen, N., y Blumenthal, L. (2002). *Investigate Journalism Is Essential for Ukraine Reconstruction and Anti-Corruption.* Brookings. (6 de octubre) https://www.brookings.edu/blog/up-front/2022/10/06/investigative-journalism-is-essential-for-ukraine-reconstruction-and-anti-corruption/.

108. Siddique, Abu Bakkar. (9 de septiembre de 2022). *Does corruption culture matter for tax morale? Evidence from generation of immigrant samples.* Disponible en SSRN: https://ssrn.com/abstract=4213991 o http://dx.doi.org/10.2139/ssrn.4213991

109. Gross, J., y Lemola, J. (20 de abril de 2021). *What makes a happy country?* New York Times. https://www.nytimes.com/2021/04/20/world/europe/world-happiness-report-ranking.html

110. Ortiz-Ospina, E., y Roser, M. (julio de 2016). *Trust.* Our World in Data. https://ourworldindata.org/trust

111. Knack, Stephan, y Keefer, Philip. (noviembre de 1997). *Does social capital have an economic payoff? A cross country investigation.* Quarterly Journal of Economics 112(4): 1251–1288.

112. Helliwell, John F., Huang, Haifang, y Wang, Shun. (julio de 2016). *New evidence on trust and well-being.* NBER Working Paper No. w22450. Disponible en SSRN: https://ssrn.com/abstract=2813918

113. Yamamura, Eiji, Tsutsui, Yoshiro, Yamane, Chisako, Yamane, Shoko, y Powdthavee, Nattavudh. (4 de julio de 2014). *Trust and happiness: Comparative study before and after the Great East Japan Earthquake.* ISER Discussion Paper No. 904. Disponible en SSRN: https://ssrn.com/abstract=2462352

114. Helliwell, John F., Huang, Haifang, y Wang, Shun. (julio de 2016). *New evidence on trust and well-being.* NBER Working Paper No. w22450. Disponible en SSRN: https://ssrn.com/abstract=2813918

115. Guven, Cahit. (junio de 2009). *Are happier people better citizens?* SOEP paper No. 199. Disponible en SSRN: https://ssrn.com/abstract=1422493 o http://dx.doi.org/10.2139/ssrn.1422493

116. Wu, Cary, y Dawson, Andrew. (28 de junio de 2021). *Why is trust lower in Quebec? A cultural explanation.* Disponible en SSRN: https://ssrn.com/abstract=3957969 o http://dx.doi.org/10.2139/ssrn.3957969

117. Glaeser, Edward L., Laibson, David I., Scheinkman, José, y Soutter, Christine L. (julio de 1999). *What is social capital? The determinants of trust and trustworthiness.* NBER Working Paper No. w7216. Disponible en SSRN: https://ssrn.com/abstract=171073

118. Schilke, Oliver, Reimann, Martin, y Cook, Karen S. (2021). *Annual review of sociology trust in social relations.* Annual. Review of Sociology 47: 10.1–10.21. The Annual Review of Sociology is online at soc.annualreviews.org. https://doi.org/10.1146/annurev-soc-082120- 082850 WHAT IS TRUST?

119. Tomy, Rimmy, y Regina, Wittenberg Moerman. (25 de enero de 2021). *Community membership and reciprocity in lending: Evidence from informal markets.* Chicago Booth Research Paper No. 21-09, Fama-Miller Working Paper. Disponible en SSRN: https://ssrn.com/abstract=3773160 o http://dx.doi.org/10.2139/ssrn.3773160

120. Bachas, Pierre, Gertler, Paul J., Higgins, Sean, y Seira, Enrique. (marzo de 2017). *Banking on trust: How debit cards enable the poor to save more.* NBER Working Paper No. w23252. Disponible en SSRN: https://ssrn.com/abstract=2937522

121. Beckmann, Elisabeth, y Mare, Davide Salvatore. (1 de agosto de 2017). *Formal and informal household savings: How does trust in financial institutions influence the choice of saving instruments?* Disponible en SSRN: https://ssrn.com/abstract=3023711 o http://dx.doi.org/10.2139/ssrn.3023711

122. Velasquez-Manoff, M. (25 de mayo de 2022). *The anti-vaccine movement's new frontier.* New York Times. https://www.nytimes.com/2022/05/25/magazine/anti-vaccine-movement.html

123. Gilbert, K. (4 de noviembre de 2020). *One key trait that predicts how much people will socially distance.* Kellogg Insight. https://insight.kellogg.northwestern.edu/article/key-trait-predicts-how-much-people-will-socially-distance

124. Jalan, Akanksha, Matkovskyy, Roman, Urquhart, Andrew, y Yarovaya, Larisa. (3 de mayo de 2022). *The role of interpersonal trust in cryptocurrency adoption.* Disponible en SSRN: https://ssrn.com/abstract=4099518 o http://dx.doi.org/10.2139/ssrn.4099518

125. Phua, Jing Wen Kenny, Sang, Bo, Wei, Chishen, y Yu, Gloria Yang. (23 de marzo de 2022). *Trust, but verify: The economics of scams in initial coin offerings.* Disponible en SSRN: https://ssrn.com/abstract=4064453 o http://dx.doi.org/10.2139/ssrn.4064453

126. Deason, Stephen, Rajgopal, Shivaram, y Waymire, Gregory B. (28 de marzo de 2015). *Who gets swindled in Ponzi schemes?* Disponible en SSRN: http://ssrn.com/abstract=2586490 o http://dx.doi.org/10.2139/ssrn.2586490

127. Giannetti, Mariassunta, y Wang, Tracy Yue. (29 de julio de 2015). *Corporate scandals and household stock market participation.* Journal of Finance, Forthcoming. Disponible en SSRN: http://ssrn.com/abstract=2637559

128. Soni, Aparna, y Tekin, Erdal. (2020). *How do mass shootings affect community well-being?* IZA Discussion Paper No. 13879. Disponible en SSRN: https://ssrn.com/abstract=3734747

129. Fortin, J. (8 de junio de 2018). *New Jersey teacher leaves students $1 million gift in her will.* New York Times. https://www.nytimes.com/2018/06/08/nyregion/teacher-scholarship-will-new-jersey.html

130. U.S. Bank, Member. (28 de agosto de 2018). *These heartwarming volunteer stories will totally inspire you to give back.* BuzzFeed. https://www.buzzfeed.com/us-bank/these-heartwarming-volunteer-stories-will-totally

131. Caron, C. (24 de junio de 2018). *Teenage girl helps a blind and deaf passenger and wins praise for doing "something beautiful."* New York Times. https://www.nytimes.com/2018/06/24/us/teenager-alaska-airlines-sign-language.html

132. Aknin, Lara B., Barrington-Leigh, Christopher P., Dunn, Elizabeth W., Helliwell, John F., Biswas-Diener, Robert, Kemeza, Imelda, Nyende, Paul, Ashton-James, Claire E., y Norton, Michael I. (septiembre de 2010). *Prosocial spending and well-being: Cross-cultural evidence for a psychological universal.* NBER Working Paper No. w16415. Disponible en SSRN: https://ssrn.com/abstract=1685722

133. Liu, Wendy, y Aaker, Jennifer. (octubre de 2008). *The happiness of giving: The time-ask effect.* Journal of Consumer Research 35(3): 543–557.

134. Jonathan Rizzo Foundation. (5 de noviembre de 2023). http://www.jonathanrizzofoundation.org

135. Mizan, N. (29 de junio de 2022). *$13 million in donations collected for Uvalde families affected by Robb School shooting.* Austin American-Statesman. https://www.statesman.com/story/news/2022/06/29/robb-elementary-school-shooting-texas-13-million-donated-help-uvalde-victims-families/7725521001/

136. Porter, E. (29 de abril de 2007). *The divisions that tighten the purse strings.* New York Times. https://www.nytimes.com/2007/04/29/business/yourmoney/29view.html

137. DellaVigna, Stefano, List, John A., y Malmendier, Ulrike. (febrero de 2012). *Testing for altruism and social pressure in charitable giving.* The Quarterly Journal of Economics 127(1): 1–56.

Capítulo 15: Conclusión

1. Van Kessel, P., Hughes, A., Smith, G., y Alper, B. (20 de noviembre de 2018). *Where Americans find meaning in life.* Pew Research Center. https://www.pewresearch.org/religion/2018/11/20/where-americans-find-meaning-in-life

2. Wildman, S. (19 de mayo de 2023). *Opinion | My daughter's future was taken from her, and from us.* New York Times. https://www.nytimes.com/2023/05/19/opinion/grief-childhood-cancer.html

3. Blanchflower, David G., y Oswald, Andrew J. (septiembre de 2007). *Is well-being U-shaped over the life cycle? IZA* Discussion Paper No. 3075. Disponible en SSRN: https://ssrn.com/abstract=1026895

4. March, Carey. (12 de marzo de 2021). *The Pandemic Happiness Gap: New surveys show that in the last year, older adults tended to be more positive than younger ones, suggesting that the ability to cope improves with age.* New York Times. https://www.nytimes.com/2021/03/12/health/covid-pandemic-happiness-age.html?action=click&module=Top%20Stories&pgtype=Homepage
5. Brody, B. (28 de julio de 2020). *Why it's good to be old, even in a pandemic.* New York Times. https://www.nytimes.com/2020/07/28/well/live/aging-benefits-pandemic.html
6. Pinsker, J. (6 de agosto de 2023). *If all you want is money, these financial advisers might say "no thanks."* Wall Street Journal. https://www.wsj.com/articles/financial-advisors-money-job-satisfaction-happiness-20c40e17
7. Alter, Charlotte. *Inside a 46-year-old millionaire's mission to look and feel 18 again: Bryan Johnson's quest for immortality.* Time. https://time.com/6315607/bryan-johnsons-quest-for-immortality/
8. Jarman, M. (2005). *When the Light Came On: The Epic Gilgamesh [Review of GILGAMESH: A New English Version, by S. Mitchell].* The Hudson Review, 58(2), 329-334. https://www.jstor.org/stable/30044781

Sobre el autor

Meir Statman es profesor de la cátedra Glenn Klimek de Finanzas en la Leavey School of Business de la Universidad de Santa Clara (California, EE. UU.). Su investigación se centra en las finanzas conductuales, materia en la que es una referencia académica.

Meir trata de comprender cómo las personas toman decisiones y cómo estas les afectan a su bienestar vital. Analiza a las personas como seres completos, por ello su estudio aborda todos los ámbitos de la vida, no solo el de las finanzas, al que le reserva un lugar especial por ser la base de todos los demás.

Su investigación se ha publicado en el *Journal of Finance, Journal of Financial Economics, Review of Financial Studies, Journal of Financial and Quantitative Analysis, Financial Analysts Journal, Journal of Portfolio Management,* y muchas otras revistas especializadas. Ha recibido apoyos de la National Science Foundation, la CFA Institute Research Foundation y el Investment and Wealth Institute (IWI).

Es miembro del consejo asesor del *Journal of Portfolio Management*, del *Journal of Wealth Management*, del *Journal of Retirement*, del *Journal of Investment Consulting* y del *Journal of Behavioral and Experimental Finance*; editor asociado del *Journal of Behavioral Finance* y del *Journal of Investment Management*; y ha sido galardonado con una Batterymarch Fellowship, un William F. Sharpe Best Paper Award, dos Bernstein Fabozzi/Jacobs Levy Awards, un Davis Ethics Award, un Moskowitz Prize por el mejor artículo sobre inversion socialmente responsable, un Matthew R. McArthur Industry Pioneer Award, tres Baker IMCA Journal Awards y tres Graham and Dodd Awards. Fue nombrado una de las 25 personas más infuyentes por la revista *Investment Advisor*. Es asesor de muchas empresas dedicadas a las inversiones y presenta sus trabajos a académicos y profesionales en conferencias en Estados Unidos en el resto del mundo.

Meir es doctor (Ph. D.) por la Universidad de Columbia y tiene un MBA de la Universidad Hebrea de Jerusalén.

Índice de autores

A

B

D

H

Índice de conceptos

B

C

D

E

F

G

H

K

L

N

O

P

S

U

V

Agradecimientos

He escrito numerosos libros a lo largo de mis más de 44 años como profesor en la cátedra de Glenn Klimek de Finanzas en la Universidad de Santa Clara (California-EE. UU.), pero este es el primero traducido al español. Ello permitirá dar gran difusión, en esta lengua, a mi investigación centrada en las finanzas conductuales y llegar a todas aquellas personas interesadas en el bienestar financiero como base del bienestar vital en todos los demás ámbitos de la vida, que es el tema central de esta obra.

Por ello, quiero destacar mi especial agradecimiento a la Editorial Verssus Libros por la publicación del libro *El Valor del Bienestar. Un Enfoque Holístico de las Finanzas Conductuales*, así como a Diego Valero por su impulso y traducción fiel y contextualizada, junto a Manuel Moreno, del libro original escrito en lengua inglesa *A Wealth of Well-Being. A Holistic Approach to Behavioral Finance* (Wiley, 2024).

verssus
libros

www.ingramcontent.com/pod-product-compliance
Lightning Source LLC
LaVergne TN
LVHW050052061026
849532LV00001BA/109